中国文化的深层结构

孙隆基／著

中信出版集团 · CHINA CITIC PRESS · 北京

图书在版编目（CIP）数据

中国文化的深层结构 /（美）孙隆基著．— 北京：中信出版社，2015.11（2023.3 重印）
ISBN 978-7-5086-5321-1

Ⅰ．①中… Ⅱ．①孙… Ⅲ．①中华文化－研究 Ⅳ．① K203

中国版本图书馆 CIP 数据核字（2015）第 152421 号

中国文化的深层结构

著　　者：［美］孙隆基
策划推广：中信出版社（China CITIC Press）
出版发行：中信出版集团股份有限公司
（北京市朝阳区东三环北路 27 号嘉铭中心　邮编　100020）
（CITIC Publishing Group）
承 印 者：山东临沂新华印刷物流集团有限责任公司

开　　本：787mm×1092mm　1/16　　印　张：27　　字　数：406 千字
版　　次：2015 年 11 月第 1 版　　印　次：2023 年 3 月第 32 次印刷
书　　号：ISBN 978－7－5086－5321－1/K・474
定　　价：68.00 元

目录

第五章 国家与社会

第六章 对待世界的态度

第七章 "现代"中国人政治行为的"文法"规则

新千年版序

下笔写这篇序言时,《中国文化的深层结构》已经有二十年的生命了。二十年的时段是可以用来定义一整个"代"的。因此,当我重新打开这本书的时候,恍如再次阅读一部陈年的日记,里面的思想情愫既曾相识又备感陌生。书中提到的"文革"及其余绪,对国内的读者来说,恐怕也会引起既曾相识又感觉陌生的感受。

然而,这本书等了二十年才有机会在国内出版。国内的气氛已经和二十年前大不相同,但这次应三辉图书之邀,为了和国内的读者见面,仍有将该书做技术性修改的必要。因此,它与1990年的"最新修订版"不尽相同,而后者与1983年的原版的差距更大。这段变化有必要向今日的读者交代。

对国内的读者来说,本书虽然姗姗来迟,但上面提及的问题却仍然存在:它赖以立论的陈年旧事,如今是否只剩下了纪念的价值?书中反复论述的"深层结构",是否已经失去"时效"?既考虑"时效",有否基本上推翻了所谓不变的结构之命题?

在这个序言中,作者得面对这些问题。首先,我必须对"深层结构"这个概念予以进一步的澄清。这个概念的运用并非指中国历史从无出现变化,而是辨认中国历史上由古至今比较稳定的某些规律,它们是使"中国"在历经变化后仍保持它自身特殊认同的因素。因此,它可以比拟作河床的底部岩层,纵使河流本身是"逝者如斯夫,不舍昼夜"。

显然,在历史思考中应用"结构"这个概念,不该是用来论证黑格尔哲学传统里"东方社会"或者"亚细亚生产方式"这类先天上固定的本质。它应该是用来指示某一个历史时段内相对稳定的因素，而这些因素之间又出现相互联系性，可以让我们用“结构”的概念去综括之。“历史”本身就代表变化，没有概念的魔术师能改变这个事实，然则，历史如何被“结构”这个观念取消呢?

用结构观念研究历史的佼佼者是法国年鉴学派的布罗代尔（Fernand Braudel），他用史料论证：在整个16世纪，地中海地区的人地关系呈现出一个相对稳定的“结构”，这个结构既不同于15世纪也有异于17世纪，自然也使它不同于其他地区。但这个16世纪只是一个“时段”，如果我们想论证地中海这个大区在整个近代初期都具自身特色，令它与其他地区判然有别，我们不妨把“时段”拉长，进一步探讨该区在15、16、17世纪这三个时段间的共同关联性，归纳出这个更长“时段”里的相对稳定的因素。如果我们想论证地中海区由古至今都有自身的特色，在理论上是可以设想一个极长“时段”作为操作单位的。

当然，把中国上下三千年当作一个“长时段”的，并无人尝试过。它是否为人接受，该视其有否说服力，而不该是理论上的一种绝无可能性。从理论上对它做出本能式的排斥者，是出于把历史时序和逻辑时序两者混淆。

这个混淆，也出现在历史学是否可以像自然科学般做出预测的论争里。历来都有人具历史学可以预测未来的信念，但他们是混淆了两种时序。自然科学式“预测”所赖的因果关系是出现在逻辑时序中的。例如说，1605年英国天主教徒在国会的地道中埋藏炸药行刺整个王室的案件，如果得逞，造成划时代的大案，我们该如何做出因果关系的解释呢？物理学家会说导因是火柴，化学家会说导因是火药，而历史学家如果也想诉诸自然科学式的因果律，则会考察人文因素：有些史家会说导因是宗教改革后英国的国教政策，而马克思主义史家会认为是封建残余对新兴资产阶级的反扑，其之所以失败亦有其“必然性”。无论如何，如果这几种说法都设定在任何时空底下凡出现相同的因就会有同样的果，其解释的架构都是逻辑性的，是超越任何特定时空的因果关系之先后排列。

但是，职业历史学家所处理之对象无一例外是独一无二的历史时序（historical timeline）：它是必须标明某年某月某日某地某人物的叙事形式。这个时序——典型的例子是五经中的《春秋》——只是在时间中发生的事件的一个进程，并没有普遍性的意义。但历史学家如果要解释某一事故的“前因后果”，就必须把该特殊事故纳入上述那种具普遍意义的因果律的框架中。也因为如此,历史学家只能"解释"已经发生的,而不能预测未来。他如果把独一无二的历史时序和因果关系的逻辑时序混淆的话,则会把自己变成"灵媒",亦即是在某一特殊时地的事故发生后,去预测另一个特殊时地的事故必然会随着发生,而其假冒的逻辑必然性则会堕落为活神仙式的"宿命论"。

本书中谈的"深层结构"显然并非历史时序,但也不属于普遍适用于任何时空的因果关系范围,确切一点,该说是一种针对特定范围——中国——的共时性(synchronicity)设定。书中无疑举了许多历史例证,但是处理方式并不同于一般职业历史学家,而是把它们归入我所谓的"表层结构"现象,亦即是属于特殊性领域。书中的"深层结构"概念既然是一种相对稳定性的设定,而不是一种"亚细亚"式的先天不变性,因此,并不存在它是否在"将来"甚至在"现在"会遭改变的问题。

"深层结构"在理论上是可以被全面解构的。但我既然是把它设定为"中国"在历经变化后仍保持它自身特殊认同的因素,因此,在可见的将来,仍预想这个相对稳定性的某一程度之持续。有了这个新的体会,才为新千年版写出如下的新结论:

> 在本书里,中国文化以十分负面的形象出现,那是因为它被放置入一个由他人缔造的"现代"世局中,一切条件对它来说都是不利的,用来衡量它的所有标准也必然是异化的。但这个"现代化"该不断被重新定义。中国文化的"文法"规则能否在新的世局里创造出簇新的佳句妙句,我们将拭目以待。

我充分理会到这个结论与本书的基调之间会产生极大的不协调。

这就牵涉到本书是否已失去"时效"的另一种顾虑。既云作者"重新打开这本书的时候,恍如再次阅读一部陈年的日记,里面的思想情愫既曾相识又备感陌生",那么,它的看法是否充满偶然性,只反映作者某个时期的思想,而如今已时过境迁?

的确,读者会感到本书的行文是炽热的,但不是炽热的爱国主义,而是对自身文化的一种接近白热化的反感。这种反感是如此的强烈,以至于由它启发的文化批判远远超出一般的国民性批判。本书的特点,正在于它不是泛泛地罗列几项或十来项国民的"劣根性"然后提出老生常谈的补救之道,而是近乎千刀万剐式的切割。这个浓烈的感觉,是只有身处其中而又想全力地挣脱出来才会有的感觉。如今,作者已经居美三十余年,去国已久,纵使分析能力远胜于前,但已经没有了当时的心境,因此无可能再写出二十年前的东西。

在这里,又回到本书是否已失去"时效"的顾虑。要消弭这重顾虑,作者提出一个不寻常的解答:具有永久性价值的观点,往往是由独异的角度出发的。这种独异角度不只是由独异的人提出,而多半由一个人生中出现某些时刻的独异条件所提供。因此,这些时刻虽然短暂,这些条件纵使不会重现,却并不意味它们的结晶之价值也是短暂的。相反地,这个结晶应该属于珍禽异葩一类才对。

关于我个人的独异性(亦算是毛病),或许可简括为"最高判国罪症候群"。自从成为美国公民以后,我就一直在从事美国文化的批判,而且也是细微末节地批深批透。这个已经进行了十年以上的写作计划曰"弑母的文化",请读者拭目以待。

2003 年 12 月 11 日

写于美国佛罗里达州新斯牟尔纳海滩

修订版序

《中国文化的深层结构》一书于1983年面世以来，一直获得各方面的反应，但是有深度的批评还没有看到过。因此，这个批评还得由我自己去进行。同时，在书出版之后，我的一些看法也有所改变，借此修订的机会将它们包括进书内。

对这本书较常见的反应是："它如何去救中国?"关于这一点，我确实没有答案，书也没有一个结束语。在有机会与读者面谈的场合中，我的答复总是："这本书是我个人的陈词。"换言之，"救国"原非写此书之目的，它只是表达了一个人与其原生文化之间的疏离而已。以一个"个人"身份，毋需借着"替中国找出路"的名义，而斗胆反映一己与文化之间的异化，这已经是一种立场——也就是我主张的确立"个人"的一个表现。

此外，就是对本书有否严格地采取了结构主义方法的质疑。在这里我必须澄清：我的"结构"概念是一个比喻。它并不像列维－斯特劳斯那般想确立人类心灵的基本文法规则。事实上，这类尝试已归失败。如今，对"叙事"有了解的人，都只把它看作一种意义的编织。任何叙事都能说明一些现象，甚或"发明"现象之间的一些关联。在此意义下，思想与艺术创造的距离应可拉近。

在原版中，我用语言的文法结构去比喻文化的深层结构，并试图罗列这个结构的"内在的关联性、其可能性的扩散以及扩散的形态"。这个意图，在书中某些地方为叙事带来了负担，因为追求"扩散"，就常诉诸由一个文化意义去联系，去引申其他文化意义的方法，结果往往会迷失了主线，且形成叙事之冗赘。在修订版中，已尽可能去纠正这个现象。但既然不是由头重写，这个纠正也是有限度的，而原版的架构仍保留。

原版面世已经六年。六年时间,中国的一些情形起了变化,我的一些想法也有改进。在这段期间,更深入地阅览了各种对中国人心理的研究,其心得即反映在重写与新加的章节中。

我的旧命题是:中国人"心"发达于"脑"。近年来看到的一些心理测验的报告却指出:中国人投注在人际关系中的情感也不是很强烈的。例如,根据中国科学院1980年的一份心理测验报告:相对美国人来说,中国人处于人际关系中较倾向心情抑郁,个人的情感与外界之间也倾向呈现断裂疏离状态。在这里,一个可能的解释是:个体如果像西方人那般明朗化地表达一己之爱憎,人际关系无疑更为强烈,但也易趋于不稳定,像中国人那种比较"身不由己"的人际关系,反会趋于稳定,但个人情感的投注也不会强烈到哪里去。

上述的修正其实是更细致地加强了——而不是推翻了——原版中的说法。因为,我曾指出:即使中国人"心"发达于"脑",这个"心"却并没有表现为个人的热情,反而是化为镇止个人热情奔放的社会化的"人情"。有关中国人"非性化"的探讨其实也指向这一点。而全书中透露的讯息则显示:在中国人之间,理性精神与人之热情双双不发达。但这类讯息却是"扩散"在全书各章节中的,不将它们串起来的话,所谓"心"发达于"脑"的命题就易产生误导。

此外,所谓"心"发达于"脑",也只是就中国人的情感与理智之比重而言的,不一定是指中国人的"心"比西方人或拉丁民族的发达。在中国,必须将情感提升(亦即是理智化)到普遍性原理之高度才能出现的"人道主义",就不太发达。中国人的"心"无疑是伟大的抒情文学遗产的基础,但中国人的文艺易流向感伤主义,而不是强者的浪漫主义。

指出中国人抑郁倾向的心理研究,亦忽略了中国人人格中躁狂的一面,例如情绪的失控、将发泄行为带入了工作与执行公务的场合中、在公共场所中的野蛮行径,以及凡遇抗争情感即易趋极端化、怨毒化的倾向,等等。这类非理性的表现自然也是"心"压倒了"脑"。

无论是抑郁或躁狂,其实都是情感与外界的现实产生断裂的征状。用驾驶汽车做比喻,抑郁好比油门踩得不足,躁狂则是将情感能源踩到溢泛的地步。人非机器,凡人生的场合中都该会出现这类失调。但中国人的这类表现,却是结构性的泛文化行为模式。人,该轻松愉悦的,却患了“情感便秘”症;该表现热情的地方,却呈现“太监化”;在该达到性高潮的时候,情感却“遥远”得很;该由自己去面对人生,对一己人生负责的场合,则“不在现场”。但,该保持秩序、遵照程序的地方,却出现毁灭性、无目的性之大爆发。凡此种种,都说明了“个人”的焦点模糊化,也印证了书中举出的“自我”的被非组织化的命题。

这个泛文化性的人格两极化征状,在国外现代化了的华人身上,都有减轻的趋势。相应的一面就是个体化的理性、自我组织的萌芽。不过,我一直持有的看法是:在“个体化”的原理未能全面贯彻而中国人传统之“心”的诸般形态反趋稀薄的情形中,国外的华人会呈现出一种更为“身体化”的存在意向,人与人之间触动感官的因素更形淡化,而文化与文艺的心灵也转趋微弱。

上述的分析或者非一眼就可以看懂。事实上,它牵涉到“人”之发展过程中的一重矛盾性与暧昧性。这矛盾与暧昧也笼罩着西方人。西方人——尤其是美国人——的成长方式是强调“断裂—分离—个体化”,使个人脱离人生早期的依附状态,以便及早地培养全面掌握一己人生的自我组织的力量。这种对“人”的程序设计,令断裂形成一种惯性,导致从一个分离到另一个分离的人生。个人在少牵挂、少禁制的情形下,固然容易表达自己的七情六欲,却同时也使他难于进入人际关系。但只要“个人”是全面盛开的,虽然人格系统是以理性组织为主导,却仍能浮现一种感官性、一种魅力。然而,国外现代化了的华人在“个体化”方面既不如西方人彻底,而传统的“人情化”又趋于淡弱,因此,工作起来或更有效率,也比国内的人更能主宰一己之命运,但人的感官性却不会发达到哪里去。

不少到中国留学的西方人,一方面看到中国的种种不上轨道,中国之为“人”的道理处处与自己习惯的一套相反,总不免出言讥评,但另一方面,又似乎在中国找到了一点儿自己社会里缺少的东西,好像重温了自己必须及早脱离的但又有一点儿缅怀的“童年”。对人生早期之缅怀乃全人类共有的现象。不过,在新教文化的西方,对这种缅怀的镇压特别严厉,也时刻防范朝这个方向的逆退。中国人则无须缅怀,盖中国式的“二人”关系,往往将成人的世界化为父母之延续。中国式的“二人”关系里,包藏的是一个道家式的“身”,一个以静制动、无为而无不为的

“自我”。中国人即使在现实中很劳碌，在心里总会希冀一种“桃源”状态——在那里，一切都可以依托别人替自己操劳。这个对“桃源”的追寻，常反映在中国式的男女关系中。相形之下，西方人把将自己的一切都交出去让别人安排，看成是对方有权力宰制自己。美国人尤其把个人面对“旷野”当作是一种解放。这个解放自然也是“失乐园”。

美国是一个连心理景色也有点儿“荒原化”的地方。因此，问中国与西方的“心”哪一个比较发达，就变成了一个语义学的问题。在有的地方，根本不能比强弱，而是形态上的不同（有关“桃源”与“荒原”等文化象征符号的探讨，则有待将来，因为本书已出现“超载”）。

上述这层构思，是修订版中新添的内容。其他必须说明的地方有：在写作原版的时候，看到大陆不少的现象还是毛泽东时代的余绪，因此在“存天理，灭人欲”、“无性的文化”方面着墨多了一点儿。如今，大陆日趋物质化与消费化，开始接近战后初期的台湾形态，则宜强调中国人“自恋狂”与“宠坏”的一面。这两极化其实也是相辅相成的。原版中的一个命题即为：中国人格的组成有很大一部分是“他制他律”而少“自我组织”的，因此一方面被造成自我压缩，不懂得为自己争取权利，整个“人”都被压得很低，另一方面又缺乏纪律，无须对一己之行为负责，也少尊重别人之权益。中国人的“人我界限不明朗”，人格之依赖性，以及上述的“桃源”情结，都易衍生自恋狂式的“万能的幻觉”。一胎化的政策，势必会激化这个趋势，到了21世纪说不定还会使之成为主流。

最后，必须对本书所用的语言做一解释。书中偶尔会夹杂一些香港地方的广东俚语。这并非我一般写作的习惯，乃刻意如此，目的是使叙事更生动化、形象化。另外一个语言问题是心理学的名词，这对中国人的思考方式来说基本上是陌生的。一般来说，中国人倾向用泛道德主义兼实利主义的角度看问题，例如问：一件事是“好”是“坏”？应该还是不应该？对救国有否好处？或“你如果提倡不敬老，到你自己老了怎么办？”等等。中国人看“人”，也是把他放入社会关系中去定义，而不是把他看作一个人格体系。在中文里，如果说某人的人格有问题，并没有心理学上“人格错乱症”（personality disorders）的意思，而是指“大家”不耻其为人。我谈抽象的“人格”，往往也被读者“具体化”为“身体”去理解，典型的例子就是对书中提出的“身体化”(somatization)这一个心理学名词的误解(细节详新加的“中国人的内心世界”此一分节,见本书207—211页)。

本书将文化比喻作语言现象。语言是发生于历史中的,其文法结构固然具有稳定性,但整个语言的表层之各种表现,则势不可免地是“历时性”的。因此,再过十年,如有机会重修本书或写续篇的话,肯定会看到新的“词汇”、新的“句子”。

1989年2月16日

于加拿大埃德蒙顿市

第一版序

本书是作者对自身文化"硬心肠的"反省的结果。对来自一个"心"发达于"脑"的文化背景的人来说,这个态度是几经克服以后始能达到的。"脑"对中国人来说也是"心",但是却被感情的"心"所掩盖。因此,这里所谓的"硬心肠"态度,其实只是将思考判断的功能从脑部中层上移到大脑皮层左半部而已。

笔者原本的计划是探讨中国人"现代化"的问题,因此书名原定为"中国人与现代世界"。但是,深入探讨的结果,发觉固有文化中的一些基本特色并不因"现代化"而减灭,反而有加强的倾向。因此,遂醒悟到:"传统"与"现代"的二分法不一定能够成立,而所谓"现代化"可能只是表层的现象,至于一个文化则有其不变的深层形态。

例如,香港与大陆、台湾比较,无疑是最"现代化"的中国人社会,而中国人的"食"却因物质条件的许可而获得前所未有的发扬。香港有四五层的饭店,每层有四五十张桌子,乃世界上少见的现象,连当今之世最富庶的美国都没有这种现象。笔者在日本的东京时,则发觉有七层楼的书店,每一层比香港的"三越"还要大,也是世界上罕见的现象,连美国也没有。从香港与东京的这两个特色,就可以看出两地不同的精神面貌。

显然,中国文化里对"食"的执着,是愈到了"现代化"才愈发扬的。经济落后的大陆就没有这些条件。当笔者与台湾来的人论及世界上只有香港有这种"食"的规模时,台湾来的人说:"在你离开了以后,台湾也已经有了这样的吃食地方!"似乎,台湾的"现代化"也跟上去了!

笔者在香港、大陆、台湾都居留过，也亲眼看到海外的中国人的样子。长期归纳的结果，发觉无论生长在何种制度底下，只要在文化意义上仍然是中国人的话，都呈现出一种共性，这种共性说是“民族性”也无不可。

然而，笔者用来探索中国人特色的方法是不同于“民族性”的研究的。因为，后者只是列举一系列抽象的共性，至于笔者的方法则是在日常生活的具体细节中去观察中国人文化行为的基本结构——这些行为可以是彼此不同的，甚至是相反的，但是只要在同一个文化下发生，就有结构上的关联性。事实上，笔者采取的是结构主义的方法。

结构主义的方法就是去观察同一个结构在不同领域中的可能性的扩散。这种解释方式基本上也有异于去探求因果关系。因果关系的解释方式是将一切现象都还原到一个起因之上，因此，在实质上是去追求一个“创世神话”——对初民来说，这个“第一因”是创世神，至于符合现代人心智水平的说法，“第一因”则往往是“经济基础”一类的解释。

至于结构主义的方法，则是从现象本身去寻找一种内在的关联性、其可能性的扩散以及扩散的形态。因此，如果要问这个“结构”是如何来的，就好像小女孩问母亲太阳是怎么来的一般，是一个回答不了的问题。对必须要有“创世神话”才能安心的人来说，他们不妨在笔者所结构的一大堆现象之外自行去附加一个合自己胃口的或符合自己心智水平的“第一因”。至于本书，则是不从事这类尝试的。

在本书里，笔者除了从中国人文化行为本身里去勾勒一种结构之外，还论证这个“结构”于中国人之“身”被结构的方式，亦即是其“人”被设计成的样子。在这个探求中，就必须将烙在每一个中国人“身”上——也包括自己“身”上——的文化密码逐件拆下来。因此，至少对笔者来说，这个“非结构化”就不只是纯智力的批判那么简单，而是牵涉到整个人的自觉重组的问题。

自然，在这里，也关联到另一个更基本的考虑，那就是：不论“现代化”与否，中国“人”被设计的方式是否根本上有问题？

1983 年 1 月 28 日

于美国斯坦福

第一章

导　论

(一) 试从一个新的角度看中国文化

至20世纪七八十年代,大部分的中国人已经习惯用马列主义的分析范畴去解释中国的过去与现在。例如,他们称传统中国为"奴隶社会""封建社会"等等;如果他们想指责某人思想陈旧,就会说他很"封建";如果觉得某人很个人主义,自己看不顺眼,就会说他是"小资产阶级"等等。

这类已经渗入日常意识中的概念范畴,可以说是人的意识加予客观世界的一组标签。这类标签使人们能够将众象纷纭的外在世界整理出一个条理,换言之,它们在人的意识中将"现实"架构了起来。

这并不是说,客观现实是人的心灵凭空制造出来的,而只是说,人对客观世界的概念化是人的"认知意向"与客观世界之间达成的一项协定。从不同观点出发的认知意向,就会与客观世界达成不同的协定。

我们认为:所有从各种不同观点("先定假设")出发的认知意向,都共同地具有对客观世界加以条理化的作用,而且,从一个"先定假设"出发的认知意向,都有独具一格的对客观世界的整理方式。换言之,建立在这个认知意向之上的一套"分析架构",具有其自身独特的分析能力,使它能够从客观世界中整理出某一种"现象"来。

那是因为,由某种观点决定了的对某种问题的特别关注,致使人的认知意向将客观世界中的某一类现象孤立出来,并且还在它们之间寻求一种"必然性"

的关联，把它们的重要性提升到“本质”与“主流”的地位，而将客观世界中其他被过滤掉的方面当作是非本质的、意外的或偶然的因素，甚至当作是“非事实”。

因此，一套由某一种认知意向衍生的分析架构，能够使我们“看到了”其他的分析架构所不能看到的“现象”。认知意向对客观世界的这种“照明”作用，就好比在暗室中将一盏灯移到某一个角落，去照亮这个暗室中满堆着的杂物，并且将这堆杂物由光暗对比形成的轮廓，从这个特殊的角度去勾画出来一般。然而，正因为这样，任何照明的作用都不能够也不可能同时“看到”从所有的角度展呈出来的轮廓。

因此，根本就不存在人的认知意向对客观事物“兼容并蓄”的可能性。因为，欲试图在天下万事万物之间去寻求一种必然性的关联，就等于没有“必然性”；把乾坤万象的重要性都提升到“本质”与“主流”的地位，就等于没有“本质”与“主流”。

因此，任何一套分析架构都不能够也不可能“看到”全部的现象。因为，一套分析架构并不只是简单地“反映了”客观世界中的现象。如果问题只是那样简单，那么，至少在理论上，人们可以建立一套与客观世界一样庞大的分析架构，去将它全部地“反映”出来。但是，在我们看来，即使是同一个客观世界的同一个面相，也可以从几个不同的认知意向的角度去观照它。每一次不同的观照，都会使它获得一种新的关联，一种新的意义。

在这个意义上，“现象”本身就是由认知意向的“组成力”与客观世界的某些面相之间相互形成的一种东西。认知意向的“组成力”使这些面相之间呈现出一种具有内部必然性的关联，并且还在“意义”的层次上将它们提升到“本质”与“主流”的地位。因此，所谓“必然性”与“本质性”，是相对认知意向而言的。从某一个“先定假设”出发的认知意向，对其所关注的现象中浮现的“必然性”与“本质性”，可以说是具有一种直观式的掌握。

但是，只要改变了“先定假设”，转换了认知意向的方向，这种对该现象的本质直观就消失了，该现象的内部结构也会随之而瓦解，取代它而呈现在我们眼前的将会是具有不同的内部结构的另一个“现象”。因此，可以这么说，不同方向的认知意向“组成了”不同的“现象”。

让我们再用在暗室中提灯照明杂物的例子，来做一个比喻吧！大家都知道：提灯照物，从某一个角度看到的由光暗对比组成的轮廓，与从另外一个角度去照明所产生的效果是不同的。如果我们将“光”比喻作某种认知意向在现象中看到的“本质”部分，又将“暗”比喻作它所看到的“非本质”部分，就会获得这样的理解：将认知意向的方向转换，作为认知对象的“现象”的内容也会跟着起变化。

“现象”既然是由认知意向“组成”的，而认知意向又总是从一个观点出发的，因此，任何认知意向都能够“看到”从其他的角度看不到的现象。然而，也正因为这样，它却不可能“看到”从其他角度才看得到的现象。因此，任何一种认知的意向，在照明了客观世界的一组现象的同时，皆不可避免地会把客观世界的其他面相做“稀薄化”的处理。

从以上的体认出发，我们可以这样说：某一套社会科学的理论，确实能够“看到”其他的社会学说“看不到”的现象，但同时它却不可能“看到”由其他的角度才“看得到”的现象。比如，像其他所有的社会科学理论一样，马克思主义是用一套建筑在自身的“先定假设”之上的分析架构去研究社会的，从一个先定的观点出发，它将人的认知意向导向众多纷纭的社会事物中的某一组规律性。换言之，它从杂多的社会事物中孤立出它认为是“本质”的问题，而对马克思主义来说，那就是“阶级”问题。

马克思主义的阶级分析方法，及由其衍生的“生产方式”“生产关系”等概念范畴，正是为这样的一套分析架构设计的——这套分析架构让我们“看到”任何社会的阶级关系：谁是剥削者？谁是被剥削者？在某种类型的阶级社会底下，剩余劳动又是凭哪一种“剥削方式”去抽取的？这套分析架构使我们的认知意向在任何人类的社群中都去找寻这种关系，除此之外，我们的认知意向遂无须去涉及每一个社群在其历史过程中出现的其他众多纷纭的因素。

换言之，马克思主义既然是将“阶级”当作“本质的”因素，因此就势必会把相类似的阶级结构作为可以归入一类的标准，而将具有十分不同的历史背景之社会文化体制划入同一个范畴中，并把世界各地文化的历史性差异当作是“非本质的”因素过滤掉。

举例来说，在马克思主义的分析架构的“观照”下，中国自秦至清这一段长达两千多年的时期，与西方的中古时期，皆可以归入“封建社会”一类。因为，两者具有类似的“生产关系”及与此相应的“剥削方式”，即由占有土地的不劳动的阶级，对拥有生产工具的直接劳动者，采取并非由市场调节而是透过直接政治支配方式的“超经济剥削”。

然而，光凭这样的概念化，我们就能说明这两个社会在它们的所谓“封建时期”的全部历史了吗？为什么中国的“封建社会”是中央集权的，而西方的却是地方分立的呢？为什么中国的“封建社会”长达两千多年之久，而西方的却远为短促？基督教与儒家文化的差别，难道只是大同小异的“封建文化”吗？

这些问题，马克思主义的分析架构都必须将之做“非本质的”现象处理，而且，即使是这样，仍然难免要把该架构中的概念做伸缩性的调整。例如，把中国大一统的历史形态称为“封建专制主义”，以及把中国“封建社会”两千多年的过程当作是一种“迟滞”，并认为这是中国“封建主义”的“特殊性”，等等。像这样地将概念“稀薄化”的做法，就大大地削弱了这些概念的分析能力。

的确，任何一套建筑在一个“认知意向”之上的“分析架构”，都有作为其分析对象的“硬核”现象。这个分析架构的“先定假设”，正是为了捕捉作为它分析对象的“硬核”现象才成立的。因此，这套分析架构遂配备有独具一格的概念范畴，使它能够对“硬核”现象照顾得特别周到。然而，当这些概念范畴越出了这个“硬核”的现象时，这个分析架构就不可避免地达到了它的分析能力的“边缘”。这好比一个政府，越出了它能最安稳地统治的司法范围，而欲在边疆地区维持一种不牢固的势力一般，其原本完整的统治权势必因与当地的地方势力妥协而遭到削弱。亦即是说，它遭受到“稀薄化”的命运。

在这里，我们并不是想指出马克思主义“阶级”观点的错误，而只是说明它作为一个“分析架构”必然有的局限性。“阶级”观点在说明人类社会的阶级关系时自有其正确性。然而，当它越出了自身认知意向的“硬核”范围，而去处理历史性文化之时，就不可避免地把它当作阶级结构的一个“副现象”（epiphenomenon），亦即简单化地将“文化”当作社会经济结构的“上层建筑”的一个方面,狭窄地把它界定为替阶级利益服务的“意识形态”。

这样的一种对“文化”的概念化,并非完全错误,只是失诸偏窄。阶级利益确实地反映在人的思想意识中,因此也构成文化的内容。然而,统治者的“剥削有理”或造反者的“造反有理”,充其量只是整个涵盖一切的文化大气层的一部分——统治者与造反者都必须从这个共同的媒介中汲取对他们有利的因素,去缔造“剥削有理”或“造反有理”的依据,而他们所接通的文化电源,往往是同一事物,亦即是由同一套文化行为模式与符号去表达。

自然,纯粹用阶级结构去解释文化现象,是不可能看到这个共同的文化媒介的,而这个共同媒介正是使一种文化独特于另一种文化的标准。于是,运用唯物史观的方法,居然可以将中国几乎由古到今的一段历史与西方中古时代归纳成同一个东西——“封建社会”。亦即是说,在紧抓住“生产关系”与“剥削方式”之余,将两者其他的种种歧异都当作是“非本质的”特殊性与偶然性而过滤掉。本来,任何分类法本身都是无可厚非的,因为它总是为一个目的服务。因此,为了革命而必须搞清楚社会的阶级结构,将其他的一切现象都当作是“非本质的”而过滤掉,原本亦无可厚非——正如同我们为了某种特殊之目的,把鹿和马都归入“四肢着地的动物”一般,也并非不可以。但是,将鹿说成是马,则又当别论。

因此,用唯物史观的范畴去解释中国的过去与现在,并不是唯一科学的方法——它充其量是众多观点中之一种。它的分析范畴使我们看到了“阶级”现象,却无法使我们看到全民族性的“文化”现象。

(二)“良知系统”与“深层结构”

笔者在这里提出“良知系统”这个概念,来作为讨论“文化”问题的第一步。“文化”是人类独有的现象,它是人对自身的生物性的加工,并对这个生物性做出某一个程度的调整。因此,“良知系统”是相对“遗传系统”而言的。

生物界对自身的“遗传系统”加以补充,当然并不始于人类。在石炭纪出现的爬虫中,其进化已达这样的地步,使其脑内储藏的来自外界的讯息开始超过由遗传因子赋予的讯息,亦即是说:在这类生物中,体外讯息的数量首次超过了体内讯息的数量,因而使它们相对周遭的环境来说具有更大的“自由”。

当生物进化到了人的阶段后,这种经由大脑处理的体外讯息已经浓密到如此地步,以至于人工制造的环境开始取代自然的环境,成为人类活动的主要媒介,而人的生物本能也开始受到由体外讯息组成的意义、价值与象征符号的支配。这个来自体外的对人的“程序设计”,我们姑名其为“良知系统”。

“良知系统”既然是指文化对本能的加工,因此很容易与弗洛伊德精神分析学中的“超我”混为一谈。事实上,笔者的认知意向与精神分析学不尽相同,因此笔者的分析架构中的概念范畴遂具有不同的分析能力。“超我”的概念是指个人的人格组成中来自社会文化价值的压力,至于“良知系统”则是用来说明文化与文化之间的差异的,亦即是不同的文化对“人”的不同的设计。

在这里,可能又会引起混淆,那就是认为“良知系统”是宗教、哲学、意识形态这一类精神价值体系。事实上,“良知系统”与这类事物有两点不同。第一,这类精神价值体系所涵盖的范围,往往比“良知系统”来得广阔,因为它们是超文化的,例如,天主教与马克思主义都可以共同为东方人与西方人所接受。然而,同样一套精神价值体系在不同的文化中却往往呈现出不同的形态。因此,这些体系不能说明文化差异,它们在不同的文化中呈现出来的不同形态,反而需要用我们的“良知系统”概念去解释——对任何外来的精神体系来说,本土文化的“良知系统”就像一个变压器,使这些因素必须像电流一般透过其中,才能发挥效用。

第二,“良知系统”包含的范畴,又比这类体系广泛得多,任何精神价值体系,不论是土生的或从外吸收的,都只是一个广泛得多的文化的一部分。这类体系,在任何文化中,总是扮演申明文化“理想”的角色,而不是去代表生活层次的“现实”。各种宗教、哲学或意识形态体系,在理论层次上,都是说得冠冕堂皇的。如果光就教义去分析它们,那么我们就会面对一个金光灿烂的理想世界,其中没有一点儿瑕疵。然而,笔者欲处理的,却并非这种处于云端的现象,而是更为着眼于地上甚或是深入地底之物。换言之,“良知系统”是一个文化的最为基本的结构——它是一个文化的“深层结构”。

在这里,可能又会引起混淆。“良知系统”既然并不是宗教、哲学与意识形态体系的同义词,而是一个可以把这些精神或理性的价值体系做“非理性的”涂改的“深层结构”,因此,又很容易与“潜意识”这个概念混为一谈。

将我们的“深层结构”称作“文化潜意识”,亦无不可,不过,它却不是一个被压抑掉的心理层次。的确,我们的“深层结构”概念并不是指个人发展史或民族性形成史上的一个属于“史前史”的心理岩层,必须用释梦、临床治疗或比较神话学的诸种方法去做“考古发掘”,它是指即使在日常生活这个“当代史”中也可以看得到的文化行为。

我们设定:每一个文化都有它独特的一组文化行为,它们总是以一种只有该文化特有的脉络相互关联着——这个脉络关系就是这组文化行为的“结构”。这个“结构”可以在该文化中人们日常生活的表现里看到,也可以在同一群人的政治行为中找到,同时,它亦呈现在该文化的历史过程里浮现的规律性中。

这种特殊的脉络关系或“结构”,可以算是一种法则性,但是,这种法则性却不是一种“定律”关系。因为,从“定律”这样的思考范畴去解剖事物,就是从因果律与条件关系的角度去说明它,亦即是去探求:同样的“因”,在相类的一组“条件”底下,是否会产生同样的“果”?

我们则认为:在同一个文化下,每一个人所做的事情,有时是与别人相同的,有时是与别人不同的,甚至是相反的;有时,某一些行为可以在绝大多数人身上看到,而另一些行为又只出现在少数人当中;有些事情甚至是“史无前例”的。然而,只要它们都是在同一个文化下进行的,那么,在所有这些行为背后,以及它们彼此之间,是有一种“文法”上的脉络可寻的。

在这里我们提出了“文法”的概念,是因为我们将文化的“深层结构”比作语言中的文法结构。显然,在使用同一套语言的情形下,人是可以造出无数不同的句子来的。事实上,绝大部分句子都是独异的。但是,只要是在使用同一套语言,在它们万花筒式的变幻背后,文法结构却是相同的。

(三)中国历史形态的超稳定性

"深层结构"是指一个文化不曾变动的层次,它是相对"表层结构"而言的。在一个文化的表面层次上,自然是有变动的,而且变动往往是常态。"表层结构"与"深层结构"的关系,只要举一两个实例就能说明。

例如,西方文化的"深层结构"具有动态的"目的"意向性,亦即是一股趋向无限的权力意志,因此,任何"变动"都导致不断超越与不断进步。这股趋向无限的权力意志既表现在"个人"是一个不断开展过程的设计中,也表现在征服海洋、征服太空这类不承认空间有局限的意向中;此外,西方文化也在人类史上首次将"不断成长"的意向带入了经济活动中,以及将"不断改进"的意向注入了社会活动中——在这个意义上,西方的资本主义与社会主义都是反映了"深层结构"中的这股意向的"表层结构"的现象。

因此,以上这些不断开展、不断超越、不断进步的现象只是肯定了"深层结构"中的那个不变的意向,那就是:"不断追求变动,而变动又总是导向超越与进步。"如果西方文化的发展方向开始背离这项原则,那么,它的"深层结构",就开始被"非结构化"。

至于中国文化的"深层结构",则具有静态的"目的"意向性。我们在以后将详细指出:中国人的"良知系统"在个人身上造成的意向是"安身"与"安心",在整个社会文化结构中则导向"天下大治""天下太平""安定团结",而其政治之意向亦为"镇止民心,使少知寡欲而不乱"。换言之,就是维持整个结构之平稳与不变。因此,在"表层结构"中尽可以出现变动,但是,任何"变动"总不能导致进步与超越。的确,在中国历史上,每一次"动"都只可能是一次"乱"——事实上,中国人总是"动"与"乱"连称,成为"动乱"一词——而每一次"动乱"都是使"深层结构"的变化越来越少。

中国历代的农民战争其实都是"动乱",因此并不能用西方阶级斗争史的模式去硬套,将它们说成是推动中国历史向前发展的动力。事实上,循环不息的农民战争是使中国的社会越来越平均的因素。这种越来越"太平"的倾向使社会朝着更为支离破碎、一盘散沙的方向发展。于是,社会就越来越需要国家去组织它。

因此,在中国历史上,老百姓的平均主义与统治者的专制主义是互相配合的,如果中国文化说得上是人类史上最牢固的保守主义,那么,中国老百姓与统治者的这种完美无间的配合可以说是人类史上最成功的阶级合作主义——其共同效果则为维系结构之不变。这种"阶级合作主义"有时甚至可以集中表现在一个人身上——例如,出身卑贱的明太祖朱元璋,在夺得天下后,就将江南的大户几乎一口气杀光。因为他的这种行动,大陆的马列主义史学家,从他们的"分析架构"出发,总是倾向于视朱元璋为"农民的代表"。然而,朱元璋不也同时是专制帝王吗?

的确,在中国历史上,平均主义与专制主义是互相提携、双轨并进的。在中唐以前,还有士族地主,而中国的专制主义亦未趋完善。到了宋代,士族地主基本上消失,中国社会变成国粹派学究津津乐道的"平民社会",国家举办的科举取士变成了唯一晋身之阶,而专制主义的中央集权化也朝前发展了一大步。

到了明清时代,中国式的专制主义可以说是达到了传统水平的完善状态;而到了帝制晚期,社会上亦基本呈现如孙中山所说的"只有大贫小贫之分"。但是,孙中山提议的救中国的方案,却仍然是"平均地权"以及"节制资本"(亦即是由国家去发展实业)。

到了五六十年代①,更将这种平均主义与国家集权向前推进一大步——不只是连"大贫小贫之分"也被土地改革与"资本主义的社会主义改造"所平均,变成人人一样的"铁饭碗"制度;国家整体,在组织与集权方面,也因为国有化的措施而达到了史无前例的水平。但是,在"表层结构"上,谁都不能否定中国曾经历了一次社会大变革,以及生产方式的大革命。在主观意志上,中国执政者亦尝试通过马列主义将西方文化的动态的"目的"意向性注入中国,希望能打破亘古不变的局面。但是,"不断革命"施行的结果,却仍然是制造了"乱",而且,

① 本书若不特别指出,所有的年代皆属20世纪。——编者注

更将平均主义与集权主义推进到一个前所未有的新高峰。

因此,在中国历史上,每一次“动”都不是一次“进步”,而是一场“乱”。到了现代,“革命”似乎在“表层结构”上促成了社会结构与生产方式的变动,但是,在“深层结构”的意义上,却是在“天下大乱”之后对结构稳定(亦即是“大一统”与“天下大治”)的重新回归,而且,因为平均主义与专制主义倾向的深化,使“深层结构”的形态更为趋于稳定,趋于不变。

既然中国历史上任何“表层结构”意义的变动都是使“深层结构”越来越没有变化的因素,因此,由中国整个历史发展过程呈现出来的“深层结构”遂表现为一个“超稳定体系”的形态。

第二章

中国人的“良知系统”

（一）中国文化对“人”的设计

（二）“身体化”的倾向

（三）中国人的“人心”逻辑

（四）“心”对“身”的照顾

（五）“心”对“身”的组织

(一)中国文化对“人”的设计

1. 中国人对“人”的定义

要分析中国人的“良知系统”,不妨从中国人对“人”的定义开始,若试从一种与它完全相反的观点——例如西方新教文化下产生的存在主义——去比较它,可能来得更清楚。

存在主义者认为:一个人只有从所有的社会角色中撤出,并且以“自我”作为一个基地,对这些外铄的角色做出内省式的再考虑时,他的“存在”才开始浮现。如果他缺乏这道过程,那么,他就成了一个没有自己面目的“无名人”。“存在”的拉丁字源为 existere,有“站出来”之义,与英语中表示“出去”之 exit 乃文字上之近亲。

中国人则认为:“人”是只有在社会关系中才能体现的——他是所有社会角色的总和,如果将这些社会关系都抽空了,“人”就被蒸发掉了。因此,中国人不倾向于认为在一些具体的人际关系背后,还有一个抽象的“人格”。这种倾向,很可能与中国文化中不存在西方式的个体灵魂观念有关。有了个体灵魂的观念,就比较容易产生明确的“自我”疆界。

中国人对“人”下的定义,正好是将明确的“自我”疆界铲除的,而这个定义就是“仁者,人也”。“仁”是“人”字旁一个“二”字,亦即是说,只有在“二人”的对应关系中,才能对任何一方下定义。在传统中国,这类“二人”的对应关系包括:君臣、父子、夫妇、兄弟、朋友。这个对“人”的定义,到了现代,就被扩充为社群与集体关系,但在“深层结构”意义上则基本未变。

当然,文化对“人”的定义不一定就等于实际生活中发生的情况。事实上,所谓“存在主义”只是西方的少数人的哲学。不过,这个西方文化的典型产品却可以使我们看出该文化的倾向。在另一方面,中国人社群性的偏向也不等于说没有了“个体”,只是使“个体”的表现比较隐而不彰,而其表现形态亦有异于西方。此外,在任何文化中,都会出现比较抽离现实层次的知识阶层。因此,在传统士大夫阶层身上,也出现将具体的“二人”对应关系提升为一种“仁”的普遍原则,以之作为“个体”的存在基础。不过,即使是这个高层次的原则,仍然必须以“二人”之间衍生的“人情”作为内容,因此亦同样可以使我们看出中国文化的偏向。

中国人的“仁”指的是这样的一种关系:人与人之间的心意感通,亦即“以心换心”,并且,在这种双方心意感通的过程中,理想的行径必须是处处以对方为重。中国人的“礼让”其实正是这种关系的外在表现。这种对“人”的设计,一般地使中国人富于“人情味”,亦即在面对相识的人时,不轻易拒绝别人的要求,急人之难,忘我地为别人办事,以及自己多吃一点儿亏也无所谓的作风。此外,一旦当人际关系建立起来后,就有趋于持久稳定的倾向,例如,不忘故旧,维持终身的朋友关系与婚姻关系,等等。笔者发觉:这类倾向,在大陆比台湾浓厚,在台湾又比香港浓厚。因此,共产党提倡的“毫不利己,专门利人”的口号,似乎与马克思主义没有直接关系,而其实是中国人处处以对方为重的“做人”方式之同调变奏。

然而,在这种对“人”的设计下,孤零零的“个人”——不受任何人伦与集体关系“定义”的个体——就变成了很难设想之事物。即使在集体关系已经松弛的海外华人社群中,仍然残存着一种倾向,那就是把已经成年的未婚者当作“小辈”看待,亦即是说:他(她)唯有由长辈去加以“定义”;只有在他(她)建立了自己的家庭,能够用自己组成的“人伦”关系去“定义”自己后,才算是“成人”。因此,一个孤零零的“个人”总是给人还未“完成”的感觉。不过,在海外,这种倾向只残存在一些态度中。在大陆,这种倾向仍然是十分浓厚的。不论一个人是否适合结婚,或者结了婚后因为工作分配而仍然必须与配偶分处异地,他(她)都必须去完成这道“成人”的手续。这并不是党的政策,而是一股来自社会的压力——例如家属、领导与同事的“关心”,等等——至于个人也倾向于将这个对“人”的定义内在化。此外,在大陆,在每一个“个体”头上,也至少有一个单位、一位领导去“定义”他(她)。

笔者并不是提倡一个人不应该结婚、工作,以及维持人际关系,只是在探讨两种可能性:一种是由自我去“定义”这些外铄的关系与角色,另一种则是由这些关系与角色来“定义”自我。中国文化无疑是倾向于后一种情形。在它对“人”的设计下,孤零零的“个人”——不受人伦与集体关系“定义”的个体——就很容易被当作是一个“不道德的主体”。例如,对中国人来说,“我行我素”“一意孤行”“孤男寡女”等等,都不是好的状态;一个人自顾自,不惠及别人,也被称作“孤寒”;而单个人的见识也被认为是有限的,因此说“孤陋寡闻”;至于不经自己选择而又不能与别人在一起的状态,则是值得同情的,例如“孤儿寡妇”“孤苦伶仃”“无主孤魂”等等。

传统中国那种必须由“家”去“定义”个人的情形,在新中国成立以后,就扩充而为由“国家”去“定义”个人。因此,在今日的中国,“个人主义”“自由主义”“无政府主义”也都是一些不好的名称,而且是现成的帽子,可以随便用来套在脱离常轨或表现个性的人之头上。因此,中国文化“深层结构”的“文化”规则基本上未变,只是产生了新的运用,并且增加了一点儿现代的词汇。

在整个文化中,似乎只有一个不能由别人去定义的“孤家寡人”,那就是作为全体大家长的皇帝。虽然士大夫阶层也确曾想将“君臣”关系纳入“二人”对应的关系中,但随着专制主义的增长,这种对应关系也逐渐成为“君为臣纲”“君要臣死,臣不死不忠”。于是,专制君主成为名副其实的“一人”。因此,黑格尔认为的在中国这类东方专制主义中只有一人是自由的,似乎也有一点点道理。自然,专制君主并不是完全没有制约的,如果他搞到天怒人怨的话,就会失去“人心”,而变成了“独夫”,到时就会出现“诛一夫”的可能性。不过,无论是哪一种情形,专制君主都倾向于成为“一人”。

2. “二人”与“一人”

一般中国人的常态既然是用渠道化的“二人”关系去定义任何一个“个体”,因此就倾向于把单个的“个体”当作是没有合法性的。由此延伸,“局部”的利益在“整体”面前也是没有什么合法地位的。这种倾向,可以在孟子回答梁惠王的问话中,找到最经典性的表达方式:“‘王!何必曰利!亦有仁义而已矣。’王曰:‘何以利吾国?’士大夫曰:‘何以利吾家?’士庶人曰:‘何以利吾身?’上下交征利,而国危矣。”①

显然,中国文化是把单个的“个体”设计成为一个“身”,而主流的文化意识则将“利吾身”视为不正当的行为。在中国文化里,既然没有个体“灵魂”的设计,因此,将“个人”只当作一个没有精神性的肉体,是很顺理成章之事。这并非说中国人没有精神形态,不过,中国人的精神形态却是由这个“身”散发出去的“心”之活动,亦即是克服人我界限的“由吾之身,及人之身”的心意感通。换言之,中国人“个体”的精神形态,必须在别人“身”上才能完成,因此,仍然是符合了“仁者,人也”的定义。

如果把中国文化比拟作一个“太极”,那么,“身”与“心”就好比是这个太极中互相作用的“阴”与“阳”——“身”是阴性的,因为单独存在的“身”必然是静态的;“心”是阳性的,也是动态的,因为“由吾之身,及人之身”的心意是一种活动,它可以克服各自分离的“身”之存在,达成了人与人之间的“感通”。

中国人“良知系统”把“人”分成“身”与“心”的设计,在文化“表层结构”上以观念形态方式表现出来的就是道家与儒家。的确,在中国人身上,由儒家与道家以系统化观念的方式反映出来的行为倾向,也是具有相互补充作用的。在中国文化传统中,儒家正是“心学”,道家则可以说是一种“身学”。

“心”的表现就是人与人之间的互相照顾与关怀,而这种照顾与关怀的对象就是彼此的“身”。中国人认为:“个体”只有在一个包含人与我的“人情的磁力场”中才能自我完成,而儒家的强调正是放在这个场中人我感通这个过程之上。

① 《孟子·梁惠王章句上》。

的确,唯有“心”的动态,才能由一人之“身”出发,达到另一个人“身”上——这种“二人”的关系就是“仁”。因此,儒家也是“仁学”——这是中国文化大传统的正统,也是一般中国人的常态与显性的一面。

确实,中国人在日常生活中,是把自己纳入渠道化的“二人”关系的。在传统时代,这类“二人”关系即被公式渠道化为五伦观念:君臣、父子、夫妇、兄弟、朋友。正因为中国人是讲究“二人”一对的,因此,在涉及另一个人时总是说“对方”(在英文里,则说 one or the other,亦即是一个整个的个体与另一个整个的个体),于是,如果自己这一方做错了,就会觉得“不对”,因而“对不起”对方。“对”自然是指“面对”,而“错”也有当面错过的意思,因此自己这一方“错”了就是“无面目”去“面对”对方。既然中国人的“个体”是必须被“二人”一对的关系扣住的,而“二人”之间才会有“心意”,因此,不受人情制约的“一人”之心意就会被当作“一意孤行”。不受“二人”之“心”制约的心,也很容易变成“私心”。

在任何文化中,形而上的“天理”总是人间状态的一个投射。例如,西方式的“上帝”就是个人“灵魂”认同的对象,而这个原理是超越于世间之外的,因此给“个体”从世俗关系中向上拔高提供了一个拉动力。至于儒家思想的“天理”则是“二人”之“仁”。孟子说:“仁,人心也。”①因此,中国思想界在受到佛学谈论形而上学的风气影响后,亦出现了“心即理”与“性即理”等命题(“性”即“生”来自有此“心”之谓也,亦即是说有“心”才有“人性”)。

至于中国式的“天”,却是“天地人”这个世界系统内在的一个组成部分,因此,“天理”也是在世俗关系中展现的,而所谓“存天理,灭人欲”,也就是将“一人”纳入“二人”渠道——这个设计对个体所要求的是“克己复礼为仁”,在非常时期甚至必须做到“杀身成仁”,换言之,都是成全“二人”关系中的对方之意思。

然而,儒家不过是文化“表层结构”意义上的“心学”,因为即使从不涉猎儒家思想的中国人,其整个人被结构的方式也是不要过分地表现“自我”,甚至贬

① 《孟子·告子章句上》。

抑自己。似乎可以这么说:正因为中国人“做人”的方式是这样,才让儒家成为一统思想达两千多年之久。

事实上,即使在打倒了“孔家店”的今日,在中国提倡的仍然是:“毫不利己,专门利人”,“一不怕苦,二不怕死。”

至于道家则是中国文化传统中的“身学”,而“身”就是“一人”。的确,道家是反对“二人”关系而主张“一人”的。《老子》说:“天地不仁……圣人不仁……”①“是以圣人抱一为天下式”②“天得一以清,地得一以宁,神得一以灵,谷得一以盈,万物得一以生,侯王得一以为天下贞;其致之,一也”③。在老子心目中,真正的“道”就是“一”,万物都是从这个“一”派生出来的:“道生一,一生二,二生三,三生万物。”④因此,像仁义一类的东西只是末流:“故失道而后德,失德而后仁,失仁而后义,失义而后礼。”⑤老子又认为即使是“天地”这样的“二人”关系已经是没有保险的:“天地尚不能久,而况于人乎?”⑥因此,最好能够直接掌握到天地还未作二元分化之前的那个“道”:“有物混成,先天地生。寂兮寥兮,独立而不改,周行而不殆,可以为天下母。吾不知其名,字之曰‘道’。”⑦因此,人们虽然以孤寡状态为不好,但君主却偏偏称孤道寡,表面看起来似被损,其实反而获得增益:“人之所恶,惟孤寡不穀,而王公以为称,故物或损之而益,或益之而损。”⑧

道家对“称孤道寡”的注释,与儒家刚好相反——站在儒家的立场,这种称号正是“毫不利己,专门利人”的自我贬抑:“子云:君子贵人而贱己,先人而后己,则民作让。故称人之君曰君,自称其君曰寡君。”⑨

然而,在中国文化里,除了九五之尊的君主能以“一人”身份面对天下之外,

---

① 《老子·虚用第五》。
② 《老子·益谦第二十二》。
③ 《老子·法本第三十九》。
④ 《老子·道化第四十二》。
⑤ 《老子·论道第三十八》。
⑥ 《老子·虚无第二十三》。
⑦ 《老子·象之第二十五》。
⑧ 《老子·道化第四十二》。
⑨ 《礼记·坊记》。

其他的个体之“一人”状态就只可能是孑然一“身”。因此,道家也只可能成为中国文化中的“身学”。在修炼身体的具体技术方面,它为中国文化贡献了房中术、采补术、炼丹术、长生术。在思想方面,道家则产生了“保身”“全身”“养生”“尽年”等原理。在缺乏个人主义的中国文化中,道家甚至还可以为少数个体提供局限的个人主义表达方式,那就是一种超脱尘俗的飘逸的生活形态。然而,与现代西方人在世俗中容许每一个“个体”作自我表现的情形不同,道家式的飘逸总包含一种从世俗中退隐的意向。

道家式的“个人主义”,曾被穿凿附会成今日西方式“存在主义”,其实,一者为上古宗教式的神秘主义,一者则反映具有“现代性”的“异化”现象,而且两者是根本不同的文化结构的产品。对造成中西比较哲学史上的这一场大误会来说,新文化运动以来传统顽固派的“古已有之论”的遗毒,实不能辞其咎。

其实,道家式的偏重“一人”,仍然是注目于保身养生。从这个前提出发,不只是“二人”关系会使人劳神、忘形于“身”外之物,即使与整个外界对立的“身”,也变成一己之大患:“一受其成形,不亡以待尽,与物相刃相靡,其行尽如驰,而莫之能止,不亦悲乎!”①而人之所以与外物“相刃相靡”,正是因为以一己之形骸与“大块”对立:“大块载我以形,劳我以生,佚我以老,息我以死。”②因此,人为了保身养生,就必须与“大块”融为一“体”,达到“天地与我并生,而万物与我为一”的地步,庶几可以“凡物无成与毁,复通为一”③。在《庄子》的《德充符》一章中,就尽是举了一些形体伤残不全的人来当作是得道者,目的正是为了说明:这些人虽然个体形骸不全,却因为与“大块”融为一“体”而变得最完整。这种“万物一体”的观点,实脱胎于更为原始的神话思想模式(例如:中国的盘古、印度的布鲁夏、北欧的米密尔神话,都是将天地万物当作是“一人之身”。中国人的思想模式可能真的是去古不远,因此,即使论万物本质的“形而上学”也被称为“本体论”)。

因此,道家式的“超越”,仍然不是超越于世外,而是希望“天地与我并生”,

---

① 《庄子·齐物论第二》。
② 《庄子·大宗师第六》。
③ 《庄子·齐物论第二》。

冀求一己之身能够与天地一般长久——由这种意向投射而成的“天理”就变成一个“天长地久”的长生不老之躯。不过，超脱形骸的意向，也可以造成个体飘逸的形态，而由这个意向投射而成的“天理”就是一个灵性化的大自然。

然而，道家只是文化“表层结构”意义上的“身学”，它反映的往往也是文化深层中个体爱惜羽毛、明哲保身、不要好出头的倾向，因此，在一般人的日常生活中往往表现为活命哲学或乌龟哲学。

的确，中国人“二人”之“心”可以是“大公无私”的，至于“一人”之“身”则往往是没有精神性的，甚至是自私的。因此，并非偶然地，道家这套“身学”也包括如何利用“二人”关系去利自己“一人”，那就是用“忘其身”的姿势来作为“利吾身”的伎俩。换言之，一个人也可以摆出“贵人而贱己，先人而后己”的姿势，但是事实上却将目的放到了“二人”关系中的“自身”这一端，正所谓：“是以圣人后其身而身先，外其身而身存，非以其无私邪，故能成其私。”①“夫惟不争，故天下莫能与之争。”②

这也正如老子所说的：“反者道之动，弱者道之用。”③除了明哲保身之外，还包括用迂回的方法从事“利吾身”的运作。的确，不少传统士大夫的“退隐终南”，只是宦海失意后力图东山复出之术（近代的袁世凯与蒋介石也用过这一招）。至于一般老百姓自然不会谙于黄老之术，因此，这种术也顶多只是文化“表层结构”上的一套系统化观念。不过，它却反映出文化深层中的某种倾向：中国人“一人”之“身”被结构的方式是必须恒常受到“二人”之“心”的照顾，而自己这一方也总是养成“多吃一点儿亏”的习惯，以便在对方面前“吃得开”，换言之，吃亏变成了使自己得益的方法。

这个倾向有时会堕落为一种阴谋术，那就是如何用欲取先予、欲擒故纵、欲贬先扬、以退为进、以柔制刚、以弱胜强、借力打力的方式去“阴”别人，达到为“本身”的利益服务之目的。老子即说：“将欲歙之，必固张之；将欲弱之，必固强

① 《老子·韬光第七》。
② 《老子·益谦第二十二》。
③ 《老子·去用第四十》。

之;将欲废之,必固兴之;将欲夺之,必固与之。是谓微明,柔弱胜刚强。”①

由这类意向投射而成的“天理”就是阴阳消长之道,而静态的“阴”则更为接近那个未分化之前的“一体”之道,因此必然是以静制动——亦即是说,阴静的“身”利用阳动的“二人”关系去利自己这一端。

显然,即使是这些利己主义的倾向,仍然不是作为完整形态的个体之表现,而是必须在人情的磁力场中去展现的。道家不同于儒家的地方,并不在于否认这个磁力场的存在,而只在于:更强调于这个场中的“自身”这一端,而不是放在人与我这两个“身”的感通过程之上。因此,与儒家“阳动”的倾向不同,道家偏向“阴静”这一方面,故此除了练身与保身之外,还会产生“以静制动”的“阴谋”。

的确,中国文化不让“个体”有合法性与精神性,而只把它当作是一个“身”,于是,由个体自己决定而不是由他人制约的“心”就很容易变成“私心”,而这个“私心”仍然必须在人情的磁力场中以“借力打力”的方式发挥作用。换言之,本来可以是很正当地谋取自己权益的行为,在这种安排下,却变成了不是光明正大的行径,而且,在人我界限不明朗的情形下,往往还会损害到别人的权益。因此,在阴阳调和、儒道合用的中国文化里,才会一方面出现“大公无私”的表态,另一方面又存在不能去定义的“私心”。

不过,一般中国人也并非大奸大恶,因此,在日常生活里,人情的磁力场中阴阳互补的作用却可以归纳为下列诸般形态:

(1) 处处以对方为重的行为,可以是一种使对方欠自己“人情债”的方式,以便自己在将来也可以求助于人。在这方面,中国人与西方人形成很尖锐的对照——后者倾向于把权益范围与友情范围划分得清清楚楚,中国人则倾向于将真正感情以外的领域也加以人情化,结果,就使整个人情领域内出现了“人情债”这样的金钱交易的意象。

(2) 不过,中国人的这种“做人”的姿态,却不一定要涉及实物或恩惠的交换,也可以是用“多吃一点儿亏”也无所谓的办法,来为自己在社群中“吃得开”

① 《老子·微明第三十六》。

铺路——这种“吃得开”可以是指一个能被社群接纳的“形象”。的确,在中国文化里,个体的“自我”肯定,总必须借助别人的表态。因此,“做好人”,正是为自己赚取“道德上的优越性”之最佳方法。

(3) 此外,中国人在精神上做自我完成,亦必须借助社群,例如,献身集体的事业。对西方人来说,参加社群只是千百种自我完成的方式之一,大多数无须直接涉及社群,而且,即使在这种方式里,也不一定涉及人情化的因素。至于在中国人之间,如果一个人想在社群中出头做一点儿事,特别是想当社群领袖的话,就必须处处替别人着想,尤其必须关怀别人生活上的问题。只有这样,才能“以德服人”。这其实仍然是完成“自我”之举,只不过它是在人情的磁力场中展现的,因此好像比其他“个体化”的自我完成的事业显得更为“无私”。

(4) 对大部分人来说,人情的磁力场的运作还表现为这样的一种形态,那就是用“自我压缩”——“乖”或者“听话”、逆来顺受、以自身没有个性与吸引力为荣,等等——去换取社会观众的赞许。在这类情形中,人情的磁力场也就变成了导致“个体”死亡的地雷阵。

(5) 然而,在另一方面,想控制别人者,也会导引出处处替对方着想的“人情”逻辑。例如,在旧时代,当父母干涉子女的婚姻,以致破坏后者的幸福时,却总是说:“我们是为了你好!”在今日一些大学中,如果校方想阻止学生办某类活动,也会借口对方准备未完善,或只是希望办得更好而已,云云。

(6) 总的来说,中国文化这种由“二人”去定义“一人”的设计,往往使是否“做好人”成为衡量一个人的最首要标准,他的其他表现倒在其次。在1949年以后,这个标准则变成能否“团结群众”(相反的话,就变成“脱离群众”)。这个文化态度,如果变成政治标准的话,往往会被推至极端。例如,在传统时代,就有“宁可有德无才,不可有才无德”的说法(司马光语意),到了六七十年代,就又有“红胜于专”的提法(张春桥甚至说:“宁要没有文化的劳动者,不要有文化的剥削者。”)于是,“大公无私”的姿态往往就可以取代真才实学,成为进“身”之阶。

3. 中国人的“身”

中国人是用“身”这个名词来指称自己的,例如说“本身”或“自身”,如果译成英文，就变成了 this body of mine，亦即是指不包括灵魂或精神的人之肉体部分。至于有关本人的指称在英文里是 self，有“自己的人格”（one’s own person）的意思。亲自去经历或去做一件事，在英文里也是用 oneself 这种人格指称，在中文里却是用“亲身”等词。英文中 on his person 在中文里也被译为“在他身上”。至于人格侮辱在中文里则被称为“人身攻击”，如果倒译成英文就反而变成了 physical assault，而不会使人联想到是对一个完整形态的“人”的攻击。因此，中国人对自己对别人都只有“人身”观念，而没有“人格”观念。

此外，中国人还用“身”来表达生命。人的一生，在中文里是用“终身”一词去表达的。人一生的事业，在英文里是 career，源自法文的 carriere，其原义为竞赛场的跑道，用作动词则具“全速前进”的意思，因此有动态地开展个人前途的含义。人一生的事业，在中文里则曰“安身立命”，除了形象化地安置身体之外，还有去符合命运并静态地去谨守它的意思。

一个人爱惜羽毛，“不敢为天下先”，力图保存自己的生命，则曰“明哲保身”（的确，一种文化如果将“人格”与“生命”都只是与“身”这个臭皮囊认同的话，就很容易导致乌龟哲学——详后）。如果连自己也救不了的话，就叫作“自身难保”。如果能够逆转自己不如意的生存状态，则曰“翻身”；改善自己的社会地位则曰“进身”。一个人如果为某种事业奉献出一生，则曰“献身”；如果献出生命，则曰“舍身”。

中文除了用“身”来指称自己、指称“生命”之外，还用“身”来形容一些在其他文化中不属于“身”的场合。例如，一个人的“背景”（background）与“起源”（origin），在中文里也是用“身家”“出身”等词。至于自己被强迫去做一件事，在英文中是属于意志范围之事（against one’s will），在中文里却用“身不由己”来表达。属于知性与领悟力范围内之事，中文也用“体验”与“体会”一类词句去形容。至于像曾子所说“吾日三省吾身”这一类“修身”之举，或者像“身教”这一类树立教学榜样之举，以及像“身体力行”这样的将原则去加以实践之举，原本应该是属于道德范围之事，也被中国人归入“身”的范畴中。

如果一个“个体”只被当作是一个“身”的话，那么，它就是没有一点儿精神性的。中国文化既然将“个人”设计成一个“身”,因此就很难使它成为一个具有完整形态的精神主体,而倾向于将它当作是一个必须受社群关系约束的“不道德的主体”。至于中国人的精神形态则必须用“由吾之身,及人之身”的方式在别人身上展现,亦即是由“推己及人”的“心”去完成。的确,上述的“献身”“舍身”“修身”“身体力行”等等,已经牵涉到“心”对“身”的作用。《大学》中论及“修身”之前的步骤,就是“正心”“诚意”,以后的步骤——齐家、治国、平天下——则为“推己及人”。在今日来说,这种“心”的活动就构成了集体关系。

中国人的精神形态既然必须透过集体关系才能去完成,因此,在仍然强调集体主义的大陆,中国人“身体化”的倾向就被掩盖起来,文化气息也较其他的华人社群浓厚(“心”也是中国人文化创造的源泉——详后)。至于在国外的华人社群中,中国人的“身体化”存在就以更为赤裸的面目表现出来。

所谓“身体化”的存在,就是指将整个生活的意向都导向满足“身”之需要。这种意向并不排除心智、感情、意志的发挥,而是说:这些活动亦将以“身体化”需要为主导意向。所谓“身体化”需要的内容就是指“揾食”与“安身”。至于“安身”自然也必涉及“安心”,不过这种“心”的安放是“只及其家”而不是“兼善天下”。

在这里,就涉及中国士大夫的大传统与老百姓的小传统之差异。士大夫的“亲民”理想就是照顾普天下之人,亦即是让天下苍生皆能“安身”,皆“有一口饭吃”。因此,他们所用的口号——“解民于倒悬”“厝天下于衽席之上”等等——也是充满“身体化”意象的。在这个意义上,社会就变成了“身”,而国家则是照顾这个“身”的一颗“心”。至于老百姓的生活意向则是“揾食”与“安身”,在没有“亲民”(“为人民服务”)的政府照顾的情形下,就必须以各自为政的方式去进行,但是这种各自为政的方式仍然不是“个体化”的,而是必须将自己的“身”安放在缩小了的人情的磁力场中。因此,“安身”也必然导致“安心”,然而,这种“安心”既然只是“身体化”需要的一种功能,因此,严格说起来也不能算是具有超越意向的精神活动。

中国人的这种“安身”与“安心”的需求,造成他们一方面十分现实,另外一方面又没有“个人主义”的倾向。然而,在几乎所有其他的文化中,“个体”并不只是被设计成为一个“身”的。拿西方文化为例,“个体”就包括一个“灵魂”(亦即是“自我”),以及由这一个“自我”原则统辖的理智、感情以及身体。这个“自我”原则促成超越世俗的意向,因为它要求人人的“个性”不同于别人。在这种情形下,“灵”与“肉”都是由“自我”这个完整形态自己调配的因素,因此“个体”也是自己的“身”之主人——除非他(她)因为柔弱而“逃避自由”。至于中国人“安身”与“安心”的倾向,却是要求别人来“定义”自己,因此也就必须由别人的“心”去组织自己的“身”。在这个意义上,“个体”并不是自己的“身”的真正主人。此外,这一种生活意向又是完全导向世俗关系的。因此,“身体化”的存在就是一种没有“灵”,也没有多少“肉”,没有超越意向、幻想力,也没有多少好奇心的存在。

的确,在所有的高级文化中,中国文化是唯一没有“超越界”与“来世”以及个体“灵魂”这类符号的,至于“天”也只是“天地人”这个世界系统的内在组成部分,因此所谓“天理”也只不过是“人理”的反映。这种文化特色将人的一切活动都导向现实世界,因此出现没有任何超越意向的“身体化”存在,至于能够超越这种存在的则是士大夫的“以天下为己任”以及现代的爱国运动。然而,这类运动仍然是集体性而不是个体性的。至于中国人的“个体”则仍然是一个“身”,这个“身”只要“有一口饭吃”,是可以让专制政权甚或外国人统治的,而不会像西方人一般为了“人格平等”这类不具“体”的要求起来做斗争。

4. 中国人的“心”

的确,“人情”是中国人的主要精神形态。在传统的天道观中,中国人甚至连天地都加以人情化,例如说:“上天有好生之德”“天地之大德曰生”“天地有化育之恩”,亦即是认为它们对人类有父母一般的恩情,而人也必须用一番心意去回报恩典。老子说:“天地不仁,以万物为刍狗。”①这种反面的诘难,其实是认为天地也可以是“仁”的。

的确,中国历代的哲学都倾向于以“仁”或者“心”作为宇宙的本体——例

① 《老子·虚用第五》。

如:理学中的人情化的“天理”,以及王阳明心学中的“心”。甚至到了现代,谭嗣同在《仁学》一书中,仍然以“仁”作为宇宙的本体,并且认为它是与物理学中“以太”一般的东西。梁启超则说:“情感……是人类一切动作的原动力。”“心力是宇宙间最伟大的东西,而且含有不可思议的神秘性,人类所以在生物界占特别位置者就在此。”

这与西方人以“实有”(being)作为宇宙的本体不同。西方哲学的“实有”,可以是“物”(matter),也可以是“心”(mind)。但是,后者是知性的心。因此,后一种哲学的立场可以说是“观念论”。然而,“观念论”既然在中文里被翻译成“唯心论”,遂引起了很大的混淆,以致历来的中国马列主义者都将中国的“心学”或“仁学”当成西方的“观念论”,并加以攻击,其实是打错了对象。

事实上,现代中国在革命时就调动过这种“人心”力量,那就是用“为人民服务”的方式去付出“心意”,令群众向自己“交心”,造成一个“心连着心”的群众大团结,然后用这股“心力”(集体的意志)去克服落后的物质条件。唯心意志论正是这样的一种“唯心论”,那就是认为集体的意志力量可以改造物质。

至于中国人的“心”,可以说主要是一种感情的作用(亦即是脑部中层的内容)。这并不是说中国人没有智力活动(大脑皮层左半部的功能),只不过,他们的智力活动也倾向于把“心”当作主要的分析对象。两千多年来中国人的正统思想是儒家,而儒家思想的分析范畴就都是一些人伦与感情的范畴。因此,中国人从不判别这两种“心”的作用——“心”一词可以涵盖 heart 与 mind。虽然有些中国的马列主义者在清算传统文化遗产时,惯常地将中国的“心学”当作是西方的“唯心论”(观念论)来打击,因而泯灭了这两种“心”的差别,但是,即使连他们本身也常用有否“无产阶级的思想感情”——而不只是用有否“无产阶级的思想”——来作为衡量一个人的立场的标准,因此也是将“思想”与“感情”连成一气。

既然中国人倾向于把“知性”与“感情”连成一气,因此才会产生另一种倾向,那就是以“能否和合社群”作为首要的标准,来衡量任何一种思潮的价值,至于这套思想的认知价值反而降居其次。因此,才会造成中国人重“人心”而鄙薄

"奇技淫巧"的倾向。的确,先秦的诸子百家大半都是"社群之学",像名家那样的学派只能敬陪末座,而且很快地就无疾而终。至于两千多年来占支配地位的儒家,则更是一套足以"统一民心"的社群之学。在儒家思想破产,马列主义进入中国以后,后者也很快地被转化为一套具有同等功能的社群之学。的确,一套思想是否能够被应用于社群中,就是它能否被中国人接纳的标准。其他种类的思潮或可以使中国人感兴趣于一时,但终归会因为无益于社群性的"实践"而被扬弃。

中国人的"心",除了混淆了 heart 与 mind 之外,还将道德的判断也包含进去,例如,称能够判别是非好坏之心为"良心",而王阳明探究"良知良能"之学亦称为"心学"。然而,在西方文化中,"良知"是属于判断与意志范围之事;亦即是以"自我"做基地的道德判断,以及在选择了某种判断后对它的谨守。因此,凡是提到"良知"(conscience),必涉及"意志自由"(free will)的问题。换言之,它不一定要牵涉到"心"这种感情的作用,而是涉及整个"个体"得救的问题。在"上帝已死"的现代,这个问题就变成:要不要受世俗所累,要不要坚守自己的看法,或是否必须过自己的生活方式等考虑。

然而,中国人将智力感情化的结果,就是连意志与判断力也加以感情化,因此,也就没有让"个体"有多少选择的余地——只要别人对自己好,自己就必须"以心换心",否则就是"没有良心"。本着同样的逻辑,只要社群与集体在召唤,自己就必须"交心"。既然中国人的"心"包含了感情、思想、判断与意志,结果就被要求将这一切通通都交出去,在"身不由己"的情形下,自然连"身"也交出去。

在革命的年代,中国人"心的文化"的这个逻辑,确是有利于发动群众的因素。

70 年代海外、港台留美学生中的"左派"或基督教团契争取"群众"的方法,也是"为人民服务"。只要吸收对象的"心"并非已经另有所属——例如,已经属于国民党或其他什么的——而是"无主孤魂"的话,那么,看谁最有"人情味",最能照顾"群众"生活上的需要,换言之,看谁最能帮助别人"安身",就最有可能吸收更多的“群众”。

的确,中国人的“身”是必须由“心”去照顾的。能照顾人“身”者,就可以“得人心”。因此,在中国人的文化行为里,屈服人的最佳办法就是“攻心为上”,而其捷径则为“身”。换言之,中国人的“良知”是可以用“人情”去颠覆的东西。孟子说“仁者无敌”,的确是摸到了“心的文化”之基本逻辑。

的确,中国人的“个体”是很单薄的,因此必须常常受到人情的磁力场之温暖的包围;中国人的“个体”也是无法对自己下定义的,而必须由“仁”这种“二人”关系才能“定义”自己。对这样的一个“个体”来说,就只剩下了一种选择,那就是——逃避自由!

既然中国人的理性思考与道德判断都被感情化,因此,又会把“持不同政见者”视为“离心分子”,亦即是说:你在意见上与我不同,就是一种伤感情的“不友好”行为。在西方,两代之间可以持不同的观点,仍然可以保持感情,反对党可以处处批评执政党,仍然可以保持“忠诚的反对派”的地位。中国人却不能这样,下一代如果不顺上一代的意,不听话(例如说要去搞革命),上一代的“心脏”可能就立即发作,旁边的人就会劝说:“唔好激死你阿爸啦!”循着文化行为中的同一条“文法”规则,政见上的任何分歧也都是“伤心”之举。因此,胡风上万言书,被目为“疯狂进攻”;彭德怀在庐山会议上的发言,也被说成是“突然袭击”。中国人的“心”,何其丰富!又何其脆弱!

因此,中国人只能保持“和合”,一旦有分歧,就会闹至不可收拾。而这种将“不同”等同于“不友好”的观点,使中国人对人对事都容易持有“不是朋友便是敌人”的态度,因此,凡有矛盾,就很容易导致对抗性矛盾。固然,在统战过程中,也可以出现“非对抗性矛盾”这样的设定,然而,解决这类矛盾的方法却是:你最后必须与我“共和”,否则就会转化为“对抗性矛盾”。

外国人既然不“吃”中国人这一套——他来到中国后,你对他付出一番“心意”,盛情招待,他却不一定肯将感情、思想、判断、意志通通都交出来(或者只交出感情),因此,也就不一定肯听话行事,甚至不一定抱持“友好”的态度——这种人既然不能与他“以心换心”,因此可以说得上是“非我族类,其心必异”。

中国人的社会意识与爱国意识,也都属于“心”的范围。西方人之中上层子弟反叛上一代，同情被剥削者，多由于个人心中的一种“罪恶感”。中国人做出同样的行为，则多半是为了“安心”。“罪恶感”是“自我”这个完整形态对本身内在状况产生的焦虑，以及对本身存在条件的质疑。至于“安心”则是必须把感情找一个地方安放，就如同找寻慈母的怀抱一般。因此，在中国人的情形中，社会意识往往会与爱国意识合流，而且有让后者压倒前者的倾向。在革命时代，这种“安心”常导致“舍身”的情操——就义前在狱中写下《可爱的中国》的方志敏，就是一个很好的例子。70年代海外的“回归”与“认同”运动则没有那么悲壮——大部分人都是“心安理得”地在美国“安身”之际，才做出“心怀祖国”之举，因此可说是一种“游子思亲”的心情，然而，在“身心愉快”的情形之下，社会意识自然也降到了零点。

对寻找“安心”之所的中国人来说，从一种觉悟到另一种觉醒，也必然是从一种效忠到另外一种回归，因此，可以说是一种“心路历程”，而不是一种“灵魂的旅程”，因为后者是指自我扩张、自我开展——在这个过程中可以包括追寻灵与肉的完成，自然也可以包括从事革命。后一种倾向，在“五四”以后西化的“左倾”知识分子身上还可以找到一点点。以后的“爱国”运动则大致上都是“安心”或“回归”。

如果说，中国人单个的“身”之存在必须由“心”的活动去克服，那么，一盘散沙的“天下”就必须由士大夫阶层的“志”去凝聚起来，而“志”就是“士”的“心”。因此，老百姓的“心”只及其家，士大夫的“心”则兼及天下——在危亡时去拯救它，在平时则力图保持它的“安定团结”。的确，中国人的“心”照顾的对象是“身”——这是“心”在个体与个体之间的运作形态。对文化整体来说，国家是“心”，社会则是“身”。中国的社会无力做自我组织，必须由国家去组织，正如同中国人的“身”并不是一个自我调配的因素，而必须由他人的“心”去加以制约一般。

我们将在下面详细地指出：中国人的“身”是由人伦与社群的“心”去制约的，因此“个体”并不是自己的“身体”的真正主人。这种安排的确导致严重的“非性化”倾向。所谓“非性化”并不是没有性行为的意思，而是指：性爱必须为社会认可之目的（安身立命，制造人口）服务，而不是作为“个体”人生旅程中自我调配的因素。因此,导致了这样的一种情形——无论在身体上、外观上都尽量搞到自己没有吸引力。

但是,在另一方面,中国文化既然强调“心”,“心”又总是涉及“情”的,而“情”在某类场合中又往往会勾起“欲”。事实上,在西方新教文化对“人”的设计中,“心”就被归入“身”的部分,而两者都必须由理智去控制或调配,来为具有“灵魂”这个完整形态的“个人”服务。然而,中国人以感情为主导的“心”,是连理智也包括在内,并且还用它来制约“身”,因此,一方面固然导致个体的“非性化”,在另一方面却很容易掩盖了上述“心”的另一种表现——那就是由“心”所勾起的“情欲”。这一种“心”的表现,却也可以局部地抵消“非性化”的倾向。我们在下面将会解释:这种抵消作用在中国男性身上见效不大,事实上,柔性的“心的文化”甚至是造成男性的中性化与女性化的因素(相对其他文化来说)。不过,“心”的因素对“非性化”的抵消作用,在女性身上则颇为显著。因此,与香港比较,在“心的文化”仍然浓厚的大陆与台湾,相类阶层(中间以及中下阶层)与年龄(青少年)的妇女对“情欲”的知觉度似乎比较高,不少人在体态与心灵上也更为成熟——这种倾向,与实际行动的自由度的多寡,似乎并没有必然的关系。

此外,“心”又是中国文化活动的主要泉源。《礼记·乐记》说:“凡音之起,由人心生也。人心之动,物使之然也。感于物而动,故形于声。……乐者,音之所由生也,其本在人心之感于物也。”因此,可以这么说,中国人的精神形态必须在“二人”之感通过程中去完成,中国人的文化活动则是在“心”与“物”的感通过程中去展现——“物”其实是指也包括人在内的一切外物(例如说,人物)。因此,无论指物或指人,中国人的文艺创作的内容都偏向于“情”这个方面。事实上,在中国人的文艺里,个体精神形态之其他种类的表现——例如,个人的心理状态、存在状态——是相对贫乏的,但是,却产生了世界上最丰硕的“感物伤情”或“触景生情”文学传统。“诗”这个文学品种之特别发达,也说明了这个倾向。

因此,就出现了这样的情形,在“心的文化”仍然发达的大陆,文化气息最浓厚,台湾次之,香港则最为稀薄。因此,大陆与台湾,也出现较多对文艺、历史文化以及精神文化敏感度很高的心灵——这种倾向，与实际表现的自由度的多寡，亦没有必然的关系。

因此，“心”的因素也在少数的中国人身上表现为“灵性”。的确，中国文化并不像西方文化那样让大多数的个体都表现其“个性”。然而，中国毕竟有一个深厚的文化大传统，因此，在“心”的因素还在发挥作用的地方，仍会产生少数具有“灵性”的个人，虽然这些人只能生活在并非理想的政治与社会条件底下，往往成为被平均甚或被消灭的对象。

5. 中国人“良知系统”的特色

如前所述，中国人的“良知系统”是由“身”与“心”组成的。

在这个系统的结构中，“二人”之间产生的“心”无疑占主导地位。中国人认为，有否“人性”，是以“心”之有无作为检验标准的。关于“性”这一个字的意义，朱熹的弟子陈淳如是说：“性字从生从心，是人生来具是理于心，方名之曰性。”（《北溪先生字义》卷上）事实上，传统的中国人也称“人”为“有情”。我们在前面也曾做出分析：中国人的“心”包括感情、理智、意志与道德判断，而以“感情”为挂帅的主导因素。像这样的“心”，就必须由自己发射出去，在别人“身”上完成。因此，中国人对“人”的定义亦必然是“二人”之间产生的“仁”，而这个“仁”也必然是中国式的“天理”。

一般来说，感情是倾向于奔放的，自己不能控制自己的，而必须由理智去控制的。既然中国人的“心”之内容主要是感情，而不是指“理智”，那么，中国人岂非是世界上最热情奔放的民族？中国人男女“二人”走在一起岂非就像干柴烈火一般一碰即燃？中国人岂非又是最有个性表现以及热爱生命的人类？

但是，事实上，上面的描述只适合于拉丁民族。至于中国人却刚好相反——他们总是比较含蓄，感情不轻易外露，并不像在西方人（尤其是拉丁民族）身上一般，可以看到七情六欲的展现，如果严重起来甚至会搞到“木口木面”。的确，中国人不倾向于将“爱”与“憎”极端化，而总是尽量将两者都拉回到中间的“中庸”地带，一旦失去这个平衡，就会导致“天下大乱”“斗死方休”等现象，因此在正常状态下总是力求爱憎不分明。在这种情形下，就很难由自己决定(甚或知道)去得到些什么,避开些什么,于是,往往出现这类倾向,对一己喜悦的人与物并没有什么强烈的冲动去获得,对不惬意的人与物也没有强烈的冲动去摆脱(亦即是"逆来顺受")。在这种情形下,总是会撩起激越之情的男女关系,就往往变成甚为尴尬之事。因此,中国人倾向于避免社会功能(安身立命、制造人口)不明朗、不确定的两性关系,于是,就说不上热情奔放,也很难出现浪漫倾向。此外,中国人在生活上亦力求平稳与平实,并不冀求使它多姿多彩,至于最易表现美与生命力的青春阶段,也倾向于将它整个地抹杀掉。如果站在别的文化角度上看,凡此种种,都会给人一种对生命并不热爱的感觉。

然而,中国人是强调"心"与"情"的,又怎会出现这种情形,这就牵涉到在中国文化中"人"是如何被控制的程序了。事实上,以"心"为主导的生活意向是很容易为外物所动的。因此,《礼记·乐记》说:"人心之动,物使之然也。"但是,这样的"人心"是至为危殆的:"夫物之感人无穷,而人之好恶无节,则是物至而人化物也。人化物也者,灭天理而穷人欲者也。"为了保存"天理"(其实是"人理"),就必须"灭人欲",对"人心"加以控制,将它纳入社会公认的渠道:"是故先王之制礼乐,人为之节。……乐者为同,礼者为异。同则相亲,异则相敬。乐胜则流,礼胜则离。合情饰貌者,礼乐之事也。"

显然地,中国人认为人是应该有"情"的,否则就会"离",但是,这个"情"又必须被纳入社会公认的渠道,否则就会"流"。因此,喜怒哀乐皆必须"发而皆中节,谓之和",所谓"皆中节",就是符合"人为之节"的意思;所谓"和"就是既不"离"也不"流"的意思。中国人认为只有如此才算是"合情"。然而,这样"合情"既然是用社会公认的渠道决定的,而不是完全可以由个人去"定义"的,于是就必须去"饰貌"——亦即是"做人"。所谓"做人",就有点儿公式化。

事实上,所谓社会公认的渠道就是一些公式化的"二人"关系,例如:君臣、父子、夫妇、兄弟、朋友。自然,在任何人类社会中都会有这些关系,只不过,中国人倾向于用这些先定的公式去"定义"自己,而不是由自己去"定义"这些公式。由自己去"定义"这些关系,自然也会有"情",而且情之所发反而会更自然自发。如果由这些关系来"定义"自己,就会造成抹掉"自我"的倾向。"自我"既然遭抹杀,"个体"的生命力就变成不是由自我去调配的因素,而变成必须由外力去制约的对象。于是，“个体”也就失去自我调配的能力。我们在下面将会指出：中国人只有在彼此的心意“有到”对方的身上时才需要“做人”，一旦越出了这个彼此熟稔的人情的磁力场就无须“做人”；因此，在全国性的国民生活中，也只有在领导者和集体的威信还健在，具有“上下一心”的形势时，中国人才会守规矩，才会有公德心；到了“上下离心”的局面时，就会失去制约。

显然地，中国人的那些固定的社会渠道都是一些具体的“人情”关系，而使中国人受到制约的也就是这些关系中实实在在感觉得到的“心意”。因此，在中国人的政治生活中，就往往必须诉诸“人治”与“身教”，至于“法制”反而退居其次。

因此，中国人虽然将“心”抬到了首位，但是这个“心”是用来制约的，同时也是被制约的对象，而不是让人热情奔放的。换言之，中国文化将“人”设计成为一个以“心”为主导的动物，而又用别人的“心”去制约他的“心”。

这种由“心”去制约“心”的安排，就是中国人“良知系统”的特色。在西方新教人士身上，就不是这样——在他们的“良知系统”中，每一个“个体”都具有“灵魂”（亦即是“自我”的原则），因此都被认为是独立自主的“精神主体”与“权利主体”。这样的“个体”是用自己的“理智”去控制一己的“心”和“身”的。在这样的结构中，“心”只是“情”（emotion），它被归入“肉体”的部分，而不属于“灵魂”的领域。“灵魂”既然是个体独异的原理，而个人又用“个体化”的理智去节制一己之“身”（包括“情”），去为这个原理服务，因此，“灵”与“肉”都是自我调配的因素，而整个人格结构之目的意向则是为“自我”这个因人而异的独特开展过程服务。在上帝还没有死亡的时代，这个开展过程是指向“超越界”的，在今日，则造成由“自我”去定义世俗关系的倾向。换言之，这样的“个体”设计较有明确的“自我”疆界，并且会强调“自我”的完整性，因此，就导致一个人必须以人格的“完整性”去驾驭世俗关系，而不能让它们成为自己人格的唯一内容。于是，就出现了要求人人都发展自己的“个性”，也欣赏别人有“个性”的局面。这与中国人不重“个性”，而只欣赏一个人“做好人”（亦即是“毫不利己，专门利人”）或“不脱离群众”的倾向显然相反。

至于南欧的拉丁文化，也是重“个性”的，不过，却不是偏向于用“理智”去控制“情”,而是让后者泛滥,于是就造成个体热爱自己生命的倾向。这个倾向即表现为“醇酒、美人、欢歌”这样的对生命的欢愉感,同时也表现为逞强好胜的人格——这种热血的冲动造成无政府主义的倾向,以及倒阁频频的政治局面。同一股热爱生命的冲动又使拉丁文化产生将自我做美化提升的倾向,亦即是强调个人在身体上与个性上的美感,以及将平凡乏味的日常生活戏剧化,即使用无害的谎言对“现实”施以“整容手术”也在所不惜。这股将一切事物都做美化的提升之总趋势,也使法、意等国产生了最驰誉世界的时装,以及最艺术化的人文景色。

用这个文化的观点看中国人,后者就显然是“反对生命”的,例如,把整个人文景色与人的服饰弄到以灰色为主调(曾一度是大陆的情形),把身体与个性都弄到没有任何突出性,不少人还以此为荣;此外,就是在生活上力求平稳与平实,即使碰到本来可以是很多姿多彩的人生经验,也往往会用与美化提升刚好相反的“反高潮”的方式将它镇压掉(以上是所有华人社会中大部分人的倾向,这个倾向与中国人“自我压缩的人格”有关——详后)。

不过,中国文化与拉丁文化既然同属“心的文化”,因此也有重叠点,那就是“人情味”。我们在前面分析中国人的“心”的那一个分节中,也曾指出:在中国个体的“心”也很发达的场合中,也可以越出社群的“心”的制约。因此,在“人情”的因素普遍发达的中国人社会,“心”的因素在少数人身上也可以像拉丁文化那样表现为超出社会制约的男女情欲——在这方面,笔者亲见的60年代的台湾以及今日大陆,就比较为现实的、“人情”因素普遍低落的、纯粹“身体化”倾向的香港为甚。在这个意义上,就同一个中国文化范围内来说,大陆与台湾有点儿接近拉丁文化,是属于“热”的一类;香港则比较英美化,是属于“冷”的一类。不过,这只是就同一个中国文化内部的差异来说的,总的来说,即使是较“冷”的西方新教文化,仍然留有这样的余地,让个人的生命力偶尔做不受理性制约的表现——例如兴奋的跳跃欢呼、酒后的狂欢,以及从非洲人那里吸取的摇滚乐等等——至于中国文化,不论在国内国外,都可以说完全缺乏“酒神型”(dionysian)的因素,因此,即使在“心的文化”仍然发达的中国人聚集的地方,也只是表现为一种温情脉脉,而不是一种热情的狂泻,它与拉丁文化的差别正如中国式的迎神赛会与拉丁式的嘉年华狂欢会的歧异一般。

总的来说,无论是新教文化还是拉丁文化,都具有“个人”的原理。至于中国文化“二人”才能定义“一人”的设计,却是把明确的“自我”疆界取消,因此,“个体”不足以成为一个可做自我调配的基地;而中国人的“二人”关系也是相互制约的渠道化功能多于相互热情奔放的作用,因此虽然与拉丁文化一般同属“心的文化”,个人对七情六欲的表现程度却显得连新教文化都不如。的确,中国人用“心”去制约“心”的安排,其结果就是两相中和,正如《中庸》所说:“喜怒哀乐之未发,谓之中。发而皆中节,谓之和。”

各类不同的“良知系统”也是对“人”的不同设计,因此,也就导致了不同的生活意向。总的来说,西方文化是强调“个性”的,只不过,在新教文化中,是欣赏个体有否完整性,能否以自我组织的方式去面对生命中的挑战,做自我的完成;在拉丁文化中,则偏向于欣赏个人是否热情,是否懂得制造美感与生活的情调,有时也欣赏一个人故意破坏规矩去表现自己个性这样的无政府主义倾向。至于中国人,则欣赏一个人能否处处以对方为重地“做好人”,以及是否“老实”或“听话”。不过,正如我们在前面所指出的,这只是为社会所要求的表面。在这个主流与常态背后,被设计成为一个没有精神性的“身”的中国人“个体”,也会以“精”与“醒目”作为一种美德——例如,在今日的大陆,许多人就以懂得路数去拉关系与走后门而感到沾沾自喜和自豪。不过,在中国这个缺乏“个体”原则的文化中,仍然会出现少数具有“灵性”的个人,而在这些少数者之间,有否“灵性”也就成为互相欣赏的基础。

至于像香港一类的华人社会,也不是完全没有了“心”的因素,不过,它大致上只剩下:对“身”的制约作用,以及作为“安身”的一个功能的“安心”;此外,一个人“做好人”仍然比“有个性”更受人欣赏,等等。总的来说,香港因为是实行资本主义,没有精神性的“利吾身”变成了合法化的正大光明的行为,因此,中国人的“身体化”倾向获得正面与全面的盛开,换言之,个人已毋须用“毫不利己,专门利人”来确立自我的价值,而可以自谋发展,不过,这种发展仍多半表现为与别人做“安身竞赛”,而不是个性的发扬。因此,香港人除了找寻配偶时为了“安心”起见而要求对方“老实”与“好人”之外,一般所欣赏以及自我欣赏的美德是“精”与“醒目”。这类美德是“身体化”的美德,而不是“灵魂”之美德。的确,在香港这样的社会中,即使是中国人土产的“灵性”,如果没有变成“不道德”的话,也会变成“笨”的代名词。

中国人无疑是世界上最现实的民族,因为世界上任何文化都有一些超越于人世间之上的符号,而中国人唯一能超越没有精神性的“身体化”存在的,却只是“心”的诸般作用。我们在前面已经指出:在西方人的“良知系统”中,连“心”也是被归入“肉体”之领域的,但是中国人则将它当作精神性的唯一泉源,由此可以看出整个中国文化的“形而下”的现实倾向。事实上,传统哲学中“性即理”“心即理”等命题即显示出:中国文化并没有一个超越的“天理”,而所谓“天理”其实也只是“人理”(人伦、社群、集体关系的理想化)。我们在下面将会展示出,超越意向的缺乏与几千年来整个文化“深层结构”的超稳定性有着息息相关的联系性。

的确,与西方人的“良知系统”比较,中国人的“良知系统”在结构分化上无疑更为简化——后者非但没有西方人的“个性”原则,而且将西方人视为人之肉体部分(“身”与“情”)当作“人”的全部设计。于是,中国人的“个体”就变成了一个没有精神性的“身”,至于“情”也成为了必须毫无保留地在别人的“身”上完成的项目,结果出现必须由“二人”去定义“一人”的安排。正如同一部设计较简化的机器不能担任过多的功能一般,这样的结构使“个体”不能成为一个内在的动态开展过程,而只能是一个外部人伦关系的堆砌,换言之,它只能是一个静止的、必须为人情的磁力场所包围的“身”。中国人自然也有个体性的心灵与情欲表现,但是这些能够超越“身体化”的存在而又不属集体性的活动,却也只能被笼统地归入“心”这个范畴中,于是,在集体的“心”之笼罩下,这些少数人的个体之“心”的表现也就显得隐而不彰,而且在集体面前也很容易失去合法性。

(二)“身体化”的倾向

1. “身体化”的诸般迹象

如前所述:在中国文化里,是没有“超越界”与西方式的“上帝”这一类符号的,即使是“天”,也是“天地人”这个世界系统的一个内在组成部分,而不是超越于这个世界之上的造物主。我们在上一分节中也曾指出:中国传统哲学中有“性即理”与“心即理”等命题,“性”字从“心”从“生”,亦即是生来就有之“心”,至于“理”则是“天理”;然而,在西方文化中,“心”只是“情”(emotion),是被归入“肉体”而不是被归入“灵魂”这个领域的,但是中国人却将“心”当作是精神活动的唯一泉源。由此观之,即使中国人的“天”或“理”,也是相当肉体化的。

因此,可以这么说:西方人的“上帝”是个体“灵魂”认同的对象(事实上,《圣经》中即说:“人”是根据上帝的形象而被创造的),中国人的“天”,则是“有情的”肉体认同的对象——至于这个“有情的”肉体,就不可能是单独的个人,因为他的“心”必须在别人“身”上完成,他自己的“身”也必须成为别人的“心”照顾的对象,因此,中国人的“天理”亦必然是“二人”之间的“仁”。在下面我将会指出:中国人的生活意向是一个“养”字——养自己、养双亲、养孩子——而超越个体存在的最高集体境界之“太平”与“大同”,也是使普天之下“皆有所养”。

中国人基本上也没有“灵魂”的观念。虽然,在先秦时代,中国是有“灵魂”与“上帝”这一类观念的——例如《楚辞》的《招魂》与《大招》中即论及魂魄,殷代也有“帝”的观念——但是,这是人类共同经历的神话阶段的遗留。以后,中国文化就走上自己独特的路子,拟人化的“帝”被转化为内在于世界的“天”,而“魂魄”的观念则没有获得发展,只是残存在“聊斋”一类孤魂野鬼的传说中。因此,像“灵魂”一类的观念就不能成为个体精神的组织原理,“个体”只被设计成为一个没有任何精神性(也被认为是“自私”)的“身”,而个体的精神活动也只能透过肉体化的“心”去展开。

因此,中国文化里基本上也没有“来世”与“灵魂不朽”的观念。中国人的“不朽”观念只是表现为道家式的对肉体长生不老的冀求,以及儒家式的“不孝有三,无后为大”,换言之,是希冀一己之“身”的无限延续,或者,是透过“二人”的人情与人伦关系去延续一己之“身”。因此,仍然符合了中国人“良知系统”中“身”与“心”的“文法”规则之运作。自然,个人的“心”可以不是“只及其家”而是“兼善天下”,并从而用“立德、立言、立功”的方式使自己不朽,亦即是留下回忆,让后世的社会去瞻仰——换言之,这是一种“心”的不朽,但仍然必须在人世间扩大了的人情的磁力场中去展现。至于“投胎”的观念则来自印度,在印度,这个观念是与跳出六道轮回的信仰配合的,而跳出轮回却是“绝情”。但是,这个外来的信仰在透过中国文化“深层结构”的变压器,落实到民间后,就变成在现世中“做人”的报应观念,亦即是:“做好人”的话,就可以将现世的贫贱之“身”转化为来世中的富贵之“身”;“做坏人”的话,就会得到相反的报应,甚至沦落为禽兽之“身”。事实上,所谓“胎”仍然是肉体。

我们在前面也曾指出:中国人是以“身”来指称自己的。一套语言中的名词,并不是偶然的,它们是文化偏向的反映。因此,中文里对“身”字的运用,足以说明在中国文化对“人”的程序设计里,人的生命与存在的意向都导向“身体化”的倾向。

事实上,中国人即使在“心”情不好的时候,也很少导致抑郁症(depression),而多半会引起“头痛”,而妇女在撒娇时则会说是“心痛”(具体的心脏部位)。因此,中国人很少患有心理毛病,即使是心理问题,也诉说是身体不好,头昏,腰酸背痛,四肢无力,等等。的确,中国人出现精神病的情形比西方人少得多,这一方面可以归因于上述将心理问题“身体化”的倾向,另一方面得归功于中国人的“超稳定”的人格——中国人的“身”是由人伦与社群关系的“心”去组织,而不是由自我去组织的,因此就恒常地处于人情的磁力场的温暖包围中,自然比必须由“个人”去面对世界的人容易保持心理平衡得多。心理人类学家许烺光将中国人的这种心理平衡称为 homeostasis,中文即译为“仁”。

因此，中国人除了将心理问题“身体化”之外，还有将它“人情化”的倾向。例如，在大陆，就有把心理问题与个人问题（例如“同性恋”）当作是道德问题处理的情况，这与西方人将中国人心目中的道德问题也当作是心理或社会问题处理情形，可以说刚好相反。事实上，西方人的道德是指个体对自己的“完整性”之维持，中国人的道德则基本上是指“社会道德”，乃由群众压力或“人言可畏”所维持的，因此基本上仍然是一个人情化的因素。

此外，中国人将心理问题“人情化”的倾向还表现为：自己心中有问题而又与人谈论时，往往会把西方人属于个体情绪领域的内容外在化为有关人事纠纷、工作上的烦恼的倾诉。

把个体精神问题“身体化”或“人情化”的倾向，可以说是与中国人那个由“身”与“心”组成的“良知系统”的内部结构——亦即是：个体是没有精神性的“身”，而“由吾之身，及人之身”的“心”则必须在人情的磁力场内展现——完全吻合的。由此可见：中国人的“自我”不是还未萌芽的话，就是隐而不彰。

事实上，即使可以将心理问题“人情化”，中国人也不倾向于与别人谈论内心的问题，甚至在相熟的人面前亦多半表现含蓄——这与“个体”不习惯于表现整个“自我”形态的总趋势有关。因此，情绪问题多半表现为：头昏脑涨，腰酸背痛，四肢无力，等等。这种把心理问题“身体化”的倾向，使中国人很少出现抑郁症，但却多半导致虑病症（hypochondriasis），亦即是过分担心自己身体有毛病，怕亏弱，怕冷，怕天气变化引起感冒，等等。虑病症其实与抑郁症一般，都是一种心理的态度，不过前者却以“身体化”的方式表现出来。

因此，中国人常常需要“进补”。的确，在一般中国人的日常生活中，对“补身”的注重远远地超过他们对心理卫生的照料。中国人平常担心“亏”与“弱”的程度，也比世界上其他任何民族都要严重得多。他们即使在不生病的时候，也常常吃补药，例如用人参、茯苓、当归、杞子一类的药材泡茶或煲汤，比较大众化一点儿的就是广东人的凉茶（事实上，在笔者的印象中，“进补”的倾向在香港似乎要比大陆与台湾都要发达）。这类药材并不是医疗性的，而是预防性以及调养性的，因此往往与食物的功能混淆。自然，更常见的一种现象就是以食物进补。中国人的饮食，除了满足口欲之外，还很讲究食物的“进补”功能，而且总有一番道理,说得出哪一种食料是补身体哪一部分的。

这种将食物“药物化”以及将药物“食物化”的倾向,与中国人过分注重口欲的满足也有不可分割的有机联系。

2. “民以食为天”

如果说中国人的“吃”是世界上最发达的,实不为过。在其他文化中,很少有烹调术达到中国人那种精致的地步(拉丁文化的法、意民族差可比拟)。而且,中国人移民到外国以后,也以开餐馆作为主要的营生。

说起中国人的“吃”的事业,香港可以说是最发达的,不只是各省各国的菜色齐备,而且还获得“现代化”的改进。香港人的家庭,在假日的消遣也多半是一家大小去茶楼“饮茶”。

大陆就没有这些条件。然而,大陆仍然是很注重吃的。与美国人和日本人在其工业化时代简单的饮食习惯不同,中国人即使在艰苦的环境下,仍然讲究饮食鲜美,而且每顿一定要用新鲜的原料。即使在大陆当时供应短缺,又普遍用不起冰箱的情形下,城市中的每一个家庭也都在早上三四点钟去菜场排队,回来以后则必须全部烧好弄好。因此,如果说每天为了口欲而花掉五分之一的时间,也不算是一种夸大的估计。

多年来的斯巴达式生活,并不能改变中国人这种习惯。五十年前,蒋介石在推动“新生活运动”时,就有鉴于日本人每天只吃一顿热饭,用冷水洗脸,中国人每顿必吃热饭,每次洗脸必花时间烧水(在今日的大陆仍然如此),而大骂中国人贪图安逸,没有出息。比起日本人来,中国人可能是比较贪图安逸了一点儿。不过,在另一方面,也很难过分苛责他们,因为除了“吃”之外,中国的老百姓就很少有其他官能上的享受。

吃,在中国人的日常生活中,确是一件顶重要的事。一般见到人打招呼的方式也是问:“你吃了吗?”朋友在一起,就请客吃饭。遇到红白喜事,也借机大吃一顿。甚至拜祖宗、祭鬼神、供菩萨、扫墓,也都少不了食物。

商务之间的生意往来,也少不了吃。在今日的大陆,即使国有企业之间的交易,也往往用请客吃饭与送礼的方式铺路。笔者在台湾时,发觉政府部门之间为了办公事,也采用同样的方式。清廷设立"总理各国事务衙门"与洋人办外交,在进行任何外事交涉之先也总是先请客吃饭,而洋人抱怨,认为正事未谈为何先来这一套,其实是未懂个中奥妙。

因为,中国人的"吃"与"和合性"有关。"淫"所以成为万恶之首是因为它扰乱社群的和谐,相反地,"食"如果用来作为一种社会功能,则可以促进"和合"感。人与人之间的紧张,在围炉共醮之余,就会因开怀而获得松弛。毛泽东对"和合性"不利于"阶级斗争"这一点,是深有领会的,因此他说:"革命不是请客吃饭"。

的确,请人吃饭,甚至在吃饭时夹菜肴给别人吃,往往是中国人向对方表示一番"心意"的举动。它可以说是中国人"拉交情"的最为落"实"的方式。

然而,这种用"食"来笼络"人心"的方式,运用到"其心必异"的外国人身上时,往往会失效,有时还会产生反效果。在《中国的阴影》一书中,西蒙·莱斯埋怨说:"四人帮"时代,当他在华期间,想上街去单独散散步,却被导游婉言劝阻,宁愿送他一席酒菜,让他一人在房间中吃,也不愿他孤零零一人上街去满足好奇心。笔者在大陆时也发现:大陆管理留学生的部门,每一次安排留学生外出观览,总是煞费苦心将他们的饮食搞得最好,而具有新教文化背景的西方人总不领情,因为,在他们的文化潜意识中,过分地注重"吃"是一个不会"得救"的行为,因此在人生中从来也不想花费太多的时间金钱在"吃"之上;他们到了目的地后,宁愿自己安排饮食,也要自由活动,以满足好奇心。

上述二例无疑显示出中国文化中"为腹不为目"①的倾向。这个倾向说明了很多问题。它显示出中国人对"身体化"需要的过分强调,以致"个体"在这方面受了别人的照顾,就很容易向对方"交心",而欲影响或控制他们者,也多半会从这方面下手,此外,它显示出中国人很少顾及个体"灵魂"的需要,因此,认为当一个人在与众相同的"身"的需求获满足后,就要求他不要有异举。然而,用食物去笼络"人心",却是一种贿赂儿童的方法。因此,又说明了中国人"儿童化"的倾向。当然,中国人受人的照顾毋须只限于"食"这个方面,"食"可以

---

① 《老子·检欲第十二》。

是更广义的“身”之需要的一个代号。然而,这个倾向也终于说明了中国人“个体”的单薄,它有被安置于人情的磁力场中的需求,而当他的“身”受到别人“有心”的照顾后,就很容易“听话”于对方。

这种倾向,自然也有助于我们了解具有“亲民”基础的专制主义的本质。历史上任何中国人的政府,只要解决了“养”的问题,就可以使“人心归向”。大陆的“铁饭碗”政策,也很明显地反映出这个倾向——它的确保证了人人都“有一口饭吃”,但是除此之外,就完全不能顾及个体“灵魂”的需要。

自然,“身体化”的倾向,也与平均主义的现象有关,因为,“身”的需要在人人来说是差不多的——不论是爱因斯坦或庸人,在“揾食”方面,在成家立室等“安身”措施方面,其差别都不可能太大,至于“个体”的超出这个“身”以外的特异需要,就不太能够被接受。

中国人既然对“食”如斯强调,因此“民生”就成为历代中国政治思想的中心枢纽。中国人最高的政治社会理想就是《礼运篇》中的“大同”境界,那就是使普天之下“皆有所养”。《孟子》一书的一大半部在讨论如何施“仁政”,而其内容之中心也是“民生”问题。一直到孙中山的“民生主义”,这个“民生”观念就像一条红线一般贯穿了两千多年的政治思想。

这个使普天之下“皆有所养”的理想,只有到了现在的国有化体制下,才可以说获得全面实现。在传统时代,统治者之“亲民”,顶多是做到维持“天下大治”,不扰民,让他们能够自寻生计。只有到了今日的“人民共和国”时代,老百姓才真正必须通过国家去寻得生计,而国家也全面地挑起这个责任。因此,中国文化“深层结构”中这个潜在的可能性,只有在现代世局中,才获得全面盛开。这个“民生主义”的倾向,在“阶级斗争”已经偃旗息鼓的今日——尤其在第五届人大四次会议转向民生之后就更为明显。

在传统政局中,任何统治者只要做到使老百姓都获得生计,就可以致天下于“大治”,亦即是“天下太平”。这个“太平”除了是一个政治目标之外,也同时是一个手段。传统士大夫的“平天下”理想,其实就是“平均天下”(《礼记·乐记》)。这个平均主义思想与农民的“平均主义”是相互呼应的——两者之目的都是使人人都“有一口饭吃”。这股倾向,在中国面临现代世局挑战所做出的第一个成功的回应——中华人民共和国的成立——中,曾发挥积极的作用。在今日,由这股倾向造成的昔日的“铁饭碗”政策以及平均式的“群众运动”,已经变成一个负累。这个在农耕文明与匮乏经济下产生的理想方案,被证明完全不适用于工业化时代。五届人大四次会议提出“一条发展国民经济的新路子”,就是要逆转这个倾向,并且希望走出一条工业化的“民生”的道路来。

“食”的确是中国政治的枢纽。有时,中国人甚至会把治理国家比喻作烹调术。老子说:“治大国,若烹小鲜。”①在《周礼》一书所排列的百官中,“冢宰”就被列在“天官”之首。“冢宰”是宰相,自然是百官之长,但《周礼》中的“冢宰”也有大厨子的形象,因为他手下隶属的官吏中,就有“浆人”“盐人”“醢人”“庖人”等职。此外,《史记》的陈平传记中亦如此记载:汉相陈平在年少时,曾在乡里庆会中主持宰肉与分配,因为分得很均匀,父老们就说:“善哉陈孺子之为宰也!”并认为他将来一定也会成为一位好宰相。

“民以食为天”,的确是中国人的民生观。自然,世界上人人都必须食才能生存,但是并不是所有文化对“食”都抱持同等态度。笔者在美国时,发现美国人的饮食是很简陋的,也是非常不注重味道的。他们饮食的态度好像是给自己加燃料,以便使自己这部机器可以继续开动,去做自我发展和自我完成之事,因此给人的印象是:“食”是为了生存。然而,中国人“有一口饭吃”“揾食”“为个口”的生活意向,却给人一种颠倒的感觉——似乎生存是为了“食”。

3. 口腔化的倾向

的确,中国人是以“口”来计算的。当西方人想指称国民每人的平均收入时,就用 per capita 一词,这个拉丁词语有“按头”计算的意思。然而,在中国历史上发生将土地分配给每一个人的时候,总是说“按口授田”。Population 一词的拉丁字源有民众意思,在中文翻译里却变成了“人口”。

因此,如果说中国人是以“口”来面对世界的,也不为过。例如,他们用下列诸名词来形容自己与各种世事之关系:被人占了便宜叫作“吃亏”,自己无可奈

---

①《老子·居位第六十》。

何叫作“吃瘪”，受苦叫作“吃苦”，挨不住叫作“吃不消”，挨得住叫作“吃得消”，面子大叫作“吃得开”，面子不够大叫作“吃不开”；中国人的“逆来顺受”又有将自己不喜之物硬吞下去的意象——亦即是“吃亏”与“吃苦”——因此到了翻身之日，又有将它吐出来的意象——例如，“吐苦水”；此外，中国人的“听话”，或者惧怕“人言可畏”，也是对别人的“口”的畏服，因此，不肯就范于人的话，就变成了“不吃他那一套”。

在中文里，形容对一件事或人极欲得到，或者深恶痛绝，也多半用下列词句：“恨不得把它一口吞下”，“恨不得食其肉，寝其皮”。事实上，在《水浒传》中，梁山泊好汉报复仇人的方法就是把他的心肝挖出来下酒。

传统中国的酷刑，其残忍的程度，以及种类之繁多，不愧为世界之最。例如，“剐”即是切成肉丝，“醢”即是剁为肉泥，“铡”即是拦腰斩成两段，“烹”即是下油镬，“炮烙”即是烧烤，此外还有剥皮，等等。其手法之精致，似乎都与中国式烹调术有关联。

中国人也常常有“被吃掉”的恐惧。“五四”启蒙运动的反传统斗士就有“礼教吃人”的说法。新中国成立以后，面对当时的国际情势，仍然感到极度的不安全，时常觉得有“被吃掉”的危险，因此，在“文革”期间及其后“反两霸”的当儿，报章上常见这样的词句：“帝国主义以为中国是一块肥肉，但是却未料到一口咬下去咬不动。”

的确，凡是牵涉到对外来邪恶势力的描写，中国人总少不了“吃人”的想象。例如，清朝在开国以后，西方传教士进入中国，用西药替人治病，效果很灵验，结果就在民间引起了西药是用中国小孩子心肝制造的谣传。甚至在“四人帮”倒台以后，国内出产的《第二次握手》这部电影中，仍然描写帝国主义传教士利用小孩做药物实验。

另一方面，传教士来到中国传教，却也往往动用到“吃教”这一招，那就是用派面粉与食物招徕听道者。这种情形，甚至在50年代的香港仍然出现过。不过，“吃教”却非外来之物，因为，在清代就已经有老百姓参加白莲教而名之曰“吃教”的记载——这种“吃教”却也不限于分派食物，而是指宗教社群对入教者生活上的全面照顾，亦即是让大家过一种不分彼此地共享财物的原始式共产主义的生活，因此也是一种照顾人之“身”而令其“交心”的方式。

的确，对中国人来说，“自己人”这个圈子往往是一个可以互相“吃”的范围，因为，“自己人”总是“熟人”而不是“生人”，自己在他们面前往往“吃得开”，也比在“生人”面前更容易“开口”，而自己在他们面前也是“多吃一点儿亏也无所谓”，因此，“吃里扒外”的人就变成不可饶恕的叛徒。

此外，中文里还有“食古不化”一类的说法。

4. 中国人的“养”

中国人一般老百姓的生活意向，归根到底就是一个“养”字。每一个人都几乎将全副心思放在“养”自己的身体（亦即是“揾食”与“补身”），“养”老婆，“养”孩子（亦即是安身立命，生男育女），“养”上一代（亦即是“孝”）。

在中国人眼中，使普天之下“皆有所养”就是“大同”境界，让人人都“有一口饭吃”，就会使“天下太平”。因此，士大夫“平天下”的理想就是“平均天下”。孔子即说过“不患寡而患不均”①。的确，对一个不可能有经济成长观念的农耕文明来说，“大同”与“太平”境界已经是最理想的解决方案。

因此，在中国人眼中，任何使老百姓“皆有所养”的政府就是一个好政府。《孟子》一书大半部在谈论如何行“仁政”，而其中心内容也就是“民生”问题。孙中山的“民生史观”也以“民生”问题为历史的中心枢轴——至少对中国历史来说，他这种观点可以说是抓到了核心之所在。孙中山说，民生主义就是共产主义，也就是大同主义。

中国人眼中，不只是认为任何使百姓“皆有所养”的政府就是好政府，他们甚至认为宇宙的功能也不过如是，例如说：“上天有好生之德”“天地之大德曰生”“天地有化育之恩”，亦即是认为它们对人类有父母一般的养育恩典。

我们在前面曾经指出：西方人的“上帝”是个体“灵魂”认同的对象，至于中国人的“天”，则是“有情的”肉体认同的对象。因此，中国人的“天”其实也是相当肉体化的，而它照顾与养育的对象也是“人”的肉体。我们在前面也曾指出：

① 《论语·季氏第十六》。

中国人基本上也没有灵魂不朽的观念,只有道家式的对肉体长生不老的希冀,以及儒家式的通过生男育女使自己的肉体延续下去。

在这里,我们找到了中国人口为何成为世界之最的答案。我们不能将之归因于某一种"生产方式",甚至不能纯粹归因于农业社会的倾向,因为,其他经历过同类"生产方式"或农耕文明阶段的人类社会,并没有像中国人那样制造了世界上四分之一的人口。因此,就必须溯因于中国人肉体化的宗教观、不朽观与养育观。

在这里,我们可能也寻到了打开中国几千年"超稳定"形态这个谜的钥匙。像中国这样的农耕文明,又只偏重肉体化的存在与延续的话,就必定会不断制造对有限的资源产生过大压力的人口。因此,无论是社会的行动抑或国家的行动,其意向也只能是尽量做到使人人"有一口饭吃"——历代农民战争的纲领都是要将社会资源的分配平均化,而国家主要解决的问题也是"民食"(做不做得到是另一回事)。于是,几千年来,中国的社会是朝着越来越平均,也是越来越支离破碎的小生产地盘的方向进发,社会既然越来越平均,压在头上的国家自然也变成越来越专制,而这一整个结构的意向也只能是解决"民食"这个根本问题以及"镇止民心",基本上不能导向超越与变动。

这种历史形态,也是中国所独有,而不能被归入"亚细亚生产方式"这一个普遍化的类。因为,印度就不是这样——后者很少出现"大一统"局面,而社会则是恒常地处于非组织化状态。至于中国,一盘散沙的社会则是经常地由国家组织起来的。虽然这个组织会是周期性地崩溃,而出现一治一乱的局面,但是,国家总是积极地负起组织这一大片农耕"天下"之责,结果就是国家与社会互相打上对方内容的印记——例如"太平""大同""平天下"等意向。

我们在下面将会详细地指出:中国人"良知系统"的"文法"规则也表现在国家与社会这个"二人"对应关系之中——在这个脉络里,国家是"心",社会则是无力做自我组织的"身";因此,所谓"仁政"或"亲民",就是对人民的"养"与"教",而其整个意向也只能是解决"民食"与"镇止民心"——因为社会这个"身"一旦失去"养",又不受外力组织的话,就会导致"天下大乱"。

严格说起来,中国历史性文化的这个形态也不能纯粹用农业小生产经济或家族主义去解释，因为，并非凡是农业小生产与家族主义原理都导致中国这样的文化偏向。如前所述，中国人的“天理”是肉体化的“心”或“性”，然而，在印度文化中，“天理”却是“空无”，而最高的精神境界则为“绝情”。显然地，整个印度的宗教哲学所表现的是大脑皮层右半部的内容（亦即是直观对整体形态的掌握），换言之，也就是一种将有差别的个体融入无情的浑然整体的意向。因此，印度文化的偏向是非现世、非政治、非历史的，其知识阶层也是婆罗门僧侣集团，而不是像中国那样的“以天下为己任”的士大夫。

因此，将一切都还原到经济基础的社会学方法，基本上不能解释文化的差异，它顶多能够产生出一些所谓的一般社会学理论，去解释所有人类社会共有的经济关系或制度。无疑地，中国人的“良知系统”对人的“遗传系统”的加工，是既有异于西方，也有异于印度的。中国人的“天理”既然是肉体化的“心”或“性”，因此是将脑部中层的内容，亦即是哺乳类共有的“动物感情”抬到了首位。中国人自然也有理智（大脑皮层左半部的功能）的活动，不过其分析对象也多半为感情内容（例如：人伦与社会范畴）。中国人亦有融入浑然整体的意向，例如：孟子的“万物皆备于我”以及张载的“民吾同胞，物吾与也”，等等，不过这个浑然整体却是充满动物感情的（并非偶然地，在道家这套“身学”中，倒出现了“天地不仁”的命题，然而，道家的“天地”或“道”仍然是这个世界本身，而不是超越于世外之物，因此，也没有表现多少超越意向，顶多导致个人摆脱世俗走向自然，或者希冀自己的肉体如“天长地久”一般长生不老，更等而下之是将“利吾身”的阴谋术当作是一种自然法则）。

中国文化对“人”的设计既然将哺乳类共有的“动物感情”当作是挂帅的因素，因此，对肉体的“养”特别强调，以及“养”了世界上最为众多的人口，也就不足为奇了。在今日之现代世局中，人的其他活动自然较前多了，但是，中国人仍然是世界上人伦性倾向最强烈的民族——一个“人”不结婚就被当作是未“完成”，结了婚不生孩子也被当作是未“完成”，因此，与安身立命、制造人口无关的男女关系是被当作不合法的，而大部分被社会与自己认为是“正经”的人也会去避免这样的关系。这样的生活意向，也正如蒋介石的名言：“生命的目的在于创造宇宙继起的生命。”

在这里,又重新回到我们在前面提过的一个问题,那就是:在西方人眼中,中国人的一切做法似乎都是反对生命的,例如,他们将整个生命都纳入公式化的人生渠道中,不让个体的生命出现多姿多彩的经历,而个体也没有追寻灵与欲的完成之需求——大家都踏着由社会制订的人生道路,很少有超越其外的意向,自然也缺乏越出这个平实层面的好奇心,以及个人的浪漫冲动。

这种文化之间的不谅解,甚至不能归因于西方人的"个人主义"与中国人的"社群性"之间的差异。因为,最强烈地感觉到中国人反对生命倾向的,反而可能会是拉丁文化的角度。拉丁文化也是"心的文化",因此也是社群性的——例如,家族主义与共产党运动在拉丁国家都特别发达。而且,在天主教反对节育与打胎的情形下,拉丁家庭也倾向于儿女成群。不过,在拉丁国家中,情欲之"心"却也是世界上最发达的,可以说远远地超乎北欧与北美的新教国家之上。因此,在七情六欲的表达方面,拉丁民族可以说是最形之于色,新教文化次之,至于中国人则最含蓄。的确,"情欲"是使一个人热爱自己生命的因素,在拉丁文化中,这种热爱即表现为对生命的欢愉感之追寻——例如,"醇酒、美人、欢歌"的生活情调,嘉年华式的狂欢,以美化的方式提升了的外观与人文景色,等等。自然,这种个人旺盛的生命力与社群性可以是互补的,也可以是相冲突的,因此,拉丁文化的"心",一方面表现为群众性的政治运动,另一方面则表现为无政府主义;一方面可以表现为独裁统治,另一方面也可以表现为独裁统治下的恐怖活动与城市游击,自然也可以同时表现为倒阁频频的民主政治;它一方面可以表现为牢固的家族关系,另一方面则表现为婚前与婚外浪漫行为的常轨化。中国人身上也有"治"与"乱"这两面,不过,却不是同时并存的——通常"大治"是常态,在这个常态底下,一般是搞到没有个人的伸张,没有个性,也不需要基本人权,于是,积压久了,过一二百年就会有一次"大乱",亦即是非理性的大迸发与无理性的大破坏,因此,也不是什么个人的伸张,自然也说不上什么对生命的热爱。

中国文化与拉丁文化既然同属"心的文化",然则,又如何会产生这种云泥之别?究其原因,可能是因为拉丁文化中仍然有"个人得救"的观念,而其内容却有异于新教文化的"个人得救"——后者是指:"个人"用自身的理智(大脑皮层左半部）去将自己的一生做具有方法学的精确性之组织，以便去面对挑战，做自我开展与完成；至于前者则指“个人”对生命的欢愉感的追寻，因此，天主教就不同于新教，它必须用“告罪”的制度为这种生活方式大开方便之门。生命的欢愉感自然也包括与别人做感情上的交流，因此，拉丁文化就不能像新教文化那般冷冰冰地不顾社群关系。然而，拉丁文化中既然也具有“个体”观念，因此，对“心”的强调就有造成情欲泛滥的倾向，而人际关系也就同时变成了生命的欢愉感的媒介及其枷锁（例如，在美国，一个少女与男友搞爱欲关系而父母干涉的话，就多半会与父母发生正面冲突，甚或搬离；至于一个拉丁少女，在同样的场合下，则多半不想伤父母之心，不过也不太可能像中国女性那般“听话”而放弃不做，因此，就会采取阳奉阴违、说谎以及制造假象等方式）。

至于中国文化中，则是没有合法的“个体”观念的——道家式的“一人”或“不仁”立场，必须从人情的磁力场中退出才能实现，否则就变成是在人情的磁力场中遂其“私心”的伎俩；而从其追求长生不老的冀求来看，这个“个体”也只是“身体”。因此，中国文化基本上是将“人”设计成“二人”或“仁”的。这种没有了“个体化”的“二人”关系也必然是“名正言顺”的渠道化关系（例如五伦）。任何一方的“心”既然被纳入这些由社会保障的渠道，因此，双方的心意在交接之后，就产生互相制约作用，而达到被中和的效果，于是，这个“心”也就不是什么热情奔放的源泉。

我们也曾在前面多次指出：中国人的“一人”只是“身”，而“由吾之身，及人之身”的活动才成为“心”，因此，被渠道化的“心”，其主要活动就是照顾对方的“身”。的确，中国人之间的彼此关怀，常以下列应对形式出现——一方问：“你身体好吗？”（或曰：“你要保重身体！”或“身子要紧，必须当心！”）另一方答：“你有心！”这无疑是“心”对“身”的照顾之“文法”规则的最基本模型。这种在亲友之间的问好，其实是中国人“养”的生命观的延伸。换言之，中国人“二人”之间的“心”是必须为“养”对方——父母、妻子、孩子——的肉体服务的，而其主要的意向则仍然是“传宗接代”（上一代对下一代的“心”之另一功能，就是“教”，其内容则为不要太表现自己地去“做好人”，因此，仍然是训练它保持“二人”关系。不过，本节既然只谈中国人的“养”，“教”就只能略带一提）。

因此,中国人的“心”是被渠道化而为“养”之目的服务的。《中庸》说:“喜怒哀乐之未发,谓之中。发而皆中节,谓之和。……致中和,天地位焉,万物育焉。”这里说得很清楚:人的“心”之表现,必须是合节而又中和的,只有这样,事物才会各安其位,而达成养育之功。

因此,如果中国人被认为是“反对生命”的,那么,他们所反对的其实是个体的“灵魂”的生命,而这样做之目的,则是为了制造与养育肉体化的生命服务。

的确,中国人制造了世界上最多的人口,民族的生命在肉体上也延续了三千多年而不断。不过,这三千多年的历史也是没有超越意向的。读二十四史一类的断代史以及《资治通鉴》一类的编年史,就总给人这样的感觉:中国文化是“天长地久,人亦长久”,但是,却并不导向一个更高之目的,只是无止境地在同一个平面上一直延伸下去:每一个朝代在肉体消灭以后,就让位给另一个在形体上大致相同的朝代,就如同每一代中国人都养育了没有自己特色——亦即是“肖”于上一代——的下一代来延续自己的肉体一般。的确,中国这个“超稳定体系”也确实做到了长生不老的成就。这项成就是如此的宏伟,以致马克思不得不称之为“木乃伊”。

5. “安身”与“安心”

在笔者的分析架构中,“身体化”的倾向,主要是指对“揾食”与“安身”这两项需求的满足,因此,一个“身体化”的存在就是将人的生活意向完全导向这两项需求的满足。“身体化”倾向无疑是中国文化的主要特色,不过却并非是所有中国人的唯一生活意向。如前所述,中国人的“良知系统”中还有“心”的因素——它是中国人政治运动、文化活动、情欲与灵性等等的源泉——不过这个因素并非本节分析的对象,因此暂时将它孤立起来,存而不论。

事实上,即使是中国人的“安身”活动亦牵涉到“心”的因素,那就是作为“安身”的一个功能之“安心”。换言之,就是当自己把“身”安放在一个人情的磁力场中的同时,也把自己的“心”(感情)寄托在那里。如前所述,中国人的“人情的磁力场”可伸可缩,小则“只及其家”,大者“兼善天下”——后一种“安心”就往往变成“以天下为己任”或爱国,而这一种“安心”有时则会导致“舍身”。因此,我们在此讨论的“安心”多半是指前者,至于后者则是作为前者的延伸而被提及。

自然,世界上绝大部分人都会有某种程度的求安意向,不过,由“自我”去定义人际关系的人,与由人际关系来定义“自我”的人,是会使同样求安定的表面形式背后出现不同内容的——中国人无疑是属于后一种情形。

我们在前面稍有提及,在下面也将会做详尽分析:中国人的“身”是静态的,也是不能自主的,必须由人伦与集体关系去“定义”它、组织它、完成它,而中国人的人伦与人情关系也都是趋于稳定的。因此,即使在人情的磁力场内相对静态的“身”来说是比较动态的“心”,其主导意向也是“安心”,亦即是将它放在另一个“身”上,使对方“安”下来,也使自己“安”下来。

这种“安心”之举,即使并非“只及其家”,而是“兼善天下”,其意向也总是为了“安天下”,亦即是当天下分崩离析时使其重新至于“大治”。现代的救国运动基本上仍然符合这条“文法”规则,只不过,在现代世局中,加多了一项想将国家现代化的意图。此外,现代救国运动用来发动“民心”的马列主义,也是一个具有动态“目的”意向性的外来之物。然而,在顺应“天下分久必合”之势达成建国任务之后,这个动态仍旧持续不断,却终于导致“文革”时代的“天下大乱”。于是,在今日,又重新回复到对“天下大治”或“安定团结”的强调。

显然地,中国社会无力作自我组织,而必须由国家去维持“大一统”的控制——这个一元化的权力结构一旦松弛,就会出现“天下大乱”的局面。因此,整个结构之“目的”意向性必然是“镇止民心”,也必然将任何外来的影响当成是造“乱”的“歪风”,而中国这个超稳定的“天下”,也必须相信空间是有极限的——纵使空间不断延伸至无限,也必然会筑一道人为的长城,以此为界地将自己封锁起来。

中国人个体之“身”也必须由他人的“心”去组织,否则它就会变成“无主孤魂”,因此,一旦脱离了熟稔的人情的磁力场,在毋须有“心”对人时,亦即是在毋须“做人”的陌生人面前,往往就会变得很突兀,很不自然,很没有信赖感,有时甚至很粗暴(详后“心意不到之处”这一个分节)。由此可以显示出:中国人“心”对“身”的制约,与国家对社会的组织一般,都是为了使其对象趋于安止。

的确，一个他制他律而不是自我组织的人格基本上是排除了动态开展意向的。

因此，中国人必须由自己人的社群去“定义”自己，也只能在自己人堆中“安身”与“安心”，很少能越出其外。在海外的华人社群中，这一个倾向就最为明显地暴露出来。在美国这个多民族的国度中，与其他民族团体比较，华人社群总是最为对外封闭的。从香港或台湾去美国留学的青少年，也多半聚族而居，很少敢越出自己人的社群，站在“个体化”的基础上到外界去丰富一己的人生阅历以及满足自己的好奇心。可以这么说，中国人的“个体”从未诞生下来，而是永恒地处于温暖的母胎中，因此，“个体”也不具文化上的合法性与自觉性，自然更说不上“个人”的自我扩张、自我开展与自我完成。即使在70年代中变成“左派”的港台留学生，其绝大部分人的作风亦迥异于由世界其他各地赴美留学的激进青年，很少能像后者一般彼此联合起来，或与当地的进步分子合流，搞“国际主义”。港台留学生中之“左派”，除了对外封闭之外，还多半忙于在美国“安身”，于是，所谓“心怀祖国”也者，就变成了一种“安身美国”之余使自己能够“安心”的功能。

中国人对“安身”与“安心”的过分强调，也排除了个人冒险患难的意向。《孝经》说：“身体发肤，受之父母，不敢毁伤。”孔子亦说：“父母在，不远游，游必有方。”①自然，为了使父母“安心”或者为了父母而保重身体云云，可以是真心的，也可以是一种说词，总之，中国人做什么都必须说成是为了别人才有合法性，因此，到底是为了谁，并不重要，也不易搞清楚，反正，它显示出来的是一种“安身”与“安心”的意向，殆无异议。

因此，我们以前从未听说中国人的“个体”乘气球横渡台湾海峡、坐浮筏漂过太平洋以创新纪录，或者去非洲狩猎、到南极探险。中国人如果做类似的事，总不是为了“自我”，而多半是出于下列两种动机：第一种是如玄奘、法显、义净等脱离了人情磁力场的“出家人”，为了宗教狂热而冒险患难——这类情形可以说是例外中的例外。另一种是为了集体，例如：攀登珠穆朗玛峰是为国争光云云；壮烈的“二万五千里长征”，也是一种集体的业绩。

---

① 《论语·里仁第四》。

事实上，具有“身体化”倾向的中国人总是很爱惜自己的羽毛，但另一方面，在“身不由己”的情形下，也会出现为别人“舍身”的例子。因此，身体发肤可以说成是为了父母而“不敢毁伤”，但是在父母生病时，也出现孝子割股疗亲之事例。本着同样的逻辑，对“个体”有照顾养育之恩的集体与国家，才有资格要求他“一不怕苦，二不怕死”。然而，“无私”的行径总是比较少见的，而中国人的“个体”又缺乏自我扩张的主动性，因此由个人自己推动的冒险患难就几乎可以说是没有。

中国人的这种趋向“安定”的需求，也使他们尽量不去做“不正常”之事，在生活上力求平稳、平实与平凡。这与法、意等拉丁国家的文化偏向刚好相反。后者倾向于将平凡乏味的日常生活戏剧化，即使用无害的谎言对“现实”施以“整容手术”也在所不惜——这与该文化将一切都做美化的提升这个热爱生命的总趋势有关。至于一般的中国人，即使碰到本来可以是很多姿多彩的人生经验，也往往会用制造“反高潮”的方式将它镇压掉。

因此，过分地强调“安身”与“安心”，自然也会减弱甚至完全排除男女关系中的浪漫成分。这种倾向的强弱，在任何社会中固然都是因人而异的因素，不过，一个文化的总趋向却也可以决定这类事例出现的多寡。中国人的“身”既然不是一个可以完全由自我调配的因素，而且，如果不经由他人的“心”去组织的话就易趋于“乱”，因此，像所谓“乱搞男女关系”总是在失去社会制约的情形下发生的。对一般所谓“正经”的中国人来说，纵使有浪漫的冲动，心中也会感到一股无形的钳制，因为，除了“人言可畏”这种人情的制约之外，它还牵涉到整个“人”被组织的方式——中国人的“身”既然是由社群关系的“心”去组织的，而不是由自己去组织的，因此，一旦跨出了自身熟悉的人情磁力场就会感到很突兀，在面临“定义”不明朗的男女关系时自然也就会很慌乱，结果往往会造成反浪漫的局面。

中国人虽然自诩人情味比西方人丰富，事实上却是将本来应该是自然自发的感情公式化与渠道化的，因此，就倾向于搞“名不正则言不顺，言不顺则事不成”。于是，在开展两性关系之先，也总是倾向于先确定它的人伦性，而不是在开展了以后发挥一己的主观能动性去左右它的去向。后一种情形确实也只可能出现在自我组织以及“自我”较坚强的人身上——这样的人在中国人中并不是没有,而是为数极少。

中国人的这种倾向,如果趋于极端的话,就变成了纯粹用自己的“身”去换取“安身”与“安心”,对除此之外的一切男女邂逅场合都采取逃避态度,而且,即使对待普通的男女交往,也往往会搞到连雍容大方的风度都没有。这种倾向,也常使一个人将青春阶段整个地抹杀掉,而结婚遂变成时辰到了自己不得不去履行的义务。

的确,对一个“自我”还没有萌芽,只将自己当作是一个没有自身特殊的“灵”与“肉”表现的“身”,而又必须将这个“身”在人情的磁力场中安放的人来说,浪漫倾向固然谈不上,即使在寻找终身的婚姻关系时,其标准也不可能是“灵”与“肉”的结合。一般来说,这个标准只可能是视对方有否令自己“安身”的物质条件(在大陆是“门当户对”,在香港是事业基础),以及对方身上是否具备能令自己“安心”的因素(亦即是说,对方必须是世俗眼中的“好人”,尤其必须是能够照顾自己的那种“好”法)。

这种乏味的情形,可以说是“身体化”倾向的一个特色。自然,并不是所有中国人都是这样。我们在前面也曾提过:在中国人的“心”的作用中,也有越出“安心”这个功能以外的因素,例如情欲之“心”与灵性之“心”。在中国这个缺乏个人主义原则的文化中,这类“心”的作用也可以作为“个性”的代用品,而成为能够超越“身体化”存在的因素。并非偶然地,这类属于少数人的倾向,多半出现在“心”的文化仍然发挥作用的大陆与台湾,而且主要出现在女性身上。至于在纯粹“身体化”的香港,如果我们排除特殊化的上层,以及社会制约不到的最下层,而将中间的绝大部分“正派”的人当作观察对象的话,就会发现这样的奇风异俗:青少年的男女交往总是三五成群,一旦有男方不是为了公事而想约一个女的单独出来——即使只是在光天化日下喝一杯咖啡——女方如果答应的话,就已经立即想到人伦导向明确的固定关系上去,否则就总会拒绝,或者会带一些其他人来,以避免“孤男寡女”的场合。的确,笔者曾听到不少香港的男性——包括跑到大陆找配偶的——对香港的女性颇有微辞。其实,这并非香港女性的过错,而是这个社会中所有人的共同生活态度造成的——而这个态度就是现实的,没有灵性,也没有多少情欲的“身体化”的存在。

6. 集体、团体、大体

在中国文化对“人”的设计中,是将“个人”当作是一个“身”的,而个人也以“身”来自称。《尔雅·释诂》疏:“身,自谓也。”用现代语说,就是“本身”或“自身”。人既然是“身”,因此“个人”也称作“个体”。

由此类推,“集体”就是集合了很多的“身体”。

至于“团体”,也有类似的意思——“团”有以圆形圈住的含义,也有聚之义,因此也是将很多“身体”集合在一起。

不过,这种集合,倒不是机械式的聚拢,而是透过“心”的混凝土,亦即是“由己之身,及人之身”的感通。因此,中文里除了用“本身”来称呼静态的一人之“身”外,还用“自己”一词来指称发出心意的动态。“己”字也有“身”的意思(见《辞海》“己”字条),至于“自”,与“由”一般,都有从一个地方发出来的意思,因此仍然是指“由己之身,及人之身”这个过程中自身这一端必须发出的心意。

这个“心”自然必须在“二人”之间完成,因此,孟子说:“仁,人心也。”①“仁”就是“二人”的意思。

“心”既然可以从自己身上发出,克服各自孤立的“身”之存在,能够将这些“身”团结在一起,因此就是人身之上的最重要的部位,这个部位,孟子称之为“大体”,以别于其他器官。他说:“体有贵贱,有大小。无以小害大,无以贱害贵。养其小者为小人,养其大者为大人。”②又说:“从其大体为大人,从其小体为小人。”③朱熹注:“大体,心也;小体,耳目之类。”

事实上,孟子接着说:“耳目之官不思,而蔽于物,物交物,则引之而已矣;心之官则思,思则得之,不思则不得也。此天之所与我者。先立乎其大者,则其小

① 《孟子·告子章句上》。
② 同上。
③ 同上。

者弗能夺也，此为大人而已矣。”[1]笔者在前面已经指出：中国人的“心”虽然也包括知性，但却是以感情为主导的，因此，此处所谓之“思”，乃指明辨人伦关系之是非，亦即是以这个关系为认知对象。孟子言下之意，是只有“大人”才能以这个“心”为生活的主导意向，才会“识大体”。事实上，确实也只有士大夫阶层才能将天下聚合为一“体”。至于老百姓，则多半在切“身”利益受到危害时，才会想到自己的小圈子以外的问题。

因此，即使“大同”，也具有集为一“体”的意义。《吕氏春秋·有始览》说：“天地万物，一人之身也，此之谓大同。众耳目鼻口也，众五谷寒暑也，此之谓众异，则万物备也。”

(三) 中国人的“人心”逻辑

如前所述，中国文化对“人”的设计是：必须用“二人”去定义“一人”才符合“天理”，“一人”只是“身”，“二人”之间才衍生“心”，因此，“一人”之“身”就不是由自我去组织的项目，而必须彼此由对方的“心”去镇止。的确，一旦越出了由众多的“二人”之“心”的交叉网组成的人情的磁力场，“个体”就很难对自己下定义，也容易趋于“乱”。

因此，中国人“二人”之间的关系必然是“人情”，而且，也只有在双方都具“体”地感觉到对方的心意“有到”自己“身”上时，才需要去“做人”。如果越出了这个具“体”地感觉得到的“和合”圈子以外，就毋须“做人”。

自然，中国人甚至有不受对方的“心”约束的场合，亦即是“当佢无到”，或者变成“撕破面皮做人”，或者表现为“一人”的“私心”。在这类情形中，不是由自我去组织的“身”，同时亦不受外力的镇止，就会或多或少地呈现出“乱”。

然而，也有时刻——国难时期或上下一心的国势上升时期——中国人的心意“有到”的对象是全民族，而作为人情的磁力场的“自己人”圈子也扩大至于

[1] 《孟子·告子章句上》。

全国。在这种时刻,中国人在“二人”之间处处以对方为重的“做人”方式,就会化为一种为集体“献身”的精神——因此,也可以成为世界上最“无私”的人类。

1.“生”与“熟”

在下面将会指出,中国人有“母胎化”的倾向,这个“母胎”就是彼此心意都“有到”对方身上的人情的磁力场。中国人单薄的“个体”必须在这个场中“安身”与“安心”,因此它就是一个可以彼此照顾的“自己人”圈子。

在“自己人”之间,中国人总是处处以对方为重;的确,中国人在能够制约自己的人——父母、长官、亲属、朋友、熟人、经熟人介绍给自己的人——“面”前,持的态度总是很礼让的,也总是要让自己“多吃一点儿亏”,而且常常自我贬抑,碰到拂逆自己利益的事,也多半会逆来顺受。然而,一旦越出了这个圈子,就不知如何去“做”,往往会变得很突兀,甚至会演变成毫无节制的冲突(这牵涉到中国人“治”与“乱”的逻辑——详后)。

因此,中国人之间的来往,也必先确定是“自己人”才好进行。如果没有这种关系,就必须先去“拉关系”“拉交情”,多半是经由熟人“介绍”。所谓“拉”,有本来是远的现在把它拉近的意思。所谓“介”,就是中间媒介的意思,“绍”字古义通“继”与“续”(见《说文》),有连贯的意思,而且三字皆从“糸”旁,想必与丝索有关,因此,“介绍人”亦即是中间的“牵线人”,而丝索也是两头可“拉”之物——的确,“关係”之“係”字就是“人”旁一个“系”字,而中国人有时也会感到被人情“缚”住。

至于中国人“拉交情”的最标准方式就是“请客吃饭”,因此,遂有将“人情”口腔化为一种“味”的倾向——于是乃有“熟人”“生人”之分,而且,自己也只有在“熟人”面前才“吃得开”,在“生人”之间就往往会彼此“不吃他那一套”。因此,做任何事之先,都必须将关系搞“熟”——如果“熟”了,自己这一方即使多“吃”一点儿亏也无所谓。自然,遵照“以心换心”的逻辑——亦即是“你对我好,我对你好”——也会期待对方做到这一点。因此,也只有在“熟人”面前,自己才比较容易“开口”。于是,如果对方是“熟人”而又不慷慨的,就会觉得他“孤寒”,所谓“孤”就是“一人”的意思——对必须恒常地受到人情的温暖包围之中国人来说,这种自顾自的态度就会令人觉得“寒”,而这种没有“人情味”的态度也会显得“寒酸”,所谓“酸”就有涩而难“吃”的意象,因此也有“生”而不“熟”的意思。换言之,这样不慷慨的“熟人”与“生人”无异。的确,“熟人”是必须互相给对方一点儿“甜头”的,如此的“人情”才有好“味”,“对胃口”,而不致“倒胃口”。“熟人”之间既然是互相可以“吃”的领域,因此,中国人在人际关系中有“吃亏”或“得益”的情况,“益”字除了惠与利之外,还有增、加、长的意思,故此“吃亏”与“得益”都具有“身体化”的“亏”与“补”的意象。一般来说,中国人的“做人”常态总是让自己在“熟人”面前多吃一点儿亏——这可以说是中国人特有的人情味(自然,对方也会自发地如此做,因此,可以说双方面都在搞“反者道之动”)。不过,偶尔也会出现在“自己人”之间“分一杯羹”的要求,并提醒对方“独食难肥”,亦即是说:对方如果没有“人情味”的话,以后总会导致“吃亏”。自然,在“自己人”之间,如果出现“吃里扒外”的叛徒行为,就更可恨(凡此种种迹象,都显示出中国人“心”照顾的对象是“身”,因此,团结人的最佳方法也是“关心群众生活”)。

既然人有“生”“熟”之分,因此,中国人在办任何事之先,总必须把双方的关系确定,亦即是所谓“名不正则言不顺,言不顺则事不成”。以前在大陆时,笔者发现:对我们这些外来的人,当局总必须特设机关加以照顾,一旦越出了这个范围去办点儿事,就非得有介绍人或介绍信(“信”即“人”之“言”)不可。有时,笔者想去访问一些人物,由照顾我们的机构去联络还不受理(亦即是“面子”不够大),非得由与这些人物相识的人去从中拉线才行。如果没有这些人情关系,就会完全被当作“外人”。因此,即使由我们的机构到另一个机构去办事,所携的公文也是采取人情化的“介绍信”形式。

在大陆,即使国有单位之间彼此做生意,也往往有先“请客吃饭”与送礼的必要。的确,对中国人来说,唯有在“心”照顾了“身”之后,具“体”的心意才会“有到”对方“身”上,而双方才会变成“自己人”。这个“自己人”的圈子是用“人情”的水泥去“和合”的,因此自然是对外封闭的。的确,“关系”的“关”字也有关门与通道的意思,而且,也只有“自己人”之间才会互相“关心”“关怀”与“关照”以及为对方“关说”。既然“关”也有“通道”的意思,因此,是“自己人”

的话,前门走不通,就会让他"走后门"。

因此,按照"自己人"与否的逻辑,又必然会按照"亲疏有别"与"内外有别"的层次去"做人"——一般来说,其"做"法是"疏不间亲",亦即是先考虑"自己人"。正因为中国人有这种"做人"方式,才会在利用"等级"制造"特殊化"之外,还利用亲朋关系搞"特殊化"——例如,"拉关系"与"走后门"。在"自己人"之间,中国人总是在自己掌管的权限之内,互开方便之门。掌权的干部亦常常设法为自己的子女、亲朋找好的工作,在"有权就有一切",子女还未成年,而自己又有一大堆相互照顾的人情网路的情形下,也就无人肯退休。"公事公办",对内外都一样的态度,对中国人来说是很难接受的,因为这样做等于是没有了"自己人"。在一个重人情,"个体"不发达,必须借"自己人"圈子照顾,而又不是由"罪恶感"(中国文化是偏重"羞耻感"的——详后)支配的"良知系统"中,六亲不认的态度是不可设想的。

因此,本着"内外有别"的逻辑,"自己人"之间的互相帮助是应该的——既然是应该的,如果还要像"外人"一般"客气"的话,就会被认为"见外"。

然而,在对待"外人"的态度上,对方到底是自己不用去"做人"的陌生人,抑或必须去礼遇的"大客人",却又有讲究。

2. "内外有别"

对中国人来说,"内"与"外"是很重要的区分。即使在自己最亲的家庭中,仍然有父系的本家与母系的"外家"之分。与母系有关的都背着一个"外"字,例如"外公""外婆""外甥",而表兄弟的"表"字也是"表"而不是"里",因此与堂兄弟之登"堂"入室有外与内之别(事实上,即使整个国家对外,也是"中""外"之分)。

既然连自己家庭的成员也有内外之分,对待真正的外人就更讲究了。按"亲疏有别"的逻辑,理应先照顾"自己人"。但是,在碰到了真正疏远的"大客人"——从未谋面的远亲、有头有脸的人物或者刚拉上关系而自己又想盛情款待的陌生人——的时候,表示自己的心意"有到"对方身上的方式,却是先贬抑"自己人"。

的确,中国人"做人"的方式是处处以对方为重,"贵人而贱己,先人而后己"——这一点,在自己必须去"做人"的"外人"面前,就以一种更尖锐的仪式化方式浮凸出来。因此,"会做人"的不能先镇住"自己人",就会被人在背后说话。的确,在不久以前中国人身上仍然可以看到的一个现象是:当自己的小孩子与邻家的小孩子打架时,父母们将他们拆开后,总是先打自己的小孩,也不管正义在何方(这无疑会形成孩子在长大以后自我压缩、事事迎合别人或者随机应变、见风使舵、只谋和事不太理会原则的态度)。

这种必须在"大客人"面前将"自己人"贬低的"做人"方式,亦常常表现在中国人的家庭宴会中。每逢这种场合,为了避免挤了客人,主人总是先将小孩赶开,自己陪客人先吃,至于主妇则往往在厨中炒菜而不上台。中国人认为:只有这样,才是给客人"面子",以及替自己捞回"面子"(因为这表示自己不寒酸)。而且,客人越是远的,越是疏的,就越是要这样;家中熟客反而不需要来这一套。这种作风,在国外的中国人之间已渐趋淡薄,在大陆则仍然保留。

然而,当中国人将这一套也应用在国际关系之上时,就出现了世所罕见的奇观。一位在"文革"时期曾到过中国的英国研究生告诉我:"当中国当局组织我们外国人到一个公众场所去参观的时候,总是先将那里的中国人先赶光,才让我们进去。这种在外国人面前侮辱自己同胞的做法,是全世界都没有的。"

我本人也亲眼看到这样的一幕。80年代初,我曾与各国留学生在一艘长江轮上度过一周。船上的服务员,获悉有外国人在场,就将中国人与留学生用膳先后安排在两个不同的时间,以免本国人的嘈杂、挤拥与肮脏在"外人"心目中制造不好的印象。有一次,当我们正在用膳时,一位六十几岁的中国乘客不知情,徐徐地踱方步走了进来,却被服务员大声叱喝:"出去!"——这一幕是在所有外国人眼前发生的。

中国人这种自我贬抑与压低"自己人"的"做人"方式,除了在本国人心目中制造自身是低等人类的自卑感之外,并没有真正达到在外国人面前维持"门面"之目的,而是适得其反。中国人是很喜欢将自己得意的建设作为"样板",展示给外宾看的。这种维持"门面"的做法,虽然会有破绽,仍不失为一种自我提升的意向(关于这个倾向——详后)。至于前一种做法,则连这种效果也没有——它只是将外国人抬到了自己人头上，于是“内外有别”的“层次”也就变成了“等级”。

这种“等级”的划分甚至还出现在不同“层次”的中国人之间。一位在大陆当客座教授的华侨数学家，有一次与他国内朋友——一位同系的教授——去杭州游览。他是“外宾”，以为通过旅行社会比较方便。结果，到了目的地，在旅行社安排下，他一人坐在宾馆中的外宾部用餐，眼睁睁地看着他的友人在外厅——也是一人一桌地在用餐。从此以后，他与国内友人外出，就再也不敢通过旅行社。

然而，这种情形有否违反了“亲疏有别”“内外有别”的逻辑呢？其实并没有，因为差别仍然被强调，只是倒了过来。事实上，中国人对心意“无到”的“自己人”圈子以外的人——陌生的同等级的本国人——是很没有礼貌的，只有对待远的“客人”才事事优先照顾，如此才显得自己不寒碜。因此，七八十年代外人来到中国以后，就不可能将他们与老百姓并列，而必须也给予他们某些统治阶层自身的特权——在这里面又分等级：华侨港胞比较“亲”，外国人比较“疏”，因此前者的待遇又比后者略逊一筹。这种做法，就是不管外人的贫富情况，一律将他们当作不同“类型”的人——比中国老百姓“身价”高的人。因此，要求他们付出加倍价钱（华侨港胞“身价”比较低，结果反而获得了优待）。

但是，在另一方面，“疏不间亲”的逻辑也同时在发挥作用。外国人和国外华人来到国内后，虽然一方面可以进入本地人不能进去的豪华场所，但是却不能进入本地人才能进去的“内部”场所（例如内部书店），也不能订阅“内部报刊”。而且，他们也被当作是防范的对象。中国当局常常告诫本国人，对外来人必须“敬鬼神而远之”。在我住过的那所大学中，当局曾和必须与外国人接触的中国师生大谈“内外有别”的道理，对一些必须陪留学生住的中国学生则提出了“与外人关系必须搞好，但是不要搞得太好”的方针——充分显示出中国式的“做人”有时也是“做戏”。当时另一所学院的一位中国女学生，曾经去外宾住的饭店找人，人没有找着，只在大厅中停留过，结果就被按照填写的会客单上的资料通知了校方，回去后，她的班主任“劝告”她说：“外国人去的地方不是你该去的！”言下之意，与外来者接触有使人“腐化”的作用。

这种情形，与鸦片战争前夕，清政府将外国人羁縻在广州城外，尽量给予他们最好的待遇，甚至配备中国仆人，只是要求他们不要进城，是同一个文化“深层结构”的现象。

对待外面世界的态度，我们还要在“锁国心态”一节中详细讨论。在本分节中，我们只想指出：中国人的“心”无疑是很发达的，但是却是被公式化渠道化的，而“层次”与“等级”正是中国人“做人”的渠道。因此，它们并不是为了对待外人时才设计出来的东西，而只是将自己人在本国人之间也运用的“内外有别”逻辑，应用到外国人的头上而已。

事实上，这种对外客“尊而不亲”，对自己人“亲而不尊”的做法，也反映在组织成员对内与外的不同作风之上。党员是内部的人，当然是可以参与机密的，但同时也被要求多做一点儿牺牲，以便在“外人”眼中树立良好的形象。对于可以争取的群众，则不让其参与机密，但对他们的要求也不会像对党员那么苛刻，而且往往还会给他们一点儿特殊照顾。至于党员，既然是平时信任的“自己人”，如果稍有脱离常轨，就会有“吃里扒外”的嫌疑，因此就会受到处分。

这一套“统战”办法并不是从国际共产主义运动那里学来的，而是祖传的宝贝，因此也只能运用在中国人之间。在美国，笔者所目睹的共产主义运动的情形是：每一个小党派都是公然坦率地宣布自己的原则，愿者上钩，从来也不会用“人情攻势”去赢取对方。至于像意大利人的共产党，可能也会动用到“人情”，但是，自己的党员是否愿意像客人来时家中小孩被赶下台子一般，则成疑问。至于西方人，如果作为被“统战”对象的话，可能也要视原则才会参加，而不是受人特殊“照顾”就会“交心”。

然而，当中国人将这一套应用到外国人“身”上，除了对日本人还行得通外，对西方人无不大碰钉子。的确，西方人是“其心必异”的，因此，他们对待特殊的礼遇多半不领“情”，也不受它的束缚——尤其是认为自己是付了加倍价钱才获得的“礼遇”——反而会从个人的人格尊严的立场出发，认为中国人贬抑自己人是一种没有自尊的表现，而没有自尊的人是不可能尊敬别人的，因此就会怀疑到背后的动机。此外，他们对自己被官方当作是一整个被提防的“类”，也不见得会惬意，并且会认为是不尊重“人”。因此，就往往会不理会“内外有别”的这一套，凭一已的选择与个别的“人”打交道。在负责接待与照顾的当局眼中，这种不受“人情”制约的情形，自然是不要“面子”的，也是“无眼睇”的——因此，也确实符合了老子所说的“视之不见名曰夷”①。

3. 心意不到之处

中国文化“二人”定义“一人”的设计，就是让双方具“体”地感觉对方的“心”“有到”自己“身”上时，才去“做人”，一旦越出了人情的磁力场的温暖包围，自己就不知怎样去“做”，也毋须去理会。

因此，中国人的世界也只可能是人情化的世界。的确，孔子认为不知生焉知死，不语性与天道，不语怪、力、乱、神，未能事人焉能事鬼，敬鬼神而远之，也是因为这些都是能具“体”感觉或“身”受的人情“无到”的领域。因此，中国人的“天理”也必然是“心”（“心即理”），“天”也只可能是“天地人”这个世界系统内在的一个组成部分，而不可能是人间以外的超越原理。外国人既然是“其心必异”（“心”的结构不同），不能与他作“二人”之间的“以心换心”，因此只能是人间世以外的“鬼”。

不过，至少就中国人自己的“天地”来说，将具体感觉得到的人情做高层次提升的哲学家，是可以让一已之“心”充塞于“天地”之间的。对其志“兼善天下”的士大夫来说，也会感觉到自己与天下之“心”皆彼此“有到”对方“身”上。

然而，对绝大部分的老百姓来说，心意“有到”之范围就只是“自己人”圈内。在这个圈内，双方面总是“毫不利己，专门利人”，处处以对方为重，十分礼让。这个“人情味”的因素在香港已经很淡薄，在大陆则仍然很浓厚——如果你是熟人的话，到人家家中做客，他们总会拿最好的东西招待你，而且往往将自己的那份也剥夺掉；在饭馆中，则争着付款；乘搭公共汽车时，也抢着为你买车票；如果排队的话，就会尽量将你推到他的前面；如果不小心碰了你一下，或踏了你一脚，就会千道不是，万道不是。的确，既然彼此的“心”都“有到”对方的身上，在不小“心”撞到或说错了话时，总会说：“我是无心的！”

① 《老子·赞玄第十四》。

然而,在一旦越出了这个圈外,就真正不需要“有心”地去“做人”,因此,撞到了永不说“对不起”——事实上,只有在渠道化了的“二人”一对的关系中,自己这方没有了“心”,才会显得不“对”,因此心中就感到“对不起”对方——有时还会恶声相向。因此,笔者当时在大陆时发现:在公共汽车上以及街道上的吵架,几乎无日无之。确实,如果熟人走路时提箱子,中国人总会抢着替对方提,然而,如果是陌生人,自己提箱子刮到了对方,也很少道歉。有时,在马路上看到骑自行车者撞到了路人,对方已经痛得弯下了身,撞人者为了自己的“面子”,还振振有词地诉说对方不对,结果自然引发了吵架。此外,大陆的人在排队时遇到了熟人也要来排队,总会硬将他拖到自己之前,热情地说:“你先!你先!”但是,如果是陌生人,即使已经排在自己前面的,也会设法抢在他前头。

因此,在上公共汽车时,一般都是不排队,即使已经在栏杆之内还想抢在别人前头,如果你用手拦着他,对方有时还要强词夺理地直冲向前,有时叫他停止,对方也会停止——如果碰到外国人在排队,回头请插入者停止,则十次中总有十次生效——但是,自己浑然不觉而必须待外力去规范,却也说得上“自取其辱”。然而,如果不守秩序的人年龄比本人大一倍的话,在说了他之后,也会替他感到不好意思。

因此,在每次候车时,总必须要有纠察队才能维持秩序;一旦没有外力制约的话,就会出现“天下大乱”的局面。有时,纠察队也不管用,即使有二三人在场也被人潮淹没,只好撒手不管。在商店中购物,如果人多,也是用身体将先来者顶开。这类现象与争先恐后上车一般,都不能用人口过多去解释,因为,即使只有两个人,也出现后来者抢先的情形。

在大陆,打电话去一些单位找人或问事,十次中有八次,接听者总是吵架一般的声气,有时没有等我说完就挂断。自然,如果听出是熟人的声音,就必定不会这样。有时,笔者感觉到:这并非是接听者有意如此,也并非由于该时刻心情不好故发泄在陌生人身上,而只是一种心意不到之时习惯的口吻。的确,中国人在越出了自己熟悉的人圈子以外,往往会很突兀,很不自然,有时,即使想表达好意也不知如何进行,因此就索性违背自己本意地失去礼貌。即使在今日的香港,有人打错了电话号码,五次中总有一次不说“对不起”就挂断,有时听得出对方是有心道歉的，但是很突兀说不出口，于是就索性挂断。（香港的情形确实改进了不少，十多年前，如果打错了电话号码，接听的一方总是恶声相向，甚至说：“你去死啦！”）

一般来说，中国人撞跌了路人手中的东西很少帮人捡起来（在香港笔者就遇到这类事），有时是浑然不觉，有时是不将对方放在“心”上，但有时却并非存心没有礼貌，只是在“生人”面前不知如何“做人”，因此只好扬长而去。后一种情形在少男少女之间就更容易发生。有一次，在香港的行人天桥上看到一个少女将一位少男手中捧着的盒子撞翻，只回头看了一眼，脚不停步地急急离去，而少男则对其背影报以怨毒的眼色。的确，这类场合很容易变成男女邂逅的机缘，因此，在“男女授受不亲”的文化本能作祟下，行动遂比思索来得更快，结果唯有“身不由己”地没有了大方的风度（如果这件事发生在少女与老人之间，笔者想前者多半会替后者捡拾起来。因为在中国文化里“敬老”是很“道德”之事）。此外，还有这样的一种倾向：十几岁的少女，如果在公共汽车上不小心踩了陌生男子一脚，也是想说“对不起”而说不出口，索性不理会，或急急忙忙地走开（笔者在香港与台湾都碰到这种反应）。

因此，在“心意不到”的场合中，又有完全“无心”以及刻意地“无心”的差别——后一种情形多半出现在男女必须避嫌的场合中。笔者认识一些很害羞的香港青年，当他们打电话找朋友却是由对方的妻子接听时，就“身不由己”地不打招呼，也不理会她，径直地叫男的通话，结果次数多了就引起女方的误会，认为是存心不礼貌；更有甚者是到别人家中做客，在面对面的场合中，完全不理会对方的女眷，以免“勾搭”的嫌疑，结果自然也变成了“存心”没有礼貌。

不过，这种刻意“无心”的态度，却更普遍地出现在香港女性对待陌生男子的场合中。在香港的一些家庭小店中，如果看店的是少女，而去购物的又是青年男子的话，前者多半就不带笑容，严重起来则搞到“嬲爆爆”与“面臭臭”，而且这种态度不好似乎是故意的——一言以蔽之，就是刻意地（其实是“身不由己”地）去破坏自己的美丽，以避免“有心”的嫌疑。在美国时，笔者却看到这样的情形：一般来说，故意不友好的态度多半出现在贫民窟的女店员身上，因为在那里，男顾客存心勾搭的情形确实大量存在，女方遂有自卫的必要，但是，这种态度却并不是基于女子心中“道德”的考虑，因此是一种攻守自如的行为，也是因人而异；至于一般的女店员，总是笑容可掬，爽朗大方，但是却不见得是对人“有心”，只是对人有礼貌，也同时让别人欣赏自己的美丽而已（的确，敢不敢让自己太有吸引力，有时可以成为测量“自我”意识之强弱甚至有无的标准）。然而，上述香港女性的倾向，在大陆与台湾却比较少见——在那里，如果出现态度不好的情形，却多半是因为工资低心中没有好气，因此是属于不用去“做人”的那种“心意不到”。事实上，在大陆，女性的服务员对青年男子往往很热情与大方，但是，却并不是美国人那种“无心”的展露自我，而是因为人情的因素普遍发达之故。

因此，也就显示出中国人“心”的逻辑之复杂性与内在矛盾——在大陆，因为人情重于一切之故，因此“做人”的心意不到之处就完全失去了秩序，但是在另一方面人情之普遍浓厚也造成温情脉脉的气氛，而“心”之因素的发达在女性身上也可以变成“情欲”的心意；至于在香港，一方面理智的控制已经比较发达，因此英美式的法治也已经可行，但是另一方面却使“心”的水平普遍地降落，而中国人身上的文化结构遂以纯粹“身体化”的形态出现，并且将女性搞到上述的那个样子。

4. 有关“私心”的问题

中国文化既然将“一人”设计成为“身”，“二人”之间才有“心”，因此在文化“表层结构”上代表中国文化主流的儒家就将这个“心”当作是“天理”（“心即理”“性即理”），并且认为：“一人”之“心”必须受渠道化的“二人”关系去定义，去制约，去加以中和，否则就会变成“私心”，亦即是孟子所说的不顾“仁义”的“利吾身”的行径。

用传统中国哲学的词汇来说，个体的“私心”也被称为“人欲”，因此，就出现了“存天理，灭人欲”的命题，能够完全去净“人欲”而符合“天理”的，就能去体现“道心”，于是“人心”遂成为一个战场——它可以“灭人欲”而体现“道心”，也可以为“人欲”所蔽，而流为“私心”。既然中国式的“天理”其实只是“二人”之间的人理，因此，像“存天理，灭人欲”这样的理念化，其实是反映了日常生活中任何一“身”都必须由双方之“心”去制约的“做人”方式。自然，儒家也强调“修身”，然而这种“修身”仍然是外来的人情制约的内在化，亦即是：自身这一端必先用“正心”“诚意”的方式去达到“修身”，而这个修身的功效又必须见诸人与人的关系中，因此，仍然是自己的“心”对别人的人情制约的回应。的确，中国文化的“二人”逻辑的内在结构决定：只有在任何一端都做到“灭人欲”，才能成全这个“二人”之间的“仁”。因此，孔子说：“克己复礼为仁。”

因此，中国人的精神形态迥异于其他文化中的“超越”意向。在中国文化里，“个体”的自我超越并不是去达到一个比世俗更高的原则，而是超越一己的“私心”去符合人伦的、社群的、集体的、公共的“心”。

这个“存天理，灭人欲”的命题，用现代的文化“表层结构”的术语来说，就变成：个体必须做到“毫不利己，专门利人”，否则就很容易沦为“个人主义”“自由主义”“无政府主义”等等。

像“个人主义”这类现成的帽子，在大陆一度是用来套在具有“灵性”以及追求“个性解放”的人头上，因此，这就是继续发挥在传统文化“表层结构”上已经被打倒了的孔家店的“吃人”功能。

在中国人之间，确也有少数要求“个性解放”的人。这种要求的灵感泉源之一是西方的“个人主义”，另一个泉源却仍然是土生的“心”。我们在前面分析中国人的“心”之诸般形态时，曾指出：“二人”之间的“心”，其主流的作用固然是渠道化的相互制约，但是也可以表现为男女之间的“情欲”（passion）。虽然，对绝大部分中国人来说，后一种表现是被窒息掉的；对小部分能做如此表现的人来说，也未能达到拉丁式的高度，但至少这个“情欲”之“心”可以成为超越公式化渠道的因素（典型的例子是《西厢记》中崔莺莺与张生的私通）。因此，并非偶然地，在“心”的因素比较发达的大陆与台湾，在应该表现“正派”的社会主流中发生这种事的频率，就似乎比香港高得多（后者的“正派”主流无疑在观念上更受英美化的影响，但却不见得有强烈之“心”去做这种事——的确，笔者强烈地感觉到，香港是“情欲”水平最低落的地方）。除了表现为不受渠道化制约的“情欲”之外，中国人个体之“心”也是文化创造的泉源，而个体之“心”感“物”之敏锐，也足以成为“灵性”的根基。一个人的“心”如果表现为上述内容的话，就可以变成一种反控制的因素。这种“心”的表现必然是对生命的热爱,因此,在中国这个抹杀个体的文化底下,可以成为“个性”的代用品,而且,正因为这样,这类土生的心灵往往会首先拥抱外来的“个性解放”思潮。

个体的“情欲”之“心”,在传统时代自然是被归入悖逆“天理”的“人欲”范畴,在大陆则一度被归入违反“社会主义道路”的“歪风”一类。至于个人的文化创造与“灵性”之“心”,在传统时代还有一点儿活动空间,在中国则往往会被当作是“不顾及社会效果”的“小资产阶级”表现(虽然处于如此的逆境,这类的“心”仍然是大陆发达于香港——后者是有这个自由,却没有这个需求)。

然而,令人混淆的是:在大陆,“个人主义”一类的贬词,除了用来指称上述“个性解放”的要求或表现之外,也被用来指称中国人土产的“私心”,亦即是指缺乏公德心、损害公共利益一类的现象。自然,干部的贪污枉法、满足一己私欲的行为,也可以归入土产的“私心”一类。

的确,在中国文化里会出现这样的两种极端的人格:第一种在社群与集体的召唤下可以做到“舍生取义”;第二种则完全让自己的“私心”泛滥,达到损害公家利益、假公济私、化公为私的地步。这两种人格甚至可以出现在同一个人“身”上。例如,在中共革命时期,曾涌现许多成仁取义的烈士,至于那些生存了下来的革命者,在当时如果成仁之机临到自己头上的话,也可能会“舍身”。

在这里,我们就可以看到中国人的“人情的磁力场”的一种运作方式:如果它仍在发挥作用的话,就可以对“个体”产生制约作用,甚至能要求它抹掉自我去“舍生取义”;一旦作用失灵,亦即是在集体失去威信之时,大家就会将强调放回“自身”这一端,结果就使损人利己的“私心”泛滥。在中国人的“人情的磁力场”中,既然你的与我的、公的与私的从来就分不清楚,因此,一旦“利吾身”起来,就会损害别人、假公济私、化公为私,有时占了便宜还要以为这是大家欠自己的“人情”。

的确,中国人的“毫不利己,专门利人”,是只有在“二人”之“心”互相“有到”彼此“身”上时,才出现的——如果这个“二人”关系是君臣、国家与个人、集体与个人的话,中国人甚至还可以“成仁”(亦即是成全“二人”关系中的对方的意思)。

至于中国人的“一人”却也说得上是“人心唯危”的。的确,由道家这套“身学”反映出:在中国文化里,如果“个人”从“人情的磁力场”中退出,还可以具有一点儿超脱飘逸的意境(后来从印度传入的佛学就为这些“出家人”提供了一种更为全面性的精神形态);然而,在某一些个例中,这种超脱是飘逸、灵性,还是“明哲保身”的乌龟哲学,甚至是“退隐终南”的以退为进之术,就已经不太分得清楚;但是,如果这个“身”仍然居留在人情的磁力场内发挥作用,又不把重点放在“二人”感通之上,却去将它放在“自身”这一端的话,就势必导致“以静制动”“借力打力”的阴谋术,亦即是老子所教导的:“是以圣人后其身而身先,外其身而身存。非以其无私邪,故能成其私。”①的确,对道家来说,“天理”或“道”就是“一人”,而追求肉体长生不老的意向就是希企与天地一般长久,因此,如果这个“道”一分为二而成阴阳的话,也就会变成如何利用“二人”关系去利“一人”的自然法则。显然,从道家这套“身学”反映出来的文化“深层结构”的倾向是:中国文化的确将“人”设计成“二人”相互制约关系之任何一端,因此,不受制约的任何“一人”就很容易成为一个“不道德的主体”。这种倾向,与中国人之“身”不是一个自我组织的项目,而是由彼此的“心”去镇止的对象的设计,也有结构性的关联。

5. “上下一心”与“上下离心”

虽然,中国人“无私”也好,“自私”也好,都不是“自我”已经萌芽的表现,而是由别人去“定义”的。

在新中国成立初期的50年代,中国是一幅“上下一心”的景象,因此,人人都有礼让之风,干部也作风廉洁,比起同一时代的香港好得多。的确,在那个年代,集体的威信还健在,“自己人”这个圈圈扩大到五亿人,上面的心意“有到”下面,下面的心意也“有到”上面,大家都受到人情的约束,不会胡来。更有甚者,为了建设国家,老百姓还肯不计报酬地义务劳动,亦即是出现中国人那种“挨义气”精神。(的确,在香港的一些厂家中,亦出现老板在没有订单时不肯

① 《老子·韬光第七》。

遣散员工,员工在没有盈利时也肯“挨义气”的情形。)

至少,在中国文化“深层结构”仍然健在的情形下,中国人只要具备“上下一心”,就可以出现大团结的局面。

新中国成立初期“上下一心”的局面,是由中国共产党经由长征、延安时期、抗日与解放战争时期逐步缔造而成的。日本人的入侵,对一盘散沙的中国人能凝聚成一个“自己人”的圈子,无疑起着很大的催化作用。然而,马列主义的革命观,革命战士照顾群众生活的“为人民服务”方式,却起着凝聚性的领导中心的作用。这个中心,除了领导与群众之间出现“上下一心”的渠道之外,还促成群众之间“心连着心”的大团结。

这种集体的“心力”是至为巨大的,正如毛泽东所说,它是一种可以克服落后的物质条件的精神力量,使革命者能够用“小米加步枪”去击败“飞机大炮”。这种由“心连着心”造成的“万众一心”的局面也使建国运动得以完成。用“小米加步枪”去击败“飞机大炮”,自然是强调“人的因素第一”(其实是“人心”的因素第一),而不是像唯武器论者那般只重现代装备——至少,在由长征到建国这一段时期内,这个“人心”逻辑是运用得当的。

然而,这个逻辑也有运用不当的时候。在清廷搞洋务运动之际,与洋务派打擂台的(例如大学士倭仁)就曾提出“自强之道在振奋人心,而不在奇技淫巧”的命题,并且认为由祖宗传下来的既定方针一字也不能改——因此,可以说是中国历史上首次出现的“东风压倒西风”派,也是进入近代以来最早出现的“凡是派”。后来与康梁维新派作对的徐桐、刚毅等人也属这一派,慈禧太后则从中利用,而“振奋人心”的结果就是大家都熟知的自认“刀枪不入”的义和团之乱。

然而,在中共革命的过程中,在革命斗争的策略上,党内发动“人心”的“土派”却证明比莫斯科派回来的“洋派”正确。不过,这种“人心”的逻辑之继续推衍,到了“大跃进”时代,却变成了由“土法炼钢”加上“伟大的空话”所造成的灾难;到了“文革”时代,则酿成了更巨之灾。的确,在某些时候,中国人的“人心”之发动,就是“天下大乱”。

中国这个几千年来“超稳定”的天下,其结构性的意向也只可能是“镇止民心,使少知寡欲而不乱",换言之,其"目的"意向性是静态的,一旦出现"动"也只可能是"动乱",而"人心浮动"也从来都不是好事。因此,在中国历代的政局中,接近"上下一心"的形式也顶多是消极的"天下归心",而其目的则是为了致天下于大治。

具有类似于中国人的"人心"逻辑的日本,其历史性文化"深层结构"却不是这样。日本从来都不是一个"天下",但是在全民的意识中却有类似以色列"选民"观念的"神国"心态——这个"神国"具有一种"国运"的意向,亦即是一种势将在天下万国中占首席地位的信念。因此,日本文化的"深层结构"具有动态的"目的"意向性,事实上,日本历史的每一阶段都有新的内容,而不像中国那样皇朝循环兴替。这个动态的意向又与日本文化具有"超越界"的符号有关——日本人认为他们的整个国家是由天神创造的国土,而天皇则是天照大神的后代,因此维持"万世一系"的天皇制是跨越神界与凡间的媒介。显然,日本文化的"超越界"并不是像西方人那样是"个体"动态开展与提高意向的最后皈依,而是整个国家"集体"提升的拉动力。因此,从武士到庶民都有"报国恩"的观念,而其意向则为在历史之流中去展现日本的"国运"。这说明了:为什么王阳明的"心学",在中国顶多是另一种"镇止民心"的观念形态,传到了日本后却变成武士道的唯意志论,渗到了民间也变成一种用勤奋工作去"报国恩"的心法。至于作为全国效忠对象的天皇制,则是一种制度化了的凝聚中心。因此,当面临西方的挑战时,全国就很快地出现"同心同德"的局面,以及"上下一心"的总动员,而这股动力也可以恒久地保持不衰。

至于中国,"人心"的因素是存在那里的,但却是被镇止的对象,一旦发动起来,也只是造反,而且多半导致"动乱"。到了现代,中国文化"深层结构"中基本缺乏的动态"目的"意向性,却由外来的马列主义所提供,并且配合上中国人"发动人心"的逻辑。因此,中国被西方人打开门户虽然早于日本,但日本一接触外界即出现明治时代的"同心同德"局面,中国人则只有待到中共长征与延安时期,历来作为被镇止对象的"民心"才被转化为一种"敢教日月换新天"的动态的唯意志论,至于明治式的全国"同心同德"局面,则有待50年代的建国初期才涌现。

然而，马列主义却是一个外来之物，而其动态的“目的”意向却必须由展现过程内部的不断斗争与冲突去推进。因此，建国初期的“上下一心”也是一个“由下而上”革命的结果，而不是明治式的“由上而下”革新的局面，而这个不断“一分为二”的动态开展过程，也终于由“文革”“发动人心”而导致“天下大乱”，使“上下一心”变成“上下离心”。

在今后，“上下一心”的局面却再难于重现，因为，在“拜人”的远东文化中，这种局面的出现又总少不了“圣人之治”的因素，除了日本人将它“万世一系”地制度化，因此可以恒常地保持“同心同德”的局面之外，其他无论是毛泽东、蒋介石、金日成甚或李光耀，都易出现人亡“心”息之情形。因此，唯一的出路是由“人治”走上“法治”之路。

（四）“心”对“身”的照顾

1. 中国人“二人”之间的照顾

中国人之间的彼此关怀，常以下列应对形式出现——一方问：“你身体好吗?”另一方答：“你有心!”

这无疑是“心”对“身”照顾的最基本的原型。事实上，中国人对别人的关怀，多以对方的“身”为对象（由此延伸，也包括关心对方是否走上“安身立命”这个正途，等等）。中国人常常要求自己所关心的人“多多保重”，也是针对“身”而言。根据《说文解字》，“保”亦即是“养”。

如前所述，中国人的“身”是必须恒常地处于人情磁力场的温暖包围中的，换言之，中国人单薄的“个体”常常需要受到别人“有心”的关怀与照顾。这种相互照顾，也总是以对方的“身体化”需要为主要内容。例如：请客吃饭用膳时夹菜给对方吃以表“心意”、送礼、在物质方面帮助别人，等等，都是对别人具体的“身”之直接照顾。此外，就是帮助别人组织生活，例如安排出路、找寻配偶之类。总的来说，“心”对“身”的照顾涵盖下列范围：关怀别人的“身体”、问候别人的起居饮食、帮助别人“安身”等等。

中国人“心”的照顾对象既然是对方的“身”，因此，“有心”的人总是给人一种“体贴”之感。

中国人“二人”之间的这种照顾方式，确也是无可厚非的。事实上，它给人一种温暖的感觉。笔者在大陆时，就有这种感觉。这种感觉，在西方社会是没有的，在国外的华人社会中也大为低落。因此，对在大陆的一段岁月，笔者至今仍然回味无穷。

不过，中国人的这种“二人”关系，却也往往被用来鉴定是否“自己人”的标准。换言之，中国人的“身”必须具“体”地感觉到对方的心意“有到”自己的身上，才会觉得对方是“自己人”，而自己才需要在对方面前“做人”。因此，在大陆，就出现了这样的情形：即使是办公事，也必须先“拉交情”，在确立了是“自己人”之后，才好去进行；即使是两个国营企业之间，如果要做生意的话，也必须先请客吃饭、送礼，才容易成交。在60年代的台湾，笔者也曾目睹这样的情形：两个政府机关之间的公文往来，如果一方是要另外一方盖章的，也必须请那个掌印的科长吃饭，给他送洋酒洋烟，否则图章就不会盖下去，至于老百姓向政府机关“送红包”以示“孝敬”，则更不在话下。在香港的“廉政公署”设立之前，也大量地存在着这样的情形：公务员替老百姓办职务内应办之事，往往会先向对方索取“好处”，有时老百姓也会主动地先塞给公务员一点儿“好处”，并觉得这是“人情”分内之事。

人与人之间的关怀与照顾是应该的，不过，中国人却将这种“人情”的因素也带入了“法制”的范围中。而且，中国人彼此表达“心意”的对象，又是以对方“身体化”的需要为主要内容，因此，就总是少不了现眼的实物（亦即是“现实”）。

2. 中国人两代之间的关怀

中国人这种“心”对“身”的照顾，始自家庭。上一代与下一代之间互相表达“心意”的方式，就是轮流“养”对方，亦即是哺与反哺。既然“至于犬马，皆能有养”，为了有别于此，因此对人的“养”遂多了一重“慈”与“敬”——亦即是

“心”——的因素。上一代必须怀着爱心哺育下一代，下一代亦必须用侍奉问好的方式关怀上一代的“身体”。上一代对即使已经成年的下一代，仍然继续关心他们的起居饮食，常常弄一点儿东西给他们吃，冷暖变化时提醒他们更衣，叫他们少抽烟饮酒、早点儿睡眠、“保重身体”等等。

自然，在世界上任何社会的家庭关系中，总少不了照顾“身体”的因素。不过，如果只把“个体”当作是一个“身”的话，那么，养育与照顾“身体”就会成为家庭关系的主要内容，如果认为“个体”除了“身”之外还有一个“自我”原则的话，那么，除了照顾其“身体”之外，还会注重培养“个性”。中国人无疑是倾向前者，西方人则代表后一种倾向。因此，中国人对子女只“养”其肉体，目的则是“养儿防老”，而子女孝敬父母，其表达“心意”的方式也总少不了现眼的实物，例如金钱（自然，上一代除了“养”下一代的“身”之外，还要对其施“教”，这种“教”也不是培养“个性”，而是如何去“做好人”，亦即是处处以对方为重去维持“二人”关系。事实上，也只有在这种由“二人”去定义“一人”的安排下，才会出现中国式的“孝敬”）。至于西方人——尤其是新教文化的西方人士——除了“养”子女的肉体之外，还注重子女“个性”的发展，例如：很早就开始让他们单独睡，以便培养他们的独立性，而其最终目的也是要他们成长以后分离出去。在这种情形下，下一代成长以后，对上一代顶多做到建立在“人格平等”之上的好感，而从无“孝敬”之举；上一代也认为收取下一代的金钱是有损自己的骄傲与尊严之事。

中国人一代对一代的“教养”，既然是只“养”其肉体，“教”其不要有“个性”，因此，在中国人身上，“人”就总不可能全面盛开。事实上，只有在照顾对象是儿童之时，才会是完全偏重“身体”方面的。因为，在儿童身上，“自我”意识还没有全面茁长，对他（她）的照顾，除了常常用食物填塞他（她）、对他（她）“进补”之外，就唯有要求他（她）多睡，早睡，以及不要做损毁身体之事。

我们在下一节中将会谈到，中国人的上一代对成了年的下一代仍然不断填塞食物之举，其效果就是将每一代的中国人都阻滞在人格成长的早期阶段上，而与这种用“食”来将成人“儿童化”之举相并进行的，就是在“性”方面长期地使他保持“无知无欲”状态。

至于在冷暖变化时提醒对方更衣的习惯,大概在任何文化中都会有,不过,可能从无发达到中国人这种地步。中国人上一代对下一代的照顾既然不及"灵魂"而只及其肉体,因此其注意力自然也会全部集中在这方面——这种态度往往会持续到下一代成年以后,一直到他为下一代的女性配偶继承过去为止。然而,这种态度的长期延续,却足以成为一个暗示,令一个成年人自己连冷暖寒暑都不知道,而必须常常由别人去提醒。这种态度也可能是造成中国人怕冷、怕感冒、怕亏等倾向的原因之一。

上一代关怀下一代的"身体"的另一个内容,就是要他们少抽烟饮酒。酒喝多了自然会伤身体,至于烟有危害性则具有医学上的证明。不过,中国人中的"正经"人士不抽烟不饮酒,除了上述医学上的考虑之外,却也具有道德上的原因,那就是证明自己是"乖"或者"听话"的。在西方,除了少数教徒之外,一个人抽烟喝酒与否并不足以构成一种道德上的形象。因此,抽烟喝酒与否是由个人决定的事情。笔者曾亲眼见到一位澳洲的青年女子,为了在两周内写一百封求职信,恐防因过度紧张而猛抽起烟来,就在这段期间内将抽烟习惯戒掉。在这个情形中,保重身体就变成了一个由自我组织的项目。至于中国人——尤其是青少年——烟酒不沾,除了健康上的考虑之外,却具有愿意接受他人制约的意思,亦即是向世界宣布本人是"父母亲的乖儿女"。中国人的青年女子,如果要证明自己"正经"的话,就尤其不能当众抽烟,甚至必须当众表示对烟反感。笔者在美国时就曾亲眼看到如此的一幕:一位来自香港上层社会的女留学生,当其友人的外籍妻子在抽烟之时,就当众用手在面前狂扇,驱散烟雾。她的原意可能是为了证明自己是"妈妈的乖女儿",不过真正证明了的却是不懂礼貌、"土"与"大乡俚"的心态。至于中国人的男青年,如果是属于"正经"一类的话,也多半不沾烟酒,而这个倾向,在香港又比在大陆与台湾严重,在今日大陆,男性抽烟已有泛滥成灾之象。

中国人上一代要求下一代"当心身体"的内容,也包括敦促他们早一点儿上床睡觉。至于晚睡会伤及身体,却不一定有科学根据。反正,这一点并不重要,中国人用敦促别人早一点儿睡眠来关心对方的身体的做法,已经成为了一个条件反射的公式——上一代对下一代固然如是,夫妇之间亦如是,在大陆则大家对大家皆如是。

的确，说到中国人早点儿睡眠以“当心身体”的倾向，就使笔者想起曾在大陆看到的情形：外国留学生宿舍因为不受灯火管制，往往有人看书至通宵达旦，管理留学生的为了表示对留学生的“关心”，曾在谈话时提起：“早点儿睡吧，不要弄坏了身体！”这明明是中国人的一片“好心”，一些美国留学生听了却不以为然，私底下说：“在中国，人们似乎只知道早睡就是好的，根本不理解我们这些做研究的人还有其他的需要。”一些日本留学生的反应则是含笑多谢对方的好意，但是在行为上却没有改变。

大陆的确有早睡的习惯。80 年代，大城市中人到了晚上九十点钟就上床（小城市与农村里恐怕还要早）。只要天色一黑，路上就灯火黯淡，也没有什么场所可供逗留。在六七十年代，过了钟点还在马路上走的人，往往被纠察队劝告早儿点回家睡眠：“明天还要抓革命，促生产呢！”至于在今日，晚上还在路上走的人已经多了，但是，太晚的话，就会被“类型化”，认为不是“正经人家”。例如：在笔者曾居留过的那个校园中，如有学生在十点半（熄灯的时刻）以后还在走动的话，就会被担任纠察的工友喝止盘问。

晚上灯火黯淡，还可以归咎于经济落后。至于晚上没有任何“成人场所”可去，就不能完全用这种因素去解释——因为其他落后国家不一定是这样——这里面已透露出一点儿中国民族是十分“乖”的倾向。至于认为晚睡就不是“好人”，则不折不扣的是“儿童化”的倾向，亦即是认为晚睡的儿童总不是“乖”或“听话”的看法的一个延伸。自然，对成人来说，早睡除了“保重身体”之外，还多了这样的内容，那就是排除晚上在外面“勾三搭四”的可能性——因为，对一个泛道德主义的文化来说，“白昼喧淫”是很难想象之事，像这类“不正经”的事，总必须是在晚上又在外面进行的。此外，中国人过分担心“身体”受损的倾向，也造成他们认为“性”会“亏身”的想法，而“早睡”以“保重身体”则是这种行为的对立面。

因此，一个到了晚上九点钟就全体睡眠的民族，可以说是世界上最“乖”的民族，也是最“身体化”的民族。

因此，中国人的“心”对“身”的照顾，有将成人“儿童化”的倾向，或者，可以倒过来说,是因为人格发展的阻滞才导致这种安排——反正,这个恶性循环是从哪里开始的,并不重要;真正重要的是这样一个事实:如果永远地将一个人只当作是一具“身体”去加以照顾,那么,就会遏阻他的“灵魂”萌芽。然而,“灵魂”之成长是没有人可以代劳的,必须由本人以自我组织的方式去展现。这并不是说对“身体”不应该照顾,其实在任何文化中对“身体”都要照顾,只是说中国人对己对人的任何照顾都有“身体化”的倾向。“身体”的需要是人人相同的,因此,将任何照顾都“身体化”的话,就根本不能顾及“个人”与众不同的需求。

然而,中国人的“心”对“身”的照顾,却又的确不是为了“一人”而设计的,它的目的是透过“二人”关系将“身体化”的存在无限地延续下去。的确,在中国这个没有“灵魂”而只凭肉体的接力赛来维持“不朽”的文化中,每一个人都必须把自己的“身体”保存得好好的,才可以在将来回报父母、生男育女、传宗接代。一个人如果极力做这一点,就会获得一个正面的社会形象。因此,一个人如果不珍惜自己的身体,出现病痛,即使已经是成年人,长辈对他关心的口气也变成了责怪,于是,原本应该是“健康”问题的却变成了“道德”问题(亦即是不“听话”,不受“教”)。

令人不解的是,西方人没有像中国人那样强调“保重身体”,也常常倾向于做出一些会危及身体的冒险患难之事,体格反而搞到比中国人更好。事实上,他们发展体格,与他们的冒险患难一般,都是整个“个人发展”的一部分,因此,并不像中国人一般恒常被耳提面命地去“注意身子”——像这样一种暗示,如果过于多的话,就真的会造成怕“亏”的倾向,并且会出现认为自己真正是“亏”的心理。

此外,也可能会令中国人不解的是,西方人对下一代的“教养”是预备他们与自己分裂的步骤,亦即是造成他们对自己“不孝敬”的前奏。这其实也是浑然不觉没有选择的,是整个文化对“人”的设计使然。西方人的“良知系统”既然注重培养有个性的、独立的人格,因此,如果制造出依赖“二人”关系的人,就会被认为是一种失败,也会被认为是上一代的自私。一对美国夫妇曾对笔者说:“我们并不认为子女是自己的财产,他们只是上帝暂时寄托在我们这里的。”

然而,中国人的生命观既然是"身体化"的,因此,将"人"设计成由"二人"去定义之物,乃势所必然。每一代的宗教任务是生育下一代,以便延续肉体的不朽,同时也须"养"上一代,并在将来为下一代所"养",自然就不可能是一个自足自立的单元。事实上,每一代对下一代的"养",除了是"养儿防老"的投资之外,也同时是控制下一代人格的手段。在传统时代,如果下一代不受"教"而有独立行动的话,上一代就会动用到"养"字诀的杀手锏,向下一代抛出这样的问题:"是谁将你养育成人的?""是谁从小关心你一直到成人?"下一代如果将先定的明确答案从自己的嘴里再说一遍的话,就表示自己愿意就范受"教"。

在今日海外的华人社群中,"养"上一代仍然是一种承担义务,不过,搬动"养"字诀去控制已经成了年的下一代,恐怕已经是行不通的了,因此就较为少见。然而,在中国,在国家与社会这个"二人"关系中,一方"亲民",另一方就必须"交心"的逻辑,却被发挥至史无前例的最高峰。

3. "为人民服务"

明白了中国人"心"照顾"身"的逻辑,就可以了解中国式的国家与社会的关系,也可以进一步了解具有"亲民"基础的专制主义的本质。

"关心群众的生活",是中国式"社会主义"的主要内容,其具体的落实形式就是"为人民服务"。这套"做人"方式,对共产党革命事业的推动曾发挥过积极的作用。因为,对广大的群众来说,讲抽象的革命道理是"形而上学猖獗",只有具体地向他们表达"心意",才能发动中国人"以心换心"的机括,从而达到"人心归向"的效果——这种效果,是由中国人的"良知系统"中"仁者,二人也"的设计所决定的。的确,中国式的"心的文化"在前提上就先天地决定了"仁者无敌"。

至于红军—八路军—解放军在老百姓面前"做人",也确实落实到了生活的细微末节上,例如,替他们义务劳动(烧水、打扫、种田之类),以及对日常起居的问候,等等。有时,革命战士对老百姓"身体"的照顾,甚至以至为具体形象化的方式表达出来。例如,在大陆的一些电影中,描写老百姓在军阀、国民党、地主土豪或日本手上受到"皮肉"之苦,总是红军—八路军—解放军将他们解救出来;或者,描写在旧社会底下劳动者年迈了仍然不得“安身”,甚至搞到皮开肉绽,只有在共产党手中获得了拯救;或者,更具体一点儿,是描写一位老人的“身体”被恶势力推倒在地,“皮肉”受损,由一位共产党战士“有心”地将他搀扶了起来,等等。的确,唯有如此做,群众才会把他们当作是“贴心人”或“自己人”。

笔者在这里说的“做人”,并非一定指矫揉做作的意思。因为,中国人是不重“个体”的,因此不像西方人那样强调“是”(to be)一个“人”,而是必须在“二人”之间才能“做”一个“人”。共产党战士的“为人民服务”,有时是献出自己生命,却使整个集团在老百姓面前获得了威信,为他们所爱戴拥护。

反共人士自然会说:这只是共产党的宣传。然而,为什么在国民党的宣传中,就从来连想象力都达不到这些桥段?台湾制作的描写抗日的电影,多半是描写“愚民”如何不了解领袖“曲线救国”的一片“苦心”,还要群情汹涌地闹事,到后来才体会到领袖的“英明”,于是出现痛哭流涕地忏悔的一幕;或者,描写国民党情报员的个人英雄主义,而其内容则是先去充当汉奸,并且在妓院中与敌方周旋,等等。因此,由双方面流露的意识状态中,可以看出不同的倾向。

此外,在70年代海外留学的爱国运动中,原先并不知道共产党作风的港台学生,在向“左”转以后,也自发地采取了“为人民服务”——亦即是关心同学生活——方式去吸纳群众。至于在北美校园中的国民党学生,则只知道动用恫吓与打人方式。显然地,一方较有人民性,将群众当作“自己人”,因此必须在他们面前“做人”;另一方从不将群众当作“自己人”,因此也毋须去“做人”——无论是哪一种情形,都是中国文化“深层结构”的“文法”规则之演绎。

马列主义到底是具有人民性的思想,因此,在透过中国人的“良知系统”这个变压器后,就将中国人的“仁”落实到广大的群众层次上——这是中国历史上的首次。然而,即使在这个传统“仁政”理想的全面展现中,也已经显出中国文化的局限性——这个文化的“深层结构”在前提上就决定:它只利于搞“心连着心”的“统一运动”,不利于搞个人必须为自己争取权利的“民主运动”。

的确,中国人各自为政的“身”必须由“心”的媒介串联起来的,因此,中国人如果“心死”,就会出现一盘散沙的状态——而这正是海外华人社群任人统治、任人宰割的无形状的存在状态。至于所谓“爱国主义”“认同”或“回归”这类“心怀祖国”的运动,则是这种“心”的复活。循着同样的逻辑,一盘散沙的中国社会亦确实必须由“亲民”式的集权主义组织起来。

在传统时代,“亲民”的理想就是行“仁政”,而其具体做法就是“平天下”。“平天下”有两种意思,其一为“平均天下”,使人人都“有一口饭吃”;其二就是使“天下太平”,亦即是“保持安定团结”。因此,在太平盛世、天下大治时,好的政府必须采轻徭薄赋、劝励农桑、不扰民的政策,使老百姓获得生计。在天下大乱“人心思治”时,任何打天下的集团只要会“做人”、礼贤下士、笼络父老、访问民间疾苦,就可以使“人心归向”,而得天下。无论是处于天下大乱还是天下大治之世,中国人的“仁政”理想,都是希望使天下之人都能“安身”。因此,士大夫的“志”就是“解民于倒悬”“厝天下于衽席之上”——只要做到这一点,就可以将天下的“心”都归到自己这一方,从而达到“一统天下”之目的。

然而,在传统时代,任何“大一统”对天下的组织程度,比起现代的建国运动来,都要松散得多;任何传统时代的“天下归心”,比起现代“心连着心”的群众大联合以及建国初期的“上下一心”,都要微薄得多;而任何传统时代的“仁政”,比起现代的“为人民服务”来,也是消极得多。

固然,台湾的蒋经国也曾有“为民众服务”的口号,以及亲自到路边的小摊吃豆浆等动作,然而,这只是“亲民”的姿势,而不是“亲民”的制度。今日的台湾或许有进步的地方——例如,资本主义底下的经济成长、地方选举等等——然而,这些事物已经越出了传统文化的范围,而必须归功于外来的影响。至于中国文化正统的全面传承,则在中国大陆。

的确,在传统时代,所谓“平均天下”,使人人都“有一口饭吃”云云,只是存在于政治理想中,或者顶多是某些皇朝建立初期昙花一现的现象;至于政府的“养民”,也最多是保持安定的局面下,使老百姓能够自寻生计。唯有到了20世纪80年代的国有化体制下,“平均天下”才被制度化为“铁饭碗”制度,政府也的确积极地挑起了使全国“皆有所养”的责任,负责安排十亿人都有饭吃,都有工作做,都能“安身”——这已经是农耕文明的“太平”与“大同”理想的全面展现。我们试想一下:十亿人是美国、苏联、西欧、日本人口的总和,古今中外从无一个政府能负起使这样的一个众多人口都“有一口饭吃”的任务。相形之下,台湾与香港这样的小地区的经济“奇迹”，又算得了什么？

然而，“亲民”理想的落实，也包括老百姓这一方。事实上，所谓“亲民”，已经包含了“仁者，二人也”的对应关系：“亲”是指父母亲一般的政府，“民”则是“子民”。循着中国文化里“二人”之间的“文法”规则：政府使老百姓“皆有所养”的一番“心意”，后者必须用“以心换心”的方式回报。在传统时代，所谓“爱民如子”只是说说，政府的所谓“养民”也最多只是消极地不扰民，因此，要求老百姓的也最多是“民心归向”，不要造反。然而，在现代的国有化体制下，政府既然积极地使老百姓“皆有所养”，因此，也就出现更为强烈的“交心”要求。如前所述，中国人的“心”包括思想、感情、判断与意志，因此就要求老百姓将这一切都交出来。

在建国初期，天下大定，人民生活开始有着落，国家在百年来的首次统一，也使民族臻于富强有实现的可能性——这一切，都满足了广大的中国人的“心”。因此，在这段期间内，也确实出现了“上下一心”的局面，而政府也能够调动这股“民心”，不计物质报酬地从事劳动。而且，政府说什么，大家都信服，很少有自己的看法。

在“文革”以后的今日，这股“民心”已大为降落，因此必须运用物质刺激，而老百姓也开始有自己的看法，发牢骚的人也越来越多。但是，在今日的大陆，仍然可以碰到一些人会说：以前没有工作做，不能“安身”；如今有工作做，又成了家，因此从心底对党怀有感激之情。的确，中国人不习惯于冷冰冰的法权关系，他们必须连政治也感情化，因此，不是“交心”就是“离心”。

要求老百姓“交心”，亦即是要求他们受“教”的意思。的确，传统的“亲民”理想，除了使老百姓“皆有所养”之外，还要对他们“施教化”。这也是家庭中亲子关系的演绎——父母对子女有养育之恩，子女就必须“听话”，亦即是受“教”；如果不受“教”，父母就可以对那个由自己养育成之“身”施以“体罚”。并非偶然地，中国人连“国”也称为“国家”，因此亲子关系的原理也应用在政府对老百姓的“二人”关系中。

在传统时代，政府之“掌教化”，就是奖励贞节孝廉、和睦地方、颁读圣训等等。对不听话的“刁民”，则采取“体罚”，例如当众脱掉裤子打屁股，如果更严重的犯法，就会施以种种肉刑。的确，中国政府历来的功能，都包括“礼乐刑政”这四项。“礼乐”之目的就是促进社会的和合性，老百姓驯良，亦即是防患于未然；当“礼乐”不能竟其功，老百姓出现越轨行为之时，就出动到“刑政”。中国人的“刑”，杀头自然不用说，其他的种类都牵涉到皮肉之苦楚，甚或肢体之伤残。并非偶然地，西方人称司法部为“正义部”(Ministry of Justice)，中国人则称为“刑部”，因此，司法就倾向于成为“司刑”。

这种“教化”的功能，到了现代，在国民党政权身上仍然可以看到。例如，在台湾有奖励“好人好事”、选拔“十大青年”之举。蒋介石在世之时，也曾颁布过《国民生活须知》，教导“子民”如何起居饮食、待人接物，等等。他一生最得意的杰作之一——新生活运动——亦是志在教导老百姓如何保持整洁，如何振作精神，等等。

但国民党统治最终是缺乏“亲民”基础的专制主义，而其统治阶层很大一部分亦来自沿海一带大城市中西化的上层(亦即是中共称为“买办资产阶级”之类)，因此，国民党施的“教化”，顶多只是模仿历代中国政府“掌教化”的一个姿势。至于这个传统的真正发扬光大，却是中国大陆的人民政府。

在人民政府下，有制度化了的“政治教育”，要老百姓恒常地学习官方的意识形态、官方会议的文件、中央的新指示与新精神等等。此外，还周期性地举行群众性质的运动——例如“学习雷锋运动”“文明礼貌活动”，等等——其目的是为了对群众施以教育。“文革”在某种意义上来说也是一场群众性的教育活动。

在“文革”的情形中，对老百姓施教的“圣人之治”这个形式是本土的，但至少“不断革命”的内容却是外来的。在今日，则是连内容方面也有倾向于本土化之势。例如，政府教导老百姓“毫不利己，专门利人”，就与马克思主义一点儿关系都没有，而是中国人父母对子女教导内容的一个延伸。的确，中国人的父母，除了“养”子女的“身”之外，还必须“教”他在“二人”关系中如何处处以对方为重的“做人”之方。这种“教养”自然是不重“个性”的培养，甚至是完全抹掉“个性”的，因此遂造成了“专门学人”的倾向，亦即是说，中国人总不能由本身去确立“自我”价值，而必须常常以别人为“学习”对象。于是，政府也必须树立一些模范(例如雷锋),让全民去学习。

这个“教”还包括在背后指导老百姓如何在外国人面前“做人”——在这些“大客人”面前,必须处处“礼让”,剥夺自己,把最好的东西先给他们;但是,这些人既然是“外人”,因此又必须搞“内外有别”不应出现真正的友情等等。因此,这类“教”又有防止老百姓与外界接触会“变坏”的功能。

中国人的“教”,确又总少不了“罚”的因素。因此,有些与外国人同居“变坏”了的个例,又必须判以“劳动教养”的处分。劳动自然是一种苦其“身体”的惩罚。然而,这种惩罚却是在没有触犯任何国法的情形下做出的,因此,并无任何法律上的依据,只能诉诸国务院关于劳动教养的条例和规定。像这样的措施,与其说和法治或法律精神很少相关,不如说基本上来自《三字经》的“养不教,父之过”的精神。

(五)“心”对“身”的组织

我们在前面曾经提及:中国人的“身”,并不是由自我去组织的,而是由人伦、社群、集体关系的“心”去组织的。自然,在任何社会中,都会有人伦、社群、集体关系。不过,中国人的这类关系却有点儿特别——它是代替了“自我”的一个原理,甚至是用来组织“自我”的一个原理。

在传统时代,如果一个中国人搞发家致富,他总不能说是为了自己——这样说是会被认为是“自私”的——他必须说是为了光宗耀祖、光大门楣以及为了下一代的福利着想。因此,每一代都说是为了前人与后人,就是没有了今人。在解放以后的新中国,个人的努力则必须说成是为了集体,亦即是为了“国家”这个扩大了的家。这无疑是人情的磁力场中“二人”关系的“文法”规则——任何一方都必须“毫不利己,专门利人”,处处以对方为重,亦即是为了对方而活——的又一演绎。

如果中国人不将自己的生存意向说成是完全为了“二人”关系中的对方,而是明目张胆地将着重点放在自“身”这一方的话,就会变成毫无精神性的“为个口”“揾食”的身体化生活意向。事实上,当时也只有在香港这类不是由自己人统治的、既没有集体关系又没有了大家族的、各自为政的资本主义社会下,这种纯粹的“身体化”倾向才成为可能(虽然历代的中国老百姓都有“只图有一口饭吃”的说法,但是并不能作为一个显性加以全面化)。然而,纵使是不理会集体的“身”,仍然不是一个“个体”——它即使可以明目张胆地不为“公”而只是为“私”,除了“揾食”之外,却是还有一己“安身”之要求,亦即是说,这个“身”仍然有被放在一个缩小了的人情的磁力场中的需求,而它也必须为他们而活。因此,所谓“揾食”,仍然是为了一家数“口”。

因此,无论是扩大了的抑或缩小了的人情的磁力场,都是中国人之“身”的组织原理,这个原理赋予它的生存以一个导向,也同时是它生活的动力。换言之,中国人的“身”是必须由自己对别人的“心”去导向,也是必须由别人的“心”去组织的。

这个组织,除了是作为导向与动力之外,同时也是一种制约。即使在香港这个表面上最西方化的华人社会,仍然出现这种情形——当某电视女艺员被问及是否赞成婚前同居时,回答说:她不会这样做,目的是为了使父母“安心”,同时也是为了下一代着想,并且还说家庭是世界上最好的地方。她的说法,可能是真“心”的,也可能是为了博得社会观众的鼓掌而做出的“乖”或“听话”的表态——反正,她就是不能直截了当地说:“这违反我本人的原则!”

然则,中国人这种“为个口”的生活意向,常常受到人情的磁力场温暖的包围需求,同时又抹掉“自我”,处处以对方为重,必须受到他人的制约,并且对“性”总是采取蒙昧态度的倾向,又是如何形成的呢?

在下面,我们将会采取人格成长理论去解释上列倾向的形成。然而,必须先声明:本书的分析架构并不是将整个中国文化的起源还原到人格成长的过程上去。反正,人格成长并不是因,也不是果;可以这么说:中国人的人格成长的方式只是整个文化对“人”的设计的一个表现。当今的人格成长论有许多家的说法,每一家都将人的成长分成数目不同的阶段。至于笔者在下面对“口腔阶段”“肛门阶段”“阴茎阶段”“生殖器阶段”等概念的运用,则仍然是用来“结构”一些现象的方法,而不是整个文化的起源论。

1. 口腔阶段

在上面“‘身体化’的倾向”一节中,已经指出:整个中国文化弥漫着很浓厚的口腔化倾向。在“口腔化的倾向”这一个小分节中,我们也曾指出:中国人是用“口”来计算的,也有用“口”去面对世界的倾向。在“‘生’与‘熟’”该分节中,也指出:中国人的人际关系,也是采取“吃”的态度的。

从人格发展阶段的角度来看问题,口腔期是初生婴儿经历的阶段,因为他整个生存的意向都集中在口欲的满足之上。在他这一方来说,首先接触到的存在着的客体就是母亲的乳房,而且,饿了就要闹,不会有其他的考虑,一旦被填塞食物就会平息,因此基本上是用“口”去面对世界的。在父母这一方来说,也将他当作是常需要用食物进补的幼嫩生命,以及是一个可以用填塞食物的方式来向他表达爱心的“小宝宝”。在任何文化中,父母与口腔阶段的孩提之“二人”对应关系,大概都是这样。

因此,在这里,我们并不是说中国人的人格发展停留在这个阶段上,而只是想指出:在他们的人格组成中,具有很严重的口腔期的遗留。这种遗留在任何人身上都会有,差别只在多少。不过,就整个中国文化来说,却确实遗留得比别人多。中国人在成了年以后,仍需时常受到人情的磁力场的温暖包围,并且从中“吸食”人情,可以说是对母亲的温暖怀抱仍具留恋之延续。因此,上面多处提及的对“安身”的强调,常常需要获得别人“有心”的照顾,以及人与人之间的相互依赖,而在这种人情往来中又总少不了实物(包括食物)交往等倾向,都是口腔阶段在中国人成年以后的表现形态。我们在上面也曾稍为涉及中国人“儿童化”的倾向。这个倾向的内容之一就是:在自己的“身体化”需要获得别人“有心”的照顾之时,就会向对方“交心”;在面对权威时,这个“二人”对应关系就会演变为“听话”于对方。因此,才会出现在“亲民”式专制主义下老百姓被“子民化”的现象。

中国人上一代对下一代的态度,也总是把后者当作是“儿童”。不管下一代已经到了三四十岁,上一代(尤其是女性)总是倾向于将他们当作是必须常用食物填塞的“小宝宝”。在吃饭时,长辈表达自己的“心意”之方式,就是硬塞对方食物。因此,中国人即使在成人之间的交往,表达"心意"的方式也总是少不了食物,例如"请客吃饭"。笔者在大陆时去探访熟人,有时对方正在为家务忙碌,无暇照应,为了避免客人独坐无聊,就将家中的糖果饼干通通挖了出来,放在桌上,然后才自顾自地去干活。

的确,中国人的上一代倾向于把下一代当作是从头到尾只有一个阶段——口腔阶段——的人。因此,长辈(尤其是女性的)在平日关怀成年子女的方式就是在睡眠、衣着方面关心他们的"身体"。一些女性的长辈,在久不逢面之后的第一个关心反应,也总是说:"你瘦了!"这自然只是一个下意识的反应,因为,当你和她们说太胖会导致血压高以及有损美观时,她们的第二个反应也多半会同意你的说法。然而,从初步的本能反应中,仍然可以看出将成人当作是"小宝宝"的倾向。

中国人的上一代,既然永恒地将下一代当作必须常用"进补"来维持白白胖胖状态的"小宝宝",因此,自然就会将他(她)当作是一个"性"还没有萌芽的"儿童"。在"性"方面,上一代永远是讳莫如深的,总是让成长中的下一代保持无知的惶惑状态。

将成人当作是"性"还没有萌芽的儿童,自然也会对他们搞男女关系大惊小怪。中国人的上一代,在考虑到青少年结交异性朋友时,总是抱持"他们还小"的错误态度。在中国文化形态保持得最完整的大陆,这个倾向又比港台严重得多。在大陆常可见到这类现象:大学生谈恋爱会被当局拆散,快到三十岁的妇女与异性正常交往也被长辈提醒"不要出事"。

的确,中国文化是用"万恶淫为首"的态度来保持社群之和合性的,同样的"非性化"措施也被用来维持代间的和合。因为,让一个"人"完全盛开,他就会变成一个独立的个体,并终于会与上一代断裂,而且,在"自我"形成的过程中,也必定会不断与上一代发生冲突。弗洛伊德所谓的"弑父娶母"心理纠结,就是一个在心理方面"性"也完全萌芽的个体对待上一代的态度。作为权威化身的父亲,自然会成为具有"性"的冲突性的成人反叛的对象。针对母亲这一方来说,如果一个成人不让自己保留口腔阶段的态度,而让母亲常用食物来填塞自己的话,也会容易倾向于从"性"的角度去对待她。当然,弗洛伊德所谓的"慈母”,只是一个比喻,在现实状况中,这个心理纠结却多半表现为彼此分离,亦即是说,当“性”在心理上也在一个人身上萌芽后,母亲就很容易变成“不亲”的对象。

笔者在美国人身上就看到这种情形:当母亲还继续想用食物填塞已经成年的子女时,后者往往做出烦躁的反应,说:“我已经不是小孩子了!”或者,他们会在“性”方面联想到母亲已经是一个没有吸引力的对象——在崇拜“青春”的美国,这个倾向尤其严重。有一次,笔者亲耳听到一个美国青年,模仿美国妇人在停经期经常出现的那种尖声怪气,来向别人转述他母亲对他的啰嗦。类似的一幕,在美国的音乐剧《毛发》(*Hair*)中也出现过。

笔者并不是提倡这种态度,只是一种观察所得,用来说明“性”知觉度高的成人对待母子关系的一种可能会出现的态度。因此,也不等于说,所有的美国人都持这种态度。事实上,很多人在成年以后,与父母保持一种平等的友情关系。两代之间如果关系良好的话,甚至还可以谈论私生活甚或房事时碰到的问题。

中国人两代之间虽然比西方人来得“亲”,却很少谈及这些问题。上一代对“性”,不用说,自然是一副讳莫如深的态度,即使是自己一生中经历过的事,以及眼前的情绪问题,也很少谈及。这一方面是由于对自己这个“自我”乏善可陈,另一方面是永恒地将下一代当作是不宜谈论这些问题的儿童。笔者在大陆时即碰到这样的情形:一位中年妇人只与一位挪威籍女留学生谈论她的私事,后者遂对她说:“你的女儿只比我小几岁,她已经不是小孩子,你为什么不也和她谈谈你的问题?”的确,中国人上一代的这种态度,往往搞到下一代对自我状态也乏善可陈,七情六欲不知如何表达(甚至怀疑这种表达有否合法性),严重起来甚至搞到木口木面。我们在下面将指出:一个成人与自己身上的“性”失去接触,就很容易导致与整个“自我”失去接触。在中国人的情形中,个体这种对“自我”的乏善可陈却是一代反映在另一代身上,以迄无穷(详下“私人状态的不发达”)。

因此,中国人两代之间的所谓“亲”,大致上仍然是限于“身体化”方面。一方面,上一代不断为下一代弄一点儿东西吃,并且常常关心他们的身体状态;另一方面,下一代也用"养"的方式来报答上一代,并常常用问候他们的"身体"的方式以表示自己的"心"。

因此,中国式的"个体"也不可能是一个内在动态的开展过程,它只可能是一个静止的、永恒受照顾的"身"。这个"身"的开展方式就不是"成长"(growth),而是生理上的"年长"(aging),以及是一个外部人伦关系的堆砌。外部人伦关系自然是指身体化("一人")之外的人情化("二人")因素——这个因素确也可以导致"成熟",不过,它也是一个"老年化"的催化剂。我们在下面将会提出:正是在这个"老年化"与"儿童化"两相夹攻之下,中国人的青春阶段就被整个地铲除掉。

没有了青春阶段的人生,自然与"非性化"倾向有着直接的关联。因此,即使由外部人伦关系堆砌而成的"成熟",也不一定能完全抵消这种"非性化"对人造成的影响。的确,如果中国人婚姻的功能是为了保持"身体化"的延续,为了"安身",以及为了"养儿防老",与男女寻欢就并不一定有必然的关联。在许多个例中,当双方完成了"创造宇宙继起的生命"这项任务后,在"性"方面就不再对对方感兴趣。在大陆,"性"的因素被降至几乎零点的婚姻也以另一个形式存在着——国家在分配工作地点时,很少将一个人的婚姻状态当作是一个优先考虑项,因此,夫妻可以多年两地分居,每年只见面一次。这样的婚姻,欢愉的性生活自然说不上,甚至"安身"的功能也被组织关系所取代,因此只剩下了制造人口一项功能。

然而,中国人即使对待纯粹的"性",也有将它"口腔化"的倾向,那就是认为它是"补身"或者是"亏身"的行为。中国人有"阴补阳、阳补阴"的说法,道家则有"采阴补阳"的采补术,换言之,就是将"性"食物化。不过,更普遍的倾向却是怕"亏"。在中国文化里,有将女人称作"祸水"之说,肾属水,因此暗含有对肾亏的恐惧。笔者在大陆时,曾听到有些青年少年说:性交是"伤身"之举;在台湾,则见到有人在房事之后连吃三只生鸡蛋以"进补";在香港,"以形补形"的习惯就更为普遍。这种对"亏"的恐惧是缺乏科学根据的,因此,对一个人的"性"的全面盛开无疑会有阻遏作用。

总而言之,在心理上将自己的身体当作是亏弱的儿童之躯,以及将明明是成年人可做之事当作是“儿童不宜”之事，对一个人的“性”的全面盛开，都会产生遏阻作用。

然而，如果连自己这个“人”还没有全面盛开，就要求他去制造另外的“人”，当然是不可能的事。因此，鲁迅才说：“（中国人）照例是制造孩子的家伙，不是‘人’的父亲，他生了孩子，便仍然不是‘人’的萌芽。”①

2. 肛门阶段

显然，中国人缺乏人格发展的观念。然而，不管文化的程序设计如何地对一个人施暴，他在生理上总是要成长的。因此，每一个中国人自然都长大成人，不过却保留许多在孩提阶段未能解决的问题。

例如，一些在大陆普遍性存在，在香港与台湾也仍然可以见到的现象——随地吐痰、吐口水、擤鼻涕、当众挖鼻屎、搓身上的老泥、在人群中放屁、吃饭时将骨头吐在桌上（在公众食堂则吐在地上）、将公众场所当作可以随便丢垃圾以及倒污水的地方、不守时间、不守规则、没有排队的习惯、对身体的动作失去控制（随便撞人、抖脚）等等——都是在孩提阶段没有训练好的结果。

在人格成长阶段中，口腔期以后就是肛门期，也就是将婴儿的注意力转向对排泄的训练之上。与西方人比较起来，中国父母对孩童的排泄训练很随便。在传统时代（今日的农村中可能仍然如此），一般让孩子常穿“开裆裤”，可以随时随地大小便，根本不是像西方人那般，训练小孩由自己控制，按时按地大小便，养成有规律性的排泄习惯。

然而，在排泄训练方面，中国人除了造成孩子“一人”缺乏自制自律习惯之外，还往往加多了一个由“二人”去从事他制他律的措施，那就是由一位“阿姨”用嘘声催促孩童大小便——这显然是不按个人内在的需要，不由个人决定的排泄。这种措施，除了养成“他制他律的人格”之外，还在成长之后造成公私不分的概念——自己最“私”的事也必须由别人去管，同时个人分内应做的事也靠别人，靠集体、群众或组织。

① 鲁迅：《热风》，北京：人民文学出版社，1973 年版，第 6 页。

一般来说,当一个人养成自制自律的肌肉动作之时,就是他的“自我”疆界开始浮现之时。然而,中国人在肛门期养成的那种可以将排泄物随意地放入外在世界,以及可以让外在的意志任意地加在自己身上的习惯,则仍然保持了口腔期的“人我界限不明朗”。因此,当西方孩童的“自我”疆界开始浮现的阶段,也正是中国人训练孩童不要有“个性”的时刻。换言之,从“人之初”,中国人就设计了由“二人”定义“一人”的局面。

的确,中国人对在这个阶段上的孩童所要求的,并非是自治、自制和自律,而是如何与人保持“和合”。因此,中国小孩虽然不被严格要求守规律、排队、控制身体排泄物等习惯,却被训练如何与他人保持适当之关系,那就是按照长幼之序、亲疏之别去“做人”。总之,中国人也很讲究规则与秩序,只是不在“一人”守时、守则、维持洁净方面,而在如何保持“二人”之间的秩序与关系方面。既然后者是将人的情感渠道化之措施,因此,在这个阶段上,孩童被训练的显然是另外一种控制,那就是要求他不要大声喊叫、发笑,养成不随便表露情感的习惯,特别是禁止公开表示爱憎之情。

这种训练,一方面使中国人养成抹掉“自我”的倾向,于是,在自己必须“做人”的场合中,出现处处以对方为重,由“鉴貌辨色”觉察到对方的需要,以及急人之难诸般“美德”;在另一方面,则造成没有棱角的个性,因此,在“做好人”之时表现的“好”也是没有七情六欲的、无知无欲的“好”,有不少人甚至被搞到木口木面。于是,对喜欢的异性也就往往不懂得表达爽朗的热情。自然,在应该是很兴奋的时刻也不会欢呼、狂叫、起舞。此外,就是对人与事物的爱憎不分明,亦即是说:对自己喜爱的人物缺乏强烈的冲动去表达,对自己不喜爱的人与事则倾向于采取逆来顺受的态度,不懂得明朗地告诉自己与别人:有些条件是自己能够接受的,有些条件则是自己不能够接受的。因此,就很容易出现让人随意轻视的倾向。既然对自己的权利也感到麻木不仁,自然也很容易出现不注重别人权利的倾向。

此外,中国人的父母虽然不注重孩童的排泄训练,也不严格要求孩童自己控制身体的动作,却很注重用外力来约束孩童的动作,那就是不许他们“乱动”,以防止他们长大后太顽皮。在过去,有些父母甚至还有用带子将孩童的四肢束缚的习惯。这种做法,自然养成了中国人好静的性格,并且认为"动"是不好的——例如,中国人恒常地把"动"与"乱"连在一起,形成"动乱"的观念。

因此,中国人对待年轻人的态度也是认为他们整天困守在书桌旁就是"乖"或"听话"的,过分摆动身体则是"恶形恶状"的。国民党用来束缚青少年心身的"读书救国论",实渊源于此。这股倾向在大陆"文革"以后的一段时间内更为显著,年轻人显得死气沉沉,与老年人差不多,尤其是男性,除了在肉体上几近蓬首垢面之外,在精神面貌上也是垮垮的。

然而,中国人虽然整个人被弄得一潭死水一般,在身体动作方面却很少顾及不相识的人,除了将身体排泄物与抛弃物乱放入身外的环境中之外,还随便撞人、推人,排队时抢在别人前头,与别人并坐时乱抖动脚,等等。此外,将"粪便"任意地倒入客观世界的倾向还包括:在公众场所中(排队时、在马路上、公共汽车上),动辄就毫无制约地将火气、怒气、怨气、敌意发泄在陌生人身上,以及一种克制不住的欲侮辱别人的冲动。

这类倾向,在五六十年代的香港也大量存在。即使在今日,走路时撞到了陌生人很少道歉,撞跌了对方手中的东西很少帮其捡起来,在人多的地方要通过,多半也不会开声请求让路,而是将整个身体撞过去。而且,似乎很矛盾地,中国人在平时虽然没有随便表露情感的习惯,但是,有些香港的店员、公共机关服务员在面对顾客时,总是一副"面臭臭"的表情,而且动辄怒气上升,面色铁青。这种反应,可以说是既没有强烈个性表现也没有自制的人的嘴脸(这里已经牵涉到中国人"治"与"乱"的两极化——详后)。此外,到这类机关中去购物(例如邮票)或缴费时,服务员往往有将找换或收据大力地拍击在你面前的倾向。

以上种种现象,都是中国人肛门化倾向的表现。对西方人来说,如果一个人在人格组成中有着过多的肛门期的遗留,就往往表现为对洁净过分执着的癖好。然而,中国人在肛门期的训练既然不同于西方人,因此肛门期遗留的形态自然也不同于后者。而且,中国人的人格发展是受阻滞的,亦即是从不承认一个"人"可以发展至以"性"为注意对象的成人阶段,因此,对中国人来说,肛门期的遗留与口腔期的遗留一般,都不是个例的情形,而是泛民族性的倾向。

中国人的“个人”既然从未全面盛开,清晰的“自我”疆界从未浮现,因此才会出现“人我界限不明朗”的倾向,而这股倾向却也具有“口腔化”与“肛门化”的内容。其口腔化的内容即表现为:个人的单薄感,并且常常需要“吸食”别人的照顾,因此,对中国人来说,“人情”才会表现为一种“味”。至于肛门化的内容,则一方面表现为“他制他律的人格”,亦即是在能制约自己的人面前十分礼让,十分会“做人”,并且往往会逆来顺受,以至没有“个性”;在另一方面则出现如儿童一般浑然不顾及陌生人的身体动作与情绪反应——如果一个人在走路时,在搬运东西时,不是自觉地控制肌肉的动作去避免碰到别人,反而要整个外在世界负责去避开自己,或者,可以随意将身体的排泄物从自己身上转移到外在世界身上,由别人去负责清理;或者,可以随意将火气发泄在别人身上,那么,这不是“人我界限不明朗”,又是什么?

“口腔化”与“肛门化”倾向在中国人身上交叠出现的状态,使中国人一方面很有彼此照顾的“集体主义”精神,另一方面却存在一个不受控制的“私心”;一方面也很有“听话”或受制于人的倾向,在另一方面却又有不守规则的表现。然而,无论是哪一方面,都与一个发展了的“人”无关。

事实上,中国人的“无私”精神,往往只限于一个家那么大小的群体,或者是“自己人”这个圈内,超出这个范围的话,就无法维持秩序。因此,中国人的口腔化倾向也往往表现为将公家的东西“独食”,至于这种行为对自身以外的世界会产生什么效果,则是一副浑然不觉的态度,因此这同时也是一种“拆烂污”的态度,亦即是不能自制地放出“粪便”,由别人去承担清理。

这类不良倾向是潜伏在中国文化“深层结构”中的,它们时大时小,却总不会消失。在国难当头时,在新中国成立初期,中国人有将“自己人”这个圈子扩大到全民的倾向。因此,曾在广大的干部与群众范围内发动了“良知系统”中的“无私”部分,但是却不能根除上述的不良倾向,而只是将之掩盖起来——因为,这类倾向与“无私”一般,都是同一个“深层结构”的组成部分。因此,在“文革”以后的今日,这类倾向又再次地全面浮现。

一段时期,政府有不断提倡学习各类英雄之举。这些要求全国学习英雄的运动,只是把中国人整个不发展的人格中“无私”的一面孤立出来,希望能将之化为现实。这种说教，就如同中国人父母教导子女处处以他人为重，却同时使子女的“自我”意识难以形成一般，不会真正地奏效，最终是使一个人在听话状态下保持“无私”，但同时却保持自我组织的付之阙如。于是，政府在提倡“毫不利己、专门利人，一不怕苦、二不怕死”之余，终归又要发动“文明礼貌活动”，去针对随地吐痰、丢垃圾、对人粗暴等问题。

然而，如果一个民族可以让自己的政府去向他们进行这样的“教化”，那么，这个事实本身就说明：这一整个民族在人格发展上都有问题。因为，一个全面盛开的“人”是有基本权利的，他所选择的政府也必须以能够保障他的权利为前提，他从不可能让政府掉过头来叫他以“毫不利己”的方式放弃基本权利，更不用说以“不怕死”的方式放弃生命权利。至于口水、鼻涕之事，在孩提阶段就应该训练好，而不应在成年以后由政府去代替父母的功能——这种越俎代庖，仍然是不可能解决父母未能完成的任务，它只有加深了成人的“儿童化”，因此是一个彻底的恶性循环。

传统的中国，文化中一方面主张“无私”的美德，使每一个人都忽视了自己的基本权利，对别人的轻视和侮辱遂采取逆来顺受的态度，甚至浑然不觉；在另一方面却又对自己以外的世界采取以邻为壑、竭泽而渔的态度。既然除了自己及“自己人”小圈以外的世界就是可丢垃圾的地方，整个社会自然呈现出“一盘散沙”的状态。于是，又必须由国家去组织社会，在一片汪洋大海的“私”的头上强罩上一层“天下为公”——于是，中国人的“公”与“私”，就不是一个自我组织的人格中由本人决定的两个截然分判的领域，而是“他制他律的人格”与集权主义体制之间一场两败俱伤的拉锯战。

中国人一直都有自己“无私”而西方人“自私”的神话。这个神话实根植于由对“人”的不同定义而引起的语义学混淆。中国人必须由“二人”去定义“一人”，因此任何自我定义的“个体”都是“自私”的。中国人的“个人”比较单薄，常需受到社群的温暖照顾，西方人对别人既然摆出一副“贵客自理”的态度，自然就是“自私”。中国人的“心”比较发达，常需要与人“感通”，而西方人（尤其是美国人）似乎是一种绝缘体，自然也是“自私”。此外，中国人必须“做人”，而西方人则“是”（to be）人，一个只“是”他自己而不肯在别人面前去“做”的人，当然更是“自私”。此外,双方对“团体精神”(communal spirit)的理解也不相同。对新教文化的西方人来说,“团体精神”的意思是指彼此尊重对方的权利以及遵守公共秩序。对中国人来说却是在“自己人”之间不要斤斤计较,不应分你的与我的,在“自己人”圈外就毋须这样“有心”地去“做人”,因此也是同样地不讲权利,不过内容却变成了抢在对方之先。因此,中国人只有在必须“做人”的场合中才是“无私”的。然而,西方人却在中国人认为应该“做人”的场合中也与对方算得清清楚楚——这种“难看”的动作自然也显得很“自私”。凡此种种,中国人恒常以含贬抑性的“个人主义”称之。

然而,令人混淆的是,在中国大陆,随地吐痰,丢垃圾,对陌生人野蛮粗暴,一度也被冠以“个人主义”一词,并且还认为这是社会主义的相反面。因此,“文明礼貌活动”的理论根据就是,为“社会主义精神文明”奠下基础,言下之意等于是说中国人的劣根性是“资本主义”或“封建主义”的残存表现。然而,在五十年前,蒋介石的“新生活运动”也针对过同样的问题,而其理论根据则为现代中国人已丢掉了古代的“礼义廉耻”,因此必须恢复之。一个说是为未来奠基,另一个则云要恢复古代,但是两者所回避的都是眼前的同一个问题——那就是“个人”之不发展。的确,在“个体”发达的西方,反而是没有这些问题的。问题的根源在于中国人那种开裆裤式的“无私”人格。

在比较“现代化”的国外华人社会中,情形自然没有像“文革”以后的中国大陆那般糟糕,然而,中国文化的“深层结构”仍然相当完整地在发挥作用。例如,只要“有一口饭吃”,即使没有基本的民主权利,甚至受外国人统治,都无所谓——这是“口腔化”的人格之表现。至于“肛门化”的倾向,则表现为只搞“自己人”这个圈子的各“圈”自扫门前雪的态度,对待自己“圈”外的世界,与对待压在顶上的政府一般,都是一副不理会的态度。因此,就导致了对政治的冷漠,以及社会行动的相对不发达。的确,中国式的社会只可能是“一盘散沙”的状态,很少能够组织起来采取共同行动,为自己争取民主权利,或者为自己的民族争取“人格平等”。事实上,像香港这样的社会,基本上仍然如是。虽然,在60年代以后,不排队以及对陌生人粗暴的习惯已经少见,但是,随地丢垃圾,晾衣服将水滴在路人头上,将汽水瓶从楼上丢在别人头上,仍时有所见——像这样的社会,内在凝聚性自然也不可能高到哪里去。至于东南亚的中国人,也是只要“有一口饭吃”,就从不过问当地的政治,自己人内部也仍然要照籍贯搞更小的“自己人”圈子,因此仍然是一盘散沙的状态,结果待排华运动一旦发动起来,就被逐个地收拾。然而,在搞“个人主义”的美国,在越战期间,却出现一百万人在首都游行反对本国政府侵略越南的情形——这个现象是认为西方人“自私”的中国人永远也无法理解的。

的确,中国式的“社会”是一个无力做自我组织而必须由国家去组织之物。对“身体化”存在的中国人来说,哀确实莫大于“心”死。的确,中国人的团结振作,似乎总少不了“心”的因素。因此,在国难时期,在国势上升时期,中国人似乎又总会暂时地超越“身体化”的存在,而出现“万众一心”的局面。然而,中国人的这种“人心”表现,顶多导致“爱国主义”与“统一运动”,而不能导致“个人”权利的确立。

3.“非性化”与性泛滥

按照弗洛伊德的学说,在“口腔阶段”与“肛门阶段”之上就是“阴茎阶段”与“生殖器阶段”,后面这个最高阶段则被“潜伏期”隔断为两段。前段为孩童时代的生命力发展到了出现“弑父娶母”的冲动,必然遭到父亲的报复打击,才会收敛下去。这道使人变成“文明”的手续,在弗洛伊德的泛性观点下,乃用父权对儿子做出“阉割的威胁”予以象征化。在此一威胁下,儿童的人格成长遂进入“潜伏期”,待到十一二岁始重拾前绪,朝青少年性全面成长的形态进发,但至此时必得将性冲动导向家庭之外,以便完成“成人”的任务。

因此,从西方文化角度看问题,一个完全盛开的“人”,是必须发展至生殖器阶段的,亦即是正面承认自己身上“性”的因素。这并非说成年的中国人在生理上“性”没有萌发。只是说在中国文化对“人”的设计中,在心理方面是尽量抹杀这个阶段的,因为它把“性”当作生男育女的手续,从来无法理解“性”可以是一个到了全面盛开阶段的“个人”的人格内容。

因此,中国人的“性”表现,一方面处于半窒息状态;另一方面,则因为不能集中于一个强烈的焦点,做明朗的表现之故,反而出现比西方人更扩散、更泛滥的形态。

无论是“口腔阶段”“肛门阶段”“阴茎阶段”，其意向都是“固置”在身体的某一个局部的部位之上。至于“生殖器阶段”上表现之“性”，却是一个过程、一种组织——唯有在这个组织过程中，才能使清晰的“个体感”在一个人身上浮现，使他具有了一个超越身体各部位互不相属之需要的生命力组织原理，亦即是强烈的“自我”意识——这个“自我”的原理倒过头来成为身体各部位的主宰，不再让它们各自为政，而是按自己这个完整形态的组织需要去加以控制与调配。的确，在性行为中，也可以出现口交、肛门性交，以及互相手淫——不过，这些身体局部部位的感官满足，却是以生殖器为主导的整个性交过程中的从属成分。

性爱的完成还牵涉到另外一方。因此，自己这一方从发射吸引力、追求、应对、培养情调、说服对方，一直到床上的表演，都牵涉到一连串复杂的过程——这个过程必须有充足的进攻性去推动，用充分的自信与意志去组织，而且，没有人可以代劳，必须由自己去面对。相形之下，口欲与排泄的满足是至为简单的，也是可以单方面立刻解决的——手淫也是如此。

一个人不知道如何为体内的生命力找一个出口渠道，亦即是不知道如何去组织整个性爱的过程，与人格成长过程中“自我”之被“非组织化”有莫大关系。中国人从口腔到肛门阶段都是在被培养依赖感，都是在搞“二人”制约“一人”这一套，因此就造成人格组织的松垮性与他制性。这个松垮与被动的人格，在面临“成人”任务时，易倾向于稍一遇到障碍就打退堂鼓。而被动性的人格，其“控制”世界的方式，也易滋生“自恋狂”的幻想，亦即是希冀自己不用去动一根指头，一个理想化的对象就会主动地来满足自己一切要求。但幻想归幻想，到了实际状况中，又往往会过分地受到别人的“人言可畏”的制约，变得畏首畏尾，踟蹰不前。

使这一切更恶化的是中国人将父母“神话化”的措施。西方人是将父母“非神话化”的，认为他们不过是年龄大一点儿的与自己人格平等的人，只要都是“成人”的话，在人格方面就都具有明朗的“性爱”内容。因此，母子关系就变得不宜过分亲近，否则会扯到男女关系上去。这种对“乱伦”的过分顾虑，与下一代到了全面独立,可以与“父权”分庭抗礼甚至取而代之的所谓“弑父”倾向,也是有连锁关系的。

反之,中国人将父母“神话化”的措施,则是永远地用他们过分膨胀的形象来渺小化自己,令自己保持永恒的儿童形象。因为这样,却避免了“弑父娶母”的危机。在接受父母对自己精神“阉割”的情形下,中国的男性可以一生以孩童的姿态与母亲接近,而女儿也可以对父亲如此,而不致引起“乱伦”的焦虑。既然大家都不是在“性”方面全面盛开的,在“神圣的家族”招牌下,遂可以将人生早期阶段的聚合形象和谐地保持下来。

在人格发展中,人生早期阶段的内容比重过分地大,易促成对成人的“性”的无知无欲状态,或者是开窍很晚。某些捍卫中国文化者常喜欢用的论点是:西方人堕落,其女性有十三岁即怀孕者。我们固然不赞许这样的事,但必须倒过头来指出:一些中国人到了三十岁仍不见得具有这项能力。一对在美国某一流学府的香港人夫妇告诉我:几对在那里做高级进修的台湾夫妇,在结婚前夕皆必须先向他们“请教”如何进行之道。报载上海某重点大学一对年轻讲师,结婚之后两年仍不怀孕,后来去请教了医生才知道:他们以前的做法——躺在一起,以为双方的电子会飞来飞去,使女方怀孕——是离题万里的。

这类事不见得是普遍,但到了20世纪七八十年代还出现确也堪称世界奇谈。中国人表达“性”的心理焦点模糊,却不等于说在生理上没有这个冲动。唯其缺乏可掌控的心理渠道,其表现反而是泛滥式的。在民国时代,鲁迅讥讽中国人的性想象力,云:只要看到女的穿露臂之旗袍,就会联想到她光肩膀,然后用想象力一件件地剥下去,终至在脑海中把她脱个精光。时至今日,一些从台湾与大陆来美国进修的男士,遇到原居地出来的女性夏天穿短裤,就会在背后向别人谴责之。其实,是想用口说“她连裤子都不穿”的方式来意淫一番。大陆一度曾有如此现象:远远看到相识的一男一女在路边多谈了几句,就要伙同一些他们的熟人,晚上去埋伏“捉奸”。这种“心灵超速”其实也是一种以维系道德做幌子的意淫。

在美国大学有游泳池的宿舍,如果一个单身女性穿着比基尼坐在池畔,多半会引来一名黑人或阿拉伯人向她进攻,而且往往单刀直入,很快就提出“性”

的要求。而中国人在这类场合,则会保持一段安全的距离,从7楼的宿舍窗内用望远镜看下去。如果有女的光着腿从楼梯上走下来,中国男性在以为对方看不到他的死角处,会伸长脖子朝上看,但一到打了照面,没有了安全距离,立即就会转成一本正经,目不斜视。

有人批评我说:中国人哪里是"无性的文化"!你只要去旧金山某处有名的脱衣舞地方,常常坐着的几排都是中国人!这正说明了中国人在意识方面的性泛滥。在西方,黄色报刊与所谓正派的大报是泾渭分明的;在中国,则只要在没有政府管制的地方(例如香港与海外),不论是多么主流的华文大报,都会包含一些黄色文字栏。

事实上,一个人即使不知道如何为体内的生命力找一个出口渠道,也不会是真正的"无知无欲"。许多男性,如无法与一个异性进入性爱关系,往往会被中国人社会理解为"眼界过高"。他本人的确也在用搞雕塑的心态来营造一个现实人间不可能出现的理想女性:表面上似乎是由于这个对象还未出现,一旦遇到了,自己就会采取行动。实质上,所谓"眼界过高"乃情感无法朝外投放。情感只投注在自己身上,是谓"自恋狂",使得他不愿意去接触与经历真正生活中的男女关系,而总保留着内容幼稚的、万能的性幻想。这类幻想指向人生早期阶段,即当一个人无须操劳,完全被动地承受"万能的"妈妈伺候的状态。

因此,在东方人的社会里,即使有一半人口必须要由别人协助,以"相亲"的方式来寻找对象,上述的自恋狂性幻想也会毫无忌惮地浮现。其实,要别人协助找对象,与幼稚的万能的性幻想,其共通点即为被动性,也指向过多地保留人生早期内容的征状。

然而,中国人之"性"的诸般表现,却也浮凸了某些被西方人——尤其是新教文化背景者——所镇压掉的内容。西方人对"恋母"之恐惧,固然是为了不要让一个人的性爱内容困陷在人生早期阶段,但另外一方面也形成一种"压抑"。在弗洛伊德学说中,人之初"恋母"倾向被来自父权的"阉割的威胁"所镇压,而使人格发展进入"潜伏期",是被当作整个人类文明及其所引起的"异化"之初肇。

如前所述,中国人之"非性化",却冲淡了弗洛伊德用"弑父娶母"象征化的那一类代际冲突，也可以让“恋母”继续下去，不会被社会当作一种病态，因此似乎减低了西方人格为了“成长—分离—个体化”而造成的那种“异化”。中国人的妈妈，基本上也是把儿子当作自己的第二个男人；当第一位没有了之后，可以理所当然地索取第二位的关注，甚至可以与媳妇抢同一个男人。这一切，在新教文化的西方，都会被当作悖逆的。在每一个人的“性”内容都很充足的情况下，老年人对年轻人是不应该有吸引力的；如果要强求，与较年少的同性争夺不属自己这一代的异性，就是自不量力。如莎剧《李尔王》所示一般，年老者要占有年少者全部的爱，非要在自己还掌有权位之时不可。但对一个“性”内容不发达的人来说，则不会对人际关系持有这种冷嘲态度。他甚至对自己的私人空间、行动自由受到不同代人的限制，不会出现太强烈的反感。对中国人来说，则是用“口腔化”的内容——例如说必须“反哺”上一代——来排挤掉一大部分个体生殖器阶段的内容。

与中国人相较，西方人除了更恐惧被妈妈吞噬之外，也更害怕同性恋倾向。他们公开的同性恋行为无疑比中国人众多，乃由于比中国人更敢公开化之故。然而，中国人对同性恋者顶多取笑，在西方(尤其在美国)则有将之杀害者。一个人如对另一个陌生人的性倾向做出如此强烈反应，必欲致之死地而后快，充分反映出个人对自己内在的同类倾向的严厉镇压，并把对其之恐惧外射。

西方文化——尤其是生殖器主导(genital primacy)的美国——对同性恋的歧视，其实也是对所谓“人格成长不全”恐惧的另一表现方式。按西方心理学某些旧说：同性恋的成因可以是男孩与妈妈的形象过分认同的结果，或者是人格发展还没能达到搞异性关系的地步(亦即是停留在“前生殖器阶段”)，唯有转向同性间去找慰藉。反正，西方人对同性恋过分强烈的反应，与他们由文化规范限定的性别角色——例如，男性必须雄健——有关。

中国人除了没有强烈的代际分化之外，也比西方人少性别分化。从一些迹象——文化中主流的男性形象是女性化的“白面书生”，大众戏剧中“颠凤倒鸾”倾向的普遍化——可以看出中国人有将男女之性别暧昧化的倾向。如果一个文化中的主流男性形象是女性化了的男性，就似乎显示出：无论男女所喜爱的，想与之认同的形象都是性别暧昧的，在异性的外形下有着许多同性的内容，或在同性底下有着许多异性的内容。

中国人看到一男一女多谈了几句，就会“心灵超速”，去刺探盘问，甚至要“捉奸”，但对男与男手牵手，女与女勾肩搭背，却是习以为常的。对此类现象大惊小怪的，却是视男女亲热接触为理所当然的西方人。一位美国专家到了杭州西湖畔，看见两位解放军战友手牵着手，就要拍照。一位联邦德国人到了天安门广场一看，回来说：“中国人都是同性恋！”

在一般的情形中，监狱与兵营是助长同性恋倾向的场所，因为人被剥夺了接近异性的机会，易转移到附近的同性身上找寻慰藉。

不过，我并不偏重环境说。文化深层结构对人的塑造好比第二遗传，即使跑到一个更有“行动自由”的环境中——例如外国——身上的文化“密码”仍不易解掉。中国男性有如此倾向：即使对一个女的感兴趣，但第一次去接近时，往往会带了另一个男的一起去，结果使女方不知到底哪一位才是要向自己发动攻势的人。

这种躲在同性堆中去面对异性的习惯，自然在女的身上也浮现。例如，明明是与男性约会，事到临头改变主意或退缩，却不会像西方女性那般直截了当地说，而往往是将自己的同性朋友搬出来当作借口，甚至连宿舍中不同国籍的室友也会被拿来派用场，于是事情被说成：与自己的女友临时有事，必须违约云云。在本人的经验中，上述情形在更为“女童化”的香港女性身上出现的频率高于台湾、大陆者。在这一点上，前者反有点儿像东洋娃娃型的日本女性。这类情形往往不是同性恋。西方女性搞起同性恋是充分自觉的，也易排挤异性。上述东方女性却是非需要男性不可，甚至一开始就想到结婚，因此在面临异性关系时倒退回同性堆中去者，乃不善于由一己去面对之故。事实上，需要依赖一个人，和因为向社会观众交代而结婚，与“个人”没有强大到足以应付异性关系，往往是彼此呼应的现象。

此外，中国人的“非性化”，与西方基督教文明底下的“性压抑”有所不同。大部分的中国人，在还未完成安身与生育这两项社会功能的时刻，可以让性欲最旺盛的整个青春期空废掉。从性被剥夺而又没有普遍出现西方维多利亚时代那种歇斯底里症的事实可以看出：中国人的问题是“非性化”多于“性压抑”。

它由于“自我”结构的弱化，性表现的焦点模糊，缺乏易掌握的出口渠道。但在心中却是无须压抑的，一旦表达，也是不易控制的。

事实上，如果西方人在性成长中必须对“恋母”予以压抑的过程并不适用于中国人身上的话，那么中国人在成长过程中有否弗洛伊德所谓的“潜伏期”也是个大大的疑问。中国人在口腔期与肛门期的经历，都比新教文化的西方人要来得放纵，亦即是少予控制，因此可以类推：在更高阶段上，这个放纵亦多半会持续下去。它无疑造成松垮、被动的人格，在处理成人的“性”方面易出现不成熟的态度，并保留许多的人生早期阶段的幻想，但正因为如此却也没有西方式的“压抑”，更易倾向无形状的泛滥。在中国人的社会里，帮助人格健康成长的性教育尽管荒废，有便于泄欲的色情场所与媒体——文字、图片、录像带——却是可以泛滥成灾的。例如，在新教文化的美国，个人在日常生活中“性”的比重也许会多于中国人，但在整个文化的气息中却缺乏东洋的那种色情风味，也不像台湾那样，咖啡厅、舞厅、理发厅、理疗院、三温暖，甚至连变相的医院、加油站都可以是色情的场所。美国前一阵子揭露的“宝岛玉女卖淫案”，显示出本地社会从台湾与韩国进口了自身所没有的异国色情风味。

中国没有像基督教文明那样将“灵”与“肉”截然分判，或者高抬理性以驾驭感情，也没有视“自然”为必须用人力加以控制与征服的对象。事实上，西方生殖器主导的人格，其所强调必须予以控制者，正是性欲，好比中国的和合式的人格必须予以约束者乃是攻击性一般。

此外，西方人也视“分离”为成长的必经手续。它保障了一个成人有自力组织去获得性爱的能力，而不像东方人一样，必须借“相亲”去完成“成人”的任务。然而，很吊诡地，“分离”却同时是一个不利于性爱的因素。尤其在今日的美国，个人也许对性爱很开窍，也具备充分散发这方面讯息的肉体，在进行性爱时也会像体操一般猛烈，但对泯灭自我疆界的亲密关系，处理起来却有点儿神经质。一般来说，一进入亲密关系，即易出现反弹作用，甚至立即转化为憎恶与被害妄想。因此，人与人很难走在一起，走在一起的，也往往导向“异化”的性。

性之为物，其实有向人生早期阶段逆退的一面。性爱达到高潮时，也正是个人的理性的自我疆界瓦解、必须失去控制（亦即是“丢了”）的时刻。因此，西方人对“性”的看法也是充满暧昧性的。一方面,他们以一个人有否从事这方面的能力,作为其是否“成人”的标准;另一方面,却视理性控制能力之薄弱为儿童化的倾向。例如,“人际关系的分析”(transactional analysis)一派的心理学说,即视一男一女之间的互相挑逗为“儿童对儿童”的行为。甚至弗洛伊德学说本身,也一面视“潜伏期”以后的“生殖器阶段”为人格的全面成长,另一方面却又缅怀失去了的乐园,视童年“恋母”情结的被压抑为最大的“异化”。近年来的一部弗洛伊德派的小说《白色旅馆》(*The White Hotel*)甚至用性幻想的方式表示:口腔型的(亦即是双方都将对方完全吞掉的)性爱乃是最令人向往者,也是在现今这个理性社会中不可再现者。

因此,不少新教文化背景的西方人对东方持有性幻想,尤其是男性对东洋娃娃与东洋色情风味的向往。他们借着理想化的“东方”,以重温在人格成长过程中必须压抑掉的那部分。

4.“自我”之被非组织化

对中国的历史发展几千年停滞不前的局面,曾经有不少人试图用“亚细亚生产方式”去加以解释。主流的马克思主义史学是采取“封建说”的,但是,这个说法既然很难自圆其说,于是,也有不少论者试图在“封建说”中掺以“亚细亚生产方式”的成分——例如说,中国的历史发展是迟滞的,虽然它也经历所有人类社会共同经历的五大阶段,但是它却具有独特的“亚细亚”道路。

这种试图折中两种说法的最巧妙者,莫如以下的一种说法:中国在原始氏族公社还没有清算殆尽的基础上,就进入了奴隶社会的阶段;结果,奴隶社会并不能如在西方那般盛开,就拖着氏族公社的残余进入封建社会;自然,连累到封建社会的发育也不健全,使资本主义社会迟迟地难产。

换言之,这种认为中国历史发展也必须经历五大阶段但又不得不承认它其实没有多大变化的折中论,所想指出的是:在中国,总是旧的拖住新的,应该死去的拖住该诞生下来的。

对中国历史形态之停滞不前,上述这一类概念化能否加以解释,姑且勿论,它倒是引起人们注意到一点:中国的历史形态确实缺乏向前开展的意向。

笔者认为:姑勿论几千年的停滞不前是由几个未经清算的“生产方式”叠床架屋造成的,抑或由其他的原因促成的,这个由几千年历史的总堆积呈现出来的开展意向的缺乏,亦必然不可避免地浮现在每一个中国人“身”上。

换言之,每一个中国的“人”正是被其文化设计成这样的一副样子——每一个中国人的“身”上都被堆积着如此的一组文化密码,使他无法成为一个全面盛开的“人”!

中国人“成长”的内容,只是“一人”之“身”的“快高长大”,以及在“二人”关系中如何懂得去“做人”。虽然,一个人生理上的茁长势必带动他向成年迈进,但是,因为文化设计之拖后腿,在中国人“身”上,“固置”在人格发展初期的“口腔阶段”上的情形特别严重。在“肛门阶段”上应该受到的对身体排泄物与身体动作的控制,基本上也未获解决。至于成年人“身”上应该装载有“性”之内容,则处于窒息或半窒息状态,或无形状、无焦点的泛滥状态。

中国人只能安于身体局部部位的满足,莫如表现在对“食”的过分强调之上。

中国人的烹调术是世界上最精致也是最讲究味道的。侨居世界各国的中国移民多半以经营餐馆业为主——可以说它成为了华侨的特色,从旧金山到横滨,唐人街的所在地就是“食”的集中地。至于中国人的整个生存意向,也往往说成是为了“揾食”。

中国食物太过可口,因此满足口欲的功能远远地超出了充饥的功能,往往使人在填饱了肚以后还禁不住继续吃。这一个倾向,笔者只有在到了美国和日本以后才发现。美国人的食物热量很高,容易令人发胖,但每一餐的量并不多,吃饱了就算,而且绝不可口,也不会引诱人饱了以后继续吃下去,因此,吃食似乎只是为了替自己这部机器加燃料,以便继续开动去干别的事情。在他们清教文化的心理深层处,好像过分讲究口欲的满足是不会“得救”似的。日本人在饭店中侍奉的一餐量更少,因此总是吃不饱,而且,虽然比美国的食物可口,但是与中国食物比起来,不是过淡就是倾向于提供一种对感官的特殊刺激,因此也不是为了令人多吃。于是,笔者就禁不住反省:自己感到吃不饱,是量不够,还是因为一直吃中国餐,有为了口欲而吃过了头儿的倾向?

世界上有像中国人那样吃法的,可能只有拉丁民族的法、意人士,而他们的烹调术也是驰誉于世的。不知是否偶然抑或有关联:美国与日本在经济发展方面都列于世界之冠,个人在自我纪律方面也是十分成功的,至于法、意等国,除了在经济发展方面相对落后之外,还存在着强烈的无政府主义倾向。中国的经济发展也是相对落后的,而且,虽然不具有拉丁民族那种攻击性而倾向于逆来顺受,但是,在外力制约不到的地方——例如公共秩序——就呈现出更乱的状态。

然而,即使在这里,两者也有不同的地方。对拉丁民族来说,"食"只是他们促进生命欢愉感的主要项目之一,然而,在这方面,性爱与肉欲满足的追求似乎更为重要。事实上,他们以"醇酒、美人、欢歌"为内容的对生命的欢愉感,是与中国人自我压缩的生命观刚好相反的。因此,中国人的"食"几乎可以说是唯一合法的对官能的满足。而且,这种十分局部化的官能满足,又是整个"个体"缺乏全面盛开的完整形态的一个外在征候。换言之,它显示出:中国人并未能够将"人"的潜在的内容充分展现,就如同一个国家富于天然矿藏,却只懂得利用表土种植,对潜在资源完全浑然不觉一般。

事实上,对一个达到"自我组织"阶段的人格来说,过分地强调"吃",正是自我组织崩溃的迹象。

在上面我们曾经指出:在美国人的文化潜意识中,对过分强调"吃"存在着一种恐惧感。在清教徒文化的深层,恍惚隐约地会意识到:贪饕是一个人不会"得救"的外在行为密码。至于清教徒文化,却正好是建筑在这样的一个加尔文教义的前提上:每一个人都必须自寻其"得救"之道,既不能依赖外力,也不能替别人代劳,因为"私人得救"之法各自不同,每一个人唯一能行的就是用自己的意志组织自己的一生。因此,并非偶然地,加尔文教的一个派生流派叫作"方法教派"(Methodist, 中译"循道宗"),在欧洲的加尔文教的历史上,也曾出现过一种叫"精确教派"(the precisians, 因此,并非意外,加尔文教的发源地瑞士恰是最好的钟表产地)。

宗教的符号只是文化表层的现象,因此,在宗教气氛已经淡薄的今日,"自我组织"则表现为:"个体"按自己不同的形态各自组织自己这个动态的开展过程。

这并不是说:每一个美国人都能做到“自我组织”。事实上,在他们之间有许多过于肥胖的人,也有不少人心情定不下来,为了消弭焦虑感而整天开冰箱取食物放入口中。然而,这些人往往连自己也警觉到:这是意志薄弱、自我组织崩溃的迹象,因此就总想革除这种惰性,甚至去寻求心理顾问的协助。

然而,对中国人来说,整天在吃东西却并非不正常,而是一种常轨化的现象——除了花过多的时间精致地准备三餐之外,不少人在平时一有空闲就吃零食,一些家庭主妇整天忙着的也是煲汤、煲糖水、弄点心一类的活动。

因此,可以这么说:对一个生殖器型的人格来说,整天在“吃”,是自我组织崩溃所引起的挫折感与焦虑感的征候;对一个口腔型的人格来说,则“吃”几乎就是“性”的代用品——它并不是由挫折感或焦虑感引起的。事实上,中国人的口腔化倾向具有受到社群照顾的内容,因此从不期待个人在毫无协助的情形下去进行任何事情,要求个人独力表演的压力自然也会降低,必须由个人组织自己去面临挑战所引起的焦虑感、挫折感亦不至于如此地强烈。

事实上,中国人的“自己人”圈子就是具有人情“味”而可以互相“吃”的“熟人”,其功能正是人在“口腔阶段”必须从中吸食养分的母胎之代用品。因此,在中国人眼中,西方人既然不让别人“吃”,每一个人都必须“食自己”,确实是绝顶“自私”的!

因此,中国人的人际关系保留有许多口腔期的“人我界限不明朗”的遗留,亦即是让自己被包在“母胎”的温暖中,透过口腔的渠道与吸食的对象融为一体。

西方人在肛门期受的训练是自制自律,因此就开始摆脱口腔期人我界限不明朗的“二人”状态,并且为生殖器阶段的“自我组织”奠下基础。然而,中国人在肛门期受的训练,却是一方面毋须自我控制,另一方面却是“他制他律”,因此遂将口腔期的“人我界限不明朗”延续下去,使其后形成松垮、内收而其实缺少自我节制的人格构造。

这样的人格组成,到了寻求异性的时刻,也往往会无法自我去组织整个获得的过程,而必须由他人——亦即是公式渠道化的“二人”去代劳,例如,由父母安排、亲朋做媒、介绍等等。

一个“自我”被非组织化了的个体，其私人基地势必不发达，因此，除了公式渠道化的“好”或“乖”之外，私人化的七情六欲往往就不懂得如何表达，严重起来甚至会造成精神上的残废——连表达自己对别人几乎自然的好感或者接受别人对自己的好感也有所不能，更不用说对异性表示喜悦之情。这种情形，自然是不利于性爱的。

因为，任何性爱的表现都不可能是自我压缩、自我取消，它总必须表现为“自我”的一种强烈要求、一种攻击性行为，而且，只有在双方面都开放的情形下，才会令任何一方感到快乐。因此，如果一个人“自我”被非组织化的程度过于深的话，就根本很难进行性行为。

中国人因“自我”的被非组织化而造成的“老实”，却不一定是一种由个体自己决定的真挚的质素，而往往是一种建筑在无知无欲之上的“好”，也可能是一种无可奈何的状态。

事实上，这是将一个人非组织化而造成的“大治”，然而，这种“自我”被非组织化的状态，在“乱”的情况中却可以看得更清楚。换言之，同样的“自我”之被非组织化，也会表现在不那么“老实”的行为中——例如：并非求偶，而只是想获得性欲的满足，但同样地不知道如何去组织整个达到目的之过程。鲁迅笔下的阿Q就是一个典型的例子：他在调戏了小尼姑之后，春心大发，于是就在赵府的女佣吴妈和他聊天之际，突然一步冲上去，没头没脑地说：“我和你困觉！我和你困觉！”然后就在她面前跪下了。这自然是一种没有经过量变就求质变的“大跃进”，其效果如何，不言可喻。

据大陆出来的人士透露，到如今仍有男士向女性索求性爱是用下跪的方式者，就如同《芙蓉镇》那部电影中的一幕闹剧那般。

事实上，也有少数由香港、台湾、大陆到美国去的人，认为西方妇女都是“娼妓”，以为在美国性交的机会很容易，结果却暴露了不少丑态。比起中国女性来，西方妇女对“性”的态度自然开通得多，但是，也要看对手有无吸引力，以及有无办法去获得。

然而，上述的中国男性却不懂得如何去组织整个获得的过程，结果就表现为色情狂。例如,有人在公开的晚会场合中突然将手搭在陌生女子的手上,涨红着油光的脸,要求约会,或者从后面伸手去摸陌生女子的乳房;有一次,一名台湾学生在实验室中突然乱摸正在工作的美国女同学,在引发了后者的尖叫时,就逃到厕所内将自己反锁起来,等等。

从这些中国男性的“灾难”中,也可以看出将性爱“肛门化”的倾向,亦即是把原本应该是很正常、很健康,甚至可以是很美的性爱,搞到粪便一般“肮脏”,并且还将它倒在别人身上。

然而,这种人格发展在“肛门阶段”上的“固置”,以泛道德主义的面貌出现,则更为常见——那就是将“性”当作是肮脏的,并公开声讨之。这种人,往往自己脑海中是分秒都在想着“性”,而且有将之化为秽物的倾向,因此,心灵中其实是对“肮脏之物”具有兴味无穷的执着,还要把它倒在别人身上——的确,有时别的男女还没有真正成“交”,他们就已经“心灵超速”地想到那上面去,好奇地去刺探隐秘,甚至提出指责,还要去“捉奸”。这种人也是提倡由外力去约束别人,因此反映出自己是必须受外力约束的人格,宁可在背后手淫,也必须在社会面前摆出“正经”的样子。这样的人在世界各地都会有,但是在中国这个只知道用“好”或“坏”二分法去衡量一切的泛道德主义文化中尤显甚多。

将“性”当作是“肮脏”的,其实是把生殖器官仍然当作是排泄器官看待。一个成年人在知识上自然不会犯这种错误,但是,如果他的人格发展有过多的肛门期的“固置”的话,就会在心理上倾向于把排泄部位的“肮脏”附会到生殖部位上去。例如,口腔化倾向至为严重的广东人就有“咸湿”一词——这种感觉,是只有想象在用口接触女性的阴户后,又将它误当作是排尿处,才形成的。广东话的烂口在形容那个部位时,亦特多“烂”“化”“臭”一类的词汇——因此成为了世界上最粗鄙的语言。

显然,在中国人“身”上,清晰的“个体感”不是未曾显现,就是模糊得很,因此并不具备一个超越身体各部位互不相属、各自为政之需要的生命力组织原理——这个原理就是强烈的“自我”意识。

在“自我”这个“中央政府”控制力很微弱的情形下,“口腔化”与“肛门化”的需要遂会采取“山头主义”的割据形式,亦即是口欲满足的无节制之追求,以及身体排泄物控制的付诸阙如。自然，在这种情形下，阴茎部位的需求，也很容易会出现用无节制的手淫去加以满足的情形。

然而，“性爱”之满足，却总必须由一个“自我”去面对另一个“自我”，并且将生殖部位、肛门与口腔的快感都化为一个总过程底下的从属组成因素。

“自我”之被非组织化，也表现在“自我”的脆弱易碎、非理性占上风这一点上。中国人有“性”急起来，就表现丑态，也有在情场稍受挫折，就整个崩溃，不是造成自杀就是他杀者。80 年代初，上海某重点大学一名男生，与一位女生只谈过几句，心中就认定对方“已经是他的人”，后来见到该女生在图书馆大门前与另一男生攀谈了几句，就拿了两把菜刀，到后者宿舍中找他拼命，被其爬窗沿水管逃脱，于是在其宿舍门上挥刀乱砍，终于被公安人员架走。

这或许是由国内男女接触机会很少造成。但从 80 年代中期至晚期，类似案件也发生在居留美国的台湾人士身上。一名男士因未婚妻回台以后移情别恋，遂也追回去，约她出来，在她身上淋汽油，点火焚烧。另一名男士已在纽约就高职，迷恋上好友托其照顾之留学生妹妹，什么都为她“牺牲”了，连在市区昂贵的公寓也让了给她住，但当该女没有“回报”，不应允他的求爱时，就在背后一刀将她捅死，然后自杀。另一名台湾人曾约会一名洋妞。在美国，“约会”是很平常之事，但该男士则以为约会就是订终身，结果遭到回绝，失望之余，远走加州，且已就业，但过了五年气仍未消，还将姻缘之不成怪罪于该女所属之教会，遂买了一支手枪，专程回去，朝正在礼拜之教堂内乱射，杀死无辜者二人，伤害多人。

这些也许是极端的例子。但一般中国人面临处理男女关系时之欠缺风度，稍遇回绝就心怀愤恚，黑起嘴脸，或演变成“断绝往来户”，甚至侮辱对方，也是常见之事。在芝加哥，一位大陆留学生对一名台湾女生感兴趣，但被回绝，遂在同学会办舞会的场合中，当众将一杯可乐泼在她的衣裙上。我在台湾时，也认识有人因追求不遂而想贴大字报骂女方的。

在中国人自诩为“无性”“老实”的地方，西方心理学家却看到了一种“宠坏”的人格，一种自己不求去表现浪漫风趣，不去理性地面对障碍，却幻想对方会无限度地来迁就自己——稍有不如己意，就心怀愤恚，迁怒对方。

反映在一般“正常”的、上“轨道”的男女关系中，中国人其实也常将原该是“成人”的男女关系母子化或父女化。不少中国男士对待妻子或爱人的态度，就好像对待“作为奴隶的母亲”一般，自身全部非组织化的烂摊子都可以推给她，对她可以予取予求，而不需要说“谢谢!”（对妈妈道谢，岂非见外?）男方也不需要表达多少热情去争取女方，自己甚至可以常“不在现场”。这类东方男士作风，如果碰上的是洋女人，对方早会一走了之。

父女式的男女关系，则希望男方代自己打理一切，自己完全不用操心操劳，对方会把自己当作掌上明珠、神座上的女神一般，一呼百诺，可以鬼使，可以神差。这类内心要求的落实即使并非普遍化，而中国女性在现实生活中或找上了儿子型的男士，自己不得不扮演由文化密码决定的母性角色者，在心理深层处仍会缅怀一种由对方包办一切的“桃源”状态。我认识的大陆与台湾女性，都曾表露过这类渴望。至于香港女性，则“永恒的女儿”形态似乎是主流。在现实的工商业社会中，她们或会比以上两地的女性都更组织化，但一二十年前港产电影中的女角，多半是“宠坏”、使小性子、不讲理的类型；至今日，如果女角在一部电影中并不重要，编剧不想太费笔墨，也以这个简单化类型充数。

中国人的工作与现实生活即使很劳碌，但这个对人生早期之“桃源”状态的缅怀却是形之于色的。这或许是全人类共有之渴求，不过，在不同文化中该有不同的比重。将来希望设计出一种心理测验方法，配合上文化符号的研究，去得出较具体的成果。目前，光从文化符号看，美国人是尽量想压抑掉这个“桃源”之缅怀的。他们向往的无疑是“荒原”：人，必须及早挣脱人生早期依附状态，再从一种断裂到另一种断裂，干干脆脆，最后则一人在旷野中独行。这或许是人征服环境必先征服自己的要求，因此，在东方女性把一切交给父性的男方安排当作是“幸福”的地方，西方女性却看到了对方的权力与牵制。

中国道家式的“复归于婴儿”的命题则反对征服自然，反而追求与之融为一体。这种渴求其实亦表现在中国式的“二人”关系中，中国人互相依赖的温馨安排，是将一己控制环境、控制人生的权力一大部分交出去给别人的。在这种安排下，自己有欲望，就不太需要由自己去操作与操劳满足欲望的整个程序，可以由对方代劳，自己这一方还可以保持“清高”“不在现场”。这种情形，固然是相互的,彼此维护对方的“无私”与“不争”形象。如对方的要求有损及一己利益者,中国人一般会比西方人看得开、容得下——这是必须付出的代价。但看不开者,则也不能像西方人那般干脆地回绝,反而是希冀对方猜透自己的心意,不要提出过分要求;如果对方不觉的话,中国人口头上不说,心中却易产生愤恚。这种情形,是自己既放弃控制环境,却又希望这个环境能自动地控制得刚好合乎自己心意,以免自己费神去应对,不然,就会怪罪于它。这个幻觉式的对环境的控制法,反映出被非组织化了的中国人“自我”朝初生婴儿状态逆退的愿望。

这种被“非组织化”,在一些海外华侨身上甚为明显。在中国人的地方,互助还有一点儿实质,助人有时也是快乐之源。在北美,则人人讲究全面控制自己的人生,而人生也如田径赛中平行的竞技跑道一般。但半吊子洋人的华人却一方面要实行这种人生,另一方面在成长过程中却被培养成把“自我”当作“公共租界”。于是,自己对渴望得到的人、事、物,纵使有冲动,却往往厌于面对满足欲望的操作过程而作罢,对只有一面之缘的从中国来的同胞所提服务要求,心中并不愿意,却应允之。这类无意义之举,或者只是半西化的“自我”结构之国防线的局部瓦解,但无疑也是主宰一己人生、追求幸福的焦点的模糊化。

只要有可能,初来或暂居北美的中国留学生,在缺乏西方人之自我组织情况下,就会尽量重组自己人的温馨状态。这个“母胎”的重建,对心理健康是必需的,但有时候也会过分。有一次,一个台湾青年学会在纽约举办年会,对与会者发的指示却像妈妈一般唠叨,例如叮嘱上街时必须另换便鞋,晚上少上街,不要入黑以后游中央公园,哪些地方有洞,谨防掉进去,等等。连曾经历“文革”的大陆人看了也发笑,说:“我们还不至于这样!”

中国人对人的过分保护,无疑使人重温温馨的童年,也将成年的世界当作父母之延续,但似乎忽略了“性格建立”(character-building)这一点。连阿拉伯人也知道配养良种的马,一个存在了几千年的文化怎么会没有这个概念?历来的统治阶层,为了培养接班人,该懂得如此做,而现代的中产阶级却是承继了老百姓的柔弱倾向。

中国人的过分被保护,够温馨,其实也被“宠坏”。一位与香港人结婚的北欧女士一眼就看出其家翁的性格是被“宠坏”的,但中国人基本上对长辈只看到社会约定的尊崇角色，根本不会接触到人格，因此她的香港人小叔就根本不要听这个话，好像如此评语乃触犯天条似的。

80 年代初，我在香港时，一次乘公共汽车，就看到已接近五十岁的司机因心情不好，或天气炎热，对着全车乘客呱呱怪叫，出言辱骂，形同小丑，而乘客则逆来顺受之。去政府机关交水电费时，收费员是一老头儿，也是十分粗鲁地将找零大力拍击在每一位付款者面前。简言之，都是将自己失控的发泄行为带入了执行公务中。

在香港是偶见之事，在大陆则一度曾全民普见。洗练的日本人到了大陆，基本上被吓坏。有一次，一位日本教授往上海图书馆寄存处领回手提包，结果是“服务”人员将整个手提包抛向他身上。中国民航“服务”之坏，恐怕是世界航空业史上的奇闻，送餐盒时是粗手粗脚地丢给客人的，勤务员可以随兴辱骂乘客，一次是发泄在广州市长身上，另一次则令时任中央驻港大员退票。上海四星级的希尔顿饭店中国“服务”人员，竟打了顾客一记耳光。至于日常上商店或服务场所，则必须有会受侮辱的心理准备。

这类不文明的发泄，或不能全归咎于经济落后与国有制度，更基本之因乃中国对“人”之工程出了纰漏（是偷工减料）。今日香港之发展水平并不亚于日本，日本的地铁也如香港一般拥挤，但是候车的人却总会自动排队，车门一打开，也总会让里面的人先走出来，座位则先到先得；从无出现香港在起点站的空车厢中也会有“饿狗抢屎”那般破坏自身美感的动作。

对中国人来说，身体的动作似乎还未曾是一个充分被“组织化”的项目。今日之香港人已趋文明，但还有一点儿残余，例如穿过马路时不理会红灯，只看有没有车辆与警察，说起话来易沦为用声量去发泄。因此，到了外国，就往往成为可以辨认其身份的一种身上的“密码”。例如，在日本的名胜地带，香港人混杂在日本人当中是不易分判的，但是，只要说话时一旦兴奋起来全身都在耸动，就可以一眼看出，要么就是无法控制巨大的声量。一名曾与我一起去新疆旅行的美国留学生，在吐鲁番的一部旅游车的后座曾领教过一群香港青少年的喧哗；到了东京以后，只要在餐厅中遇到声量大得令人侧目的一群，就知道是香港游客。

"非性化"的中国人,难于形成营造"魅力"的心理化学,也难得出现表达"魅力"的身体语言。中国人破坏自身魅力的方式包括:不控制身体的动作、抖脚、放屁、当众挖鼻屎、随地吐痰、擤鼻涕、说话哇啦哇啦,以及种种不登大雅之堂之举。其实,喉头肌肉之只放不收,痰像连珠炮一般失去控制——光只是这一点儿端倪,就可以浮凸出整个人格在其他方面组织的松垮,更勿论对"美感"的组织。"人"之工程的偷工减料,在大陆"人"之"霉干菜化"上表现至为尖锐,其他地方的华人"身"上也仍见其余绪。

个人之"非组织化",自然也会反映在生活环境的安排布置之上。如果我们排除各中上层社会华贵的室内设计不论,就一般人来说,世界上很少民族会像中国人一般,可以生活在一个杂物乱堆的空间里,毫不讲究雅致,似乎只要苟活便得,无生命之质素可言。

有一次,一名挪威友人到美国某大学历史系找我,共同走过一间大陆访问学者的办公室,发现他门上的玻璃是用一张旧报纸挡起来的。至于其他的办公室,门上的玻璃不是用布条、礼物纸贴起来的话,就是别出心裁地用主题类似的明信片遮住这个空间。我那位在中国住过两年的友人慨叹道:"中国人就是这么实际!宁可省去几分钱一张纸,也不会考虑到美感!"

中国文化的辩护士会说:这是大陆的贫穷所致,非中国人之普遍倾向。然而,香港是充分现代化的华人城市,但西化的中环银行区旁边的湾仔就脏乱得很;九龙尖沙咀弥敦道是跟外国游客打交道的地方,就很干净有条理,但两旁的后街如广东道一带则是连道路都是烂的。似乎,在中国人无须保持与洋人打交道的"门面"、纯粹面对自己的生活环境中,可以毫不讲究生命质素。

我们也不妨看看美国大都市中华埠的情形!华埠之脏、臭、乱,乃具体而微之中国。在这些中国的活标本里,街道边上尽管堆着秽物、污水散发着臭气,店面却挂着制作精致滴着油的美味烧腊,象征着中国人"口腔化"与"肛门化"的失控,也意味着:中国人之心思可以全部放在"吃"之上,不管在如何脏、臭、馊、腐的环境中皆乐此不疲,而所谓生命的质素,就狭小化到这一点上。

一位在美国教中文的华人曾把旧金山的唐人街与日本城做一比较。他说:日本城的商店内部很讲究室内设计与摆设,让空间与实物之间的恰当比例发挥一种美感作用；唐人街的商店则与货仓无异（往往还违章地泛滥到外面行人道上），令顾客转个弯都难，简直是给人一种压迫感。

如果还有持“外因论”的辩护士说：这是人多空间小的“必然”结果，不一定是中国人的文化素养、心理景观的问题，我们也不妨接受这个说辞。但如此做不啻是承认中国文化的平庸性，也不得不转而去认可地小人多的日本在空间经济方面的出类拔萃。

中国人生活空间之“霉”，与个人之松、垮、馊、乏相映成趣。这也与贫穷落后没有必然的关系。一些第三世界如拉美、非洲人士之外观，反而比西方工业化国家的人更多色彩。像中国人那般“霉干菜”式的外观，乃世所罕见。其所以形成，物质落后的因素或许有，但心理方面馊掉的因素实具决定性。

5. “母胎化”的倾向

西方新教文化强调是大脑皮层左半部的功能，尤其加以贬抑的则是脑部中层的内容。因此，它强调个人凭理性的自我组织方式去获救，绝对不能由别人去代劳，自然也不能去拉别人一把。为了培养这样的强者，个人在脱离娘胎诞生下来后，就被逐渐训练摆脱母胎与孩提阶段的温暖包围，预备他去单独面对世界，而他必须去面对的世界也正好就是由这个文化造成的冷冰冰的世界。这种文化设计使“个体”能够全面盛开。但是，对脑部中层如此地施暴，却并不是仍然需要人情温暖的人所能吃得消的。因此，在今日的西方世界（主要是美国），心理治疗术与邪教多达两千五百种——前者帮助不能自立的人去做自我组织，至于后者，则可以说是一种人工的母胎，让那些寻求温暖的人有个归宿。

我们在前面已曾指出：中国人的“个体”并不是一个内在动态的开展过程，它只是一个被镇止的“身”。中国人的“身”既然并没有开展的必要，于是，作为中国文化中的“身学”的道家，其为个体的“身”制订的处方就是：“能婴儿乎？”①

① 《老子·能为第十》。

“复归于婴儿。”[①]而道家练身的最后目标也是要“人”重新回归到母胎状态中去。至于已经被诞生下来的人,老子就提供了一套维持“活死人”状态的死亡崇拜,例如说:“曲则全,枉则直。”[②]“不敢为天下先。”[③]“强梁者不得其死。”[④]“勇于敢则杀,勇于不敢则活。”[⑤]“故坚强者死之徒,柔弱者生之徒。”[⑥]亦即是要一个“人”不要自我开展,不要热爱生命,只将生存的意向完全导向“身”这个臭皮囊的保存。这其实是一种“生中之死”的状态。因此,重新钻回娘胎中去其实是钻进坟墓中去。

不过,道家只是中国文化中的“身学”,它开的处方也只是针对自“身”这一端。补充它的则是儒家这套“心学”——后者即将强调放在“由己之身,及人之身”的“二人”心意感通过程之上。于是,中国人不能做自我组织的、被弱化了的“个体”,也可以由对方的“心”去加以组织。在这种安排下,诞生下来以后感到单薄与寒冷的“个体”就无须像道家提倡的一般,重新钻回娘胎中去,这个娘胎的功能可以为“人情的磁力场”(家族、社群、集体、国家这类可大可小的“自己人”圈子)所取代。于是,“人”就从来没有诞生下来,正如鲁迅所说:在中国,“人”还没有萌芽。

自然,对任何民族来说,都会有家族、社群、集体或国家这类的东西,它们也不免是个人或多或少地安放自己的身体与感情的地方。不过,如果“个体”发达的话,尽管可以与这些事物认同,却总不至于把它们当作是“自我”的代用品。然而,中国人整个“人”被组织的方式,就是让自己之“身”由人伦与社群的“心”去加以组织,而不是由自己去组织的,因此,就总会觉得能对自己加以肯定的力量是来自“身”外——它就是别人、众人、集体、国家、民族等等。

如果中国人的“安心”是“兼善天下”的话,那么,就会倾向于用民族或国家去代替“自我”的原理。在革命与建国时代,这并非是坏处,反而是一个正面的

---

① 《老子 · 反朴第二十八》。
② 《老子 · 益谦第二十二》。
③ 《老子 · 三宝第六十七》。
④ 《老子 · 道化第四十二》。
⑤ 《老子 · 任为第七十三》。
⑥ 《老子 · 戒强第七十六》。

作用，因为它使不少人为运动献身与舍身。在新中国建立初期，它也是全国“上下一心”的基础。然而，到了“文革”时代，这种所谓“忘我”境界的负面却也充分地暴露了出来，因为，它可以容许“取消八亿个大脑”的局面出现。在前面，我们曾经提及：目前美国流行的邪教成百上千，教主也为数众多，不过供奉者毕竟属于自我组织崩溃的少数，因此可以说是一种精神病态。然而，对“自我”被恒常地非组织化的中国人来说，必须由领袖与团体去“定义”自己之举却是常态，因此，这个情形正好说明了中国人的“母胎化”倾向是一种常态。

然而，国家与民族毕竟是一个比较抽象的层次，在日常生活的层次上，这个“母胎”却是每一个人的工作单位。个人被分派到一个工作单位后就在那里终其一生，至于单位与单位之间则是一个“小国寡民”“壁垒森严”“民至老死不相往来”的局面。于是，个人所属的单位，就具有将个体包含住的“母胎”之功能——它替人选择工作，指派房舍，评定工资，收工会会费，搞政治教育，一度还分配粮票、布票、食油、煤，并配给购买自行车、电视机、缝纫机的凭券，供应避孕用具，批准结婚或离婚，解决家庭纠纷，分配每日的工作量，组织所有体育、康乐活动，选拔人员接受特殊训练，吸收党员，计划生育等。单位同时保存每个成员的个人档案，这个档案本人永远看不到，但是内容却可以随时用来对付他。

像这样子的安排，自然是1949年以后实施国有化体制之结果。然而，从更深一层的分析看，它不过是将控制个人之一生的功能，由传统的家族转到了国家手中而已。

我们并不认为每一个中国人对这样的安排都会很满意——事实上，笔者在大陆时曾听到有人抱怨，但并非一般的中国人都会反对这些措施，因为，中国人之“身”被结构的方式就是不同于西方人，如果是相同的话，老早就会造反。事实上，中国人的个体不被一个母胎包含的话，就会变成“无主孤魂”，因为每一个单位都是对外封闭的，而中国人在越出了“自己人”的圈子就毋须“做人”，因此，非但不会互相照顾，而且还会态度粗暴——在这种情形下，个体存在状态不发达的中国人，就只有在一个自己可归属的“母胎”中“安身”。

这个倾向，在国外的中国人“身”上，仍然可以看到。诚然，在实行资本主义的国外，很少人能够容忍像在国内那样，“终身”陷在一个单位里，而会图谋生活条件有所改进。然而,在文化的深层,“母胎化”倾向仍然存在——虽然,“母胎”可以由自己去与别人共同组成,而不是由国家指派。

这种倾向,在脱离了家庭到美国留学的中国人“身”上,表现最为明显。例如,香港人到了美国留学,多半是一下飞机就有来自同一个地方的老同学来接,然后是受这些人帮助“安身”——这种互助原本不是坏事,只不过,这个由同一个地方来的人所组成的圈子,很快地就变成一个“母胎”。于是,往往就是自己人抱成一团,既不需要私生活,自然也不会有性生活,更没有对外界的好奇心,生活的内容也多半是:除了“用功”之外,就是每晚轮流煮饭,六七人围炉共醮,或者像在中学时代那般,男女十几人一齐去郊游与野餐。

至于港台中国人留学生的这种“母胎化”倾向,则又往往为所谓“爱国主义”运动所加剧。70 年代海外的“心怀祖国”运动,正是将祖国当作一个慈母的怀抱去“回归”的。然后,这个活动与其说是“母亲在召唤”更来得贴切。因为“十亿人”的怀抱是远在天边的,在校园中的“自己人”小圈圈则近在眼前,于是,用“为人民服务”的方式,加强其包含“个体”、照顾一切的“母胎”功能,而其“吸收”群众的方式,也是用帮助新同学“安身”的办法,来令他们“交心”,这种“照顾”,又总少不了“请客吃饭”——这种对“食”的强调,与寻觅母慈的怀抱一般,同属口腔化的迹象。

6. 国家对社会的组织

中国人的“身”无力做自我组织,必须由他人的“心”去组织——这个“心”与“身”的“文法”规则也出现在国家与社会的关系中:中国社会也无力做自我组织,必须由国家去组织。在这个意义上,社会是“身”,国家则是“心”。

道家是中国文化“表层结构”意义上的“身学”——它除了为中国文化提供了房中术、采补术、炼丹术、长生术等练身法与“保身”“全身”“养生”“尽年”等原理,以及“以静制动”这类“利吾身”的阴谋术之外,还为社会这个“身”制订了它应该如何存在的处方。

在《老子》一书中,是公然提倡“天地不仁”与“圣人不仁”的,亦即是认为“一人”状态总是胜于“二人”关系。因此,顺着其思想结构的逻辑,自然也会主张国家与社会之间不要发生“二人”关系。

的确，在《老子》一书中，是很少提到国家的，只说“太上，不知有之；其次，亲之誉之；其次畏之；其次侮之”①一类的话，亦即是说：最好的政府是令老百姓不知觉到它的存在，等而次之的才是令老百姓“归心”（亦即是儒家式的），又等而下之则是令老百姓“畏威”（亦即是法家式的），最下等的就是令人“离心”了。因此，《老子》为社会这个“身”所配的最佳处方就是：不要知道那个压在顶上的国家的存在——这个态度基本上符合中国老百姓“日出而作，日入而息……帝力于我何有哉？”的存在方式。

至于《老子》为国家所配的处方则是：“为无为，则无不治。”②亦即是不要去对社会加以组织。在老子心目中，理想的社会应该被保持完全的非组织化状态：“小国寡民，使有什伯之器而不用，使民重死而不远徙。虽有舟舆，无所乘之；虽有甲兵，无所陈之。使民复结绳而用之。甘其食，美其服，安其居，乐其俗。邻国相望，鸡犬之声相闻，民至老死不相往来。”③这仍然是“不仁”的逻辑——不只是国家与社会不应该具有“二人”对应关系，即使社会各部分之间也必须独善其“身”，“不相往来”。

为了将这个社会保持完全非组织化的状态，那个“太上，不知有之”的国家就应该做到：“绝圣弃智，民利百倍；绝仁弃义，民复孝慈；绝巧弃利，盗贼无有。”④更具体一点儿的措施便是：“不尚贤，使民不争；不贵难得之货，使民不为盗；不见可欲，使民心不乱。是以圣人治，虚其心，实其腹；弱其志，强其骨。常使民无知无欲，使夫知者不敢为也。为无为，则无不治。”⑤

我们在上面分析中国人个人之“身”被非组织化时，也指出：中国人一代对一代的“养”，也只是使它“快高长大”，而不是去培养“自我”意识，因此，在“常使民无知无欲”的状态下，一个人往往被搞到以自我压缩为美德，没有自我开展

① 《老子·淳风第十七》。
② 《老子·安民第三》。
③ 《老子·独立第八十》。
④ 《老子·还淳第十九》。
⑤ 《老子·安民第三》。

的意向,也不懂得如何去热爱“个体”的生命。上面亦指出:《老子》所提倡的“曲则全,枉则直”“不敢为天下先”云云,其实也是要求一个“人”不要自我开展,而将生存的意向完全导向“身”这个臭皮囊的保存,换言之,即是去保持一种“生中之死”的状态。这种崇拜死亡的态度也被应用于整个社会——的确,针对社会整体来说,道家这套“身学”也足以成为一套木乃伊学,因为,所谓“小国寡民……民至老死不相往来”云云,也等于主张用把整个社会墓葬的方式去保存它。

道家是中国文化“表层结构”意义上的“身学”,因此只着重“一人”之“身”的状态。这个“不仁”逻辑其实已经出现在道家始祖杨朱的“拔一毛以利天下不为也”的命题中——因为毛是“身”上之物,天下是“身”外之物。因此,这个“不仁”逻辑运用到政治上,其结论也必然是:国家不要发挥“心”的作用去照顾社会这个“身”,让它恒常地保持非组织化状态。的确,如果中国历史是走上了道家式的道路的话,就会出现近似印度那样的局面。

然而,中国文化大传统却是儒家,或者,更确切一点儿,是由儒家以观念形态的方式反映出来的文化“深层结构”中的那种“二人”设计。儒家正是中国文化“表层结构”意义上的“心学”,亦即是将强调放在“由己之身,及人之身”这个“二人”之间的“仁”上头。因此,奉儒家为官学的士大夫阶层就主张行“仁政”以及“亲民”。他们的政治口号则是:“解民于倒悬”“厝天下于衽席之上”,亦即是将老百姓倒挂着的“身”解下来,将它放在一张安适的席子之上——因此,仍然符合了“心”对“身”的照顾这项“文法”规则;而所谓“安天下”也是“安身”倾向的一个延伸,亦即是说:老百姓的“安身”是“只及其家”,士大夫的“厝天下于衽席之上”则是一种“兼善天下”之举。

因此,代表“心学”正统的士大夫,其“志”(“士”的“心”)即在“安天下”,亦即是用“亲民”的“仁政”去组织那个无力做自我组织的中国社会——在分崩离析的“天下大乱”时代,辅佐某一个打天下集团,用“得人心”的措施使天下的“心”都归到自己这一方,从而达到“天下大治”之目的;在天下归于一统以后,则尽量保持它的“安定团结”。

士大夫“安天下”的最高理想就是“大同”或“太平”境界。“大同”的境界就是使普天之下“皆有所养”，此外就是用“教化”的方式使天下达到“故人不独亲其亲，不独子其子”的和合状态。“太平”的境界则是“平均天下”，也是“平天下”；所谓“平均天下”就是使人人“有一口饭吃”的“养”，至于“平天下”则是“教”，亦即是用“德化”的感召使老百姓保持“和合”。只有既“和”且“平”，才能保证“天下太平”。

中国社会这个“身”，如果失去了“养”，不能做到人人“有一口饭吃”，就会揭竿而起，出现“天下大乱”的局面。中国社会这个必须被施“教”而不能自主的“身”，一旦在一元化的国家控制瓦解之时，也会出现分崩离析的局面。

因此，中国社会这个“身”必须由国家这个“心”去组织。中国现代的志士仁人基本上继承了士大夫的国家传统。在中国最后一个传统皇朝解体以后，中国重新陷入四分五裂的状态，中共用“为人民服务”的方式“解民于倒悬”，从而达到“天下归心”。在建国以后，则为老百姓安排工作，并成立使人人都“有一口饭吃”的“铁饭碗”制度。此外，就是对老百姓施以政治教育。

因此，中国人的“心”对“身”的组织之“文法”规则即表现为：老百姓克服个别存在的“身”之心意活动，是“只及其家”，士大夫的“心”则是“兼善天下”，亦即是希企将分崩离析的各部分组织起来，和合之而成一个大一统的整体。因此，虽然是同一条“由己之身，及人之身”的“二人”运作规则，在士大夫身上的“推己及人”就演变为“修、齐、治、平”的内圣外王之道，亦即是自己先用“正心”“诚意”的方法去“修身”，然后将自己的“良知”推衍出去，“以亲九族。九族既睦，平章百姓。百姓昭明，协和万邦，黎民于变时雍。”（“雍”即“和”）①。因此，士大夫的“大同”境界也就是“天下为公。选贤与能，讲信修睦，故人不独亲其亲，不独子其子，使老有所终，壮有所用，幼有所长，矜寡孤独废疾者，皆有所养。男有分，女有归。货，恶其弃于地也，不必藏于己；力，恶其不出于身也，不必为己。”②

到了“现代的”国有化体制下，中国文化“深层结构”的形态基本上未变动，

---

① 《尚书·尧典》。
② 《礼记·礼运第九》。

在文化“表层结构”上则出现了这样的情形：“全民所有制”的国家为人人安排工作，使大家都“有一口饭吃”，并且还设立福利制度照顾鳏、寡、孤、独，有时还替男女找配偶，至于领导权则操在“红”的而不是“专”的贤能手里，因为只有这些人才能和合社群。这个“天下为公”的国家，除了“养”民之外，还要对他们施教化，亦即是用政治教育的方式教导老百姓“毫不利己，专门利人”“学习雷锋”“文明礼貌”等等。

上述这个“亲民”的措施其实也是中国人“亲”与“子”的代际“二人”关系的演绎——的确，中国人一代对一代的“教养”，就是“养”其肉体，“教”导其处处以对方为重地“做好人”。事实上，统治者必须自己先“修身”才能倡齐家、治国、平天下的程序规则，也是家庭中父母必须以“身教”去教导子女的文化行为的一个延伸。

然而，在这个“二人”的“文法”规则下，中国式的“社会”与中国人的“身”一般，都变成了不受外来的“心”去制约就会趋于非组织化，甚至会趋于“乱”的物体。的确，没有了一元化的权力结构去维持“大一统”的局面，中国式的“社会”就会趋于一盘散沙，甚至会导致“天下大乱”。中国人的“身”也必须恒常地受到“自己人”这个“母胎”的“心”去组织，一旦越出了这个“母胎”，就会很突兀，很不自然，很没有信赖感，有时甚至会很粗暴，换言之，就是程度或多或少的“乱”。因此，无论是哪一个“身”，都只有在心意——人伦的、社群的、集体的、国家的——“有到”之际才会趋于“大治”。这样的“身”就的确只能成为被镇止的对象，因此，无论是一代对一代的“教养”，抑或是国家对社会的政治意向，都是“镇止民心，使少知寡欲而不乱”。于是，无论在历史发展形态与人格组织方面，都呈现为没有动态“目的”意向性的“超稳定体系”。由这样的“人”去组成的社会，在本质上就排除了对“人权”的知觉，因为“人权”是一个不断开展的“人”才需要的权利，至于中国人被镇止的“身”，则只要“有一口饭吃”，能够“安身”，就不会起来造反，更遑论为“人权”或“人格平等”一类事做斗争了。

但是，用以“发动民心”的马列主义，却是一个具有动态的“目的”意向性之外来之物。这个动态之持续不断，或可以从基本上改变中国文化的“深层结构”，但却很不幸被这个结构倒过头来纳入了它自身固有的渠道。

的确，那个从西方搬进来的处于历史尽头的“共产主义社会”的理念，为中国文化体提供了一个动态的“目的”观。中国文化自身则只有在历史起点上的“尧舜之世”的理念——像这样的一个理念，并不是由冲突对抗推动向前的方式去达到的，而只能用使天下更趋“和合”的方式去回复它，因此也只是“超稳定体系”在理念之墙上的一个投影。

对中国这个没有超越意向的文化体来说，共产主义的天国未免好之过高骛之过远。因此，即使在“文革”初期，反对派就已经祭起“经济主义妖风”，这股微波到后来就终于汇为巨流，使“人心”归向于强调民生的周邓一派。后来，整个结构又回复到对“保持安定团结”的强调。这种明显地转到“民生”的路向，也符合孙中山所说的：民生主义就是共产主义，也就是大同主义。

此外，中国这个几千年的“超稳定体系”，除了政治上的大一统之外，还需要有一套“统一民心”之学——这套学问必然不是自然科学，也不可能是知识论，而必定是以脑部中层的内容为主的社群之学——儒家思想正是这样的学说。在儒家思想破产以后，中国人也必须从众多的外来学说中拣出一套社群之学来，去填补“统一民心”功能的空缺，即使这套学说原本不是和合社群之学，也会逐渐被中国人改装成为这样的学问——而这就是中国化了的马列主义。

然而，马列主义到底是一个具有动态“目的”意向性的外来之物，它用冲突对抗把历史向前推进的方式也必然是“一分为二”的。也唯有这样，在建国斗争期间，中国人才能从“镇止民心”的死局发展到“发动民心”的活泼局面。而且，在这个天下纷争，人“心”思治，因此天下的“心”都想归到一个地方的时刻，马列主义虽然用冲突对抗的方法发动了民心，同时也统一了民心。事实上，在解放前夕，中共已经把两大阶级阵营对立的说法修改为“诛一夫”（亦即是“打倒蒋介石，解放全中国”）的说法。于是在新中国建立初期，就真正出现了“上下一心”的“人民共和”之国和“统一民心”的局面。

然而，同样一套“一分为二”的动态革命观，同样一种中国式的“发动民心”的方法，在长征、抗日、内战时期是达成建国任务的道路，到了“文革”时代却促成了中国式的“天下大乱”。的确，中国式的“天下大治”，必须由“天下归心”才能达到，因此，中共革命时期用“为人民服务”的“仁政”造成“心连着心”的大团结,遂为“建国”初期的“上下一心”奠下了基础。然而,中国人既然必须“一心”而不能有“二心”才会趋于“大治”,“一分为二”式的对立抗争的动态,就不可避免地变成了“动乱”。

虽然中共党内的革命派在推行“不断革命”时,仍然将它纳入了“亲民”或“新民”的“文法”规则中,亦即是由圣王透过“德化”的方式让“革命”去改换“人心”(详后),然而它达成的效果却是建国初期的“上下一心”局面之荡然无存。如前所述,中国人的“身”是由双方的“心”互相制约的,中国式的社会亦必须向一个“亲民”式的政府“归心”才会受到组织。“文革”使对立表面化,却是中国式的和合人格无法处理的,结果就导致了“天下大乱”,以及继起的“三信危机”和上下离心。

在“上下离心”的局面里,上下都没有了彼此之“心”的约束,于是,一些干部贪污枉法,老百姓也没有了公德心。社会上可以说普遍呈现“小国寡民”“各自为政”的现象。即使是国营单位与国营单位之间,也倾向于搞“壁垒森严”,必须先拉上人情关系才好往还。无论是老百姓和干部,都将“自己人”这个圈子由建国初期的“全国”缩小为自己的家族和特殊关系,并在其中搞互相依赖与互通有无。如果是干部,就易出现互相包庇,为子女谋高位谋出国等倾向。在老百姓之间则互开后门,至于“自己人”圈外就变成可以乱丢垃圾、发泄怨气的地方。因此,在马路上、公共汽车上都无法维持秩序,给人一种乱糟糟的甚至是一种永恒战争状态的感觉。此外,对政治的冷感似乎是一个相当普遍的现象。

因此,中国式的社会基本上如孙中山所说是“一盘散沙”,如果不由国家去组织它,就会呈现各自为政,各人自扫门前雪,只谋一口饭吃,对政治完全冷感的局面。

海外的华人社群可以说是中国老百姓小传统的最佳样本。如果我们要观察中国式“社会”的纯粹形态,最好还不要选像新加坡一类具有本国人统治者的社群——因为这类社群还有一点儿上下心意交流作为凝聚力——而是选像香港、东南亚甚或在美国那类在外国人统治底下的华人社群。基本上说来,这类社群呈现出来的倾向是:只谋“搵食”与“安身”,对政治完全冷感——因此,统治者的存在与否,确也正如《老子》所说:“太上,不知有之。”

在美国这个多民族的国家中，各民族社群都在搞压力团体与利益团体，搞得最成功的自然是犹太人一类，最不出色的则是华人一类。在东南亚，华人社群也是只搞“搵食”的经济活动，对当地的政治极少参与，并且内部绝不团结，不只是一盘散沙，还要搞更小的“自己人”圈子互相倾轧，结果，待到排华运动起来，就完全没有还手之力，被人逐个收拾。

至于香港，基本上也是一个各自为政的“搵食”与“安身”局面。在20世纪五六十年代初，则基本上也是一副越出了“自己人”小圈子就无法维持秩序的情形。当时，随地吐痰、擤鼻涕、丢垃圾、争先恐后、随意恶声相向侮辱别人，比大陆好不了多少，当时的警察在制服的保护下也可以随意凌辱百姓。在当时，谁如果“谈政治”，就变成同胞勿近的对象。在今日比较现代化的情形下，公共秩序已经改进了不少。70年代以后涌现中国式的爱国运动——亦即是“心怀祖国”之“心”的复活——与西方式的压力团体，也将政治冷感冲淡不少。不过，基本上仍然是只要“有一口饭吃”，就无须基本人权的局面。例如，可以被英国片面修改国籍法，亦即是任由别人单方面将自己摆来摆去，而无怨言——这种情形，与二百多年前美国人为了几个先令茶税涉及“人格平等”而起义的情形，或者今日美国即使同性恋者受歧视也要起而抗争的情形，真不可同日而语。

因此，若问中国文化“深层结构”中有否足以形成一个现代民族国家的条件，可以如此作答：只有通过国家——或国家前身之打天下集团——的动员，而且必须具备“上下一心”的条件，若有这种条件，甚至可以出现“超民族主义”；若无，社会就会呈现一片非组织化的散沙状态。

国家这颗“心”对社会这个“身”的照顾与组织，可以说是中国文化的特色，因为同为大陆性国家的印度与俄国就不是这样。在印度的历史上，除了外国人统治之外，由本土的皇朝造成的大一统局面只有两次，为时也短暂，因此，国家与社会的关系基本上也是道家式的“不仁”关系。

至于俄罗斯国家与社会的关系，基本上也是“不仁”，不过并不像印度那样统一局面的若有若无，社会也处于全盘非组织化状态，而是由人类史上最中央集权的、最积极进取的专制主义对完全被动的社会的不断鞭策督促。俄罗斯的国家是以征服者的姿势君临于社会之上的——这个倾向使不少学者认为俄国的专制主义是蒙古人征服的副产品,因为其形态表现为:国家为了完成自己的计划与目的,对社会采取“霸王硬上弓”的态度。俄罗斯的社会完全是被动的,至于国家则有超赶西方的动态“目的”意向性,其结果就是由国家鞭策社会,用榨取“贡赋”与“力役”的方式去发展重工业——尤其是与国防军事有关的部分。这类倾向在中国不是没有出现过,不过只是出现在纯粹法家的秦王朝这样的时代。

与俄罗斯国家是社会身上的一条鞭的情形不同,中国的国家则是照顾社会这个“身”的一颗“心”——尤其在解决“民食”方面。因此,即使在今日,到过苏联与中国两地的西方人,都异口同声地说:在中国并没有在苏联时的那种恐惧感,而且,在中国,对“食”与“民生”的问题解决得较好,不像苏联那样出现供应短缺排长龙的情形。

因此,中国的国家与社会之间是一种“二人”关系,亦即是“你之中有我,我之中有你”。虽然,国家对社会的组织是周期性的崩溃,而造成一治一乱的局面,然而其总趋势却是国家与社会互相打上对方的印记——例如:老百姓的“太平”思想亦反映在统治阶层的平均思想与“平天下”的理想中,“民以食为天”亦成为政府密切关注的问题(与斯大林在搞集体化时人为地饿死了六百万人,实在有很大的差别)——而其总效果则为:社会越来越平均、国家越来越集权,但是这两股趋势却是由双方面互相保证、互相提携的情形下并行地加深的。

第三章

“二人”关系

(一)中国人的“和合性”

(二)他制他律的人格

(三)中国人的代际关系

（一）中国人的“和合性”

1. 从中国人的烹调术说起

谈论中国人“和合性”的最佳起点，莫如中国人驰名世界的烹调术。中国人之所以产生世界上首屈一指的烹调术，是由于他们能够将天下种类繁多而气味各异的食料“和合”于同一碟菜肴中。

如果将中国烹调术和西方新教国家（例如美国）的比较，就会发现：后者所能应用的作料，范围狭小得多；而且，一种肉或一种鱼往往只能配一种特定的蔬菜，相当“明文规定化”；此外，肉是肉，菜是菜，两者截然划分，彼此并列而不“和合”。因此，美国人的烹调术似乎亦反映了他们的“法治”精神——各个个体之间，必须存在用条文规定的关系，而且“人己权界”划分得清清楚楚。

相较之下，中国人的烹调术就明显地反映出“和合性”。甜与酸、苦与辣、腥与淡，可以彼此做阴阳调和。阴与阳调和在太极中的原理是：太阴中有少阳，太阳中有少阴。因此，中国烹调术的特色在于相互渗透，而不在于彼此分判。而且，“合二为一”的相互渗透，是实践多于理论的，是可以因地制宜地克服作料的限制，而毋须“公事公办”的。

与西方人的饮食习惯相较，中国人的饮食习惯似乎亦反映出同样的倾向。西方人在进餐时，是将食物先放在自己面前的碟中，再从中吃食，因此是十分个人主义的，中国人在进餐时，则从共同用膳的碗盘中夹食，而且还往往硬塞给对方吃，因此似乎在假定自己比对方更清楚其本人的饥饱状态，而且有权为对方决定吃多少。

上述这种情形，在受到西方文化影响的香港人身上，已逐渐淡薄。但是，笔者发现，在大陆，这种习惯仍然是普遍地被保留着。

2. 中国人的“人情味”

中国式的烹调术是用“合二为一”的原理去制造“味”的。至于中国人的“人情味”也是用同样原理产生的，亦即是使我之中有你，你之中有我。因此，中国人对“人”的定义就是“仁者，人也”，亦即是必须用“二人”才能去定义任何一“人”。

这种二人对应关系就是心意的感通。唯有这种“感通”才能克服分离人与我之界限，造成一个包容人与我的感情磁力场。因此，中国人的“个体”并没有清晰明朗的“自我”疆界。

事实上，在日常待人接物的态度中，中国人就不喜欢过分地划清人与我的权利界限——这样做是会被认为“很难看”的。因此，如果双方一起出去吃饭，就会由衷地或仪式性地争着付款结账；如果双方一起乘车，就会由一方先付全部的车资，下一次再由对方替两人付出车资；如果一方托了另一方代购东西，想清还时，另一方也必须仪式性地表示：“算了！”

的确，中国人不喜欢在自己与亲属、朋友之间划分清楚的界限（与不认识的人，又当别论——详前）。他们觉得这样做，不只是“很难看”，而且是“小气”“自私”“个人主义”，简言之，就是“不会做人”。

相形之下，西方新教国家——尤其是美国——人士之间的人际关系，就淡薄得多。家属成员在下一代成长以后，或各自独立之后，可以多年不见面。如果他们之间感情特别好，则又当别论，但是这是由个人自己选择的，而不是由于一种未生下来之前已被固定了的承担义务。换言之，一个人可以自由选择与出身的家庭不再发生任何关系，而凭本身的喜恶去重组自己的人际关系。不过，文化中既然缺乏强制性的感情设计，“人情味”就不可避免地淡薄得多。

笔者在居美多年以后发现:有些美国人即使在自己选择的朋友之间,也是将界限划得清清楚楚的。他们往往把自己喜欢什么,不喜欢什么,对方喜欢什么,不喜欢什么,在友情开始的时候先搞得清清楚楚,以免在不知不觉间会做出令对方不愉快之事,干扰对方的神经。因此,他们交友的方式是“先小人后君子”,其友情也多半维持在“君子之交淡如水”的状态。

反观中国人的交友方式,则是尽量替对方的需要着想(姑勿论是真心的抑或为了是“做人”)。既然双方都不喜斤斤计较,因此彼此多吃一点儿亏也无所谓。但是,偶尔也会发生这样的情形:因为人我界限不清楚,有时会踩在别人的脚趾上而浑然不觉,对方开始时也会隐忍不发,口头上甚至还说无所谓,结果日久积怨,反而“以君子始而小人终”。

这种情形,充分反映出:在中国文化中,个人没有,也不希望有牢固的自我疆界。他们宁愿让人与我之间相互渗透,彼此依赖。因此,中国人有“在家靠父母,出门靠朋友”的倾向。这与西方加尔文教的国家——尤其是美国——是刚好相反的,后者强调的毋宁是“上帝只能帮助自助的人”。

这当然并不意味美国人是完全不肯帮助别人的,只是比起中国人来罕见得多,而且,他们对别人的帮助,必须由施恩惠者自己做主,而不是一种身不由己的、反射性的、不经疑问的、外加的承担义务。而且,这种偶一为之的施恩,往往是作为自己对人有好感的一种表示,而不是替别人代劳。因为,一来,他们很怕别人利用,认为别人过分地依赖自己就是一种“剥削”;二来,自己过分地去照顾别人,也会被认为是对别人自主能力的一种侮辱,而且有用“人情债”去控制别人的嫌疑。因此,他们一般为人的原则是尽量少管他人的事务,在自己这一方则尽量做到以依靠自己为主,非到万不得已不去求人,甚至还以开口向人求助为耻。实在必须去打扰别人时,他们往往会这样问:“我能向你要求一个小恩惠吗?”(Can I ask you a small favor?)或者:“你能腾出几分钟吗?”(Can you spare a few minutes?)并且在事后总是要道谢。

如果中国人这样去要求自己的熟人,就会被认为是“见外”。的确,当笔者在大陆时,受熟人帮助后加以道谢,就受到“见外”的责备。他们认为,这样才是“做人”最起码的道理。因此,国内确实具有一种海外所没有的温情脉脉的气氛。

然而,这种“做人”的方式,在其他文化中就不一定吃得开。有些中国人到了美国,以为主动地替别人办事,就可以赢得别人的好感,以及多交朋友。然而,过分地“毫不利己,专门利人”的作风,反而会引起对方的怀疑,认为这样不近人情的行为一定背后藏有动机,例如用“人情债”来将自己绑住之类。因此,为了避免失去对自身行动的决策权,一般美国人多半会躲避这样的“好意”。偶尔,在某些情形中,也会出现接受了“好意”而没有“礼尚往来”的例子。

中国人的这种人情味,在国内比在海外的华人中还要显著。大陆实行的“社会主义”,正是躲避了冷冰冰的现代法权关系,尽量保持传统人情味的制度。

的确,大陆人士熟人间古道热肠、急人之难的倾向,有过于港台的中国人。不少大陆的人仍然保持“鉴貌辨色”的古风。例如,有时候我只是闲谈中说起自己需要的东西,是漫不经意地提到的,事后就忘记了,但是在下次见面时对方却竟然已替我办妥。的确,中国人对陌生人虽然很粗暴,但是在需要“做人”的时刻却是“仁至义尽”的。有些时候,我拿了介绍信去另一个城市办事,收介绍信的人即使帮不上忙,也在大热天跑老远路来到宾馆中找我,而不要我本人出动。此外,还有这样的情形,只见过一次面的人,连名字也记不起,但是在公共汽车上碰到时却抢着替我购票。我在大陆时,偶尔也会与同一幢留学生楼内住的美国友人外出,有一次在上车后我立不稳,一时找不出钱买票,他却自顾自地只为自己买了一张票。因此,两者的态度形成很鲜明的对照。

3. 人我界限不明朗

在大陆时,也碰到这样的情形:对方未经你同意,却用一点儿你没有要求过的小恩小惠强加在你身上,将你套住,然后要你替他办事。这一招,通常只能施展在海外来的“同胞”身上,用在西方人身上就碰壁。有些中国人以为用“人情攻势”就可以要求西方留学生替自己办事。结果,纵使只是举手之劳,后者却不一定肯去做,因为这牵涉到他们的原则问题——任何不经自己选择的、被强加于己身之事,都会被认为是一种来自外力的摆布。事实上,这也确实是一种摆布。在海外的中国人(不包括台湾)之间,这种情形就比较少见。

因此,从以上种种实例中,可以看出:中国文化里“你之中有我,我之中也有你”的“二人”关系,是一种类似“文法”规则的东西,它可以演绎出多种可能性。

例如,它可以导致古道热肠、急人之难的倾向,而且从不放在心上,并不企望别人回报。然而,也可以造成利用“人情债”对别人的摆布与利用。对西方人来说,帮助自己喜欢的人只是表示一己的好感,从不企望感恩图报,但也很怕被人情债绑住,换言之,就是避免“二人”长期地你来我往互相扣住的情形,因此,中国人为人代劳的古道热肠的表现,以及利用“人情债”去扣住别人的倾向,在今日的西方人——尤其是新教文化的人士——中都是十分之少见的。

上述的同一条“文法”规则,可以促成乐于助人的慷慨倾向,也可以成为向人表示自己的“道德上的优越性”(moral superiority)的手段,亦即是在世俗的观众面前与别人比个高下。这种情形在西方人中就更为少见。尤其是“个体化”发展得最彻底的新教文化,更是特别强调超越世俗的,并且认为一个人的价值来自“个人发展”,亦即是将“自我”变成自己最佳的创造品——这个成就包括身体方面、才能方面、见识方面,尤其是在人格的完整性方面(这是一个理想,并非所有的人都能做到)。因此,他们用来培养自己的优越性的方式,就不是在世俗面前“做好人”。如果一个人以这种面貌出现,不论是真心助人的,抑或是想在道德上压倒别人的,对一般西方人来说,都不易产生约束力,亦即是说他们不买这个账。碰到这种情形的时候,他们往往会说对方“只是想证明自己在道德上的优越性而已”,并且会认为这是对方尝试牵制他人的手段。简言之,与中国比较,西方对人情持有更为“冷嘲”(cynical)的态度。

中国文化中同一条“文法”规则,可以导致处处替别人着想,以及无微不至地照顾别人的倾向。然而,这种倾向也往往具有一个铜币的另一面,那就是对别人私生活的干涉,以及个性发展上的阻滞。这种倾向,在中国人长辈对小辈、上级对下级的关怀中,特别容易出现。对西方人来说,他们是宁愿不要这种“照顾”,也不要让他人的意志加在自己身上的。这种反应,在我居华期间观察到的西方留学生的行为里,就再清楚不过地表现出来。凡是有外国留学生来中国留学,中国当局总是把他们集中在一起,设立特别的办事处,一方面照料他们的生活,另外一方面则加以控制。除了日本人之外,所有外国留学生对这种“照顾”

都是不领情的，对控制则保持对抗的态度，而且倾向于把“照顾”也当作“控制”看待。至于日本人则相反，亦即是倾向于将“控制”当作“照顾”。

中国人即使在同辈关系中，上述这种照顾别人的倾向也普遍地存在。在中国人当中，如果一个人想在社团中出头做一点儿事，特别是想当社团领袖的话，就必须处处替别人着想，尤其必须关怀别人生活上的问题——例如：问候别人的起居饮食，帮别人搬家，请客吃饭，以及为别人筹划日常生活中琐细的项目。这种作风会给予一个人权力。然而，在需要受别人照顾的中国人眼中，这种照顾却不是一种控制，而是“以德服人”或“仁者无敌”的表现。事实上，在中国人当中，也只有这种做法，才能将“集体”凝聚起来。在西方人之间，是没有这种做法的，因此，中国人意义的“集体”对他们来说，乃是一个不可能的概念。

在中国人之间，既然有许多忘我地替别人服务者，自然也会造成其对立面——那就是过分地依赖别人者。因此，一方面是古道热肠，急人之难，甚至是“鉴貌辨色”，在别人还没有要求时已替人将事办妥；另一方面则连自己的分内事也不会做，一味依赖别人，甚至还提出无理要求，例如：在别人很忙时、疲倦时、身体不适时，也浑然不觉地强迫别人替自己办事。

这两种情形，在新教背景的西方人中，基本上可以说是不存在的。自己有事而不开口，就根本不可能期待他们花费心力去“鉴貌辨色”。事实上，即使有事，也以少开口为妙，因为他们对别人的事情采取的多半是一副“贵客自理”的态度。而且，强求于人的态度，对西方人来说也是行不通的，因为他们有较牢固的“自我”疆界，比中国人更习惯向人回答“不”字。因此，性格比较柔弱的西方人，就往往只能把自己的问题藏在心中；在感情上有过分依赖他人的倾向者，出现心理问题的或然率就比中国人高得多。

中国人的人我界限不明朗的倾向，可以导致“守望相助”的互助精神。但是，同一倾向，也可以导致在“自己人”之间划小圈子，并且使这种“互助”变成“拉关系”与“走后门”，从而破坏公家的体制，使任何明文规定的条例都无法执行。具有新教文化背景的西方人的“法治”精神，似乎与他们“六亲不认”的“个体化”态度有关。

然而，在中国这个“个体化”不发达的文化中，既然强调“在家靠父母，出门靠朋友”,而不是“上帝只能帮助自助的人”,因此,凭个人的表现去决定自己应该得到什么不应该得到什么的标准,就比较难于维持。人们往往倾向于凭借自己拥有的一组特殊关系(亲属、朋友),去获得自己想得到之物,而不看它是否应该去获得的。

而且,在人我界限比较模糊的文化中,人总是要不断与别人比较才能确立自我的价值,而这种比较的重点又易偏向于人与我在社会观众面前地位之高低,而不是看自己内在完成的程度。因此,在一个“个体化”不发达的文化中,只要自己能够进升,就不一定需要“个人发展”,即使凭借特殊关系也无妨。事实上,在大陆,一些想自力更生的青年人,也会受到有权势的叔伯们的责备:“为什么不来找我?是否见外?”

中国人的人我界限不明朗,自然可以导致“有福同享,有难同当”的现象。但是,人我界限之混淆不清,以及“个人发展”观念的不发达,也可导致这样的一种倾向:那就是把别人的发展当作是自己得不到发展的原因。亦即是说:自己的不发展必然是别人的错。为了保持大家都一样,就必须将别人也拉下来。因此,就产生了一种“我出不了头,你也不要出头”的平均主义心态。

这种自己出头必须靠外力,自己不发展可以赖在别人身上的倾向,到了心术不正的人手中,就会变成踩在别人身上抬高自己,甚或是踩在别人的尸体上爬上去的作风。这与西方新教文化中每个人必须凭自力“得救”的途径,是大相径庭的。

中国人这种由人我界限不明朗而促成的“集体主义”,还可以表现在很多方面。它可以泯灭人与我之间的权利界限,使人不斤斤计较你的与我的,因此是中国人特有的“人情味”的一个主要组成部分。然而,同一倾向,也可以使一个人对违反自己利益的事以“逆来顺受”的态度处之,认为“多吃一点儿亏也无所谓”;如果将程度加深,甚至可以使“自我”疆界完全消失,达到完全不顾自己的权利——包括生命的权利——的地步。

因此,在非常时期——例如革命或抵抗外敌时——这种倾向可以产生“毫不利己,专门利人”“一不怕苦,二不怕死”的精神。这个中国式的“共产主义”精神,轻者可以使一个人不计较自己的才能与功劳,任由上级将自身安排在任何岗位上,甘心做一颗"革命的螺丝钉",重者甚至可以为"集体"付出自己的生命。

4."和为贵"

中国人的本体论模式就是阴阳在太极之中互相调和,因此,与犹太教、基督教的善恶二元斗争的模式刚好相反。二元对抗的观念,无疑地反映了整个西方文化的动态的"目的"意向性。在西方历史发展形态中,对立与抗争也的确是不断推动进步的动因。至于中国人阴阳调和的二元论,则基本上在宇宙间排除了"邪恶"的因素,因为,在这样的本体论模式中,所谓"邪恶"的因素并不是必须由"善"去克服的"恶",而是"阴阳失调";因此,它是持衡的,如果出现"动",也倾向于"动乱",亦即是一种变态,最后亦必然用"和合"的方式恢复结构的平衡。这样的模式的确反映了整个文化"深层结构"维持"超稳定"的"目的"意向性。

事实上,中国人对待自然的态度也是和合式的而不是抗争式的。中国人相信"风水",就是一个最佳明证——因为,所谓"风水"就是不去改造现有的自然,而是调整自己这一方去顺应它。

中国人阴阳调和的模式,表现在烹调术中就是让作料的气味互相渗透,表现在人际关系中就是用"你之中有我,我之中有你"的方式制造"人情味"。

事实上,中国人的人际关系即以保持和谐为最高目的。因此,中国人很重礼,并自称"礼仪之邦",而礼节的作用也是为了保持人与人之间的和谐关系,正所谓:"礼之用,和为贵。"[①]的确,中国人的"做人",注重"礼尚往来",双方面都不要斤斤计较自己的利益,互相让步。

中国人认为:利益算得太清楚,就必然会引起争执。在一个强调互相依赖的文化中,争执是必须尽量去避免的。因此,孔子说:"听讼,吾犹人也,必也使无讼乎!"[②]的确,这种"息争"的心态,使"和事佬"在中国文化中成为一个具有

① 《论语·学而第一》。
② 《论语·颜渊第十二》。

道德上的优越性的角色。

中国文化既然将“抗争”非法化,因此公然“逐利”也是没有合法性的。孟子与梁惠王的对话,可以说是这一种态度的经典性的代表:“王!何必曰利?亦有仁义而已矣。”①在传统中国文化中,公然“逐利”的商人阶层的社会地位,在理论上是最低的——他们被安排在“士农工商”四民之末。这种反对公然“逐利”的倾向,可以部分地解释中国人在进入了现代之后对资本主义抱持的敌视态度。

西方文化下产生的人格,则认为人必须去为自己谋取合法利益,而且,不只是如此,他必须为了获得并且保障自己的合法权益做斗争,这种斗争也无须避免对抗的方式。这是个体的自我发展、自我扩张以及自我完成的一重必经手续。唯有如此,强固的“自我”疆界才能建立起来。自然,自己如此做,也尊重别人如此去做的权利。因此,一切就都必须讲究法权关系——什么是自己分内的,什么是别人分内的,都划分得清清楚楚。

因此,自从中国在近年来对外开放,西方人陆续地来到中国后,就不可避免地产生了许多矛盾。在笔者居华期间,就曾经亲眼目击了不少这类的文化冲突。

例如,在我居处的那所大学中,一些念中国历史的美国女学生要求历史系提供中文课程,以便加强她们的中文程度。历史系认为这是中文系的事,但是,在大陆,单位与单位之间的联系是不强的,因此不能去调动中文系的老师。然而,为了表示好感,遂由本系一位英语比较流利的老师兼了一个学期的中文课。但是,因为是没有报酬的额外加班,在教了一个学期后他就不干了。历史系负责与留学生联络的老师遂向那群女生解释说:那位义务教学的老师已经愿意吃了一点儿亏,因此不妨双方都吃一点儿亏。但是,他获得的答复是:“这是你们的问题!”美方心中的理由是:花了那么多钱与时间来中国求学,获益却不多!这里的毛病出在:中方在开始时并没有坚持此事之不可行,而是用自己“吃一点儿亏也无所谓”的做法去适应他人,令美方觉得这是她们权利分内之事。结果,

① 《孟子·梁惠王章句上》。

她们并不接受“双方都吃一点儿亏”的人情逻辑,而采取了对抗的态度。

此外,许多美国留学生都埋怨说:中美双方的交换学生,并不是“等价交换”,因为中方派遣的学生到了美国,可以自由地利用当地的设备,可以通行无阻地做内部旅行;而美国学生到了中国后,不论是利用图书馆与档案,抑或到地方上做调查研究,都遇到重重人为的阻难,在华旅行,又必须先获得内部通行证。中方的负责人屡屡向他们抱歉说:这是由于我国的情况,以及一些未能克服的困难。但是,所得到的答复也是:“这是你们必须解决的问题!”换言之,他们认为是权利分内之事,就不会因“谅解”别人的“苦衷”而加以放弃。因此,中国当局要老百姓“多吃一点儿亏”而向他们实施的那一套“思想工作”手法,在西方人身上行不通。

相形之下,日本留学生就很少摆出这种“对抗”的姿态。他们一般态度是:中国是“主人”,自己是“客人”,因此必须相处以“礼”。但在另一方面,不少日本人在心中却是常常用自己的国家与中国做比较,并因而产生一种比中国人优越之感觉的——这种情形在西方人之间就很少出现,他们多半是站在“个体”的立场上去对待问题。不过,无论日本人在背后想什么,他们在表面上却更会“做人”。

不顾及别人的“苦衷”而坚持自己的权利,在“人情”的角度上是说不过去的。然而,在另一方面,中国的老百姓确实也太容易被当局做“思想工作”——中国人的“思想”是容易受“人情”改变的,因此,所谓“思想工作”其实就是“人情攻势”。国家的困难固然大家都应该体谅,然而,老百姓如果不是那么软化的话,革除不合理现象的速度可能会快得多。

“和为贵”或“息争”的态度,使中国人给人一种容易相处、容易说话的感觉。然而,这种放弃“对抗”的态度,却往往造成“自我”的弱化。因为,自我权利观念的模糊,使坚强的“自我”疆界无法建立起来。在大部分中国人之间,它造成了一种将自己贬低才能获得社会称许的倾向,结果就形成了自我压缩的人格。

这种自我压缩的人格,很容易会变成没有“个性”的人格。例如,为了保持人际关系的和谐,中国人往往有迎合别人的倾向;有时,在说出了自己的意见后听到别人不同的意见，就立即改口赞成；有时，自己有异议却藏在心中，不敢说出来。

这种自我压缩的人格，既然认为公然地保障自己的权益是不合法的，因此对让别人占便宜的容忍度就比较大，对受别人利用、摆布与控制的敏感度就会比较低。而且，还往往会纵容与姑息不合理的事情，让它们继续存在。

当我在大陆时，就曾经看到这样的情形。有一次，校方的留学生办公室组织我们到另外一个市镇去参观，经费是由校方负责的。到了该地后，就由当地的外事处派专车送我们到郊外目的地。但是，司机居然将他已经成了年的儿子也带在车上，与我们一起到宾馆吃饭，而留学生办公室的人员居然不好意思拒绝这种“打秋风”行为，同时又无法向校方报销，结果只得由他们几个人自己掏腰包，分摊了这笔额外支出。

这一种倾向，并不是大陆独有的现象。可以说：凡是中国人的地方，都会出现这类事情。我在港、台、大陆都曾看到或听到如下的现象：当有人蓄意地利用了别人后，另一方本来是不甘罢休的，但是经对方施展“人情攻势”或托人讲情后，就平息下来。

中国人这种避免“对抗”的倾向，固然使他们对吃亏容忍度增加，然而，如果认为他们是完全不会为自己谋利益，却是大错特错的。因为，包藏在中国人的“心”背后的到底是一个很现实的“身”。在中国人的“身体化”倾向以更为纯粹的方式出现的香港一地，“精”或者“醒目”就变成了足以令人自豪的德行。而且，因为缺乏了西方资本主义的文化背景，这种“精”或“醒目”是没有一点儿精神性的，是更为赤裸裸的“逐利”。但是，香港到底是一块可以公开地合法地“逐利”的地方，因此，为自己谋利益的行为却是无须藏头露尾的。

然而，在中国文化大传统仍然笼罩的地方，为自己谋利益就必须在“人情”的磁力场中用扭曲的方式去进行。在这类情形中，放弃公然抗争的态度，往往只是“以退为进”的手法，亦即是以“多吃一点儿亏”的作风，先在社会观众面前赢取自己在道德上的优越性，然后才用迂回的手法去获得“利”。正如老子所说：“是以圣人后其身而身先，外其身而身存。非以其无私邪，故能成其私。”①

① 《老子·韬光第七》。

“夫惟不争,故天下莫能与之争。”①

因此,在这里,我们就发现了“和为贵”态度的两种可能性。一种是对自己吃亏的敏感度降低,甚至全无,并可随便让别人在自己的身上践踏——其典型的例子就是鲁迅笔下的“祥林嫂”。另一种情形是充分自觉地利用“不争”的姿势,去获得更大的利益——其极端化的例子就是历代的弑篡者或窃国者,他们明明是野心勃勃地窥伺神器,却都是由下面的人先发动“劝进”,而自己至少推让三数次,才去攫取它。

一般中国人在其日常生活中的行为,则处于这两个极端之间。这两种倾向的痕迹,在一般中国人身上出现的多少,只是一个比例问题或场合问题。它们是中国人日常生活的常态。一般人都是利用自己“多吃一点儿亏”的办法,来为自己在社群中“吃得开”铺路——这种“吃得开”也不一定限于物质利益,也可以是一个被社群接纳的“形象”。

然而,总的来说,这是一种放弃“对抗”的态度,殆无异议。因此,这种在日常生活中保持和谐的态度,用在政治生活上,就变成了对统治者俯首帖耳地听命的态度。

的确,“和为贵”的倾向,使中国人在政治方面只要求“安定”,而不是为自己的权利奋斗。因此,一个政府只要能够维持“安定”的局面,中国人就可以让它的意志加在自己身上,可以由它来“代表”自己的利益而感到不关痛痒。倒过头来,一个政府只要声称它必须维系全国的“安定团结”,就可以合法地窒息社会上多元化的利益要求。

中国人不像新教国家的人民那样,每一个个人都是一个权利主体,而由这些个人组成的团体都可以是合法的“利益团体”。因此,在中国人之间,无法出现个人的“人权”观念,也无法出现为了自己的利益而向全社会施压力的“压力团体”的观念,因此也无法出现西方式的民主政治。因为,这个民主政治是以众多的社会上的利益之存在为前提,让他们公开冲突,并且按法理去解决。从法理上来说,每一个个人、每一个集团都是平等的,因此绝不能容忍一个一元化的

① 《老子·益谦第二十二》。

权力结构压在众人头上。然而,对中国人来说,西方人这种吵吵闹闹的方式无疑是在制造“乱”,是为了局部利益而破坏了整体的“安定”。因此,为了保持“安定团结”,就必须有一个一元化的权力结构压在全社会的头上。

中国人更不像具有无政府主义倾向的拉丁民族那样,在日常生活中就有“起哄”的趋势,因此视政局之不稳定为家常便饭,甚至在独裁统治底下也以恐怖行动或城市游击来保持一种永恒内战的状态。

在某一个意义上,中国人可以说是最容易统治的百姓。只要还“有一口饭吃”,中国人是很少会向统治者采取“对抗”态度的。因此,香港曾是世界上最稳定的殖民地,而台湾的局势,与东南亚、拉丁美洲等独裁政权比较,也是安定得多的。这不能不归功于中国人性格中的“祥林嫂”的成分。

至于侨居海外的中国人,也大多是只谋一口饭吃,而很少参与政治。因此,到了像东南亚地区排华的时候,就完全没有还手之力。甚至在美国这个移民众多而大家又都可以公开组织“压力团体”的地方,中国人在这方面的努力,也是瞠乎别人之后的。

大陆是保存中国人特色最浓的地方,因此,在每一个人身上,“祥林嫂”的影子就特别庞大。在自己的权益长期被忽视的情形下,他们的一种态度是噤若寒蝉,甚至连心中也如是,好像出言不敬批评当权者,就是在讲父母的坏话一般。另外一种态度是在背后埋怨或发牢骚——当我在大陆时,发觉这个倾向已经有压倒前一倾向的趋势。但是态度也不是“对抗”,而且往往可以被上级用做“思想工作”的方式周期性平息下来。这种用“人情攻势”来对一个人做“思想工作”的办法,可以说是中国“社会主义”的特色。

上述的“逆来顺受”倾向,可以说是中国“老百姓”的特色。“老百姓”一词,也是中国人特有的名词。它是指被统治者,是相对做官的人而言的,因此与现代的“公民”观念没有相通之处。

然而,中国老百姓避免与权威对抗,还可以由另外一种方式表现出来,那就是“阳奉阴违”。这并不是一种争权利的态度,而是一种破坏法制的小动作,因此是一种没有尊严的消极违抗。如果明文规定的制度太不合理,而又不敢去用具有原则性的方式改变它,结果就只有培养不守法的精神,换言之,即使连合理的规则,只要没有外力约束,也不会去遵守。因此,这不是一种确立"自我"的反抗精神,而只是使人格失去尊严的另一种形式的自我压缩。而且,它造成整个体制的瘫痪。因此,中国人虽然是驯良的易于统治的老百姓,却没法像日本人一样,使整个社会的体制上轨道。

"和为贵"这条"文法"规律可以导引出来的最后可能性,就是它的对立面——那就是"乱"。一个"逆来顺受"惯了的人,一旦在忍无可忍的时候,就会一发不可收拾地迸发出来。而且,既然平素不善于利用合理的渠道来宣泄自己的攻击性,因此当这种攻击性终于迸发出来时,是不受理性控制的、盲目的、破坏性的,而且是没有游戏规则的,是斗死方休的。的确,中国人平常的态度总是平易中庸的,很少像其他民族般让爱憎之情做极度的表现,就是因为一旦表现起来就很难收拾。关于中国人的人格组成中的"治"与"乱"因素,我们在前面已经讨论过;至于政治行为中"天下大治"与"天下大乱"的关系,我们将在下面谈到。

5. 中国人的"在一起"感

我的经验告诉我:当与美国人一起外出上街时,如果不是去同一个目的地,而是一个人要看一个地方,另外一个人要看另一个地方的话,那么,十次有九次就必定会分道扬镳。

事实上,在美国,这种大家一起行动的做法,是绝少出现的,因为美国人习惯了无牵无挂的个人行动。我在上面提到的情形,其实是在大陆发生的。中国方面将任何来自外国的学生或研究者都集中在一起,除了在一起生活外,还替他们组织了集体的行动。因此,就人为地制造了"在一起"的情形。有一位美国学生曾针对这种情形如此说:"我们本来不一定要在一起的,是中国人将我们放在一起。这个国家如果有私人公寓出租的话,就不会出现这种不正常的情形!"

有一次,一群年轻的美国学生初到中国境内,地方不熟,要我陪同他们去电报局、银行和书店。结果,一下了车,只要去银行而不想去电报局的,就立即与要去电报局的那批分了手。我带了后一批抵达目的地,在那里耐心地等待他们逐个拍发电报回家。然后,陪他们上书店,为他们选择了他们需要的书。当任务完成以后,我比较无目的地沿书架浏览,看是否有值得买的书籍。他们在一边等了几分钟,就向我说:“我们先走,在前面的街上见吧!”

另外一次,中国方面组织了我们去远地的一个城镇参观,全天的节目都有安排,只有下午有两个小时是自由活动。因此,本来不一定要在一起的人,也只得三五成群地在街上闲逛。我恰好和两个比较年长的美国研究生在一起。当路过一家百货商店时,我想起来要买一点儿东西。其中一个就对我说:“在前面的街上再见吧!”两个人就先走了。

人海茫茫,“在前面的街上见”,自然就是分道扬镳的意思。然而,像这样如出一辙的行为和措辞,我们不得不说是美国文化的“深层结构”在作祟。对中国人来说,这样的表现是很不够“人情味”的。如果中国人三五成群地外出——事实上,这是常态——其中一二人必须在某处多逗留一点儿时光,其他人就会在一起聊聊天等待,而不会觉得这是浪费时光。但是,一般的美国人对个人能够支配的时间是很重视的,认为必须将它用在对个人有生产性的事情之上,至于过度地将自己浸溶在人际关系中,则往往被认为是没有生产性的。而且,一般美国人以不在感情上过分依赖别人为佳,因此不以“落单”“掉队”或“脱离群众”为个人的悲剧。将另外一个撇下,也并不认为是不够朋友之举,而只不过是让自己有更大的行动自由,也让对方有更大的行动自由。

在中国人之间,我们却常会发现如下的情形:一个人想去一个地方,但是却不想自己单独去,遂怂恿另外一个人陪同一起去,本来已经讲好的,但是到后来另外一人改变了主意,结果原先那一个人也打消了去意。

在美国,我也看到这类情形:当其他外籍人士请一个中国人来家中做客时,这个中国人就将自己最好的朋友也拖去;或者,当外国人请一对中国夫妇至家中吃饭时,后者遂要求将与自己最要好的另一对中国夫妇也一同请来。中国人这种只有躲在自己人堆中才有安全感的做法,往往使主人失去选择的余地。

对西方人来说,这种情形往往是没有“个性”的表现。有时,下意识地为了证明自己的个性,他们遂单独一人去行动。当我在大陆时,我所在的那一所大学当局常为留学生举办一些团体旅行。但是,却常常出现这样的情形:一些西方人不愿跟大家一起去,宁愿单独一人在同一个时间去同一个地点,也有人与大伙旅行了一半，途中分手，一个人去他（她）要去的地方。至于跟大队去的西方学生，到了目的地后，往往也是各散东西，不愿意被纳入别人安排的程序表，也不愿意跟其他人在一起。因此，中国方面的安排常为西方人的缺乏合群性而受到干扰。

新教文化提倡的是个人得救，亦即是认为每一个不同的个人都必须自寻最适合自己的得救之路，不能被世俗关系所连累。当初，这个清晰明朗的“自我”仍需面对上帝与社群的。当上帝的观念逐渐模糊，社群也趋于瓦解以后，这种文化设计就导致了各人的分途发展，而每一个个人都认为：只有单独行动，才能将个性发挥得淋漓尽致。这个倾向，在美国人身上比其他西方人更为严重。因此，“谁单独旅行就会行走得最快”（He who travels alone travels the fastest.）这一个信念，在日常生活的具体行动中很形象地表现了出来，对具有加尔文教背景的美国人来说，是不足为奇的。

因此，美国是一个十分冷酷的社会，也是一个只适合强者生存的社会。在这样的一个社会中，性格软弱的，感情上过分依赖别人的，都有趋于精神病态的倾向。

我在美国时发现，有一些年轻的美国人是专门找香港留学生交朋友的。其中有的是为了学习广东话，但有的却是因为在本国人中找不到朋友。例如，有一个美国人，因为从小家庭对他过分照顾，养成了他在感情上过分依赖别人的习惯，因此就常常去找人或打电话给人，而且总是愁眉苦脸、要人同情的样子。结果，他的同胞对他都是“敬鬼神而远之”。他转向香港人中找朋友，却没有遭到拒绝。

然而，对一般正常的美国人来说，这种“交友”的动机根本不足构成友情的基础。他们对想接近自己的人，都保持一个警觉性，并倾向于对这类事情进行细致的分析，认为：有的人来找你，并不算是“交朋友”，他们只是一些必须面对他人才能对自己“下定义”的人；或者，有的人向你提供小恩小惠，是为了在感情上“剥削”你，等等。因此，他们交朋友，都是不倾向于在感情上过分依赖对方，而且尽量避免交换小恩小惠。事实上，美国人对任何亲密关系都呈现或多或少的“被害妄想症”（paranoia）。

对中国人来说，对“朋友”做出如此纤毫毕现的分析，实属匪夷所思。在中国人之间，彼此“在一起”的需要是如此地强烈，以致种种不同的交友意图都被掩盖起来。的确，中国人认为与人保持距离是“拒人于千里之外”；在英文中，则只是“拒人于一臂之遥”（keep one at an arm’s distance）而已。

因此，可以这么说：富有“人情味”的中国文化是一个照顾弱者的文化。自然，它也不可避免地造成“个体”的弱化。在这种情形下，中国人的“合群”，是基于一种内在的需要，而不是一种道德上的选择，因此也就很难说是比西方人更为“无私”，只能说是一种不同的需求。

事实上，中国人到了美国，总是设法尽量与自己人在一起。如果一个人去远途的陌生地方，在车上遇见同胞，就如获大赦，紧紧地跟着他要求指点。如果刚刚搬到一个人地生疏的地方住，在公众场所——例如洗衣店之类——碰到自己的同胞，就立即去拉交情，希望能交朋友，以免自己处境孤单。

刚脱离家庭到美国去念书的香港学生，多半也是几个人住在一起。宁愿没有私生活，也不愿意一个人去面对这个陌生的社会。这种没有私生活的童年状态，正是一般西方与第三世界的青少年尽早离开家庭而加以逃脱的。

的确，从世界上其他地方到美国去留学的年轻人，他们的绝大部分，在离开了本国社会与家庭的限制后，也会去做一些原先较少方便去做的事情——例如搞男女关系，或者借这个机会去尽量了解美国社会，接触从其他文化来的人，以便丰富自己生命中的经历。但是，自己人之间抱成一团的中国人留学生，却往往将好奇心窒息——或者，说得更确切一点儿，从来就没有让它萌芽过——唯恐自己的生活太多姿多彩，越出了大家的“常轨”，就会像断了线的风筝一般，回不了“自己人”那里。的确，中国这个“超稳定”的文化在个人身上造就的就是一种没有不断超越自我的“终极人”状态。

然而，中国人这种情不自禁的“在一起”感，在海外留学生搞的政治运动中，却发挥了很大的作用。例如，在 20 世纪 70 年代搞爱国运动时，活动分子就运用了这种文化倾向，吸收了不少“群众”。因为，对这些中国人的留学生，可以无须涉及意识形态，或过分地与他们争辩思想性的问题，只需常常跟他们“在一起”，使他们在海外的生活受到照顾，就可以赢取他们的支持。自然，笔者并不是在暗示这些活动分子利用别人，因为连他们本人也有与别人“在一起”的需求。

6. “团结”的倾向

中国是地球上将最众多的人口组织在一个政治体内的国家。今日中国的人口相当于美国、苏联、西欧与日本的总和。像这样的人数，能够包含在同一个政治体内，实属匪夷所思。而且，这个组织还在人类史上最长的历史时期内维持了它的存在。

这项奇迹的出现，并不能用马克思主义的“生产方式”去解释，而只能归因于文化因素。自古以来，中国人就认为大家必须生活在一个政治体中。这种思想并非始于秦汉的大一统，它已经存在于先秦的诸子百家思潮之中。事实上，正是后者为秦汉的统一局面奠下了文化的基础。自此以后，两千多年来，凡是出现分裂的局面，中国人都将它当作是一种变态，而总是努力试图将“天下”重新统一。

这种文化心态，也大大地有助于现代中国的“建国”运动。中国从“天下”过渡到“国家”，并不容易。中国进入“现代”期的时刻，适值皇朝解体，整个政治体趋于分崩离析的局面。因此，将这个政治体重新组合起来，遂成为“建国”运动的任务。

这项任务最后由中国共产党完成。中共之所以能够成功的条件，当然包括军事、组织、思想等方面的优势。此外，还包括对民族危机提供的契机之及时掌握。但是，很重要的一项成功的原因，却是“统一战线”的巧妙运用。

国际共产主义运动的“统一战线”策略，在中国的应用，可以说是最成功的。因为，在应用到了中国以后，“统一战线”已经不能简单地被视为只是一种策略，它已经上升为统一国家的方式。因此，它不只是一个反蒋的共同纲领。它针对了中国人久乱思治的心理，提出了“和平”的口号，同时也掌握了中国人“在一起”的需要，提出了“团结”与“统一”的口号。

事实上，中国人在日常生活中就有“团结”的倾向，并且以能够团结别人为一种美德。这种行为的出现，与中国人的“和合性”的几个组成部分——人我界限不明朗、和为贵以及“在一起”感——都有直接的关联。

因为人我界限不明朗，中国人才不会像西方人那样搞“利益团体”或“压力团体”。后者的态度是：我只代表我自己，你也只代表你本人，彼此不能代表对方，只有本身才能为自己的利益设想得最周到，而保障自身利益的方式就是公开你的立场，向全社会施压力，以便分得一杯羹。这种情形只能导致多元化的局面，那就是：你说你的，我说我的，大家都有说的自由，对方都有不听的自由，而且确实也没有听的必要。这样做当然是十分不够“人情味”的。中国人既善于“鉴貌辨色”，为别人设想，因此，在做事时，就比较容易考虑到别人的感受与立场。于是，就会去力求彼此之“同”，而去其“异”，亦即是说，不会迷失斗争的大方向。

“和为贵”的倾向也是有助于团结的。为了保持一团和气，中国人往往不会过分地坚持己见，甚至会牺牲原则。有时，与中国人谈论你自己的见解时，发觉他们的表情总是赞同的，但是心中就不见得没有主见，也可能维持着与你相左的观点，但是为了保持“不争”，故不表达出来。显然地，人与人之间和睦感的维持，在他们心中，比什么事物都占优先的地位。

中国人的“在一起”感，则更是直接与团结的倾向有关。这种需求，使人不想“掉队”或“脱离群众”或“自外于国人”。而且，害怕自己比别人先背上“搞分裂”的罪名。这种压力使大家都朝着一个共同的方向走。

因此，中国人的“和合性”，特别是“在一起”感，在“建国”运动中发挥了很大的作用。它使中国人在这个过程中很快地就达到万众一心的地步，从而缔造了一个最庞大的民族国家。

然而，“民族国家”的形成只是现代化诸过程其中之一。中国文化中的这种“和合”倾向，诚然对这个过程是有利的。但是，它对推动其他的现代化过程是否有利呢？我们的答案是否定的。而且，我们认为：即使在“建国”这一个项目中，中国人的这种文化特征也顶多使国家凝聚在一起，但是却无法赋予它一个现代国民生活作为内容。

这种中国式的“团结”观念，对社会文化结构的异质与多元化是绝顶不利的。它使得亿万人民都只跟着一条总路线跑来跑去，其程度比起世界上其他同类体制的国家为甚。因此,比起世界上任何其他民族来,中国人也大概最喜欢提出全国应往何处去的问题。“中国往何处去?”之被反反复复地重提,好像十亿人都必须等齐了,然后手拉着手共同走一条路似的。这种像羊群一般的特质,对个人的“个体化”也是不利的。70年代的海外爱国运动,只偏重“统一”,而没有“民主”的要求,就是这种倾向的典型的表现。

这种“团结”观念自然造成一元化的权力结构。在这种权力结构下,谁只要掌握了中央的权力,就可以控制全社会,而且不让社会有多元发展。他们可以单方面“代表”全社会利益的原则——而使任何持异议者背上“搞分裂”“不爱国”或“叛乱”的罪名。

中国人避免对抗的心理,使统治者对任何敢于起来反抗的人都能轻而易举地冠以“破坏安定”的罪名。中国人向往“在一起”的倾向,也使统治者容易对任何持不同意见者搬用“破坏团结”这顶大帽子。

其实,“安定”与“团结”这两个概念,不一定是能够互相支持的。事实上,让社会上可以有多元化发展的措施,往往是保障“安定”的办法。例如,像今日具有现代国民生活的欧美社会,虽然在表面上一直都是吵吵斗斗的,但是像中国人那样周期性地造成“天下大乱”的情形,却是没有的。

至于认为“团结”就可以保持“安定”的概念,也会失之偏颇。好比一个大家庭,成员们没有分途发展的观念,认为必须常常“在一起”。结果,追求自身合法的利益就没有明确的渠道,并且往往会借着一些冠冕堂皇的大名义去进行。于是,在保持“面和心不和”的状态下,就会让彼此之间的斗争在“团结”的形式下进行。这种大家分不开但是又必须互相整来整去的情形,就好像大家庭中婆媳、叔婶、妯娌的斗法一般,使彼此都变成了虐待狂与被虐待狂。

因此,在中国人的政治斗争中,双方往往都将自己打扮为整体利益的代表者,而都将“搞分裂”“破坏团结”“自外于国人”的罪名加予对方。在大陆,大家打的都是红旗,而将对方说成“反革命”“反人民”;在台湾,则双方都力表自己的“忠贞”,而控告对方为“匪谍”。

中国人这种不容许各人有自己的意见,却允许将“私利”打扮成“公益”的做法,使中国人比起西方人更容易为了一己的私心而做出不识大体、不顾大局的行动。这种倾向，与在某种场合下中国人比西方人更容易掌握“斗争的大方向”的倾向，形成两个极端。同一条“文法”的规律，使中国人是世界上最趋向于“团结”的民族，也是世界上最喜欢自己人整自己人的民族。

(二) 他制他律的人格

中国文化对“人”的设计既然是用“二人”来定义“一人”的，因此在个体的人格组成中就不可避免地具有更多别人的因素。

1. “良心”的内容

在“中国人的‘心’”这一分节中，我们曾指出：西方人的“良知(conscience)不一定与“心”有关，它牵涉到的毋宁是整个“个体”得救的问题，因此也总涉及“意志自由”的问题；至于中国人的“良知”，则是感情化了的“良心”，因此就总不可避免受到“人情”的影响。事实上，西方人的“良知”原本是对一个在世间之上的权威(上帝)负责的。至于中国文化则是没有“超越界”的，而“天理”也只不过是“心”，因此中国人的“良心”也必然导向世俗关系。

按照传统的说法，中国人的“良知”包括：恻隐之心、羞恶之心、辞让之心、是非之心。四者皆为“心”。因此，朱熹说：“恻隐、羞恶、辞让、是非，情也。”这四种“心”，又是仁、义、礼、智这四种“德”之所本。

恻隐之心是“仁”之所本，亦即是“二人”之间的同情心的意思，因此可以说是中国式的人道主义的表现。笔者所以说它是“中国式”的，因为这种“二人”之间的“心”仍然是互相以对方的“身”为关注对象。例如，孟子用来论证“人皆有恻隐之心”的例子是：凡人看见一个小孩子将落入井中，心中总会立时地出现怵惕恻隐之心——因此，是对“肉体”消灭的不忍(这种“心”，全世界任何地方皆会有，可以说是人类的通性)。此外，中国人的这种“恻隐之心”还表现为：看见一个人“孤苦伶仃”(尤其是失去了依靠的老年人或孤儿)，因此是对非经由自己选择而没有了“二人”照顾的人之不忍。这种“身体化”与“人情化”的人道主义是很局限的。因为,中国人既然在人情不到之处就无须“做人”,基本上就缺乏“人类”观念而倾向于把“非我族类”都当作“鬼”。自然,种族主义在任何国家都会有,例如,美国有歧视黑人与墨西哥族的现象——但是,社会上总会有大规模的运动起来反对自己人这样做。然而,香港也曾有歧视绿印者与菲律宾人之举,却是除了一二受了西方化意识的人写写文章之外,并不见有大规模的人权运动起来仗义执言。此外,在中国这个泛道德主义的文化里,对脱离社会常轨的个体行为也是没有同情心的。因此,大陆虽然做到了人人“皆有所养”,皆受到人情的照顾,但是很长时间仍对不同意见者、“搞男女关系”者、同性恋者、离婚者(例如:遇罗锦)、与外国人同居者(例如:李爽),都是加以打击的——事实上都会与他们划清界限,以显示出自己在道德上的优越性。因此,这种“身体化”与人情化的“恻隐之心”是只同情“跟大家一样”的人,而不同情个体化的特异表现,甚至可以说是以“心”去关怀人人一样的“身体化”需要的方式来抹杀个体“灵魂”的需要。

至于“羞恶之心”作为一种世俗性的制约的功能,就更为明显。朱熹对孟子所谓的“羞恶之心”如此注解:“羞,耻己之不善也;恶,憎人之不善也。”所谓“耻”是从“耳”从“心”,亦即是受到“人言可畏”的制约,而自己对人之“憎”也是憎其“无耻”,因此,仍然是缺乏一个比世俗更高的原理安排下之人情制约,而所谓“不善”也倾向于是越出了社会常轨的“不好”。“羞恶之心”是“义”之所本,而“义”就有“合宜”的意思,亦即是去符合一些渠道化了的社会义务,例如君臣之义、父子之义等等。

作为“礼”之所本的“辞让之心”就更明显的是“二人”关系中处处以对方为重、“毫不利己,专门利人”的“做人”方式。这种“礼”自然与渠道化了的人际关系——例如尊卑、长幼、亲疏、内外——有关。

至于作为“智”之所本的“是非之心”,就是知道该与不该之“心”。这种该与不该自然也是由渠道化了的人情关系(亦即是“名分”)决定的。因此,所谓“是非”仍然是人情的是非,而不是指抽象的原则。例如,一个人受了“自己人”照顾,而又去“吃里扒外”,就是“是非不明”的“不该”。因此,这种“是非之心”又是很特殊化的。如果中国人越出了自己人的小圈子去顾及“大义”,那就牵涉到“大是大非”的考虑了。然而,这仍然涉及自己对扩大了的人情的磁力场的“心”,因此依然是感情化的。事实上,在中国人之间,这种对是非之“知”,往往是指:是否“感”到别人对自己的好坏,因此,别人对自己“好”而自己这一方连好坏也感受不出的话,就变成了“没有良心”。例如,如果一个女的对男的有“心”,甚至还以照顾男方身体的方式去表露,男方不能做到“以心换心”,有时也可能会遭到“你这个人没有良心”的指责。因此可见,中国人的“良知”也必然是“良心”,而与是非有关的“对”或“不对”,又总有在“二人”一对的关系中自己这一方是否“对得起”对方的意象。

2. “做人”与“面子”问题

中国人的人格组成中既然具有很重要的他人成分,因此就产生了在别人面前“做人”的观念。至于新教文化的西方人,则没有这个观念,他们只说“是”(to be)一个人。

的确,只有在“二人”定义“一人”的场合下,才需要在对方“面”前去“做”;“一人”自我定义的话,就只“是”他本人。因此,在英文里,对人问候时说:How are you? 具有问对方本人“是”怎样的意思。中国人问候别人,则多半涉及对方的身体状况,例如:“别来无恙否?”亦即是关怀到对方身体的安康,因此,仍然表现了“二人”之“心”对“一人”之“身”的关怀。

“做”一个人与“是”一个人是两个相反的观念。“是”一个人就是去面对自己,亦即是必须以自己的本来面目在世人面前出现,在世俗关系里保持自己人格的完整性。“做人”则是为了别人才去“做”一个人为的角色,即使最后是为了自己也必须先为别人(亦即是《老子》所说的“反者道之动”)。无论是哪一种情形,都含示一个人将社会观众对自己的看法看得比自己对自己的看法更为重要。中国人很讲究“面子”与“门面”,就是这种倾向的最好说明。“面子”与“门面”,顾名思义,是指表面的东西而不是内里的东西,因此完全是摆给别人看的(拉丁文化也有这个倾向——详后)。

有关自己这一方的“面子”与“门面”问题,我们拟在下文讨论。在这里,我们拟分析中国人在别人“面”前“做人”,亦即是给别人“面子”问题。

如前所述,中国人的"做人"往往是指自己的心"有到"对方"身"上,对方的心也"有到"自己"身"上。这种具"体"人情制约原本的含义似乎是双方都必须在现场,这个人情才感觉得到,而起制约作用。这个必须"有到"才起制约作用的情形,也表现在孔子所说的敬神的态度中:"祭如在,祭神如神在。"①如果不在,就很难去敬。不过,在人际关系中,既然双方都有"心",那么,即使在千里之遥,也会当对方"有到"的;如果没有了"心",即使在"面"前,也会如香港人所说:"当佢无到"。

这个原本含义是双方都必须在场的具"体"感觉得到的人情制约,自然是先看"面"的,因为面部是表露表情的地方。因此,中国人特有的人情味就是不待别人开口,而是从"鉴貌辨色"去觉察对方的需要,下级对长官也是"看面色"办事,对"有头有脸"字号的人物就更需要给他"面子"。一般来说,中国人的"做人",表示自己"有心"的方式就是给对方"面子";如果"撕破面子"就表示没有了"心",自然也表示不要看对方的"嘴脸"。即使在政府与老百姓之间,如果后者出现"离心"倾向,也用"人心向背"来形容,"背"就是不面对的意思。然而,在双方的"心"仍然"有到"对方"身"上时,就必须"面对",因此,如果自己做得"不对",就会问"心"有愧,没有了"面目"见对方,于是,就是"对不起"对方——换言之,对方还有面目,而自己这一方却没有了脸。

既然不见面,人就会疏远,特别注重人情味的中国人总会常常提醒自己或对方多见"面"。因此,一个人从远地回来,没有去找故旧,给对方碰到了,不论是真心的抑或仪式性的,总会说:"为什么不来找我?"的确,对强调具"体"心意"有到"彼此"身"上的中国人来说,常常见"面",是至为重要之事。

中国人的"做人",总是必须摆出处处以对方为重的姿势——亦即是"毫不利己,专门利人"——唯有如此,才觉得"对得起"对方,也认为只有这样才会赢取对方的好感。政府奉行的"中外友谊",基本上仍然是中国人"做人"方式的一个延伸。例如,当年设立"友谊商店"与特殊场所,把老百姓得不到的东西与服务先给予外宾。若干年前,在"友谊第一,比赛第二"的口号下,中国队与友好

---

① 《论语·八佾第三》。

国家竞赛时,也有故意输给对方的例子——只可惜,别人不见得会“吃”这一套,因此也不一定会领“情”。

说起中国人的“做人”,并不是指凡在人“面”前都去做作的意思,只是说:中国人有将真“心”范围以外的一切领域都加以人情化的倾向。至于真“心”范围,中国人就总是用身体的内脏部位去形容它。例如,《大学》在论及“慎独”与“诚”的那一章中,即用“如见其肺肝然”来描写一个人的内在状态。因此,真正的好友叫作“知心”,彼此都可以“推心置腹”;真正的友情叫作“刻骨铭心”;真正可以信得过的人也叫作“心腹”(以此类推,真正威胁到自己的总是“心腹大患”,威胁不到的则只是“疥癣之患”;蒋介石在大陆时,既然视中共为前者,日本人是后者,乃有“攘外必先安内”之举)。

中国人对人表示自己是诚意而不是表面功夫时,也会说:“这是肺腑之言。”如果对方不相信,不领“情”,情急之下则会说:“要不要我把心掏出来给你看!”因此,一个真挚的人总会给人“肝胆照人”的感觉,而一个真正热“心”的人也会令人觉得他是古道“热肠”的。有时,在涉及私人化的爱憎时,也会视对方是否“对自己的胃口”或令自己“倒胃口”。因此,当中国人“是”一个人的时候,就总牵涉到内脏,“做”一个人的时候,则只涉及“表面”;在这里,也同样存在着“内外有别”,然而,不论是“表”抑或是“里”,却总少不了“身体化”的意象。

3. 羞耻感的文化

在任何文化中,都会有或多或少的人情制约,然而,对具有“超越界”符号的文化来说,就必定会有一个世俗关系以上的原则,作为人的“良知”向之交代的对象。在这类文化中,超越人情制约最极端者莫如西方新教文化,因为它强调的是完全凭自力得救,同时也不能去拉别人一把,于是遂变成了个人如何去面对上帝,以及如何去面对自己,而不是如何去面对世人。因此,它对人的制约就多半通过一己心中的“罪恶感”。

“罪恶感”是不以人为主的,而是看事情本身对不对,亦即是以内省的方式审视有否违背自己的原则。如果有的话,即使并没有牵涉到另外一个人在内,心中也会感到不安。因此,比较容易产生不因人而异的原则性态度。这并不是说,在西方新教文化中,对人的制约完全通过“罪恶感”而没有“羞耻感”,只是后者的比重远较前者为低。

至于纯粹的“羞耻感”,则是以别人怎么想为主的,亦即是说:自己觉得事情该不该,是由于别人会怎么想。因此,怕对不起人的倾向,就会压倒怕对不起原则的倾向。自然,世界上没有纯粹“羞耻感”的文化。只不过,中国文化既然没有“超越界”,而唯一能超越具体化的世俗关系的“天理”也是理念化的“心”,因此“羞耻感”在“良知系统”中的比重就远远地压倒了“罪恶感”。自然,中国人也常说:“心中感到罪过。”但其内容多半指应该去帮人而没有去做而言的——不过,它既然是从自己心中发出的,而非被别人诉说以后才产生的不安感,因此也应该算是一种人情化了的“罪恶感”。

一般说来,怕对不起人而不是怕对不起抽象原则的倾向,使中国人很难拒绝别人的要求。因此,“羞耻感”的逻辑在“自己人”圈内的运作,往往是侵蚀法制的因素。中国的拉关系与互开后门,就是典型的例子——如果对方曾有恩惠于我,而又要求自己在掌权范围内给他方便,不答应的话就易背上“忘恩负义”的罪名。

自然,不一定凡是“羞耻感”文化都会导致这样——因为,日本的情形就好得多。此外,这种原本是人情的制约也是可以被内在化为一种原则的。例如,儒家思想中有“慎独”的功夫,亦即是将没有他人在的场合亦当作是“十目所视,十手所指”的场合,将具体的人情制约内化为“诚”的原则,因此是摆脱了特殊的一组人际关系的压力,从而将人情制约提升为一种普遍的人道原理,并且用它来抗拒不当的具体人情压力,做到“君子而不流”的地步。

不过,却并不是人人可以做到这一步。事实上,在中国文化里,并没有超越世间的救赎,唯有“不脱离群众”才是唯一的拯救。因此,就很怕得罪人,也会觉得“人言可畏”。

这种具体的“人言可畏”对自己的制约作用,即很形象化地表现在“恥”字之上。“恥”字从“耳”从“心”,表示:自己从耳中听到别人在说自己,在心中就马上觉得了。“恥”字的另一种写法是“耻”,从“耳”从“止”,亦即是自己在听到别人在说自己后,就将想做的事停止不做了。

显然,“耻”字仍然具有“面”对“面”的人情制约的含义。因此,不受制约的话就会变成“厚颜无耻”。在面部这个表露表情的地方,能发声的“口”又具有最大的制约能力,因此,儿童顺从父母,总云“听话”。有时,中国人的长辈在训斥做错了事的小辈,为了挑起后者的羞耻感,也总会说:“你怎么对得起死去的父母?”在“二人”一对的关系中,自己这一方做得“不对”就会“对不起”另一方,亦即是不能“面对”对方,不过,在两代关系中,亦总有“不听话”的含义。

事实上,中国人父母叫小孩子不要做这个,不可做那个时,也常会搬动到别人的“口”与“脸”,例如说那么做会“被人笑”,会“丢脸”,等等。这自然是对“人言”感到可畏的初步培养,待到长大了之后就会常常惧怕自己的行动会“贻人口实”“留为话柄”“招人物议”,在别人口中“太不像话”,等等;而中国人在背后对付人的办法之一也是“唱衰佢”,“把他讲得一文不值”。事实上,“人品”的“品”字就是三个“口”,因此,中国人的“品”是由众“口”而成的。

除了最有制约力的“口”之外,面部另一个能表露表情的部位就是“眼”。在中国人很具体人情化的关系中,“眼”是用来表示“心”的,也可以表示当作对方“无到”,例如说“不把他放在眼里”。此外,中国人也很怕被人“看低”。因此,“眼”确实也具有制约作用,例如,中国人将在自己人之间斤斤计较,算得清清楚楚以及小气的作风称作“难看”。此外,清洁香港运动的宣传上就印着一对皱起眉头的眼,写着“乱丢垃圾,人见人憎”等字样,也是诉诸别人“眼睛”的制约(香港也的确是中国人的地方,因此在公共事务的领域内也可以诉诸“羞耻感”。在中国大陆,在公路上甚至还有“以不守交通规则为耻”的标语——换言之,本应是法律范围内之事,也诉诸“羞耻感”)。

别人的“口”与“眼”的制约,有时可以合而为一。例如,在一些港台的电影或电视剧中,描写男的要求与女的发生性关系,女的主观上愿意,但在半推半就之余,却说:“别人看见了要说话的!”因此,“眼”与“人言”的制约也牵涉到自己的“面子”问题。

这种“面”“口”“眼”的制约,就是中国人受到外来人情约束的渠道。然而,对一个具有超越意向的文化来说,自己的“良知”亦必向一个世俗之上的权威负责,因此,这些来自世俗的压力纵使感觉得到,也不会对自己产生巨大的影响,而个人也比较容易循着自己选择的道路发展。但是,中国文化中既然没有“超越界”,而唯一能超越小集体的“小恩小惠”的也只是大集体的“大是大非”,或者是理念化了的“道心”或“仁”,因此,“个体”不受小集体制约就是受大集体制约,至于思想家也顶多成为社群的“道德良心”,很难有什么“个性解放”。

中国人的“个体”既然被设计成为一个社群心意不到就会“乱”的事物(亦即是必须被镇止的事物),因此,只要这个“良知系统”一日不被非结构化,这种人情制约就一日仍然需要。但是,对少数能够自己决定、有独立思考或者有“灵性”而情欲之“心”强烈的人来说,这种设计无疑产生平均主义的作用。

的确,纯粹诉诸世俗人情的制约必定是泛道德主义或泛规范主义的,因为每一个人都不是诉诸更高的原则,而是看大家都在做什么、都不在做什么来作为是非定夺的标准。当每一个人都把“跟大家一样”内在化后,就要求别人就范。例如,有时扬善惩恶,搬动的不是法律(也无法律可搬),只是说“群众很愤怒”云云。历来对人的公开批斗,也是诉诸人民的数量的压力。在中国这个“羞耻感的文化”中,一个人受到这种待遇,以后往往“没有面子做人”,只有自杀一途。

这种泛道德主义或泛规范主义也是“自我”没有萌芽或儿童化的倾向——因为,只有一个还未成长的人,才会不知觉(可能也不存在)一己特殊的需要,而让一套形式化的“规矩”从外部对自己施以约束。“规”本来是划圆圈的仪器,“矩”是划方形的仪器,因此,所谓“规矩”就是去符合先定的、将人人都弄成一样的模式。

这种只须保住外表“面子”的作风,也很容易导致“当众道貌岸然,背地里男盗女娼”的倾向。事实上,如果阴一套、阳一套,大家反而会眼开眼闭;如果公开地将自己的幸福当作是一种原则去奋斗,反而会遭殃。

这种情形,笔者在香港人身上也看到过。有些人喜欢当众训斥别人脱离社会道德,作风不像中国人,太“洋派”,但是待到自己背地里做的事(同性恋、与已婚的人搞关系)遇到问题,又只能找自己贬斥过的人倾诉,因为他(她)们知道后者不会像其他人一般地判断自己。在70年代海外留学生的爱国运动中也发生过类似的事——有些人只是具有不容于国人的个体特殊问题(例如同性恋),但是,在“母胎化”倾向的作祟下,却尽量去与那些不能接纳真正的自己的同胞处在一起，并且在表面上尽量去符合他们的标准，在背地里却将真面目露给平时当众批评过的脱离常轨的人，甚或是平时当作是“外人”的“鬼佬”——结果，就变成了这样一种情形：在同胞“面”前只是“做人”，到了“鬼佬”面前才“是”人。

上述的这种情形，连“伪善”的资格也说不上，因为它是浑然不觉的，只能说是没有“自我”，被不同的场合来对自己下不同的“定义”。

4.“门面”与“样子”

在任何个体人格组成中具有很多他人因素的“良知系统”中，都会很讲究“做人”以及一己之“门面”。可以这么说：在任何强调社群的社会中，这些因素都是不可避免的。天主教的拉丁文化就有很浓厚的这类倾向。笔者比较熟悉意大利人，他们在很多方面与中国人相像——例如讲究过年过节的送礼，以及人与人之间的礼尚往来。此外，某些为了自己的“面子”而文过饰非的态度，也与中国人相似。总的来说，他们这种爱好“门面”是以人工美化了的面貌去面对世人这一个总趋势的一个组成部分。这种态度既对人也对事。对事来说，就是用无害的谎言对“事实”施以“整容手术”，有时甚至达到以周围的真实的人编造故事的地步，其目的则是将平凡乏味的日常生活戏剧化。这无疑与文艺复兴文化将一切都艺术化的倾向有关，而天主教会也比新教更容忍说谎。这种态度延伸到人方面，就变成了在别人眼前做自我美化与自我提升——它包括一种要强好胜的、不甘示弱的成分在内，因此除了很注重仪表与外形、涂改自己的履历一类的事外，还往往以故意越轨的行动来表示自己不是循规蹈矩的、听话的、没有个性之人，这无疑也与拉丁文化中无政府主义的倾向有关。

香港人也有某些相类似的倾向，例如，很讲究“有形”与“威”，因此一般比美国与北欧人更注重衣着。然而虽然从西欧进口了“名牌”，却因为不具文艺复兴的文化背景而不能出现法、意人士的那种优雅。事实上，香港人讲究“有形”“威”或衣着入时，往往是恐惧被别人“看低”的考虑多于将自己的外形当作艺术品处理的考虑。基本上说来，“身体化”倾向是很难制造美感的，必须有超越于“身”之上的因素才能使“身”美化。尼采说：“创造性的肉体为自己创造了精神,作为它的意志之手。"[①]这个能够超越于"身"之上的因素就是"个性",至于现实的"身体化"倾向就没有什么超越的因素可以使身体美化(即使有容貌,没有气质也是不可能出现美感的)。

香港人也有在世人面前摆出"精仔"形象以免被人"看低"的倾向,与拉丁民族的自我美化的提升也有近似之处,但是却因为不具有他们热血的性格与无政府主义的倾向,因此也不见得表现了什么个性。的确,拉丁民族的自我美化的中心环节就是表现"个性",没有了它就谈不上"个性美"。

在大陆,个人的表现则是受到压抑的,这种压抑自然也包括在仪容方面的表现,而官方与社会主流在个人身上推崇的美德也是自我贬抑、无私与老实。因此,中国人爱"门面"的倾向就以另一种形式表现出来,而这种形式就更为接近中国人未受资本主义沾染以前的传统态度。这种态度仍然是"二人"之间的"做人"方式:不要太清楚地划分人我界限或斤斤计较,让自己"多吃一点儿亏"。

有一次,我和几位在美国同校的女同学在上海的一间小饭馆中吃饭,因为没有台子,就与一对中国男女搭坐。那位男的对外国人很好奇,但又不便和她们说话,就来问我:"你们在结算餐费时,是一个人付呢?还是分开来付呢?"我回答说是将会分开来付。对方立即反应道:"这多难看!""看"是只对外表而言的,因此归根到底还是一个"门面"问题。然而"好看"与"难看",在不同的文化中标准各自不同。例如,一度普遍存在的随地吐痰、擤鼻涕、当众挖鼻屎、吃饭时将骨头吐在桌上(在饭店中甚至还弄在地板上)等现象,在别人眼中是很"难看"的,在当时中国人自己眼中倒反而不觉。

虽然同属"心的文化",中国人"做人"的方式大体上是与拉丁文化背道而驰的。中国人的"存天理,灭人欲"就是:为了表示处处以对方为重而将自己贬得很低,为了表示不炫耀自己而使女的像"清汤挂面"、男的像"霉干菜"一样的外形,以及为了表示自己的安分守己、"听话"、与人保持和谐,而不敢表现自己,等等,这一切,站在拉丁文化的角度来看,都是破坏一个"人"的美感的。

---

① [德]尼采:《查拉图斯特拉如是说》,北京:文化艺术出版社,1987年版,第32页。

不过，在人际关系之间礼尚往来，以及为了保存“面子”而替自己文过饰非的态度，却是两者所共有。因此，像中国人文过饰非一类的事，对拉丁民族来说不值得大惊小怪，在新教文化背景的西方人眼中，却变成了一个道德上的问题。

当我在华期间，曾碰到如下一类的事件：中方替留学生办事的人员，或者一般的图书馆管理员，偶尔把留学生委托的事情办错，或者根本忘记了去办；遇到这种情形，他们总是编造一套故事，甚至凭空捏造一条“上面的新规定”来搪塞过去。因此，一些美国学生说：“我国人常说的‘对不起！我错了’（Sorry！I am wrong.）这一句话，中国人就是说不出口。”一位联邦德国学生则说：“我在本国一生中听到的谎话，也不及在这里一周内听到的多！”

事实上，中国人这种“文饰”的态度也不一定是常常用来掩饰自己的错误，也可以用来使自己“好看”一点儿。但是，可惜得很，与意大利人在整个美化的大环境下的“文饰”作风比较，中国人这种在基本上是反对生命的蓬首垢面的基础上偶一为之的“文饰”，却是破绽百出的。

例如，当年有一些美国游客在北京游览，旅行社为他们包的小汽车总是带他们兜过同一个新造的大厦区，一天数次之多。因为太着痕迹的缘故，其中一位美国人后来就对人说：“大概是故意要我们看看北京最好的现代化建筑，但是走来走去只有一处，大概最好的就只有这处吧！”

又有一次，一位中国学生请了一位日本学生、一位美国留学生回家吃饭。本来，中国学生要请外国学生回家，要先通知校方，经后者批准才能进行的。有很多次，中国人为了怕麻烦——例如留下记录之类——就根本不理会这样的规定，校方当局请外国人回家。但是，那一次，该生却是照规定做而获准的，因此就将两位外籍人士名正言顺地请了回家。吃饭时，连点心在内，他家一共端出了五十道菜，令两位外人惊讶不止。他们觉得中国人收入微薄，但请客却那么隆重，实在很受感动。然而，过了半年，却传了出来，该顿饭是由校方津贴的。

然而，如果是刻意经营的“文饰”，有时确也可以做到天衣无缝。例如，比利时的伊文思到上海某厂拍纪录片，在他没有到来之前，厂方就将每一步都安排好了，连厂前的排树也是通宵移植的。但是，在他来到后，整个过程却像自发的一样。

但是,我们在这里要谈的,并不是当局大规模的刻意"文饰",而是老百姓在日常生活中的下意识行为。这种行为的目的并不一定在于欺骗他人,因为它几乎是一种习惯性的仪式动作。这好比一个女孩子急急忙忙要见人时,总是匆匆地整整衣服,弄弄鬓角,然后才出去会见。在中国人无可奈何的日常生活中,这类"美化"的动作是无补于事的,其目的也只是为了讨好对方和尊敬对方,因此并不在乎破绽百出。

中国人这种暂时地将自己抽离现实生活的层次而将自己放在一个夸张的层次上的倾向,也很明显地表现在中国人拍照的时候。西方人拍照,都是随其自然,不摆姿势(做广告或故意的胡闹除外)。中国人在面对摄影机镜头时,就必定会不自觉地"作状"。这个倾向在大陆比在香港还要显著。

在大陆,照相时除了摆姿势之外,还出现先更换衣服或化妆的现象。80 年代初,在公园中,我们不时可以看到这样的情形:有的女孩子穿着长裤,手中带着裙子,到了拍照时,就将自己在人群中不敢穿的裙子去换掉裤子,事毕以后又对换掉。有的女孩子为了拍照,就涂上平时不敢用的化妆品,并在双辫上结上平时只有女童才敢戴的蝴蝶结——虽然,在当时很可能用的胶卷还是黑白的哩!

这种倾向,不禁引起人们的思索:中国人在某些特殊场合中的夸张,是否对被压得过低的现实生活的一种补偿?然而,这仍然符合了中国人喜爱"门面"和"样子"的心理。

如果我们掌握了这个复杂的现象,就可以明白中国人为什么拍不出好的电影来。

大陆的电影工作者曾对我说过:"不知道为什么,外国人即使拍虚构的幻想片,也拍得似真事一样,而我们即使拍真人真事改编的故事,也不予人一种真实感,反而给人一种在演戏的感觉!"

这个道理很简单。因为中国人在日常生活中就在"做人",亦即是多少含有渠道化的角色的成分。至于电影,又是一个抽离现实生活的层次,而在这类场合中,中国人又势必加以夸张的。既然平日已在做戏,在银幕上表演时再经"艺术夸张",就只有使演戏的痕迹毕露,没有一点儿真实感。

意大利人在日常生活中也是在演戏,却能拍出世界上最好的电影来,那是因为:他们在生活中的演戏行为,是充分自觉的,是刻意经营的,目的是为了将日常生活做戏剧化的提升,而不是像中国人一样保持平稳状态。因此,他们深深地懂得戏剧化效果,有时在银幕上故意将它夸张到不切实际的地步,反而令人觉得是在故意讽刺本国人好装腔作势的毛病。

中国人在日常生活中将自己贬低,抹掉“个人”的“做人”方法,却不会使他们自觉到自己是在演戏。他们反而会认为这是作为“人”的唯一途径。这种抹掉个性的做法,已经使戏剧中的人物造型缺乏“个体化”的深度,产生严重的“类型化”的毛病,再加上不切实际的“艺术夸张”,就把任何真实感都抽掉了。

“艺术就是夸张”,是我在大陆常常听到的一句名言。然而,它与其说是马克思主义的艺术理论,毋宁说是反映了中国人那种习惯性、不怕破绽百出的“文饰”态度,更为恰当。大陆的一个电影工作者对我说:“我们在拍戏时,总是不可避免地将现实生活提高了一档或两档。例如,我们要去描写一个工人的家庭时,就往往将场景布置成一个中上等的住宅。”我们也发现:任何地方出品的中国电影里,演员的容貌总是要比日常生活中碰到的人更为俊俏,即使他(她)们在演卖烧饼或是乞丐时也如是,而且往往在这类场合中还会涂上蜜丝佛陀(一种美国名牌口红)。

因此,毫不令人惊奇:港台的电影和电视演员主要是靠美貌,而不是靠性格。大陆的电影业,自从“四人帮”倒台以后,也有局部地走上这条路的趋势——但这只是从一种没有个性的演剧走向另外一种同样没有个性的演剧而已。

任何没有“个体化”深度的造型都是一种美学上的失败。然而,对中国人来说,这还是一个文化上的失败,因为,这不是简单的剧艺问题,它是一个文化“深层结构”中的问题。要解决艺术造型中缺乏个性的问题,就必须先解决现实生活中同样的问题。

5. 渠道化的“做人”方式

如前所述,中国人的“心”原本是很发达的,但是一切喜怒哀乐都被“二人”

这个“天理”所渠道化而遭到中和。在“生”与“熟”那一个分节中,我们亦曾指出,中国人是很讲究“名不正则言不顺,言不顺则事不成”的,因此那些“二人”式的渠道都是一些确定的或必须去确定的名分。

笔者在大陆时,凡与人第一次交谈,十次有九次对方总是开口就要弄清楚三个问题:年龄、等级(是教授还是学生)、结了婚没有?在与笔者交往过的日本人中,似乎是十次有十次都问同样的三个问题。据国内的一些人说:这还是因为笔者是外来人,否则的话,还会问第四个问题,那就是“家庭背景”,亦即是“父母是做什么的?”

这无疑是“长幼有序”“尊卑有等”的考虑。除此之外,也有我们在上面指出的“内外有别”的考虑。因此,中国“做人”的方式是按照“等级”与“层次”进行的——年纪较大的、等级较高的、外来的大客人总是被认为更“有头有脸”,于是也就必须多给一点儿“面子”。

笔者初到大陆,首经广州,就在宾馆中打长途电话给前往的单位,想通知他们火车抵达的时间,希望他们来接,因为当时长途线不敷用,因此候在房间中一整天等待答复,后来答复来了:火车抵达时间将会是晚上 11 点,不便来接,叫我自己雇车前往,当时笔者并无异议。抵达之后两周,一位美国的研究生也乘同一班次车抵达,同一个照顾的单位却派车去接。这里的逻辑是:笔者是同胞,怠慢一点儿也好说话,那位美国人虽然同等级,却是“外人”,因此就不好怠慢。

在笔者所住的留学生楼中,有普通学生,有高级进修生,也有教授。普通学生所受的待遇,与高级进修生是不同的——例如付一样的费用,但前者二人一房,后者一人一房,而且还配给风扇、台灯、安乐椅等。这是明文规定,大家都无异议。但是,高级进修生与教授之间就没有明文规定,因为住在我们那幢楼的教授都是来华进修的——来华当专家的则另外住在更高级的地方——因此身份理应与进修生同。然而,却出现了这样的事:笔者在抵达后,并没有立即获得配备上列物件,也不知情,结果在过了半个月后就自费买了一盏台灯。一位比笔者后到大半个月的美国教授却当天就获得配备,而且,他另住宾馆,只用我们的地方当白天歇脚之地,每天四点半就离开,却被立即配给了台灯。由此可见,虽然付出同样的价钱,却出现按等级、辈分、内卑外尊的层次做出了特殊化的对待。

另外还可以举一个在图书馆中发生的故事。大陆一般的规定是:解放前的旧期刊是不外借的,只能在馆内看。因此,如果一天看不完,就必须存放在管理员的抽屉中,以便后一日再用。有一次我先借到了一本旧期刊,已在阅读。同一天,一位美国专家刚巧也来借取同一份刊物。馆中负责取书的人特别殷勤地招待,甚至停下工作,与他交谈了大半小时,我是认识那位专家的,就对他说:刊物将放在抽屉中,而我又不一定每日来,当我不用时他可以用,这样做可以无须等待。不料,第二天再去,刊物却不见了。跑去质问馆中负责取书人,却获得这样的答复:“啊哎！我以为你已经还了。下个星期那位专家要用的,因此我先将它收藏了起来!”这种当我的面替我编造本人没有说过的话,是够离奇的。结果,我还是要了回来。

6. “听话”

如前所述,中国人的人情制约的一个至为重要的媒介就是那张“口”,因此“人言可畏”是为“耻”。不过,“人言可畏”是指周围的群众而言的;面对权威时,受制约于人之“口”则变成了“听话”。

一方说,另一方只有听的份儿,自然涵示一种不平等的“二人”对应关系。说话的一方也自然是权威,具有“掌教化”的身份地位。因此,受教的一方就只有洗耳恭听而没有开口的份儿。中国人父母教子女时,也是要对方只听,不得“还嘴”。

当中国人的统治者要收买“人心”时,也会“广开言路”,让下面“说话”。例如,在70年代初,蒋经国为了替自己的登基做准备,一方面摆出“民主作风”,另一方面又希望换取青年的支持,就说:“让青年们多说话!”然而,如果一方能说话却要另一方批准,也不能算是什么平等关系,只能说是上面使下面的心意“有到”自己身上的计策。

一般来说,中国文化里是没有“人格平等”观念的,因此,不同的渠道化的人情——辈分、等级、内外层次——就形成了不同的特殊化制约。在不平等的角色关系中,自然就会连人格也不平等,因此就会成为由上而下的制约关系。

传统中国的伦理观念中有“三纲”的说法，即君为臣纲、父为子纲、夫为妻纲，所表现的也就是这种由上而下的制约关系。80年代的人民政府也要求被统治者做到“四个服从”：“个体服从组织、下级服从上级、局部服从整体、地方服从中央。”的确，中国人是不相信自己的，并认为一个人必须受到外力的制约，而他的好坏与来自上面的影响尤其具有密切的关系，因此中国人有“上梁不正下梁歪”的说法。孔子也说：“君子之德风也，小人之德草也。草上之风必偃。”①

因此当中国人认为一个人的人格有问题的时候，往往并不是从这个人本身去追寻毛病的根源，而是将问题溯回到这个人的教育者身上，亦即是《三字经》所谓的“养不教，父之过；教不严，师之惰”。因此，当中国人在谴责别人态度不好时，总说对方“没有教养”，要侮辱别人的人格时，攻击的对象也不是对方本人，而是他的父母——而且多半是对方的母亲。这就是鲁迅所说的中国有名的“国骂”（的确，即使在侮辱别人时，中国人仍然没有“个性解放”，而仍然是“二人”定义“一人”的局面）。

在我居大陆期间，除了听见中国人一般的“国骂”之外，还听到一句“新生事物”，那就是：“我教育你！”有一次在公共汽车上，一个年轻人与一位中年人发生冲突，前者就对后者说这句话。虽然前者年纪小于后者，但是这句话的用意，却是将自己放在与对方父母、师长、长官等同的地位。这句话的流行，想必与大陆过去历次的政治斗争有关，因为胜利者对被整的人，除了加以人身折磨之外，还要在精神上占便宜——那就是将对方当作被自己教育的对象，或者是必须由自己去拯救的“病人”。这类“新生事物”，其实与“国骂”一般，都是同一个文化“深层结构”的产品。

中国人既然认为接受他制他律是好的，因此就强调“乖”或者“听话”是美德。例如，如果一个青年人很循规蹈矩，在行为上从来也不敢越出雷池半步，就会被认为曾受良好的家庭教育，亦即是对父母很“乖”或“听话”。至于“规”与“矩”，则是划圆与划方形的仪器，因此一个人“规矩”的话，就是让外来的力量将其剪裁成为跟大家一样的尺寸。

---

① 《论语·颜渊第十二》。

中国人对别人“乖”或“听话”的称赞,往往用在很容易被别人管束的人身上。或者,在想控制一个人的时候,也用这种称赞来对他做潜移默化的暗示。总而言之,这是一种将成人重新放回依赖的、没有尊严的、以别人为标准的、易于为外力控制的童年状态的尝试。

这个对待“人”的态度是弥漫于整个文化中的,它贯穿于由家庭、社会到政治以及思想的各领域中。孔子即说:“君子有三畏:畏天命,畏大人,畏圣人之言。小人不知天命而不畏也,狎大人,侮圣人之言。”①所谓“畏圣人之言”就是“听话”,因为“言”是从一方的口中说出,又由另一方的耳中“听”进去的。

一个对美国的儿童心理调查显示出:他们在十二岁以前是将“权威”人格化了的,亦即是将“权威”与父母或师长的人身认同;在十二岁以后,他们就将“权威”非人格化了,并将它与抽象的机构与职位等同。

然而,对中国人来说,“权威”总是人格化的。因此,对中国人发生深巨影响的思想也总不可能是抽象的原理,而必须是具有权威性的具体的人说过的话——例如:《论语》《六祖坛经》《朱子语类》以及《毛主席语录》等等。

中国人也从来不可能受抽象的“法”的统治,自古至今实行的都是“人治”。在传统时代,皇帝被称为“君父”,地方官则被称作“父母官”。在进入“现代”以后,中国人在这两方面丝毫没有改进——这不只是表现在袁世凯与蒋介石的个人独裁之上,并且还在“文革”中达到一个史无前例的新高峰。

这种将童年期的人格化了的权威,从家庭中延伸到社会与政治中去,也可以说是童年状态的无限延长。一个人格还没有发展完整的人,是必须由别人替他下决定的。因此,才会出现“长官意志”,一个人说了就算的现象。有些人,当领导请假不在之时,惶惶如丧家之犬,说“工作无法展开”,也是这一类倾向的表现。这种倾向不限于大陆,即使在美国的华人中也存在。例如,在70年代美国发生的回归运动中,中国留学生中的“左派”就有人赴中国驻联合国办事处和驻首都联络处,寻求“长官意志”,回来以后就当圣旨一般乱传。这种行为,与笔者观察到的西方和第三世界左派留学生的反叛性,是相映成趣的。

---

① 《论语·季氏第十六》。

尼采说:“不能服从自己的,就将会被命令。”说得一点儿也不错。

7.“治”与“乱”

我们在前面曾指出:中国人在能够制约自己的人面前,亦即是在双方心意“有到”对方身上的人际关系中,持的态度总是很礼让的,处处以对方为重,自己这一方即使多吃一点儿亏也无所谓。然而,只要越出了这个渠道化的“二人”一对的关系,就不用面对对方,因此,就不用给他“面子”,对方的人言也不畏,亦即是可以无“耻”,即使自己这一方做得“不对”,也不用觉得“对不起”对方。

因此,中国人在必须“做人”以及不用“做人”的场合,是两种完全相反的态度。在公共汽车上,如果你是熟人,中国人在坐到了位子后,就必定硬让给你去坐;如果不是熟人,即使那张位子是在你面前,你只要动作慢了一点儿,他就会三步并作两步地抢了过去。在排队时,如果你是熟人,他就会硬将你让到他的前面;如果不是熟人,即使你早已在他前,他也要硬插在你的前头。你在提箱子的时候,如果是跟熟人一起走的话,他就一定要抢过去替你拿;然而,如果是不熟的人,即使在走路时他用箱子将你碰痛,也不道歉。

在公众场所(马路上、公共汽车上)发生的吵架,则更是无日无之。中国人在可以制约自己的人面前,可以吃尽亏而没有一点儿反抗。但是,在不能制约自己的人面前,总是很容易为一点儿小事而无名火冒三千丈。有时,别人无意地碰了他一下,就恶声相向。不过,话又得说回来,碰的人也很少道歉的。有一次我看见一个人骑自行车碰了另外一个人,对方已经痛得龇牙咧嘴地弯下了腰,骑车者为了顾全自己的“面子”,反而强词夺理地说对方“走路不带眼睛”。

因此,中国人只要被放在可以将气出在别人身上的岗位上——例如守闸的、把门的、穿制服管理别人的——就很容易有辱骂别人的行动。在解放以前,军阀与国民党时代的兵士与警察都可以随便鱼肉老百姓,因为,一旦自己穿上了制服,就造成对方无还手之力的形势,就可以随便对老百姓吆喝,请他们吃耳光,甚至拳打脚踢。事实上,在十几年前,香港警察的态度也是十分恶劣的,在制服护身底下随意凌辱市民,而公共汽车售票员甚至有踢人下车和用钳子敲穿人头的事——今日,在现代化的冲击下,总算是文明开化得多了。

因此,若要消弭中国人的这种“乱”,就只有两种办法,一为培养现代化的“法治”精神,另一为诉诸本土的“人治”——后一种方法只有彼此的心意“有到”双方“身”上时,才行得通。在建国初期“上下一心”“心连着心”的局面中,大家心意“有到”的范围是五亿人,因此就是一派“君子国”的景象;今日,心意“有到”的范围却已经收缩为“自己人”的小圈子,因此在社会上就是一片“乱”象。

然而,无论是“有到”“无到”,中国人呈现出来的总是一个他制他律而不是自我组织的人格。因此,在今日“心”已经死掉了的情形中,就必须诉诸外在的机械的制约。在排队上车时,就必定要有二三纠察在场,否则大家就会用打架或暴动的方式上车。

这种“儿童化”而需要外力来约束纪律的倾向,在我当年于长江轮上目睹的一幕活剧中,更是表露无遗。有一晚,在船上饭厅中放电影。在未开映前,场内的中国乘客就为抢位子而起了哄,他们彼此推推拉拉,有的则坐到了台子上——而且不论男女老少都是一种嘴脸,结果只有在船上着制服的乘警大声叱喝之后,才乖乖地平息了下来——这一幕也是在外籍人士眼前发生的。

显然地,在今日,中国人对同等级的陌生人的“人言”已经不觉得“可畏”,只对带臂章的或着制服的做出机械式的服从。但是,外国人的“人言”,却十次中有十次生效。有一次,一位赴大陆参加甲骨学会议的美国研究生在火车站入口排队,等待检票。几位解放军想排在他的前头,他故意将脚伸出去,也拦不住。他就用普通话骂他们:“你们这些穿军装的,不是应该为人民服务的吗?”结果,一骂立即生效。那几位军人不只是停止插队,而且还在两边排立,将其他想插队的中国人挡开,让那位美国人通过。这一类情形,充分显示出中国人“做人”之公式化、类型化、特殊化以及外铄性。

的确,只要没有人看见,中国人就有不守规则的倾向。因此,如果没有交通警制止,就多半不守交通信号;只要没有车,在红灯亮时也会闯过马路。在大陆的名胜地点中,有些用来划船的水池和湖泊是不准游泳的,因此有“不准游泳”的牌子挂在那里。但是,笔者就看到有人在将船划到湖中心,管理处看不到或看得到而鞭长莫及之处,就脱掉衣服跳下水。

的确，据笔者观察所得，中国人“阳奉阴违”的倾向已寖寖然有压倒“听话”的倾向。然而，“阳奉阴违”也只能被视作是一种顽童的行为，而不能算是人格已经发展至完整阶段的人的行为。

因此，无论是何种倾向，都显示出：中国人的人格的组成并没有一种自主的完整性——它一方面是一些未受约束的冲动，另一方面是一整套外铄的、类型化的因此也是抹杀“个性”的“做人”渠道。作为完整人格的组织原理——一个强大的、内省的“自我”基地，在中国人身上不是还未萌芽，就是不十分发达。

因此，在中国人的人格组成中就具有“治”与“乱”这两种因素，反映在政治中就变成：“天下大治”的时候，中国人总是被从上而下地管束的，因此是“听话的”，对权威是不敢采取“对抗”态度的；一旦“天下大乱”，亦即是当这种管束崩溃的时候，就一切都失去了控制。

8. 中国文化里是否有内省式的人格?

中国人之为“人”，有很大的成分是由自己四周的人来下定义的。因此，一个坚强的“自我”基地就难于出现，也很少能够出现建立在这个基地之上的内省，亦即是说，对自己四周的人——尤其是“人情”方面——较倾向于采取一种身不由己的反射态度。

这种情形，当然是中国人的“人情味”的基础。中国人较西方人更具有对他人“承担义务”的倾向。这种“承担义务”，有一部分是由“人我界限不明朗”造成的“毫不利己，专门利人”的倾向；有一部分是基于自己对别人的需要，因为中国人在感情上常常需要和别人“在一起”的。然而，总有一部分是违反自己的意愿的，因为他们从小养成“承担义务”的“做人”方式，除非“撕破面子做人”，否则就很难直接拒绝别人。

中国人这种“做人”的态度，使他们觉得在文化上优于“人情味”淡薄的西方人。然而，一位路德教背景的挪威留学生却对我说：“大家都说中国人是一个很道德的民族。但是，据我看，道德牵涉到自我的选择。一种从来也没有出现自我选择的状况并不能算是道德的状况。”这种道德观点很典型地表达了基督教的“自由意志”观念，亦即是个人凭自己的自由意志决定得救与否——他必须在上帝与魔鬼之间做出选择;在得救这一点上,即使万能的上帝也不能插手。

这种“自由意志”与“选择”的观念,对中国文化来说是陌生的。对中国人来说,“做人”总有“做人的道理”,人如果脱离了它才是不会“得救”的呢!出于一个很少超越的因素,因“社群”就是“上帝”,而在名分变成“名教”的文化中,得出这样的结论,是很顺理成章的。因此,一个可以对外在的人际关系做出内省的强大的“自我”基地,就难于出现。然而,这是否等于说中国人“做人”缺乏“内省”的因素呢?

有人曾指出:对中国人影响最深巨的儒家思想是认为人必须先“修身”,然后才推己及人,因此中国人之为“人”,也是经由内省过程的,而不是纯粹由于外铄的。

然而,在任何文化中,少数知识分子都会具有内省的行为,亦即是站在超然于世俗的立场上并对之加以批判。因为,知识阶层几乎无例外地脱胎于古代的僧侣集团,而后者是专门管理与世俗对立的“神圣”原则的。儒家思想是中国士大夫阶层的义理,自然也会具有这种“超越”的因素。

虽然如此,但是我们必须指出:中国文化中的“超越”因素是比世界上任何文化都要少的。例如,中国人没有超越世界之上的上帝观念,也没有来世的观念。因此,中国的知识阶层中纵使有对世俗采取批判的态度,也只是用一个放在古代的被理想化了的人间关系,来批判眼前的世俗关系。换言之,他们可以与“古代”或“道”——两者实为一物,因为“道”只有在“古代”实行过——认同,来试图将眼前的世俗关系净化。因此,士大夫阶级可以将对一般人来说是外铄的人间关系内省化,由“格物”“致知”出发,到“正心”“诚意”“修身”,然后才到“齐家”“治国”与“平天下”。但是,显然地,士大夫阶级并没有推翻按等级与层次“做人”的方式,只是透过内省的过程,给予它一个理论基础而已。

因此,孔子说:“克己复礼为仁。一日克己复礼,天下归仁焉。为仁由己,而由人乎哉?”[①]显然地,这种“由己”而不是“由人”出发的“为仁”,仍然是为了成全“仁”这个“二人”关系的。

---

① 《论语·颜渊第十二》。

这种情形,与站在"自我"的基地上超越外铄的世俗关系的情形是不同的。后一种情形的最典型例子,莫如易卜生在《玩偶之家》一剧中让娜拉说的:"在我是女儿与妻子之前,我先是一个人。"易卜生是具有新教文化背景的,因此才会产生个人可以超越世俗和超越为世俗所负累的旧"自我"的思想。

中国文化却是反其道而行的。个人只有进入世俗关系中,才能成其为"人"。他如果要做自我提升,也必须通过同样的渠道去进行,亦即是用由内而外的"致良知"的方式,去将这种世俗关系重新肯定一遍,并使它更臻于完善。

当然,士大夫阶层的思潮中还有逃遁这个世俗的倾向,例如,孔子即说:"道不行,乘桴浮于海。"①这个倾向到了道家的手中就变成了全面性的生活形态——然而,后者亦不能使"个体"在世俗中做全面盛开,它只提供了有限的个人天地,其表现方式主要是"独善其身"的超脱飘逸状态以及在艺术方面的灵感。至于道家思想的其他功能,例如"退隐终南"的仕宦之术,在不测的世道面前的"明哲保身"之术,在人情的磁力场中"利吾身"的阴谋术,则基本上仍然是适应这个世界的态度。

事实上,士大夫阶层的绝大部分都是适应这个世界的,只有绝少一部分人是透过内省的方式去批判它的。因此,如果我们要回答"中国文化中是否有内省式的人格",答案是:有的,但是只是在一个很局限的程度上,而且也只限于极少数有"灵性"的或讲究"大是大非"的人。

(三)中国人的代际关系

人对权威的第一次反应,是在家庭中发生的,因为家庭是人出生和成长的地方。人在长大了以后,对社会权威抱持的态度,往往是对家庭权威反应的一个持续。

中国人既然在政治生活方面也搞家长式的统治——在上者必须像亲子一

① 《论语·公冶长第五》。

般地去“亲民”,在下者对在上者“抚养”之恩则必须心怀感激,把心也交给它——因此,中国人从小在家庭中养成的对待权威的态度,就成为了解中国人政治行为的一个关键。

1. 代际的“和合”

西方人的代际关系——尤其是工业革命以后的代际关系——可以用弗洛伊德提出的“弑父娶母的心理纠结”(Oedipus Complex)的概念概括之。

弗洛伊德用一个古代希腊的神话来说明这种代际关系。根据这个故事,忒拜(Thebes)地方的国王莱尤斯(Laius),在自己的儿子还未诞生以前,就听到预言说:他在长大了以后必定会弑其父娶其母。因此,当王后生下了俄狄浦斯(Oedipus)后,他的父王就欲先将其致于死地。他把俄狄浦斯的脚刺穿,抛在荒山野岭里,让他自己去死。不料,弃婴却被人捡回去抚养。当他长大了以后,当然不知道生父生母是谁,因此在回忒拜途中就为了一次冲突而将老头子杀了,并且还接收了他的王位和王后。

用这个神话来说明西方人的代际关系,当然只是比喻性质的。它只是象征性地说明:西方人的代际关系是强调“断裂”的,每一代在成长了以后,都完全地建立了自己,让自己的“性”全面萌芽,同时将老的一代完全淘汰,将他们所占据的地位完全地接收过来。此外,为了让自己独立的人格出现,还必须在成长过程中将上一代对自己性格的塑造逐渐铲除,以便让“自我”浮现——而这也是把“自我”建设成为一个强大的内省基地的唯一途径。因此,每一代都有自己存在的合法地位,都能让自己的潜能完全盛开,而且都有自己这一代的新风格。为了做到这一点,就必须使每一代都成为不受到上一代牵扯的独立单元。这种安排所付出的代价,当然就是代际的不和合。这种倾向,与每一个人为了确立自己的“个性”而形成对抗性人格的措施,是具有文化结构上的关联性的。

因此,西方人——特别是美国人——的代际关系并不是很和谐的,两代之间也不是很亲的。在20世纪60年代以后,这种倾向就更为显著。在美国,当儿童到了十三四岁,即将转入少年期之时,亦即是他的个性即将形成的关键时刻,与父母闹矛盾的情形就特别严重,有时甚至会到视之如寇仇的地步。到了十八至二十岁左右,下一代就多半会迁离父母的家庭,自寻个人发展的途径。在有些情形中,一旦分手就互不往来,连婚丧大事也不与闻。当然,并非所有的情形皆如此。有不少人与上一代的感情仍然是很好的,但是一般都是出自心中的真感情,而不是一种承担义务,或者在社会观众面前表演的"孝道"。在这类情形中,代际关系就演变为在"人格平等"基础上的友谊关系了。

这种断裂式的代际关系,并不是下一代单方面要求的。上一代对儿童教育的方式,也是为未来的这个断裂铺路。与中国父母让未成年的子女与自己一起睡的习惯不同,西方人从小起就训练子女独睡,使他们不要出现常常与别人"在一起"的需要,以便培养独来独往的精神。此外,与中国人将成年人"儿童化"的做法不同,西方人往往用对待成年人的态度对待儿童,以便造成"人格平等"。这种种措施,都是准备与下一代断裂的。一对美国家庭中的父母告诉我:"我们并不将子女当作是私产,他们只是上帝暂时托管给我们的。"

因此,他们整个教养子女的方式,就是为了让下一代成为独立的、完整的"个人"而设计的。如果为了感情而不愿子女们离开自己,并去造成他们对自己的过分依赖,在西方——尤其是美国——那样的社会中,就等于是害了他们。显然地,整个新教文化是诉诸大脑皮层左半部的功能,因此强调的是个人对自己的理性组织。他们一代对一代的教养,也是去培养这样的人。为了这个目的,就必须将人情的因素相对地减弱。结果,就自然造成了代际不亲的关系,以及整个社会人情水平的低落。

以上为美国人代际关系之一斑。至于中国人的代际关系,则可以在名列"二十四孝"之首的舜的故事中,找到一个象征式的比喻。舜的神话在结构方面与俄狄浦斯神话十分类似,但是结局却完全相反。

大舜的神话说:舜是一个很有才干的人,也是很有德行的人,因此远近驰名,结果就遭致了他的父亲瞽叟的妒恨。为了打击他,不让他好好地发展,就常常无缘无故地将他毒打。而舜总是采取逆来顺受的态度,遇见还吃得消的小棍子,他就含着泪水,用身体去承当;遇见实在吃不消的大棍子,他就只好逃到荒野里去,向着苍天号啕痛哭,向已经亡故的母亲呼吁。他的这种"孝心"以及他的贤名,后来传到了帝尧的耳中,就准备让他做王位继承人,并且还把两位女儿嫁给了他。结果，反而更加使瞽叟嫉妒得咬牙切齿，而舜的那位自己发展不起来的弟弟象，对舜的成就也嫉妒万分，而且还垂涎两位美丽的嫂夫人。于是，这两位平均主义者就串通了计划将舜谋杀掉。他们一共试了两次，都因为舜有神助而不得逞。然而，耐人寻味的是：在每一次谋杀计划中，舜都预知其阴谋，却不拒绝他们的摆布，并乖乖地步入他们预设的圈套中；在两次谋杀不逞之后，又当作事情没有发生过一般，仍然以“做好人”的方式维持家庭的和谐。舜因为能以孝感动天之故，才会出现奇迹而免于难。因此，也就成为了“二十四孝”之首。

在任何人类的社会中，代际关系总是紧张的。因此，下一代的成长，对上一代既定的权威地位总会形成一种威胁。然而，对这个问题的解决方法，东方与西方却提出了不同的途径。西方人让每一代都能够完全确立自己，因此就必定将上一代排开，而代际关系也必定成为断裂的。对这种安排，上下两代都不会有异议，因为大家都有机会轮流当上一代和下一代。既然每一代都想树立自己独立的人格，因此就必须将上一代对自己的影响逐步解除，而自己也不想去过分地把意志强加于下一代身上。

至于中国人对代际矛盾的答案，则是要求下一代完全向上一代投降，并且认为只有做到完全认同的地步，才称作是“孝”。因此，他们以“肖”与“不肖”来定义“孝”与“不孝”，而“肖”就是相似的意思。结果，当然越推越古，演变成为崇古心态。这当然又是中国文化中“和合”倾向在作祟。因为强调“和合”，才不准有“断裂”之事出现。

此外，中国人又是搞“仁者，二人也”，“个体”基本上没有合法性，它必须由外力加以制约，才能下定义。因此，不论是上一代与下一代，都必须把“自我”抹杀掉，而摆出处处以向自己下定义的对方为重的姿势。例如，在传统中国，一个人尽管可以搞发家致富，但是必须一方面说是为了“光宗耀祖”，另一方面说是为了子孙的生活打算，就是偏偏不能说是为了自己这一代。为了将自己的努力合法化，说是为了上一代，结果当然是维持了父权对自己的制约作用。至于把自己的努力说成是为了下一代，则是把下一代当作是不能自力更生的人，因此就维持了下一代对自己的依赖感，延续了自己对他们的控制——因此基本上与以“亲民”做基础的专制主义的逻辑相同。这种自己的努力是为了他人的逻辑——也是今日中国人集体主义的“文法”规则。

结果,中国人的每一代都不是盛开的花朵。每一代在被上一代抹杀了以后,又去将下一代抹杀,并且还将自己被社会大众平均了的个性,一代一代地传下去,结果,做到“跟大家一样”,与政治权威一致,与越古越好的古代认同。这种安排,是保证中国历史“万古如长夜”的最佳方式,而永远也不可能像西方那样,每一代都展现波澜壮阔的新事物、新境界、新天地。

2. 杀子的文化

如果西方文化可以算是一种“弑父的文化”的话,那么,中国文化就不妨被称为“杀子的文化”。

“弑父的文化”并不能算是“死亡崇拜”,因为即使在自然界,行将枯萎的事物也必须向新生事物让路,才会保障自然界生机的延续。

至于“杀子的文化”,则是一种不折不扣的“死亡崇拜”,因为它将新的生机加以摧残,去滋润行将就木的朽物。

没有更好的例子,比“二十四孝”中“郭巨埋儿”的故事,更具体形象化地勾画出这种“死亡崇拜”。这个故事说:郭巨上有父母,下有幼儿,碰到了大饥荒的灾难,粮食短缺,为了保障行将就木的父母有饭吃,郭巨就决定将初生的婴儿活埋掉,后来当然又是以“孝感动天”、出现奇迹这一滥套收场。

这当然只是传统时代的故事。在今日,是不再会有人公开地提倡这类事情的。然而,我们不妨细心地审视一下:文化“深层结构”有否变动?

在60年代,当我在台湾的时候,曾看到这样的一幅景象。当时,权力机构已经老化,老蒋的一代多已八十多岁,却仍然牢牢地抓住权力不放。因此,像张群那样八十几岁的人才会说出“人生七十才开始”的话,意思就是不肯放手。至于蒋经国那一代,也已经是六十几岁,却被称作是“少壮派”。台湾每年又有选拔“十大青年”之举,而平均年龄则是四十岁。至于四十岁以下,似乎可作“儿童”对待。

这种情形,不只在政界是如此,在社会各界都是如此。因此,就基本上如鲁迅在“五四”时代指出的那样,中国人“从老到死,却更奇想天开,要占尽了少年的道路,吸尽了少年的空气”①。

在这种窒息的空气下,在政治性比较不那么敏感的教育领域内,就有青年人开始发难,攻击老一代“占着茅坑不拉屎”,并吵嚷着要“接棒子”。事实上,老一代终归是要撒手西归的,棒子总是要交出来的。问题在于:交给谁?答案是很明显的。他们不会去交给“不乖”与“不听话”的青年人。因此,那些敢于站出来向老一代挑战的青年,遂多半没有好下场,有的甚至还身陷囹圄。

到了70年代,蒋经国一代的“少壮派”终于接棒子了。然而,小蒋却以标榜“以孝治国”的方式去继承大宝。这可以从他在老蒋灵柩前“守灵一月”的表演中获得佐证。因此,他纵使对老子遗下的措施或有所更动,但是仍然必须摆出“肖子”的姿态。

因此,中国人即使提拔后进,也往往以“乖”或“听话”为标准。如果不符合这两项标准,即使是有才干的人,也会被置之死地。当我在台湾大学的时候,几个系都出现这种情形。学生想考研究所或博士班,如果没有去走那些主考的老教授的门路,就不会被录取,成绩再好也没有用。有的人与系主任有过节,到了研究所招考时,就连尝试也不敢去尝试。有的情形则是学生在堂上顶撞了老师,结果就被杀个不及格,影响了总成绩。当这种不公平的情形发生后,年轻人是投诉无门的,唯有自认晦气。

在今日的台湾,资本主义较前又有了进一步的发展,而资本主义市场是只认才干和冲劲的,因此年轻人出头的也越来越多。然而,就整个文化的气氛来说,有否冲破了下一代对上一代“听话”的情形?每一代能否完全地确立自己?每一个人的“个性”发展是否具有充分的合法地位?则是大大地值得怀疑的。

现在让我们看看大陆的情形。

共产党的第一代领袖,是由“五四”启蒙运动中成长出来的。这个运动,在总的方向上,是反中国传统的。因此,“五四”的思潮以歌颂“青春”与“今朝”为主题,认为希望只在下一代,现在的一代只能做到顶住传统这个“黑暗的闸门”,让下一代通过;唯有“救救孩子”,才能免得他们被传统“吃掉”。

---

① 鲁迅:《热风》,北京:人民文学出版社,1973年版,第41页。

因此,“五四”启蒙运动以及其后的共产党领导的革命,能够成为吸收青年一代精英分子的焦点,实不足为奇。然而,当共产党的第一代领袖逐渐进入老年之后,似乎有重蹈覆辙之举。“五四”是一个在外来思潮激荡之下产生的时代,因此它也是一个革命的时代。然而,在这个时代中出现的代际关系的对比,似乎只是一个一次就完的现象。它并不能在文化中获得制度化——除非向文化“深层结构”动大手术。

当“建国”以后的第一代开始成长之时,毛泽东就希望他们用“革命”的方式去重温第一代革命家的反叛经验。这个动机,无疑构成“文化大革命”的内容之一。“文革”在很多方面,是以中国文化“深层结构”为开刀对象的——它想将“对抗”的方式制度化,以便革掉中国人“和合”的习性,它想用“造反有理”的态度,去革除中国人的等级思想和“听话”态度。此外,它也想用青年人对老年人的大规模反叛行动来逆转“杀子”的文化倾向。

然而,文化“深层结构”这个千年魔怪,在道高一尺面前,却证明是魔高一丈的。千百万的青少年红卫兵是被发动起来了,然而,到后来,“文革”所造成的负面影响、波及的范围就是一整代人。

在中国,尽管在表面上会出现用“坐直升飞机”“下级变上级”的方式提拔新的接班人的现象,然而,录用这一类的新生代的标准,却主要看是否对上一辈及其派系“听话”。

用“听话”与否而不是凭才干或个性作为提拔后进的标准,在一个“政治挂帅”而又各树派系的体制中,这个倾向非但不可避免,而且往往是被制度化了的。

当然,在一般老百姓的日常生活中,代际关系当然不至于如政治关系复杂和尖锐。在大陆,父母阻挠子女自由婚嫁之事,仍然很多,而且有时还受到舆论和人情的支持。然而,据一些人说,在生活方面的事情,是要看上一代凶,还是下一代凶。

据观察所得,在中国人的老一代中,可以说还是慈祥的居多。我在大陆时,曾听到一位老年人诉苦说:子女在结了婚以后,还要向他伸手要钱,他们老两口子是省吃省用的,但是子女们在挥霍父母的金钱时,却比他们本人出手还要阔绰。

然而,这里却显出了一些问题:大陆一度实行的全盘的国有化体制,除了使“平均主义”这个“国粹”获得完全的制度化之外,似乎还将下一代对上一代的依赖普遍地制度化。因为,在80年代以前,只要是年轻人,不论是大天才也好,大蠢材也好,在刚就业时,一律都“三十六元万岁”,至于他们的父母,也是不论是大天才也好,大蠢材也好,则一般都会拿到八十多元。加薪是看年资,而不是看等级的——如果一个人年龄小,年资浅,即使从“工人”级升为“技师”级,薪水也不变动,基本上仍然是一个“长幼有序”的局面。

此外,在中国这个讲究“关系”与“走后门”的社会中,血缘关系就更形重要。子女的出道,多半要依赖父母这个靠山。有的甚至弄到连职业都可以世袭,子女对父母的人身依附就更为严重了。

在西方社会,可以出现这样的情形:一个职工追求老板的女儿,到手以后,行将举行婚礼,该职工就向老板提出辞职,说要另谋出路,老板的反应是:“我早知道你会这样做!”职工问何以见得?老板说:“如果我是你,也会这样做的。”

中国人则大多数不可能有这种人格尊严的。老一代的——尤其是掌权的——没有一个肯退休,必须等待安排好最小的一个儿女出道之后,才肯退休。至于子女,则更需要牢牢地依附着父母这个靠山,因为他们是众多能够为自己“开后门”的特殊关系中最特殊的。可以说,中国人把“在家靠父母,出门靠朋友”的习性,发扬到了一个前所未有的新高峰。

因此,社会氛围加上体制造成的结果,就是使年轻人永远也不能自立,而每一代都不要开花结果。

在香港的中国人社会,“杀子”的倾向,虽然不像在大陆与台湾那么普遍化与制度化,然而,也存在着许多这样的例子:上一代只希望子女早一点儿赚钱,贴补家用,而不要循着自己选择的路去发展“个人”。在中国文化中,“个体”倾向于被当作是“工具”而不是“目的”,因此,出现这种情形,实不足为怪。

3. 精神上从未断奶

然而,如果我们光只是用“弑父”“杀子”来说明西方文化与中国文化在代际关系之上的差别,还是没有把事情全部说清楚。因为,仅从父子关系上尚不能完全看出每一代是否完全成长的问题,还必须从母子关系上去观察。

在俄狄浦斯神话中,父、母、子的关系最终演变为由儿子“弑父娶母”,除了说明下一代将上一代完全排开,将他先前的地位全部接收过来之外,还清晰地涵示了下一代的身上具有了“性”的因素。

至于在大舜的神话中,除了叙述舜用“逆来顺受”的方式与想谋害他的父亲保持代际的和合之外,还描写他在真正受不了虐待之时,就逃到旷野里,向苍天号哭,并呼唤亡母的名字。

的确,中国人之间容或有父子之间的冲突,母子之间的关系却是倾向于融洽的,中国人的下一代与“严父”之间所保持的和合容或有忍隐的成分在内,与“慈母”的感情却往往是自然的——这种感情可以是一种“亲近”,也可以是一种依赖感,或两者兼而有之,但总不会涵示有“性”的因素。这里说母子之间可以涵示有“性”的因素,并不是说有异于中国人的西方人有“娶母”的倾向——与“弑父”一般,它只是一个比喻——而是用来指出:如果像西方人那样在“性”的方面全面盛开的话,一个人在成长了之后,就很难像孩提时期那样与母亲“亲近”。

因此,中国人的母子之亲,似乎必须以个体的“性”之不成长为前提,而且往往包含有许多依赖感的成分在内。笔者在大陆时,不止一个大陆的女性告诉我:她们不太看得上大陆的男性,因为他们凡事都有躲在母亲背后的倾向——在婚姻介绍时有时会连自己也不去,由母亲带了照片到公园中去接头,查对方的身家,至于与父亲冲突时,则永远是将母亲推到了前面,自己躲到了她的背后。

因此,中国人的母亲似乎永远是自己与父亲之间的一面挡箭牌,使自己无须去面对与严父的决裂及本身成长的问题。因此,大舜神话的内容自然与俄狄浦斯神话相反,不是“弑父娶母”,一切由自己做主,而是对父亲采取忍受的态度,在实在委屈不过来的时候,则哭着呼唤亡母的名字。

毛泽东也曾向埃德加·斯诺说,在少年时代,当他造父亲的反时,就与母亲与幼弟搞“统一战线”!

因此,西方人的代际关系是“弑父娶母”,令自己成长,至于中国人,即使与父亲对抗，甚至出现“弑父”的倾向，也不见得是真正的成长，因为总有母胎可以回归。

事实上，中国人下一代即使对上一代做出反叛，也很少能站在独立自主的个体的立足点上如此去做，而总是要借着与“民族大义”有关的契机——例如“外抗强权，内除国贼”之类——换言之，仍然必须借着对“母土”的认同。

确实，说起中国人的爱国主义，就令人想起：中国人有将祖国当作是母亲的倾向。

在笔者所知道的情形中，似乎除了中国人之外，只有俄国人与拉丁民族有将祖国当作是“母土”（motherland）的说法。其他西方人似乎没有这种情形，唯有德国人曾用过“父土”（fatherland）一词。笔者曾问过一些日本人，想知道他们到底是将祖国当作是父亲抑或是母亲，他们说，两者皆不是，也没有什么特定的比喻。不过，笔者总觉得，纵使日本人没有什么惯用的比喻来形容祖国，他们的爱国主义似乎是父性的成分居多，因为它是效忠天皇的、军国主义的、攻击性的，因而也是阳刚的。

相形之下，中国人的爱国主义总给人柔性的感觉，亦即是《白云故乡》曲那样的、满腔热泪的、女儿怀念母亲式的。这个女儿怀念母亲的情怀，甚至还适用于形容中国男性的爱国主义，而其所反映的也是中国男性的女性化倾向。“女性化”与“儿童化”其实是一物的两面，因为在儿童阶段的男性总是与女性一般细嫩，因此，“固置”在这个形态上的男性就会具有女性化的气质。

因此，中国式的爱国主义多少有点儿幼儿对母亲的孺慕之情。在这一方面，俄罗斯人虽然也有将祖国“母亲化”的比喻，内容却不尽相同。《日瓦格医生》中的拉拉一角就是“母亲俄罗斯”（Mother Russia）的化身，然而，她却同时成为日瓦格与之发生性爱的对象（“母亲”与性爱对象有时可以混而为一。不少意大利人也说：他们的男性，表面上纵使有拉丁大情人的样子，暗地里其实仍然需要依赖母亲，因此，在拉丁文化里遂出现了两种女性的基型“母亲”与“妓女”，一部法国电影甚至以此命名——前者是指自己在感情上可以依靠的那种，后者是指纯粹性爱的对象。自然，这两种功能也可以同时在一个女性身上展现）。

至于在“性”方面不成长的中国人，对母亲的需求就很清晰地只是一种孺慕与依赖之情。的确，中国人回归母胎式的爱国运动，纵使可以使人政治化，也不见得使“个体”的内容成熟到哪里去——这一点，在20世纪70年代国外的爱国运动中，至为明显地浮凸出来，因为它不牵涉到建国的过程，而纯粹是一种“心怀祖国”之情。

在上面“母胎化的倾向”这一个分节中，我们曾经指出20世纪70年代海外的港台留学生运动，有将原本已经存在的“母胎化”的倾向加剧的趋势，这个倾向亦同时反映出“非性化”与“儿童化”的倾向。在海外的“母胎”，自然是指“自己人”的圈子。在“‘生’与‘熟’”这一分节中，我们即曾指出：中国人是用口腔化的文字意象来形容人际关系的，同时也赋予它温暖或寒冷的意象（例如：能够“吃”的是“熟人”，不能“吃”的是“生人”，不让“吃”的熟人就变成了“孤寒”或“寒酸”，等等）。因此，可以看出中国人有把人情的磁力场或“自己人”的圈子当作是童年阶段的母亲怀抱之代用品之倾向——一来，它像“母胎”一般温暖；二来，也像慈母的怀抱一般，个人可以从中“吸食”养分。

这归根到底又牵涉到中国人必须在“母胎”中“安身”的倾向。因此，海外的留学生爱国运动基本上是一种“母胎在召唤”。的确，与世界各地的“左派”运动都不同，前者几乎纯粹表现为一种孺慕之情，很少讲理论，受人影响者也多半不经大脑，而是因为一己之“身”受了别人照顾，至于欲吸收“群众”者也就用帮助对方“安身”（“关心群众生活”）的办法，令其“交心”。

事实上，纵使在所谓最为“现代化”的中国人社会之香港，虽然个人的婚姻大事已很少依赖母亲，但是不少到了成年的男女，仍然具有“妈妈的乖儿女”的外观与气质。换言之，他（她）们并不像是一个自成一单位的男性或女性，而是永远地带着“下一代”的烙印似的。这不一定是说他（她）们在生活细节上完全依赖母亲，而是指这个“乖”是一个扩大了的具有社会意义的范畴，亦即是由社会群众决定一个人“好”与“坏”“纯品”与否的标准，而其内容多半为不抽烟、不喝酒、不搞婚前的性关系，人很“好”，也很规矩，等等——这类“美德”，考其起源，则仍然是儿童时期在家庭中对母亲“保重身体”“做人要生性”之类叮嘱的“听话”态度的持续。因此，个人“良知”的基础基本上并不来自一个世俗之上的超越原理,而是童年阶段“二人”制约的无限延长。

中国文化对“人”的设计,是由“二人”定义“一人”的,因此,在代际关系中,对方的内容压倒自己的内容,对方对自己的定义多于自己对自己的定义,因而造成个体处于“永恒的下一代”的状态中,是顺理成章的事。因此,与西方人比较,中国人的青少年,无论是男或女,更少具有作为一个自成一单元的男性或女性应有的外观、体态、气质,更不用说魅力。

然而,在中国这个“母胎化”文化底下,女性却往往会比男性具有更多自身性别的内容。因为,在这样的文化底下,女性从小被训练而成的角色就是照顾别人,其感情构造也是母性化的,亦即是被构造成常常寻觅投射的对象。因此,纵使不能像西方妇女那般自成一单元地放射性的吸引力,却是比后者更为含情脉脉,而这种含情脉脉往往反而是一种更能触动异性感官的因素。在这一方面,中国女性原本也可以如日本女性一般,成为最具有“女性”内容的女性,如果不是因为“存天理,灭人欲”在这方面造成没有全面盛开的话。

但是,这个潜质也只是限于大陆与台湾的女性,至于“身体化”的香港,伴随着“人情化”水平之降落,就是母性化感情构造的减弱,因此,香港的女青年身上就更多地具有“永恒的女儿”的烙印,亦即是处于永恒的“无知无欲”的青涩不熟状态,而这种状态的外在反映就是“超龄女童”的外观。在自成一单元的“妇女”气质与含情脉脉双双付诸阙如的情形下,就形成了世所罕见的屈窒局促的气象。这个“超龄女童”形态与香港男青年之“超龄男童”形态,可以共为香港文化在世界里的独一无二的特色!

香港曾经上映《靓妹仔》一剧,故事内容是一名十五岁的少女离家出走,在外自己独闯,与男朋友发生性关系,最后一幕是描写女主角回归母亲的怀抱。这部电影几乎由头到尾都是在卖弄一些没有真实感的三流噱头,唯有最后一幕颇有可能性,因为它十分具有中国文化媒介里才会出现的特色。

于是,舆论界在对剧中的性爱镜头以及脱离“常轨”行为大哗之余,也可以闻得对最后一幕的称许之词。具有左派思想倾向者甚至还认为此举具有抵制西化腐蚀的功能,因此居然也成为了“反殖”的行为(无论有政治意识与否,或是否扯及“反帝反殖”,香港舆论界的这股倾向,与大陆的“加强对青少年的教育”,在文化深层的意义上来说,几同一物)。

因此,中国式的“左派”就是要求用回归“母胎”、不要断奶的行为去完成“反帝反殖”的任务!中国人的托派可能很“戇居”,因为他们在进行脱离文化媒介的自杀行为,但是,在涉及性爱一类的事情上,中国式的“左派”却似乎总是比中国人的托派“戇居”得多!

看来,对中国人来说,“外抗强权,内除国贼”并不足以令一个人成熟,而中国人的成长问题也不是单单由“杀子”转变成“弑父”就可以解决的,似乎,中国人还必须要打“胎”!

4. 将成人当儿童

一位法国的教育家认为,中国人将儿童当作成人,却将成人当作儿童。确实,在传统教育下,当儿童还是很小的时候,就要他们读圣贤之书。这些书,当然只有到了成年才能理解的,因此就要求儿童先去死背下来再说。然而,当一个人长大了以后,却又将他(她)当作是一个“不道德的主体”地处处去看管着他(她),连婚姻也没有选择的自由,因此基本上仍然将他(她)当作是不能自主的儿童。

后来很长一段时间,这种颠倒错乱的做法,似乎并没有多大的改变。当儿童的心灵还很脆嫩的时候,就给其灌输“阶级仇恨在心里长了根”或者是盲目拥护一类东西。而当一个人长大了以后,又从多方面的安排,强烈地暗示他(她)是一个没有独立判断力的人,基本上将其当作是一个“性”还没有萌芽的儿童,因此连谈恋爱也诸多阻难。此外,还培养人用“类型化”而不是用具有“个体化”深度的方式去看人看事。因此,在“成人”看的小说与电影中,都一律搞黑白分明,一开场就知道“好人”是谁,“坏人”是谁——如此,可以省掉了十岁以下的儿童在电影开场时常要询问父母的问题。

然而,说中国人将成人当儿童则可,认为他们将儿童当成人,则牵涉到定义问题了。强迫儿童去接受他们的心灵发展阶段还未能吸收之事物,自然也可以算作是把儿童当作成人。然而,这并不意味去灌输他们“人格平等”的观念。因为,中国人既然将成人“儿童化”,搞到连成人的人格尊严都没有,还怎样去培养儿童的人格尊严。

因此,要儿童去吸收超出其理解力的事物,只是替未来将成人“儿童化”铺路。这种用外力强加的办法,正是为了去培养“他制他律的人格”的。换言之,就是不要让内省式的“自我”基础出现。

在传统的私塾中,儿童必须去背诵其不理解的东西,自然使其对这种枯燥与阴郁的教育心怀恐惧,兴趣索然。因此,塾师的唯一方法,就是一个“严”字。他必须经常板起面孔来威吓学子们,而且多半还备有一根可以伸到教室中每一个角落的长竹竿,随时可以对不听话的或背不出书的学童敲下去。所有的这一切,对儿童的心身发展都是不健康的。

在今日的中国,当然已经不再存在这种情形。然而,为了不让内省式的“自我”浮现,因此在一个幼儿还未能选择之时,就灌输其某种思想的做法,却仍然是一种常情,如我参观幼儿园时看到他们唱颂伟人之歌。因此,这仍然是一种将“良知”国有化的程序设计。

至于中国人的传统家庭教育,也是朝着同一个方向。中国人要求父母们达到的理想标准是“严父慈母”。因此,母亲扮演的角色,必须是慈祥的,对子女纵容的,而父亲要扮演的角色,则必须是严厉的,对子女威吓的。一般来说,在五六岁以前,儿童是在“慈母”的纵容之下度过,五六岁之后,就处于“严父”的教鞭底下了(因此,在这里,“养”与“教”似乎也有一个形式上的分工)。

然而,不论是在谁的塑造下,都不是朝着“个体”的人格成长的方向发展。在中国这个没有个体“灵魂”的文化中,每一代训练下一代的“人格”,都是去符合“二人关系”的人格,必须在别人面前“做人”的人格,因此,也是“他制他律的人格”。“个性”既然无从出现,每一个人生活的意向遂集中在大家一样的“身体化”的需要之上,至于超乎自己的“身体化”需要的道德生活的主要内容,则表现为对别人日常生活——起居饮食——的关怀与照顾之上。这种建筑在“身体化”需求之上的“心意”,甚至还渗透到中国人的政治行为中。例如,中国人左派的统战方式,就是用“关心群众生活”的方式去使对方“交心”。因此,中国人的“大同”境界,也只能是具有“亲民”基础的集权主义。

在家庭中,“慈母”对子女的照顾,一般来说是“养”,但也只能涉及“身体化”的需要——饮食、穿衣、睡眠——其中又以“饮食”为主要内容。本来，世界各地的父母对幼儿也只能照顾到这一个地步，因为“人格”之形成乃每一个人自己的事，是不能代劳的。然而，中国人对下一代的教养，并不着重发展“个性”，而只是要其去迎合别人，亦即是培养“和为贵”与“息争”的态度。而且，中国人对子女的感情训练，也不是准备使其独立，而是使其永远地对自己依附。因此，就将这个以满足口欲为主的“身体化”阶段无限地延续下去，亦即是永远将其当作是只处在一个阶段的人。一个人即使到了三四十岁也好，在“慈母”眼中，却永远将其当作是一个必须常常用食物填塞的“小宝宝”，而不是当作是一个“性”已经萌芽了的成人——在这一个方面，上一代永远是采取讳莫如深之态度的。因此，中国人不论在思想感情方面，抑或是身形体态方面，都出现了严重的“非性化”倾向。

这种永远将儿女当作是“小宝宝”的作风，可以用鲁迅的一段话下评语：“所有小孩，只是他父母福气的材料，并非将来的‘人’的萌芽。”[①]“二十四孝”中“老莱娱亲”的故事，就很明显地表达了一个人在父母面前的永恒童年状态。

中国社会要求“严父”做到的，又是另一种任务，那就是“教”。如上所述，中国文化注重培养的，是一种“他制他律的人格”，因此必须把每一个“个人”都当作是“不道德的主体”，而不是一个用内省的方式作自我决定的“良知主体”或“权利主体”。因此，就不去训练每一个人用“选择”或“批判”的方式去接受社会的规范，而必须像驯服野兽一般，用外力将它制服。“严父”为了完成这一项任务，就必须用威吓的手段，甚至出手到“打”。即使一个人的气质是不严厉的，在子女面前也必须装出这副面孔，否则就会被认为是害了下一代。正如《三字经》所说：“养不教，父之过；教不严，师之惰。”

“严父”既然是用驯兽的方式去“教养”子女的，因此，在对即使已经成年的子女施以打骂时，就往往以“畜生”称之。然而，假如驯兽师的电鞭没法除净狮子与老虎体内最后剩余的一点儿兽性，那么，中国人的这种“他制他律”的方式，除了在人格的主要内容方面造成没有个性，没有尊严，逆来顺受的态度之外，也

① 鲁迅：《热风》，北京：人民文学出版社，1973年版，第6页。

是没法子除净人的最后一点儿“私心”的，就如同在“天下为公”的国有化一统体制底下，永远也没法子铲除“自留地”一般。然而，这个“私心”是没有合法地位的，而且是不知道如何由自己去控制的，因此，一有机会就会在公众头上倒屎倒尿。（详下“中国人的‘私心’”这一个分节。）

因此，中国人遂永远地被保持在一个“他制他律”的童年状态中。鲁迅说得好：中国人“照例是制造孩子的家伙，不是‘人’的父亲，他生了孩子，便仍然不是‘人’的萌芽。”①

5. 少年的老年化

中国人一代对一代的“养”，只是养一个不开展的“身”，因此，“身体化”倾向具有“儿童化”的内容。中国人一代对一代的“教”，则是教其如何在“二人”关系中去“做人”，而这种“人情化”的倾向，却使一个人过于早熟地想要“安身立命”以及变得老于世故，因此，遂具有了“老年化”的内容。

因此，中国人称呼人，不是“小张”“小李”“小孙”，便是“老张”“老李”“老孙”。

一般地来说，中国人除了将青少年永恒地当作被管教的对象之外，另一个普遍的态度就是只信任老年人。大陆一个工作单位的工人和我说，他们的一位较为年轻的领导，做得很有成绩，与青年工人的年龄差距也不大，因此彼此都很气味相投，但是因为他是“四人帮”时代上台的，后来上级就不看成绩，将他撤换，继任的却是一位老头子。那位青年工人与我说：“不知道他们搞什么鬼，尽是喜欢老头子，也只能信任老头子！”

笔者在美国也看到这样的情形：一位从香港去的女留学生，已经读到了博士班，但整个人不发展，像超龄儿童一般，总是躲避年轻的男子（不过，从表情上看出来，心中对自己这种身不由己的行为并不愉快），到任何地方去也总是喜欢由老年的父亲或姨妈陪伴，似乎这样就可以向世界宣布（也令自己安心）：本人是一个“乖”或“听话”的人。这一个例子说明的是：不信任自己的青春，同时也

① 鲁迅：《热风》，北京：人民文学出版社，1973 年版，第 6 页。

有将自己"儿童化"的倾向。

对一件坚实的东西,中国人会用"牢靠"一词去形容它。至于一个守规矩而可靠的人,则会被中国人称为"老实";如果一个人待人处事都很得当,就会被称为"老练";一个人"老成持重",是一种为大家称道的德行。因此,对中国的青少年来说,"少年老成"是一个可欲的状态,它为大家所推崇,并没有"未老先衰"的意思。

"儿童化"与"老年化"这两股倾向,表面上似乎是相抗拒的,其实是相辅相成的。它们的共同目的是——不要让人格发展过程中出现"少年"这个阶段。

"少年"这一个阶段,可以说是一个人的黄金时代——它不只是一个人最有冲劲的时代,也是他(她)最有吸引力的时期。因此,它也是一个最不稳定的时期。在一个必须像防贼骨头一般防范"个体"的文化中,它当然又是一个最为危险的不能加以渠道化的时期,因此就成为必须被抹杀的对象。

"血气未定,戒之在色"①,是中国人对少年阶段的描写,同时也为它定下了行事的方针。至于较老的阶段,就没有这种顾虑,例如:"三十而立,四十而不惑,五十而知天命,六十而耳顺,七十而从心所欲不逾矩。"②生理学证明:人的性欲最旺盛阶段,是由少年期到三十岁以前这一段时期,三十岁以后就比较容易控制,到了七十,已经是性无能,当然是"从心所欲不逾矩"。

因此,中国文化除了以"非性化"的办法,使一个在生理上"性"已经萌芽了的个人长期地保持思想感情的稚嫩以及儿童化的体态之外,还用"老成"的方式,使她(他)赶快地过渡到"安身立命"的阶段。因此,当中国人为了"安身立命"而择偶时,如果觉察到对方是一向循规蹈矩,从"不逾矩"的人,就会认为是"老实"的,亦即是说,不是那种没有"责任心"的人,而是可以使自己"安身立命"的人。

至于西方人,则是用另一种态度去对待"少年"期的。上述的俄狄浦斯神话,从象征意义上指出了西方青年一代完全确立自己的现象,因此,自然会把

① 《论语·季氏第十六》。
② 《论语·为政第二》。

“少年”时代合法化。希腊神话之外,还有希伯来传统中“浪子回头”的故事,其象征意义则在于:必须让年轻人自己去经验生活,即使做出一些不负责任的事也不要紧——因为这正是少年的特权——最后必须让其自己选择回到社会权威的一方。

在中国人的人格发展中,是没有“浪子回头”这个过程的。如果一个人不想被“类型化”为反面的社会角色的话,他(她)就只好走一条社会为大家固定的路。中国人这种“伦理性”,确实给人一个很道德的民族的感觉。然而,一个人道德与否,是应该经由“自我”做出选择,以及视能否坚守这个选择而决定的。如果不经由自己的选择,也就没有个人责任可言,因此,也就说不上“道德”或“不道德”,而只能说是“非道德”,就如同一盘被录过音的磁带是“非道德”的一般。

事实上,那种由“他制他律”的方式造成的“老成”或“老实”,也不见得是一种有吸引力的质素。因为,即使在“安身立命”这个压力底下,中国的年轻人仍然有追求浪漫的倾向。当我在大陆某大学做研究期间,就看到这种情形。有一次,校内的一位女干部拿了她弟弟的照片,向某系一位教授的女儿说亲,她只跟对方的父母谈,极力称赞她弟弟为人很“老实”。那位女孩子未与闻其事,但是看到对方是要她姐姐代劳的人,就根本不予考虑,并且还和别人说她的感想:“‘老实’往往是‘笨’的代名词!”

此外,富于“伦理性”的中国人,往往只欲看到西方青少年“逾矩”的一面,而从来也不想看到他们理想主义的一面。人的青少年阶段往往是富于理想的时代。在这个阶段上,人比较喜欢做梦,与现实不妥协。到了年事稍长,就逐渐给社会现实将理想磨掉了,因为其必须考虑到“安身立命”。

在这个意义上,20世纪70年代以后的西方文化是一种社会被普遍地“嫩绿化”的现象。因为,它将原属青少年阶段的理想主义行径——例如反对本国不正义的战争,反对歧视有色人种,反对环境污染,反对“建制”的伪善,反对大财团,为别人的“人权”做出斗争,搞东方宗教以及去经历“安身立命”以外的种种经验,等等——普及到全社会,而且延续到一个人三四十岁以后,还遍及各行业的就业人士,成为一种常轨化的潮流。这就变成了一种永不回头的浪子的现象。

这股青年化与“嫩绿化”的潮流，在60年代以后，或多或少地波及世界各地的青年，甚至连日本也出现大规模的青少年“造反”的行动——虽然，这些“造反派”在脱离了大学后，成为大公司的行政人员，因而被“建制”所吸收的对象，在日本要比在西方严重得多。这股“嫩绿化”潮流唯一没有触动的是华人社会。

60年代中固然亦出现过“红卫兵”运动，然而，这并不是“嫩绿化”的运动，而只是某种政治上“拔苗助长”的运动，而且以“苗萎矣”告终。至于香港，除了小猫三四只的新左派之外，基本上可谓无动于衷，待到青年运动发动起来，已经是过了60年代。至于在文化行为方面就绝少青春化，事实上，大部分人反而是将“母胎化”倾向与会团结人的“做人”倾向加强（换言之，是“儿童化”与“老年化”双管齐下——因此，即使“革命”，也焕发不了多少“春青”）。至于60年代的台湾，则更像在瓶子里一般，外面的风一点儿都刮不到。到了70年代，一批有理想的青年人终于冒出了头，向权威挑战。然而，这一代的行动在时间上比全世界的同代晚了十年，人也多半是三十岁以上，因此，这充分地说明：中国人确立自信心的年龄要比别人移后很多。

很明显，反叛行动的迟现与“儿童化”倾向的拖后腿有着直接的关联。然而，即使是这种反叛，仍然必须借助“爱国主义”，只限于少数对政治感兴趣的人，而不能导致整个一代的“嫩绿化”。的确，对大部分中国青少年来说，身上同时具备的“老年化”倾向也是如此地根深蒂固，以致一个人很早就为“安身立命”打算，对超出“身体化”存在以外的理想、梦想或狂想往往感到格格不入。在香港，这就演变为一种赤裸裸的现实主义——年纪轻轻的人，一点儿理想主义的激情也没有，整天只想到赚钱与“安身”。至于在台湾，则还出现更丑恶的一面——不少年轻人压根儿连青少年纯真的阶段都没有经过，就过渡到老年化的“老于世故”“老谋深算”的那一套，见人讲人话，见鬼讲鬼话，与社会大染缸混同，更有甚者甚至变成“老奸巨猾”，用传统文化阴谋术的那一套去暗算别人。

6. “儿童化”与“老年化”的诸般排列组合形态

一般来说，“儿童化”与“老年化”的双管齐下，就是在一个人身上消灭了青春阶段，换言之，就是一方面长期地保持一个人“小辈”的形态，另一方面尽快地使他过渡到“长辈”的形态，目的就是不要使青黄不接的、尚未被“二人”公式渠道化的青春阶段做独立的表现——这其实只是中国文化反对“个体”整个罪行的一个环节。

笔者很难想象世界上有任何一种文化反对“青春”的罪行会大于中国文化者。虽然，抹杀“青春”的效果，在每一个个人身上危害的多寡是因人而异的，但是，中国人的青春阶段一般总是在十分窒息的甚至窝囊的情形下被浪费掉的。一般地说，因为心理状态配合不上生理的成长而造成的“非性化”，往往使个体不懂得如何去处理自己的吸引力，也很少能充满自信地让青春之美尽量散发。因此，原本应该是情欲最旺盛的时期，则多半在“无知无欲”的状态下度过，浑然不觉得可惜，或觉得不值但不知如何去改变这种命运。此外，既然不善于处理非由“二人”关系渠道化的“一人”存在状态，于是，就很少懂得如何掌握浪漫经验，要么，就索性早一点儿结婚，要么，就长期地蹩在那里，将大好的青春凭空地掷掉。

然而，“儿童化”与“老年化”这两种倾向体现在中国人青少年身上的交织形态，在大陆、台湾、香港的比例与内容都是各自不同的。一般来说，大陆与台湾比较“人情化”，因此“老年化”的倾向稍占上风，香港则比较“身体化”，因此“儿童化”倾向就较为严重。

所谓“老年化”也不一定是“未老先衰”的意思，事实上，它往往是一个使人成熟的因素。在个体的“身”只被要求“快高长大”，而“自我”不萌芽的状态下，个体的“心”的发达往往可以抵消“儿童化”的倾向。我们可以用拉丁文化来说明这种情形——拉丁文化的“个体”原理不如新教文化发达，但是因为“心”的因素发达的缘故，以人情化与情欲化为主导的“自我”意识却反而比后者更强烈。中国文化基本上缺乏“个体”原理，但是“心”的发达却也可以产生类似的效果，虽然在情欲方面是远远不及拉丁文化的，但是，在整个文化大传统还被保留的地方，却又会比“身体化”的香港强烈得多。

自然，“老年化”也可以导致“老奸巨猾”。在70年代的美国校园中，亲大陆的香港留学生与台湾的学生曾有多次较量。然而，在正面较量时，稚嫩的香港学生往往不是台湾学生的对手——后者一般都当过兵,而且善于翻云覆雨,人也比较奸狡猾贼,在面对你时,他们有时会装得满面诚恳,但是说的却没有一句是真话;此外,也不排除对你“饱以老拳”的可能性。在这种对抗中,香港的左派学生往往必须以“为人民服务”——关心群众生活——的方式取胜。“关心群众生活”自然也是一种人情化的“做人”,不过,总的来说,它是“母胎化”倾向的一个表现——至于“母胎化”倾向,香港的青少年留学生不仅比各国留学生都严重,也比台湾留学生严重。例如,许多香港学生,人快近三十,却无须私生活,更没有性生活,五六个人住在一起,上街则七八个人一起行动,主要的娱乐就是像在中学时代一般男女十多人一起去郊游、爬树、喧哗,而在这一切活动中,“食”自然占一个很重要的环节。

近年来,也有不少香港的学生去大陆游览或访问。记得当时有一位曾经和他们接触过的大陆女大学生对我说:“原还以为你们香港人是很超前的,怎么这些人看起来像小孩子一般。我们比他们老气多了!”一般来说,与同龄的大陆青少年比较,香港的青少年看起来更为孩子气。自然,在很多方面,香港的青少年比大陆的同辈“醒目”,但是在另一些事情上却比后者童稚化,而这种童稚化不一定是知识方面的,而是涉及整个心灵结构。

大陆的文化传承自然比香港完整。除了十分之人情化之外,搞人事关系之频繁,则可能更甚于台湾。一位大学生对我说:“我们百分之八十的时间都用在应付别人上!”而且,经历过那么多次政治运动,人也确已在大风大浪中成长。因此,虽然整个国家与社会对人“儿童化”的压力比任何地方都大,但为了在人情与人事网络中发挥功能,就不可避免地比较“老成”。

至于“儿童化”与“老年化”在大陆女青年身上的糅合形态却是相当清新可喜的。大陆的女子,甚至到了二十六七岁,还往往拖着一对辫子,保持天真烂漫的外观,然而,在另一方面,却又十分“老练”,或者很爽朗大方,对情欲的知觉度也较高。在香港女青年身上,这种天真烂漫就可能会变成思想与感情的稚嫩,“老练”则往往变成了“现实”,爽朗大方的态度则极为少见,至于情欲,如果不是没有知觉的话,那么就是表达能力遭到不可修复的损毁。自然,这样的组合就说不上有什么女性的“气质”。

新中国的女性,有很大的一部分是社会意识形态的产品。但是,这种意识形态的塑造,主要还是基于本土文化的因素。新中国成立以后妇女的地位相对地提高,而且在“低工资、广就业”的政策下,几乎没有留在家中的,拿的薪水和男的一样——这无疑是农民战争的平均主义传统(已见于太平天国中)的进一步落实。这个平均主义的倾向无补于中国男性的被弱化状态,却有助于妇女地位的提高。此外,大陆还较少受到资本主义的沾染,人与人之间的“人情味”比较浓厚,甚至可以说是“温情脉脉”的,而新中国成立以后的女性也可以比传统时代更公开地表达自己的爽朗与热情。

至于香港的青少年,一般来说在外观上比较童稚化。不少去美国留学的香港人,虽然已经读到博士班,却被其他国籍的人士误认为是十四五岁的中学生,身材矮小固然是一个原因,但是,最重要的因素莫如被“非性化”。在缺乏情欲之“心”去克服“身体化”倾向的情形下,这些香港的青少年身上往往并无任何可散发以吸引异性的讯号,因此,在其身上,“性”的因素就像被拔掉了栓塞的卫生盥洗盆中的水一般,被放得干干净净,于是,仅保留了一种“性”还没有萌芽的儿童体态。

“青春美”之珍,就是一个人在脱离了儿童阶段与完全成人阶段期间,身上多了一点儿“性”的因素才促成的——这个“性”的因素不用多,只需一滴,就可以像墨汁一般化开,使一个“身”变成有异于儿童的青春之躯。如果一个人身上有了青春这个阶段,即使还保留稚气,有时反而觉得可爱。但是,如果身上连一点儿“性”的因素都没有的话,那么,整个人就会像一个超龄儿童,不会有什么美感,只会令人觉得有点儿怪。确实,在美国看到一个香港少年与一个同年龄的阿拉伯少年并排在一起,总会呈现这样强烈的对比:后者是一个全面盛开的散发魅力的男性,而前者往往是一个超龄儿童的标本(在美国,也会见到由大陆派出去的留学生,这些人一般来说比较“老气”,年龄也比较大,但是与其他各国的人比较,总显得是一团混沌的灰色。由此可见中国人“身”受其害之惨烈)。

除了社会制约不到的底层阶级,绝大部分“正经”的香港青少年除了身形体态童稚化之外,心灵结构在对待情欲问题上也是未见成熟,甚至可以说是一种“无知无欲”的状态。不少到了二十几岁的女性,在面临较年长而又具有好感的男性时,还会情不自禁地出现撒娇的声气。与大陆仍全面地发挥道德制约效用的情形不同,不少香港人在“性”的观念方面可能已经有点儿英美化,但是,在缺乏西方式的“个体”原理而土生的情欲之“心”大为降落的情形下,即使在观念上已经过关,也不见得有“心”去做这类事。总而言之,是心灵上还没有这个准备,因此就让延长了的儿童期将青春阶段整个地挤掉,到了真正“成年”之时却又是做“安身立命”打算之日,而归根到底这只是外部人伦关系的堆砌,不是一个“人”的内在动态的开展过程。

至于在香港青少年身上展现的“老年化”,则表现为下列诸般形态:很早地就“生性”地负起贴补家用的责任,不做其他国家的青少年那种“不负责任”的个人浪漫行为,因此,说它是一种“美德”,亦未尝不可;如果搞社团的话,较为“成熟”——比其他的人更早地具有了“上一辈”形态——的人,也会以“大姐姐”“大哥哥”的身份无私地为大家办事。不过,总的来说,这股“老年化”的倾向是使一个人过早地变得现实,过早地想到“安身”以及过早地投入“安身竞赛”,而从来也未经过青春的理想主义阶段。

在某些香港的青少年身上,像这样的一种“儿童化”倾向,再加上这样的“现实”态度,就恐怕不是一种很有吸引力的排列组合。笔者在70年代的美国,还碰到这样的香港留学生:人已经二十五六岁,身形体态仍然像儿童一般,思想感情也很幼稚,表达多言不及义,但会洋洋得意地对你说:他想去读医科,目的不是为了救人,而只是为了在病人身上刮钱;或者,为了表示自己“精”与“醒目”而大谈股票经,对买这股那股“足智多谋”,但实际上却不见得是精通,等等。这种在“灵”与“肉”两方面都双双被压扁了的状态,令人恐怖,也是笔者在任何其他国家人士身上从未发现的一类品种。

7. “撒娇”的文化

日本心理学家土居健郎曾用 amae 这个概念来分析整个日本文化。这个名词,在英文里硬被翻成“依赖”,其实应该也包含有“撒娇”的意味在内。土居健郎开始对此特征的警觉是在20世纪50年代初次访美时,有一次赴宴会,在开宴之前女主人照例问客人要吃冰淇淋否,轮到他时,他心中很想吃,口头上却说

“不要”,结果女主人就尊重他的要求,转而他往。

一般人会用东方式的礼节去理解这类行为。作为心理学家的土居博士却看到礼节背后的撒娇心理。因为,一个成人与另一成人之间的交往,原本应该把话说得清楚,彼此对自己的决定也有所担当。但如果自己心中明明想要一件东西,这个愿望又是充分合法的,而对方也已主动地送到他手上,却反而要摆出一种姿势,令对方一而再、再而三地敦请才肯接受,就有一点儿把自己纳入被动的儿童角色里去的味道。

在这里固然不能排除掉东方式礼节的解释,不过,这类礼节或许助长了撒娇的心理也说不定。这个心理也会被其他东方文化的因素——例如含蓄、不自我表现、被动、不好意思等等——予以强化。

土居谈的是日本人,但此类行为的文化源头该是代表东亚大传统的中国。日本人有把来自中土的文化因素过分形式化,甚至漫画化的倾向。我曾认识一位日本女性,当她和我谈及她的男朋友时,却并不是说她“本人”如何喜欢该人,或者对方之“本人”如何好法,反而是说:该人是她最要好的朋友的朋友,因此,他一旦做出对不起自己的事的话,就会冒一连与两位要好者断交之险。像如此形式化地搞东亚式“集体安全体系”,在具有文化大传统的中国女性身上都少见,或者,仅会体现于边陲的香港或东南亚华人身上。

因此,土居对“撒娇”的分析,也可适用于中国。撒娇的心理与人的实际年龄无关。事实上,老一辈的中国人,尤其是女性,在当了长辈之后,心中有要求往往不讲出来,要懂得孝敬的下一辈去揣测,有时甚至好像一点儿要求也没有,必须由懂得“做人”的子侄辈强加在他们身上。而这类由别人替他们“发明”的愿望,则多是一般性的对身体的照顾,亦即是“成人”对“儿童”的照顾,并不是一个明确化的个人自我开展的要求。

传统中国的政治文化也有这样的“文法”规则:明明具有谋朝篡位的司马昭之心,却偏偏要别人一而再、再而三地“劝进”,才肯让自己“陷于不义”;当领袖者,要搞天威莫测,也是从不把自己的愿望明朗化,必须让下属去“体会领袖苦心”。在这里,涉及的当然已不限于撒娇的因素,但这类为大家容许的表演无疑是由日常生活的文化行为衍生而来。

人际关系的形式,有由垂直渠道塑造的,也有水平式的。在东方社会里,前者的比重有大于后者的趋势。心理人类学家许烺光即认为:在美国,人际关系的最主要模式是夫妇关系,在中国则是父子关系。这是几十年前的话,而且也有人将他的中国人父子关系至上说修改为母子关系说者。至今日,在比较现代化的华人社会里,水平式人际交往的比重该在增长中。不过,从政治方面垂直型的权威主义形态仍然发挥作用这一点看,这个转变恐怕也只是程度上的而非本质的。

在垂直型人际关系模式相对强大的文化系统中,即使水平式的男女关系,也易倾向于垂直化。亦即是说,把夫妇关系也化为母子或父女模式,或双方轮流表现依附形态,都是能够被大家接受的。例如,中国女性有时会对先生或男朋友做出如下之动作:明明是三岁小孩已经懂得的事物,却要去教导他一遍,尤其在第一次介绍给自己的亲友之时,怕他说错话,就先将自己准备好的一套台词先塞在他口中。

这种将男方当作"玩家家酒式母子关系"的对象的做法,如果发生在美国人身上,势必会引起对方抗议。这却不一定表示该男性是一个成熟的人,只表示他会执着于维护"成人"的形式而已。美国人执着于这个形式,即反映在他们流行的"人际关系的分析"(transactional analysis)所强调的"成人"对"成人"关系这一点上。

事实上,在美国,将水平式关系垂直化的情形不是没有(也很难避免),但会被视为不健康,甚至导致关系的破裂。而有此心理需要者,也多半得找东方人结婚。因此,不禁令人深思:东方式人际关系之稳固,是否相互依赖的成分比较大?

在垂直化的关系中,即使双方都是成人,也易造成一方向另一方撒娇的心理。在男女并没有达到完全平等的今日,尤易出现女方向男方的撒娇。某些香港或台湾的女性,面对比她们大几岁的男性,而后者又是老师的话,会身不由己地嘟起嘴,变成小女孩一般声气地说话。

这种情形,中国人不会对之特别警觉,在美国却非如此。50年代流行的玛丽莲·梦露那样见到男性就娇声娇气的金发女郎,如今已为女权运动者诟病。

我在70年代认识一位美国人，他说他的姐姐在别的方面是很有头脑的，但一碰到了男人声调就变：“似乎刻意地变得愚蠢了！”言下之意，颇不以为然。

美国这种情形，除了反映对人格平等的执着之外，是否也反映出人与人之间竞争之剧烈？从前，女的为了怕会令男的感到智力不如己，才刻意地将自己儿童化，如今，却是“去他娘”的了。如果人际关系不是那么决裂性的，那么即使颇为独立以及有见地的人，偶尔向异性撒撒娇，也不妨视作一种感情上的需要，而且会令男女关系更惬意，因此，是否值得女权主义者歇斯底里地吼叫，乃见仁见智之事。

把话说回来，东方人的撒娇与依赖感、被动、不善进取以及“清高”等因素都有关。白鲁恂分析中国人为了保持与环境的和谐，因此不善于表达进取，并且期待对方也如此，但万一对方有进取性，中国人表面上唯有忍让，心底里却存着愤恚。从西方人的角度看，这有一点儿近似婴儿期的自恋狂。婴儿是不懂得主动地伸出手去调整环境的，却心存幻觉地期待：这个环境能自动地调整成合乎自己的心意那般，但当这个客体未能如“万能的父母”般满足自己，就会对之衍生愤恚。

中国人很多事以“君子始小人终”，就是由这种心理造成。例如，由熟人介绍租房间住，开始时房东可能“清高”到连月租多少都不提，也没有说明什么东西可以用什么东西不该碰，但其实却是不负责任地免除了自己该去把问题说清楚的焦虑感，反把这个惶惑不定的焦虑感抛给了对方，既然什么都不说，就是期待对方“万能地”懂得如何去做，但一旦不如己意，就衍生愤恚，最后到了不得不去面对原本该一开始就面对的问题时，已经到了撕破脸皮的时刻。此外，中国人好在友情之间夹带所谓“恩惠”，施恩惠的人表面上什么也不说，但“潜台词”却是期待对方有所表态，如对方没有被摆布，施恩的一方就转而愤恚，甚或像被冷落的小孩一般做出打击报复。

如果别人借了自己的书忘了还，最直截了当的解决方法是提醒对方。但某些中国人的做法，却是一方面想躲开由自己去面对这件事的焦虑感，另一方面又让这个焦虑感向内折射，形成愤恚。结果，本应是很简单的一句话，却化为一股怨恨。更有甚者，是找局外人的第三者诉苦，而这个第三者，如果是朋友的话，即使在准备明天期中考，也得听他的。

在对“撒娇”的容忍度比较低的美国，人际之间即使交情再好，也不会去听对方这类话，盖一己分内能做到的事不容许转嫁他人。但在人的成长过程中培养依赖性、被动、不好意思，以及“后天性的无助感”（learned helplessness）的中国文化媒体里，则随便找熟人诉苦、说丧气话、幽怨一番，都比较能抓到义务性的听众。

我有时在想：仰慕者与被仰慕者之间，是否也含有一点儿“撒娇”成分？或许是可以有，也可以没有。一位美国的华侨，看了我的文章就寄信来想当朋友，并频频地寄给我他的文章，到头来反而是我变成了他抓公差式的读者。但我们谈的是南辕北辙：我在从事中国文化的批判，他却在谈西方的没落。他念念不忘的是曾在工作上受白种人歧视，但从文章中常流露出来的幽怨之情——例如说每天在办公室到处看到白脸孔蛮不是味道一类的话——令人怀疑这个所谓“种族歧视”是否至少有一半是他自找的。后来又发现他并没有因自身曾受歧视而变成一个人权主义者，反而去相信了“犹太人控制一切”的阴谋说。遇到这种情形，美国式的处理方式是绝情地中断交往。至于中国式的，总会感到对方也是一番心意嘛……

美国人十分强调“成人”对“成人”的心理形势，于是每个人对己对人的要求都是充分地感情自立，最怕听的也是别人之幽怨或苦情戏。然而，人的感情能充分独立否？恐怕也只是一个理想。不能抓到义务性的倾诉对象，也总会有别的安排，例如付出费用找专业的“治疗家”聆听。但把事情说成是“治疗”，就有点儿像病了。

的确，人被讨论的方式，就是他被控制的方式，美国式的“成人”，其实也是没有选择的。在感情上充分自立是为了与人际竞争状态中别的个体保持适当的距离。而为这个竞争做准备的“成长”，则是由代际之断裂开始。这个断裂也让个人不困陷于人生早期阶段，能在心理上全面地进行男女关系。用许烺光的理论说，亦即是让平等的夫妇关系取代垂直的父子关系。然而，既然以“断裂—分离—个体化”作为人格成形的方式，这个形态恐怕也有惯性，难保它不贯透到一切成人以后的关系中去，造成从一个分离到另一个分离的人生。

如果垂直的代际关系产生撒娇行为，那么，强调代际断裂的美国人是如何处理这种因素的？可以预期，在两性关系压倒一切的文化里，势必会用对乱伦的焦虑感来防御两代之间的撒娇。在《阿飞正传》（台湾译为《养子不教谁之过》）这部电影里有如此一幕：一位身体已经成熟，心理上还想在爸爸面前当小女孩的十六岁少女，冲上去想黏她爸爸时，被后者一巴掌打开。至于美国的成人与母亲的关系，可以说是全世界最疏远的，并且建筑在如此顾虑之上：成年者仍陷于童年阶段那般的母子关系中的话，会对雄健性造成损毁。如妈妈向儿子撒娇的话，则肯定会引起鸡皮疙瘩。

中国人则相对容许做妈妈的向儿子撒娇。一位台湾女性告诉我：当她的男朋友带她回去见妈妈时，该妈妈为了向她示威，看儿子的心到底是向你还是向我，就当了她的面叫儿子同她进睡房替她捶背按摩。另一位去美国探访在该处读书的儿子与媳妇，因为先生已故世，一人在台孤零零，遂向儿子撒娇，没有病也要进医院检查，但既然没有医疗保险，千元以上的费用就得全部由儿与媳在她回台以后分期付还。

中国式的“成长”是不讲究断裂与分离的，事实上，是人格外部人伦关系的堆砌胜于人格内部动态开展的过程。因此，辈分的升等并不等于人格的成熟。在并不以“性”为主导的中国文化里，西方人眼中所谓的乱伦的冲动，也可以在“孝道”的掩饰下表现。

“撒娇”的行为，固不限于人类，猫与狗也会撒娇，要人抚它，因此可以肯定是哺乳类共有之现象。它不会出现于小脑（反射作用）发达于中脑（感情作用）的爬虫类——例如蛇身上。如此说来，撒娇还是一种颇“高级”的行为，且为人类所应有。在美国，人与人之间为了保持水平式的心理状态，必须尽量去压抑这个因素，但是到了假设高出于人类的上帝面前，人的孺慕依赖之情却总会宣泄出来。因此，要看美国人的儿童化表现，可以去教堂看。弗洛伊德认为宗教将整个宇宙化为一个大“育婴院”，颇言之成理。不过，宗教是否如他所说只是一种幻觉，还是建筑在哺乳类的一种需要之上？

第四章

中国人的“个体”

(一)“社会”对“个人”的权威主义笼罩

(二)自我压缩的人格

(三)“个人”的不发展

(四)不发展的“个人”对别人的伤害

(一)"社会"对"个人"的权威主义笼罩

1."人"被当作生育的工具

我们常常听到这样的论调:中国人占人类人口的四分之一,大概是世界上"性"最发达的民族。这个论调本身就是"性"还没有成熟的一个表现,因为这个论调的出发点就是不将sexuality当作是一个"个体"的内容,自然也不会理解到它是一个因人而异的个体形态,而是把它当作一种人人相同的生殖功能——这种"性"如果说得上是发达的话,也只是一种鱼塘式或养鸡场式的繁殖力罢了。

事实上,在"性"很成熟的北欧,丹麦的人口是500万,挪威是400万,两者皆少于香港,瑞典则为800万——三者加起来才等于台湾地区的人口。由此可见,个体之sexuality之成熟,并不等于繁殖能力的发达。

然而,在50年代的大陆与台湾,都出现过"人多好办事"一类的主张——在台湾,则是为了"反攻大陆"需要炮灰——后来才发觉这完全是一种妨碍经济成长的昏话。不过,海峡两边之共同昏话乃来自同一个文化背景,殆无疑问。中国人的这种文化倾向,曾令台湾的批评家柏杨将中国讽喻为"猛生国"。

的确,当蒋介石忽发奇想,也谈谈"哲学"的时候,曾如是说:"生命之意义在创造宇宙继起之生命。"这一句"哲理名言",确实也适合于猪马牛羊。

这位“伟人”之前的另一位伟人——孙中山——则提出过“民生史观”。“民生”是指衣、食、住、行,不过,中国人既然有“民以食为天”的说法,因此,“民生”可以说是以“食”为中心,也可以是整个“身体化”倾向的代号。至于蒋介石将延续“身体化”存在当作是“生命的目的”之“哲学”,则可以说是一种“繁殖史观”。

事实上,在传统时代的安排婚姻或盲婚中,往往并不考虑两性之间的真正喜悦,而个人也多半只能俯首听命。在这种制造人口事业中,甚至可以完全排除“性爱”的因素,“仿佛两个牲口听着主人的命令:‘咄,你们好好的住在一块儿罢!’”①

只有在整个生存意向是“身体化”导向的,才会出现这样的情形。中国文化主要的宗教经验就是“二人”之间的“人伦”关系,而主要的不朽观念也是透过人伦关系去传宗接代。因此,中国人重视家庭,拜祖宗,并且认为“不孝有三,无后为大”。事实上,中国式的“天理”就不是一个“个体化”的超越意向所归依的精神原理,而是人间“二人”的“人伦”关系的理念化——这个“二人”关系的最基本形态当为阴阳之道,亦即是男女之间的生殖原理。因此,《易经》说:“一阴一阳之谓道……生生之谓易。”②

然而,这种宗教性的繁殖任务,与个体的 sexuality 却没有必然的关系,个体的整个心灵结构甚至不一定要成熟,个人也无须全面成长。事实上,个人是全面成长的话,在传统时代,就不会任由别人安排——甚至违反自己的真正喜悦——去完成生育的任务。事实上,为了完成这项任务,家族在选择媳妇时,往往是宁要“有福气”的(多数是身体壮健,但是没有性的吸引力的),也不要具有吸引力的,似乎后者会令男方的兴致超乎制造人口所需的限度之外,导致夭寿。事实上,美丽的女人总是被称为“祸水”,肾属水,因此,涵示有“亏身”的恐惧。

为了完成这项“身体化”的宗教功能,中国文化对“人”的设计就不能让个体“一意孤行”,而必须将它设计成一个被“人伦”关系镇止的“身”,遂造成对

① 鲁迅:《热风》,北京:人民文学出版社,1973 年版,第 27 页。
② 《周易·系辞上》。

“安身立命”的过分强调。的确，一个人只有努力去“安身”，才能完成这一项由社会摊派给他的任务。

因此，在传统文化下，婚姻都是凭父母之命、媒妁之言去决定。这种安排，往往不参照个人的意愿，并且还故意去违反个人的意愿。因此，中国人因婚姻不自主而产生的悲剧，数目之众，可以说是世界之最。

这种不合理的情形，虽然受到“五四”启蒙运动的炮轰，然而，今日父母阻挠子女自由婚嫁，并因而酿成悲剧之事，仍时有发生。当然，这种情形还残存在老百姓——尤其是农民中，是可以理解的。真正不能理解的是自命为“反封建”的一些组织中，亦会出现这类事件。甚至还出现用组织的压力去拆散情侣，以及强迫个人去与不合心意的人结婚的事件。

然而，即使在一些“自由婚姻”的形式背后，其实仍然保留了许多传统的内容。因为“个体”受到严重的“非性化”的摧残，在许多个例中他（她）都丧失了由自己去择偶的能力，而必须由父母、亲戚、朋友或组织去代劳。

在这类“说亲”的情形中，有些人索性将第一步交托在母亲的手中，由她拿着对方的相片到公园中约会对方“相亲”，除了看本人之外，还要查身家背景，看是否“门当户对”。有的则由双方朋友安排，亲自去会见。像这类安排，很少一次就成的，因此双方往往都是被人拒绝过很多次的人。最后，也不一定以找到理想的对象收场，而是年龄到了，非结婚不可。因此，遂出现很多这样的个例：已经与人有婚约的人，在临到结婚时却感到悔意，唯有硬着头皮去进行。也有人说，不少婚姻的基础是一种日久而生的感激之情，并不是爱情。

这种只是为了肯定一个人的“伦理性”，而不是建筑在两性喜悦之上的婚姻，往往将婚姻中“性爱”的因素降至零点。根据上海一位妇科医生私下的情报：在她的女性病人中，曾经达到性高潮的比例，只有百分之零点几。一位逃到西方的苏联婚姻顾问曾经指出，苏联在这方面的数字是百分之三十左右。因此，中国人如果学足苏联，可能还有所改进！这种显然是来自传统文化的“性”之损毁，并不能被“新婚姻法”的形式加以消除，就如同法定的二十一岁这个合法年龄，在人格成长阶段错乱的中国人之间，是徒具虚文一般。

然而，曾经一度，不少大陆的人宁愿在相亲时被对方拒绝很多次，并且最后草草了事地结婚,也不愿或不能由自己去选择称心的人。究其原因,似乎是:在陌生的场合中大胆地主动去结识陌生的异性,会被人认为是"不道德"之举。

事实上,这种结识方式也往往可能导致婚姻的。但是,它却是被非法化了的个人欲望的独立表露,因此具有追求"性爱"的含义。至于由别人安排的像交易会一样的"相亲",就不存在着任何暧昧性——它具有清晰的"伦理性"的含义,而且这种"伦理性"还是由"个体"以外的其他人士做保障的呢!

在香港的青少年之间,虽然男女的结识多半已经是由自己去进行,但是也存在着这样的倾向:在开始时必须与一大堆熟人一起行动,然后才从这个"母胎"中分化出来——中国人就是不信任"孤男寡女",归根到底就是不信任自己而必须依赖"群众",似乎必须由别人保障的男女关系才是"好的",而任何个人欲望的独立表露都是"不好"的。

因此,传统时代搞"男女授受不亲",甚至嫂子掉进了河塘里,要不要伸手去救她,还成为一个辩论的题目。"万恶淫为首"这一句谚语,也充分表现出"性爱"在中国文化中的非法地位。

时至今日,虽然已经不如传统时代那般闭塞,然而,"搞男女关系"仍足以构成一个罪状。近几年来,报纸曾揭露过几宗事件。有的是嫉妒别人的才干而想陷害对方,就用"搞男女关系"一类的流言去破坏对方的名誉——这种中伤对女的特别致命。有的案件是干部要整人,就在众多罪状之上再多加一条"搞男女关系"。请注意,这项罪状是"搞男女关系",而不是"乱搞男女关系",因此,就好像将"吃饭"也说成是罪状一般!

事实上,中国人在教养子女时,就一直只当他(她)是停留在口腔欲望,亦即是"食"阶段上的儿童。当生理上的"性"逐渐萌芽以后,上一代对这方面总是讳莫如深,让下一代惶惑地在黑暗中自己摸索。结果,"性"在心理上往往就萌不了芽,而使一个人长期地维持儿童化的身形体态以及童稚化的思想感情。

因此,中国人的问题就往往不是性压抑,而是整个心灵结构除了人伦化的渠道之外就不知道如何去面对"性"这个问题。换言之,即使在生理上"性"已经萌芽,也多半不晓得如何将这一类冲动加以组织化,使它变成一股向外求的生命力量。

在中国人之间，确实也有婚前的浪漫行为，但是它很少表现为两个具有坚强个性的男女之间的互相欣赏，而多半是像钱钟书笔下的《围城》中的那个男主角方鸿渐一般，是一种意志薄弱者的身不由己的卷入，因此，即使是“风流”，依然具有被动、窝囊、自惭形秽和自怨自艾的成分。自然，也有敢作敢为的人。但是，在文化中能让他们做出表现的既然只有与“做好人”相反的途径，因此，往往就会出现玩弄异性的下策，而且用的多半是欺骗、虐待的手段。

2. 私人状态的不发达

中国人的“非性化”状态，与私人状态的不发达有着直接的关联。私人状态即是指私生活与私人意识。

在中文里，凡是涉及“私”字的都是不好的，例如自私、徇私、私心、儿女私情、任用私人等等。在中文里，“私生活”的“私”和“自私”的“私”就是同一个字，因此确实有“个人”就是“不道德的主体”的意思（在英文里，前者为 private life 或 privacy，后者为 selfishness）。因此，中国人总是喜欢说“大公无私”，在搞“公社”运动时，也说是“一大二公”。“文革”时代的口号也是“斗私批修”，批的也是“‘私’字当头”。

的确，中国人是不尊重“私生活”的。当时到大陆旅游的外国旅客，常为旅馆服务员不敲门就进来之事感到受干扰。当时我住在留学生宿舍中，也曾碰到同类的事。一位选择住在本地学生宿舍中的印度留学生亦告诉我：他放在桌上的私人信件被同房的中国学生看了，并且事后还要和他讨论内容。他说：“只要你不放入抽屉里的信件，似乎他们认为都可以看。”事实上，父母强拆已成年子女的信件的习惯可能较为普遍，以致某报替读者解答问题的一位专栏作家曾呼吁停止这种事情。

有一次，笔者和上海的一群外国留学生一起到内地旅行，在成都受到某学院的接待，住进了他们的留学生楼——是准备在下一学年开始接纳外国学生的，因此楼房是新盖的，十分考究。楼房四周都由图案形的栅栏圈住，餐厅顶上有巨型豪华吊灯，每一间寝室的门上都镶有玻璃。然而，每一组留学生住进以后，都用报纸或地图将门上的玻璃封住。同行的一位阿拉伯人甚至认为这是为了刺探留学生的私生活。其实,中国人的原意是:花更多的钱,将设备弄得豪华一点儿,将房间弄得光亮一点儿,唯一没有考虑到的就是“私人状态”。

的确,中国人的一个倾向就是无须“私人状态”,包括私人空间、私人时间、私人活动领域。

“私人空间”对中国人来说并不重要。即使在比较自由的国外,对大部分人来说,这也不是一个值得千辛万苦去力争的项目。对“乖”或者“听话”的人来说,甚至还力求避免这个状态,亦是:在自己成家以前,就住在父母的家庭里,或者几个朋友住在一起。甚至到了美国,脱离了自己社会的限制,许多中国人留学生仍然是几个人住在一起。在20世纪70年代的爱国运动中,这股倾向就更加明显。想证明自己是“革命”的(其实想证明的是“乖”与“正经”),就会尽量去掉“私”,与一大堆人住在一起。

中国人基本上也没有“私人时间”的观念。一位挪威籍的女学生,与一位中年的中国妇人交情搞得不错后,发觉后者常常关照她,因此就对笔者诉苦:“中国人似乎认为,只要你不是用在上课或生病进医院的时间,都是他们的。他们似乎不明白,即使在什么也不做的时候,一个人也需要有独处的时间。”

如果一个人没有了私人空间与私人时间,也就说不上什么私人活动领域,这并不是说个人没有行动的自由,而是说很少能脱离社会常轨的单独活动。即使在私人空间与私人时间较多的香港华人社群里,单独行动与私人行动似乎也发达不到哪里去。一般地来说,未成家的人是倾向于集体活动,即使男女间的追求,在人伦导向还未明确以前,也很少私人邂逅,而倾向于在集体活动——例如同学或同事的郊游活动——中先进行孵化,至于孵化而成的人伦关系,也不是一个私人状态。

一般来说,中国人私人状态不发达,因此私人意识连带地也不发达。中国人虽然家庭观念很重,两代之间比西方人来得“亲”,但是这种“亲”多半是表现为照顾或养育对方之“身”,对内在的私人状态可以一点儿都不知道。中国人的下一代很少知道上一代的私事,往往并不是上一代不说,而是因为这种状态根本不发达,因此乏善可陈。至于上一代窒息下一代私人状态的方式,却是本应属于个人独异性、内在性的问题,却用外在化的、社会公认的公式去对待它。

因此,私人意识的不发达就这样一代反映在另一代身上,其效果则为清晰的“自我”意识之无法形成。的确,在私人基础不发达的情形下,个体化的七情六欲就不会懂得如何形之于色,因此,不是搞到木口木面的话,就是变成不见七情六欲、没有个性的那种“好人”。

把人搞成这样,自然也是有利于“非性化”的绝妙设计。因为这样一来,个人的进攻性、私人邂逅的可能性就会被减至最低点,而个体也只有被纳入社会公式化的渠道。即使在人伦关系中,私人基础的付之阙如,也使人在渠道化的“好”之外很难去表达私人化的情绪,因此,可以做了一辈子夫妻而连对方的名字也叫不出口,必须跟着儿女称呼“爸”或“妈”,或者用儿女之名来定义对方——例如“九斤的阿爸”“闰土的阿妈”之类。自然,西方人的那种 Darling 或 Honey 称呼是更不可能叫出口的。不过,中国人即使在应该是很亲昵的关系中也叫不出对方之名的那种尴尬,却似乎为沿用英文名字——Peter、Larry、Michael、Mary、Susan、Joyce——所冲淡。“我爱你!”“我想念你!”也只有翻成英文之后才说得出口。

3. 中国人的内心世界

当我们与别人交谈时,常会出现一种情形:你在说一样东西,对方却理解为另外一样。但是,在这里牵涉到的并非言词不清,或知识程度的参差,而是心灵构造的线路不同,对方的线路就好比不同的电脑程序设计的语言,只能按它固定的渠道去处理外来的信息。

记得有一次,笔者乘火车从广州去上海,同一个床铺中都是大陆的居民,我们攀谈起来。一位国营药厂的财务诉苦说,在国内任何单位都是老人当权,像他这样的中年人是出不了头的。我于是接着说,在美国,情形似乎刚好相反,整个社会都有歧视老人的倾向,青年人在社会场合中,在工作方面,都凭自己年轻力壮,富有冲劲,将上一代人一把推开;因此,在美国人身上,随着年事的增长,也就会出现一种“中年危机”,一般来说,女的是三十出头,男的是三十五至四十之间,就会出现这种心理征状。我接着说,这一点在中国人眼中似乎是很荒唐的,因为中国人是“三十而立”,刚刚成年,而不是垂垂老去。

对方听了我的话后，就表示十分欣赏美国这种"制度"，还转过身去向他身边的另一位大陆同胞转述笔者的话，却不料变成了这样的内容："你看人家的国家，在工作单位里，如果到了四十岁，还继续占着那个位置，连他自己也会感到不好意思了！"

另外一次，笔者是在美国，向一位少女时代从香港移民美国、与美国人结婚又离了婚，目前在一所大专学院中任教的中国少妇解释美国的"自恋狂"人格。笔者说，自恋狂者正是这样的一种人格——他面对世界时，看到的永远是自己的投影，他会恒常地感到不满足，但却浑然不觉这是应该凭自己的理性调节去解决的问题，而是将它反射到客观物体身上，认为外在的世界是自己不快乐的泉源。例如，他如果碰到一位令自己感兴趣的异性，就会认为自己所有的问题都可以在对方身上全部获得解决，但是在到手以后，发觉并不是这样，于是就很快地失去兴趣，转而他顾。

不料，那位香港人在听了我的陈述后，如此反应道："你说得很对，美国人的男女关系也太随便了！"

又一次，我与一些居美的台湾人士谈法国与意大利电影中常出现的"母亲与妓女"的主题。这些人士都有硕士以上的学位，也有文科毕业的，理应了解这个主题所指的是男性幻想中的两种女性质素，这两类质素如能展现在一人身上就最理想，不然就会将渴求对象分散在数人身上，而浮现其中一类质素的女性，可能在其人格组成中就有此一特征，或者是她与男性交往中应情况要求而造成的一种假面角色(persona)。我那些来自台湾的听众却反应道："我们中国的故事中也常有妻与妾的故事。"换言之，是将我所陈述的理解为社会眼中的地位！

这类反应，到底显示了什么？它说明：在中国与西方，讨论"人"所用的叙事是截然不同的。在西方，是倾向于用心理学的语言；在中国人之间，即使是知识分子，也无所逃遁于道德化、人事化(包括政治化)语言之笼罩。换言之，一切在西方是属于个人心理形态的状况都会被中国人予以"人事化"或"道德化"。

这个倾向说明，在中国文化的符号系统里，外在的社会关系与社会压力在个人心灵中造成的比重，远远地压倒个人对自我心理状态的知觉程度，以致必须由个人面对的心理危机被转化为面临社会的羞耻感("不好意思")，个体理性失去调节造成的情感变态被转化为社会道德问题(“太随便”),而人格特征或角色则被理解为社会地位。

的确,中国人似乎很少出现心理问题,或许是由于私人状态之不发达,以致在西方是属于个人形态的问题也被外在化为人事的领域。中国人绝少有去找心理专家,即使去找,也不见得会谈“心理”问题,而多半涉及“人事纠纷”。

来美留学的中国人,绝少攻读心理治疗这门学科的。笔者所知道的绝无仅有的一位是由台湾来的女性。她之所以成为心理治疗家,是由于在美结合的美籍华裔丈夫是属于这门行业,为了与先生的志趣一致之故。她对笔者说,如果是美国人找她,谈的总是个人心理问题,而且往往对这门学问很了解,常常先问她用的是哪一种分析模式;如果是中国移民去找她,一般来说不谙此道,而且谈的总不离家庭纠纷与人事纠纷。

笔者本人也碰到过类似的情形。一些中国女性朋友打电话来诉说心中烦恼,往往将在西方人是属于个体情绪领域的内容外在化为有关人事纠纷、工作上的烦恼之倾诉。

在中国人身上,个体情绪问题也不一定总是采取“人事化”“人情化”的表现方式,也会被“身体化”为头昏脑涨、腰酸背痛、四肢无力。事实上,“心”与“身”往往是分不开的,情绪问题不可避免地总会影响及身体功能,造成“心身症状”的。然而,在个人心理形态确立的文化媒体中,比较容易分辨由体外细菌或体内器官失调造成的身体病痛,以及由心理情绪造成的身体病痛之间的差别;在个人心理形态不发达的中国文化系统里,则倾向于一律当作身体病痛看待,而处理之方,也不会是去找心理治疗家,而多半是由家庭成员叮嘱“多多休息”,或者是炖鸡进补之类。

种种迹象显示,在中国文化的符号系统中,个人是被当作一个身体看待的。中文不只是用“本身”来指称西方人指自己的人格概念,并且将人格攻击误译为“人身攻击”。中国人将人生的目标定为“安身”。中式的寒暄也不是问对方这个人近况如何,而是关心他身体好否。

中国人的“心”如果是社会化、人事化的,中国人的“个体”概念却是身体化的。在这样的两个方向岔开的情况下,个人心理形态、自我疆界明确的人格系统等概念都很难建立，即使现代心理学已经有了一整套的语言，并也已渗入了西方的日常用语中，到了中国人的意识里，也会被转变成另外一种东西。

在本书初版中，为了解释为何一般中国老百姓是自我压缩的人格，而少数统治阶层却出现自我扩张的人格，尤其在“文革”期间出现的个人崇拜，我用了如下的比喻：由10亿人造成的金字塔尖，势必比同代的西方领袖都要“伟大”。不料，在一位美国华裔学者写的书评中，却将我提出的一个人可以将10亿作为其人格内容之命题，理解为“身体”数目多寡的问题。他说：“若依照这种逻辑，中国在奥运会中，应获比罗马尼亚不止百倍的金牌。”这显然是将“人格”这个比较抽象的概念“落实”为身体！

事实上，在心理学中“身体化”(somatization)这个术语本身即指称一种心理的现象，而不是身体的现象。另一位香港书评人也将我书中用的这一个概念完全会错意。他说，“身体化”并不限于中国文化，西方人也热衷于健身操与桑拿浴，云云！

如果一些有资格写书评的知识分子的理解能力尚不过如此，在一般中国人之间，psyche——心灵、心理，或内心世界——的概念有多么不发达，实不言可喻。

美国研究中国哲学的学者孟旦(Donald J. Munro)指出：在中国文化里，是没有私人状态的自我这个概念的。我本身的经验是：很难与中国人谈论潜意识或非意识这类概念。

当我还在美国某学院的博士班时，曾与来自台湾的同班生谈论鲁迅参加左翼文化运动的心理矛盾：他一方面谴责中国的群众围观别人杀头作为娱乐，即使这些被处决者是为了拯救他们而牺牲的烈士；另一方面鲁迅又决定为了去拯救这样的“食人族”而甘愿让自己被“吃”掉。听了半天，对方的反应却是：“他大概在朋友的怂恿下一起加入左派的吧！”

另一次，我向一位居美的文科硕士水平的台湾人士解释“自恋狂”，这一回与上述那位香港移民所做的解释不同，我换了一个角度，把自恋狂定义为感情无法由一己向外投射，因此即使对一位异性产生好感，也会将感情往回收，无法投注在爱恋对象身上。孰料，我那位听众的反应是：“可能是他选择不愿这样去做的!”

这类反应,显然是完全不能理会:在个人的意识状态之背后,还有一个处于个人以至社会控制之外的非意识。根据孟旦的说法:中国人只知道有意识状态,而这个意识状态又完全是社会化的,因此只要它起了一个意念,就被认为会导引致行动,而这个行动又被认为是具社会效果的。此一文化特征,贯穿着儒家的“知行合一”说直到中国化的马列主义。

孟旦认为:西方自由主义、个人主义的前提是认为“人”的主要特色正是独立于社会系统之外的那一部分,而社会是无权控制个人的私人状态的;至于中国式的“人”的概念,却赋予社会与国家对他进行无穷尽的教育与塑造的权力。

的确,一个“人”被讨论的方式,就是他被控制的方式。将人的情况做私人化的叙事,就是期待个人自己去控制自己,只要他不做出反社会的行径,他在任何方面都有充分的自主权。将叙事方式社会化,则是偏重用外在因素去控制个人。从前一种立场的角度看,后一方式不啻是将“人”当作永远达不到法定年龄似的。

在社会对个人的符号学的极权主义笼罩下,中国的“人”是否真的具有无限可塑性呢? 笔者认为并不尽然。中国人个体的私人状态,正因为莫可名状,反倒像集体主义经济下的“自留地”,维持着一种非全面合法也很少具尊严的存在,而且,因其缺乏自觉性,私与公的界限亦无从明朗化,前者也就对后者产生侵蚀作用。

(二)自我压缩的人格

1.“让”外必先“按”内

与外籍人士结婚的海外华人中曾有此现象:当洋配偶在外面认为遭到了不公平的待遇——例如被营业机构多收了自己的钱——而要去抗争时,却被具有中国文化背景的亲人试图劝阻。这类臂膀朝外弯之举,好像是外人而不是自己人曾请了自己吃饭一般。

事实上,一旦与周围的环境产生紧张关系,中国人的神经就会变得很脆弱。因此,常出现下列场景:如有人因遭到不平的待遇起而抗争,或对现状不满发几句牢骚,他身边的人——那些在平时攻击性发挥不出来者——就会借此场合发挥出攻击性,不过却是不约而同地对准该人,制止他继续引起大家的焦虑。

我在台湾大学历史系就读时,有一次,一位国学大师从香港前来演讲,事后历史系主任纠合系上出席的人一起陪他去吃饭,是他本人掏腰包的,不是正式的公宴。不料,事后,一位没有来听演讲、自然也没有被邀请去吃饭的教授闻讯大怒,说该国学大师是自己老师,系主任不邀请他乃故意排挤他云云。系主任向他道歉,但他仍没完没了,要系主任写悔过书。这非但很不公道,也是令人失尊严的要求,系主任觉得很难做,但系上两位乡愿式教授却出来打圆场,说好说歹地劝系主任"大人有大量"。结果,悔过书写是写了,闹事的一方意犹未足,在书背后批了几句侮辱性字句,丢了回来。那两位乡愿又来将系主任按下去,叫他好歹再顺从对方一次。在这段期间,有人看到系主任在办公室内暗自流泪。过几天,他在马路上行走时心神恍惚,被车子撞死了。

一个"宠坏了"的人格,提出无底洞式的要求,本来应该是自"外"于人类团体的,本应不理睬就对。但对中国人来说,却正因为这个熟人如今完全站到了"外"面去,已全不讲理,引起大家的焦虑而又不敢碰他;为了重建"和合",大家就会向比较容易说话容易欺负的一方施压力,叫他屈就。换言之,就是毫无原则,把垃圾只倒在较无抵抗力者的门前。

70年代一个在美东的由台湾人士组成的小圈子内,其中的老大将另一人之妻子玩了,肚子搞大后,又把她丢还给她先生,还说漂亮话:"不要因为我破坏了你们的关系!"该先生苦不堪言,圈内人也把他按住,说不要传丑闻。结果,反而是被同一运动中不属该圈子的另一台湾人士把事情揭开了。过了几年,我将事件原原本本说给一位搞运动的香港人听——后者对台湾此间人事是颇隔膜的,也说不上同情哪一方——却得到如下的反应:"他(指把事情揭穿者)不应该!"

这个事件固然反映出该小圈子人在老大哥面前的奴性,但老大哥犯规,破坏了"和合",已使他站到了"外"面去。但在中国人眼中,受害者如果找他算账的话,却不会被理解为"讨个公道",反而会被认为是再去破坏一次"和合"。既然前次已无法弥补，于是大家就将这一次的压下去。而好欺负的、好说话的，乃属“自己人”之特征。至于那位运动中香港人的反应，则说明没有原则的中国人的唯一原则——那就是“不要生事！”

一间在纽约唐人街的成衣厂，华人老板知道同胞好欺负，每一次发薪水都故意拖迟几天，亦即是为了自己手头方便而把不方便转嫁给手下的人。但是，偏偏有一位打杂的墨西哥人半天也不让厂方拖延，上午不发下午就去讨，并振振有词地说：“我已计划好在月初要用钱！”结果，老板就是怕他，只按时发给他一人。但是，他完全合理合法的要求，却令全厂华人侧目，在背地里说他好惹是生非。对此分析不能因老板与工人都是华人女性，而该人是拉丁男性，来划分“内”“外”。员工的利益是一致的，厂方则是对手。因此，华人的这种态度，基本上是表现了怕事，只同情加害者而不同情受害者的心理，最终是使自己作为“受害者”的地位永恒化。

中国人，一旦被同胞当作“自己人”，被认为容易说话者，也就变成容易加害者。一篇旅日华人的报道说：在横滨的唐人餐馆，老板聘用日本人时是薪水算足，聘用同胞时则故意将薪水压低。一位台湾教授托从前的学生——一对已经在美国开餐馆的夫妇——照顾自己在美国留学的儿子。该儿子就到他们餐馆打工，结果，该对夫妇每天只算给他五元。这事发生在二十年前，当时美国联邦政府法定的底薪应该是每小时三元左右。该教授的门生故旧大概想既聘用了他的儿子就很予“照顾”。反正，“自己人”在碰到这类场合也撕不破脸。前几年，一位老华侨开的餐馆，聘用一位大陆留学生，也是尽量将薪水扣克，知道对方不会抗议，不过也在周末斩一些鸡头、鸡屁股包给他带回去，以示安抚。

中国人这种“内”“外”逻辑，可以借30年代蒋介石对日本人的态度比喻之。当时，日本一步步蚕食中国，蒋介石非但不抵抗，反而于国人爱国抗日情绪高涨时，在日本提出“破坏邦交”的抗议面前低头，掉过头去镇压自己人。这固然由于当时的历史条件，不能完全与中国人日常行为混为一谈，盖蒋介石当时是忙于打内战。但把他用的一句口号“攘外必先安内”改写成“让外必先按内”，却也颇符合前述之中国人文化行为。

“让”外必先“按”内，就演变成“日本人拼命从外面打进来，蒋介石拼命朝里面杀进去”。因此,说明中国人不是没有攻击性,只是着力的方向有点儿问题。一般心地较善良的中国人,固然并不像上述华人雇主那般,拉上假惺惺的“自己人”关系其实是想予以加害,盖对一般中国人来说,“自己人”是容易说话,但己方也必须对他们承担义务。因此,把自己身边的人按下去,对更广大的外面世界则抵抗力微弱,往往是“自我”压下去以退让给外在世界的倾向延伸到“自己人”头上而已。

中国人常妄自菲薄,也贬损身边的人,连说笑话,也常对相熟的人用“你真不行”的辞句。根据美国人用来建立自信心的治疗术,一个人如果每天对着镜子说“我真不行!”几十遍,逐渐会自我洗脑,影响到整个行为。同样,对身边的人也是如此。

一位大陆留学生刚到北美第一学期,就在某学科中取得全班最高分,教授拿了她的卷子给全班做榜样。但中国人面对这样的表扬,往往会将攻击性朝内导向自己。结果,她反而跑去跟教授说:你不要为了迁就我是外国人,在分数上对我特别照顾!教授听了莫名其妙。

这种自我压缩去“做人”的态度,也势必会普及到自己身边的人头上去。被上一代压缩者,也势必会去压缩下一代。一篇有关美国华人社会辅导工作的报道说:“外国的父母‘我爱你’经常挂在口边,而中国父母则甚少把赞赏、疼爱用言语向子女表达,即使拿了99分,父母也只说一句下次拿100分。”

在中国人之间常见的一个现象是:当自己的小孩子与邻家小孩子在打架时,父母将他们拆开后,总是先打自己的小孩子,也不管正义在何方。这种“做人”方式,其结果自然是使孩子也形成自我压缩的人格,认为自己的利益是不合法的,事事去迎合别人。其效果还包括见风使舵、不顾原则。

2. 逆来顺受

中国人有逆来顺受的“美德”,对违反自己利益的事也多半采取吃一点儿亏也无所谓的态度。这种抹掉“自我”的倾向,如果程度加深的话,甚至可以达到完全不顾自己的权利——包括生命的权利——的地步。

在这种时期,上下是同甘共苦的,大家都共同面对一个压迫自己的环境,因此，抹掉"自我"，反而会觉得小我在大我之中完成。而且，大家都是死里求生，只有做出牺牲才能获得生机，因此并不能算是对"死亡"的特别崇拜。

然而，在正常时期，这种"逆来顺受"以及"多吃一点儿亏也无所谓"的态度，却是专制主义的基础。因为，一群连自己权利也不清楚的人，是可以随便让外来的意志加在自己身上的。

在建国以后，中国人可以容忍工资的长期冻结；可以容忍自己被安排在完全不适合自己的岗位上；可以容忍被迁离城市下放到地方去；可以容忍自己劳力生产的最佳成果只输国外；可以容忍自己在派赴国外工作后赚得的高薪上缴归公；可以容忍自己夫妻终身被分置异地；可以容忍地方干部用"土政策"修改婚姻法，令自己不得结婚；甚至到了"土政策"容许的年龄后，又可以容忍因分配不到房子而长期不得结婚的情形。被历次政治运动搞到家破人亡，而自身也饱受心身摧残的人，在事后居然也可以淡然处之。这些都是人的生命中最根本的问题，如果连这些事情都"吞"得下去，良知、言论、集会、结社、出版等自由的付诸阙如，又算得了什么？

因此，几乎每一个中国人身上都有鲁迅笔下的"祥林嫂"的影子——可以任由别人踩在自己身上，而无怨言。

在日常生活中，这种自我压缩的人格，往往使自己对别人占便宜的容忍度增加，对受别人利用、摆布与控制的敏感度降低。而且，还往往会纵容与姑息不合理的事情，让它们继续存在。

的确，泛文化性的"逆来顺受"的倾向，一方面在广泛的层面上制造出上述那样被解除了武装的人，另一方面也会制造出专门去剥削别人的人——后者会利用一般中国人"做人"不轻易拒绝别人要求的倾向，就把自己的不合理要求强加在对方身上。许多中国人在面临别人的这种利用时，往往不知道如何说"不"。即使是并不那么软弱的人，心中感到不值，也会聊以自慰地说："顶多帮他这一次吧！"

的确，在中国这种由人情制约的文化中，一般人往往会被"治"到毫无自我伸张，但也有人情制约失效的"乱"的一面。对少数人来说，人情制约是失去效用的，因此，他们是无"耻"的，是撕破"面子"做人的，是"无毒不丈夫"的，并且还教唆自己的子女如此去做。然而,之所以这些少数人可以如此肆无忌惮,却是由大多数人的“逆来顺受”纵容而成的。

至于纵容或姑息不合理的现象,让它们继续存在,则可以举一个实例说明。在大陆,许多图书馆与博物馆有不按时刻提前关门的习惯。有一次,两位美国女学生在上午十一时到达一所博物馆,管理员说已经休息了,但是牌子上明明写着休息时间是“十一时半”,因此,她们就据理力争,结果,到了十一时二十分,还是得让她们进去。如果是中国人碰到这种情形,总是走开了便算(奇怪的是,往往在这种场合里不敢使出来的攻击性,到了在街头或公共汽车上与人吵架时,就一点儿没有节制地完全迸发出来)。

3.“存天理,灭人欲”

与什么“封建主义”“资本主义”“社会主义”都无关,在两百多年前,美国争取独立时公布的宣言中,把“追求幸福”当作一种基本“人权”,清清楚楚地罗列在内。中国则到了20世纪70年代,在理应保障人民权利的宪法中,也同样不含混地写上:“毫不利己,专门利人;一不怕苦,二不怕死。”

中国文化既然将“二人”当作“天理”,于是遂出现了“克己复礼为仁”,甚至“杀身成仁”的命题,所谓“为仁”与“成仁”就是成全“二人”关系中的对方的意思。用现代术语来说,就是:“毫不利己、专门利人;一不怕苦,二不怕死。”

的确,当年人民政府的这类口号以及“学习雷锋”一类的运动,与历来中国为政者倡导的口号虽然不一样,但与传统的“存天理,灭人欲”“饿死事小,失节事大”的说教,却是同一个“深层结构”的产物。在文化“表层结构”上尽可以出现不同的表现形式,但是在深层的意义上却基本一致。因此,蒋经国即曾号召老百姓学习不食人间烟火的“沙鸥精神”,并且有过“牺牲享受,享受牺牲”的说法——不过,到底谁去“牺牲”,谁去“享受”,倒没有明言。

统治者的这种说教,不可能是凭空想象出来的,它必然是诉诸中国文化“二人”定义“一人”的深层结构。在这种对“人”的结构方式中,“一人”之“身”不受制约的话确实亦易趋于“乱”,而个体亦被训练成不要以自己为信任的对象,并以抹掉“自我”作为美德。但是,这种设计就易倾向于把个体正常的欲望也当作“人欲”或“私心”处理。

的确，也正因为人格发展阶段的颠倒错乱，个人之被“非性化”与“儿童化”，他的生理成长阶段就不能与人格发展相符合，而他的正常欲望也就与社会规范完全脱节。于是，本来是很正常的东西，却必须像防贼骨头一般地去防范它。结果，就是连整个“个体”也变成了必须防范的对象，并出现了“他制他律”的安排，而这样的人格，如果不由外力去约束，又可能真正会出乱子——这个恶性循环，就如同无力自我组织的中国社会，一旦没有了专制主义，就会出现“枪杆子”打天下的局面，而专制主义又必须是由“枪杆子”打出来的一般。

因此，为了维持“和合”，就必须要求每一个“个体”做“自我压缩”，亦即是用“灭人欲”的方式去“存天理”。而且，最好还要使一个人把这个“自我压缩”内在化。因此，除了程朱一类“存天理，灭人欲”的口号之外，还出现王阳明一类“破山中贼，破心中贼”的口号。显然地，王阳明之流认为“防民如防贼”是不足够的，最好能够做到让每一个“个体”把自己当作贼骨头一般防范。

综上，中国文化要求每一个人做到的，是一种不生不死的状态。一个人不能太爱憎分明，因为，自己爱的东西得不到，自己憎的东西排不开，都会引起极大的痛苦，因此，唯一的麻醉剂，就是处于感觉不冷不热的中间灰色地带，以便对自己失去控制的外界达成一种绝缘体的效果。于是，逐渐地就使自己与自己真正的感觉失去联络，觉得好的与坏的都无所谓，反正生活就是那么一回事。事实上，一个连“自我”这个领域都没法确立，而且与自己的生命力失去接触的人，也的确只能如此。

然而，爱与不爱、憎与不憎都一样，对自己所爱的人与物不敢有太强烈的要求去获得，对自己不喜之人与事也不敢断然决裂——这样的“生命”没有很强烈的突出感，与“非生命”的状态很难分判，因此，也说得上是“生”与“死”的“和合”。

当时在大陆，在街上看到老百姓，脸上都是一副漠然的表情，的确是做到了“齐生死”的地步。然而，海外在资本主义下生活的中国人，情形似乎也好不到哪里去。一般来说，仍然是把“自我”定义为“身”，所谓资本主义下的“自由”，顶多是发挥在“利吾身”上面，至于“人”之气象，也不见得开展到哪里去。因此,有个性的、热爱生命的、能越出渠道化的公式而让一己的生命做全面以及多面开放的人,确实是少之又少。事实上,因为"人情化"水平低落于国内,中国人那种不见"私人化"的七情六欲的倾向反而有加强之势,因此被搞到"木口木面"的人似乎比在国内还要多。

大陆与台湾的人士都认为香港是"西化"兼"腐化"的地方。但是,说起来很难令他们相信,笔者在港、台、大陆三地都住过,唯有从香港女性的口中听到过:如果婚前有性行为,将会"对下一代唔好"一类的话。说这些话的人,不要说生孩子,就是连男朋友的影子都还未见。因此,说这一类话,只是证明自己"乖女",是一种赢取社会观众鼓掌的方式。

然而,也由此可以看出:中国人的"个体"没有什么自身内容,它只是延续"身体化"之存在的工具,因此由下一代定义上一代这样的"二人"关系就是"天理",而个体化的表现则是"人欲"。

一般来说,在其他国家,影视女演员会是一个全面盛开的"妇人",甚或是"性"的象征。然而,在香港,却特多"乖女型"的女演员,其中有人公开问答访问,说:她反对婚前同居,因为一来会使父母不安心,二来对下一代不好。

这确是十分值得鼓掌之事——尤其在"世风日下"之今日,只不过,令人困惑的是:她为什么不说这样做乃违背"自己"的原则,反而必须动员到两对"二人"关系来定义自己。

的确,只要是中国人,她(他)无须知道宋明理学的"存天理,灭人欲",也可以基本上不服膺"毫不利己,专门利人",但是,在意识构造的深层就是会出现同样的思考方式。

"毫不利己,专门利人"听起来是至为冠冕堂皇的。然而,世界上的事情却往往反其道而行。的确,一个人如果不十二分地爱自己,就不会尽量设法使自己"可爱",因此这样的人基本上就是没有什么可爱。事实上,在香港,与上述这类似乎是世界上最"道德"的宣传并行的现象乃为世界上最现实的生活意向,至为屈屈窒窒的气象,以及"永恒的女儿"——自身的 sexuality 为"老母"所窒息而从未盛开——的形态。

4.不敢让自己太有吸引力

当一个西方人受到别人的称赞时，他总是说：“谢谢！”亦即是接受的意思；而当一个中国人面临同样的场合时，却总是赶紧地连声说：“我不行！我不行！”

后一种情形，可以只是一种谦辞，听的人往往心里很受用，但是在表面上总要谦虚一番，因此并没有妄自菲薄的意思。然而，对很多人——尤其是青少年——来说，却是出自真心的悚然，因为中国文化没有促使个人对自己有太高的估价。

的确，中国人一代对一代的教养，只是使人“快高长大”，并没有让他去形成坚强明确的“自我”，反而是教他如何在别人“面”前不要过分表现“自我”。于是，在“羞耻感文化”作祟下，就不只是听到别人当“面”称赞自己时，会“脸”红，即使是偶尔“面”临“对方”自夸的场合，也会替他“脸”红，热血会冲到耳根子里，甚至背发冷汗。因此，如果有中国人像美国总统候选人那样公开地说：“我将是你们选出来的最好的总统，请投我一票！”就真正是“唔怕面懵”。

因此，中国人不是互相平均的话，就是自我平均，即使在家庭内，如果子女当众说自我欣赏的话，上一辈就会做出做人要谦虚一点儿的告诫，或者，掉过头来，如果母亲当客人的“面”称赞自己女儿，后者亦会急着抗议：“阿妈啊！……”

一个人如果不具备制造吸引力的心理化学，即使穿上华服或抹上浓妆，也是无补于事的。不论一个人如何妆扮，无知无欲的儿童化心理状态、中性化的外观与体态、不见七情六欲的“好人”表情，或因“非性化”而造成的不愉悦表情——无论是“嬲爆爆”“面臭臭”，抑或“吃冷猪肉”——都会破坏整个美感效果。一般来说，香港人的衣着比美国人还要讲究，有的还引进“名牌”欧洲时装，然而，因为身上缺乏鲜明的“性格”轮廓，因此并不能达到法、意人士同样的效果，反而会给人一种着在空架子上的感觉。

外形的美感往往是“性格”的表现，因此，不一定要华服与盛装，更主要的因素是符合自己的个性。例如，在美国校园中看到一些从乡下来的女学生，一年级时还穿得很整齐，但也很“土”，上了二三年级后，她们就让自己的“个性”发挥出来了，有时梳起个非洲发型，穿起比较不整齐的服装，反而更胜于前。因此，如果不具备心中挥洒自如这个“个性”的因素，那么，即使学别人身上穿着好看的衣服，面上涂上化妆品，也不见得创造了什么美感。

然而，在20世纪80年代以前的大陆，女的几乎一律是“清汤挂面”，男的则一律被搞到像“霉干菜”一般，再加上黯淡的建筑物，结果，灰色就成为了人文景色的主调。这基本上是一种反对生命的气氛。因为，连懂得一点儿常识的人都会知道：如果将一个人放在五颜六色的百花圃中，他的心理景色也必定会被照亮起来，人也跟着“活”起来；然而，如果将他放在一个四面灰墙的斗室中，他的心理景色也势必变成灰色，而人的精神也会“沉”下去。

有人认为，这是大陆当时经济落后的结果。笔者绝对不同意这种看法。一来，80年代以前的大陆服装，为了将人的线条掩盖起来，往往就用掉过多的布料。例如，男装的裤，除了裤管过于宽大之外，还将束腰的地方定在肚腹之上，而不是像国外那般定在腰下。因此，如果不是为了“道德上”的原因，就至少可以省下十亿尺布。此外，中国境内的少数民族，就没有如汉族那样搞到“霉干菜”一般。笔者到过新疆，发现维吾尔族与哈萨克族的服饰就很鲜艳，女的全部带耳环，而且，他们穿的其实也不算什么民族服饰，反而有点儿接近苏联境内以及中东的土耳其人西式服装。然而，在这些地区，凡是汉族气氛所到之地，就是灰压压的一片。

此外，也不能说这是“封建残余”，因为，这个铲掉“个人”吸引力的“存天理，灭人欲”倾向，只有到了建国以后一个特定的时期，才发扬至最高峰，而且还在群众性的广大范围内展现。这是典型的中国人“良知系统”的表现，而不是什么“封建社会”的表现。今日处于真正“封建社会”下的阿拉伯人，反而产生了比西方男士更具雄风的男性，他们懂得如何去制造自身的魅力，就如同游牧民族懂得如何去培养良马的鬃毛色泽一般。至于中国的男性，则往往是垮垮的。

这个由“死亡崇拜”造成的灰色景象，其实只是不生不死状态在外形方面的一个表现。这个状态，一方面保证每一个人的生物性的生存（亦即是“身体化”的需要），另一方面却不让整个生存具有太大的吸引力。这种心态，往往还反映在其他方面。例如，当时有中外合资拍电影之举，在剧本方面总因浪漫情节过多而屡遭中国方面要求删改，因此，外国电影工作者就说：把情节弄得越乏味，中方就越容易接受。

显然地，一个人在一方面不让自己有吸引力，在其他方面也不会注重吸引力的，而且根本不知道还有这样的因素存在。当时有一位替公司常驻北京的美国旧同学告诉我，她曾经将一个样品交付大陆的工厂试制，同时也将同一样品交托其他国家试制，这种试制是竞争性质的，看谁试制得最好，就将这个产品交给它去生产。然而，当时中国公司将试制品交回来以后，却走了样，她去询问，得到的答案却是：“你们的要求太高！”使她对中国人缺乏“优胜”的观念感到大惑不解。

确实，一个使自己也不具有吸引力的人，又怎会去考虑到其他事物的吸引力。中国文化搞“自我压缩”的“死亡崇拜”，的确也做到了对好的与坏的感觉都麻木的状态——它是生中之死，换言之，是一种慢性死亡。

到目前为止，“人”的状态并不是顶理想的，他还可以朝更好的方向进展，因此尼采认为“人”是一个必须被超越的东西。然而，中国人这个“苍白的囚徒”，离“人”的阶段还远得很！

5.“不敢为天下先”

中国人历来的处世之道是“不要好出头”，如果万不得已要出头，也不要“先出头”。中国人的父母总是以这一套“保身哲学”来教导子女。这种教导，自然也包括必须“跟大家一样”的一番道理。

甚至在中国人的夫妻之间、情人之间，也往往看到这种情形：如果其中一方好出头，碰了钉子回来，另一方就会生气地说：“活该！谁叫你好出头，学学别人吧！”对任何国家来说，男女双方的互相吸引，往往是因为对方有个性，跟别人不一样，如果要“学学别人”，为什么还要挑中他（她）？然而，在没有“灵魂”事业而只注重“安身”的中国人来说，对方必须做到“保身”，才是对自己有用的。

因此，中国人以不好出头为“精”、为“醒目”。有时，甚至自己利益分内之事，也推动别人先出头，形势一不对头，自己就先抽“身”。

笔者还记得在不久以前的香港，谁只要被人认为是在“搞政治”，也不用问他是左是右，他就会得到恶名，就像患上了麻风病一般，大家都不想沾上他，真正变成了“同胞勿近”！

在70年代留美学生的爱国运动中，也发现有这种倾向。某些香港人为了某种原因认同祖国，然而，当已经知道他们立场而又对之颇为同情的人询问他们：“你是亲北京的吗？”居然会得到支吾其词的答复。某些香港人的“左派”，在碰到了必须派传单时，则发动平时称之为“鬼佬”的外国人代劳，或者摆布平时被认为是“自外于国人”、已经“烂命一条”的“同志”去做。在碰到了别人在报章上攻击中国而自己又必须发表文章表态时，也会互相“递球”，你推给我，我推给你，最后还是在已经“烂命一条”的“同志”背后决定由他去出个名字。

这些人也不一定是“杀头的事让别人去做”的阴险家，而是一种比他们的觉醒的意识还要深层的力量促使他们如此表现。因为，中国人凡涉及“一人”之“身”，总倾向于不让它突出于群众之外，大家不去做的事自己就不会去做，因此即使搞政治也躲在“群众”堆里。然而，这些爱国运动中的“左派”在“二人”关系中却是“仁至义尽”的——他们可以凌晨四点钟到飞机场去接新到的同学，替新来者找地方住，帮他们迁居，物色汽车，并且常常“请客吃饭”，和他们“在一起”。因此，不能谓没有做到“毫不利己，专门利人”。确实，在中国人之间“搞政治”，也只能这样做，亦即是，照顾群众“身体化”的需要，才能令他们“交心”。在中国式的政治中，只有“仁者”才是“无敌”的。如果“群众”觉得你对他们没有“心”，而你又将自己的旗帜打得很鲜明，触动他们对“政治”的恐惧感的话，就会先“臭”掉，什么事也搞不成。在一个诉诸“心”（脑的中层）而不诉诸“脑”（大脑皮层左半部）的文化中，也只能这样去做。

因此，这些人也不一定是怕死，而是下意识地摸到了中国人政治行为的“文法”。然而，却往往也是“怕死”，因为中国人“明哲保身”的龟缩倾向，同时也在他们身上发挥作用。此外，他们之中的不少人也打算在美国做“安身”之计，为了不影响申请居留证，最好也不要过分“出头”。

当然，并不是所有的中国人都是这样。从“五四”到新中国成立这段时间，就出现了不少不怕杀头的志士。这段时间，中国受到外来思潮的冲击，士大夫“以天下为己任”的传统也在发挥作用，又正值“天下大乱”与国难交加的关头，因此，任何“心”的寄托都易导致“献身”与“舍身”的倾向，与上述那些毫无文化心灵的香港人的“安心”之举，自然有云泥之别。

然而，海外留学生运动的这种表现，却是中国文化相当典型的表现。我们并不是将他们去比革命时代的中共一辈，而是将他们去比同一个时代的美国左派青年，以及在同一些校园中来自第三世界的左派留学生。置于同一个空间中，且又都是战后成长的一代，以不同的文化背景做控制条件，来加以观察。

美国的左派青年，不用说，是新教文化背景的产品。因此，他们认为自己“是”什么而不敢表示的话，就是人格没有“完整性”的表现，而“不敢为天下先”的人，就是最后才“得救”的人。因此，与“羞耻感文化”下的中国人必须在“群众”面前“做人”的作风，大相径庭。此外，这一代又是60年代整个西方文化“嫩绿化”的产品，往往倾向于不切实际的理想主义。这一点，与中国人因少年的“老年化”倾向而产生的现实的安身主义，也大相径庭。

至于同一代的第三世界的左派留学生，除了与本国的反动派学生做斗争外，还往往与美国的左派搞在一起，将矛头指向美国的统治者，并且，在没有居留证的情形下，在美国的国土上高呼：“打倒美帝！”为什么出现这种情形？实在很难说。可能，60年代出现的战后一代的“嫩绿化”，也波及他们身上，而不只是限于西方的青年。也可能，世界上所有其他的文化，都比中国文化更具有“个性”因素，因此，也更具有“灵魂”的事业。

至于中国人留学生的政治活动，严格地说来，只能算是一种“心”的事业，亦即是“心怀祖国”。而中国人的“心”是与“身”相互关联的——例如，照顾了“群众”的“身体化”的需要，就表示了对他们“有心”，因此，也就可以使他们“交心”，换言之，用“仁”的方法去“亲民”，就可以“新民”。既然在改变“人心”的同时，亦帮助“群众”在美国“安身”，那么，自己又何必不同时去做“安身美国”“心怀祖国”之事？

因此，“不要好出头”的倾向，基本上可以说是一种“身体化”的倾向。事实上，提倡“不敢为天下先”的中国人的道家思想，基本上是一种“保身”哲学。庄子亦认为，人生的理想就是“可以保身，可以全生，可以养亲，可以尽年”①。

① 《庄子·养生主第三》。

这种“保身”哲学，是中国人在“专制主义”与“平均主义”这两把刑斧底下苟存之法。在道家的心目中，这个世界是充满杀身之祸的：“飘风不终朝，骤雨不终日。孰为此者？天地。天地尚不能久，而况于人乎？”①而且，不只是自然界令人不得长久，还有“伟大”一类的“有为”之君，也视百姓之人命为草芥：“天地不仁，以万物为刍狗；圣人不仁，以百姓为刍狗。”②因此，人为了自保，必须“自我压缩”：“持而盈之，不如其已；揣而锐之，不可长保。金玉满室，莫之能守。富贵而骄，自遗其咎。功遂身退，天之道也哉。”③而谁好出头，谁就先倒霉：“勇于敢则杀，勇于不敢则活。”④“强梁者不得其死。”⑤为了保身，《老子》遂提出了“曲则全”的自我压缩之法。

《庄子》一书也提出：为了做到“可以保身，可以全生，可以养亲，可以尽年”，一个人必须“为善无近名，为恶无近刑，缘督以为经”⑥，一个人不应该表现得太优越，太特出，否则就会成为被消灭的对象，就好比一株良木会先受到斧钺之灾一般。因此，人必须做到像一株不成材之木一样，才能幸免：“‘此果不材之木也，以至于此其大也。嗟乎！神人以此不材。’……故未终其天年，而中道之夭于斧斤，此材之患也。”⑦

确实，中文里“出头”一字，就含有在大家都齐头的状态下冒出了头的意思，因此，就会成为被消灭的对象。为了避免这种灾难发生，就必须造成自己的“不材”，窝囊一点儿也无所谓，正所谓“无用之用是为大用”。这种不要有“灵魂”的事业，不要让自己放光放热，只图保住臭皮囊，使它“可以尽年”的活命哲学，基本上是一种“身体化”的哲学——它的格调是十分低的。

因此，中西哲学比较研究中最大的一场误会，莫如把庄子哲学当作“存在主义”。诚然，庄子讥讽在世俗中奔忙之人，认为自己的境界高于他们。然而，存

① 《老子·虚无第二十三》。
② 《老子·虚用第五》。
③ 《老子·运夷第九》。
④ 《老子·任为第七十三》。
⑤ 《老子·道化第四十二》。
⑥ 《庄子·养生主第三》。
⑦ 《庄子·人间世第四》。

在主义者之超越世俗，是认为必须从“跟大家一样”的情况中撤出，自我的“存在”才会浮现。至于庄子，则提倡用使自己不成材之方式，去保住自己 的“身体”。因此，前者重灵魂，后者重身体，判然有云泥之别。庄子讥笑那些在世俗中奔忙的人，也只是笑他们忘形于“身外”之物，而不知道保住“身体”才是最重要的。我们不要忘记，道家哲学源自杨朱的“拔一毛以利天下不为也”的前提，就是连“身体”上的一根毛也比“身外”之物重要。

此外，老庄哲学还是向专制主义献计“弱民之术”的。它提倡“小国寡民”，让国家造成强大于社会的形势。它教导人“复归于婴儿”，搞“儿童化”的“无知无欲”状态。然而，它却同时又是一种老朽的“老年化”哲学。青少年是血气方刚，好出头的。针对这个倾向，《老子》就来一番“勇于敢则杀，勇于不敢则活”的说教。确实，老子哲学也只能是“老子”的哲学，一个人活到能够想得出这一套“保身养生”之术的年龄，而没有夭折掉，也必定是很“老”的了。然而，《老子》还向统治者献策：“民不畏死，奈何以死惧之？若使民常畏死而为奇者，吾得执而杀之，孰敢？”①换言之，只有灌输老百姓“怕死哲学”，才能用“死”去威吓住他们。

像这种“一人”的活命哲学，与“存天理，灭人欲”这类“二人”的“死亡崇拜”，其实是相辅相成的。因为，要求一个人不要在生命中放光放热，只图保住臭皮囊，就是要他以“死”的方式去“活”。因此，这种“好死不如赖活”，其实也是一种慢性死亡。

老庄哲学是中国文化“深层结构”的一个表现。因此，即使没有读过老庄的中国人，也普遍地表现这种倾向。不久以前，在香港还可以碰到一些人提倡不要有“个性”，不要“好出头”，并且还洋洋得意地当作是一种高深的智慧去教导别人。

60年代，当笔者就读台湾大学之时，就曾听到文学院长以“蟑螂与人”为题的演说。他认为：蟑螂经历几次冰河时期，还能生存，体形也没有变化，证明是适应力很强的生物，因此，其演说词大有人必须向蟑螂学习的含意。

---

① 《老子·制惑第七十四》。

后来,这种倾向亦更为明显。在大陆时,笔者就亲耳听到有“出头的椽子先烂”的说法。

6. 一潭死水的生存状态

中国人“自我压缩的人格”的另一个表现,就是对世界采取“静”的态度。

这里所谓的“静”,并不是“吵”的反义词。事实上,中国人是很“吵”的。在茶室中,西方人往往很静穆,而中国人则多半很吵闹。甚至在大陆与台湾的图书馆中,笔者都曾碰到管理员哗啦哗啦大声交谈的情形。在人际关系是采取反射态度而不是内省态度的文化中,也必然会如此。

这里所谓的“静”,是指“动”的反义词。中国人是不好动的。在传统文化下,父母从不鼓励小孩发展好奇心,而是教他们不要冒险,不要动,不要乱问,对世界不要去采取“征服”的态度,而是去顺从它,符合它。有的父母为了怕幼儿乱动,还将他们绑起来。于是,“不动”就几乎变成了“乖”或“听话”的内容。

老子的“小国寡民”理想,也是“使民重死而不远徙”①。建国以后很长一段时间内实行的体制,可以说完全符合这种文化倾向,因为它将每一个人都绑死在一个岗位上。“文革”可以说是冲破这个局面的非常态时期,鼓动造反派乘免费火车,到处串连,后又恢复到常态。虽然,最近几年来,中国人做国内旅行已不用内部通行证,旅行的人也较前为多,但是与国外比较,还是相差很远。我在大陆时观察到:很多人连所居地的邻近城镇也没有去过。

“文革”的“动乱”,早在1966年已经收摊。因此,到了“四人帮”垮台前后,中国人早已恢复到一潭死水的状态,连青少年也没有一点儿生气。当局为了纠正这种情形,就于1977年,北大举办了一次交际舞会。据某些人士说,这一次舞会由电视转播各地,其他大学亦被鼓励起而效仿,目的是想使青年人“活”起来,然而,大家静止惯了,实在放不开,于是,校方就派人逐个寝室去拖,要学生参加舞会。

这种“拔苗助长”的措施,实在给人“既然如此,何必当初”之慨。然而,即

① 《老子·独立第八十》。

使是“拔苗”，也是拔了一半又将它按下去。80年代，大陆的青少年初学西方的迪斯科之时，又遭禁止。在我居留的那所大学中，就出现这样的一幕：5月4日“青年节”那一天，学生会举办舞会；当人们跳迪斯科时，团的领导就出来制止，结果，大家唯有做鸟兽散。校方从未出过公告禁止迪斯科，只是放出空气，认为它“形象不好”。令人困惑的是：总是在任何事情上后人一步的保守成性的中国人，如今也已经能够接受男女搂抱的交际舞，为什么对不搂身跳的迪斯科反而不能接受？笔者认为：可能是由于他们不能将猛烈的身体摆动与自己的一贯形象联想起来的缘故。

在中国社会的整个气氛是一潭死水的日子里，最痛苦的人，莫如非洲与阿拉伯的留学生。非洲人是发明摇滚乐的，阿拉伯人则是游牧民族出身，他们的生命力往往比西方人还要旺盛，因此，到了中国，就闷得要发疯。情形更糟的是：这些人攻读的都是工科与医科，因此并不像西方人与日本人只是来华进修一两年，而往往是滞留五六年。这五六年是他们的青少年时期，而他们又不像中国人一般可以将这个阶段抹杀掉。留美的中国学生，即使远离了土生社会与家庭的束缚，也可以在十年之内都没有性生活，这些第三世界学生却不能这样——他们必须“搞男女关系”，也必须有夜生活。

在中国，大家到了九点钟就睡觉，因此是没有夜生活的。在笔者居留的那个城市中，也只有二三处开放给外国人的地方，其中只有一处有一班老人乐队在演奏。这种地方，我在一学期内只去过三四次，然而每一次都碰到同一批非洲与阿拉伯学生，就好奇地问他们是否常来。答案是：“一个星期来五个晚上！”

笔者也到过他们的宿舍，发觉许多房间内的录音机总是响着震耳“迪斯科”音乐，因此，就感性地理解到：1980年初上海某纺织学院发生的第三世界学生与中国学生斗殴事件，是怎么一回事。那一次事件正是由于这种吵闹影响到中国学生，才触发的。

当时在大陆，如果一个中国人整天地在播放摇滚乐，并且扭动身体，就会被认为是“阿飞”或“流氓”。因此，这些第三世界的学生就不免或多或少地蒙上了“阿飞”或“流氓”的形象。更不可忍的是：这些人与中国女性“搞男女关系”。在中国这个“非性化”的社会中，就多少会使人觉得：这些非洲人与阿拉伯人有一点儿“动物化”。

然而，如果站在这些人的立场看问题，就可能会觉得中国人多少地有一点儿“植物化”。

确实，中国人是有一点儿“植物化”的。当西方人提起“自然”这个概念时，多半会联想起“动物”“兽性”以及“性”。然而，当中国人提起“自然”时，就往往会联想起花草树木与山水——正如他们在山水画中表现的“自然”那般。

大陆的青少年，甚至在星期日都可以坐在家中，要寻娱乐，则顶多去看一场电影——甚至在一些“文静”与“用功”的港台留美学生中，也可以看到这类倾向。这类活动，在美国是属于老年人的行为。因此，如此静态的中国人，与更为“动物化”的非洲人与阿拉伯人，就更加格格不入了。

当时，在中国以外的世界，声与色对感官的轰炸，已达饱和状态。20 世纪 60 年代以后被“青年化”的西方文化，为了使人更有活力，也已经把非洲音乐大量地包含入自己的文化中。然而，中国人的世界观仍然是“静”的。在大陆，仍然有许多人认为刺激感官是一件坏事。80 年代国产电影中已出现男女接吻或穿着泳装在海滩上追逐的镜头。这些事物，在国外根本不能算是对感官的刺激，在国内却时而仍然引起非议。

老子说：“五色令人目盲，五音令人耳聋，五味令人口爽；驰骋田猎令人心发狂；难得之货令人行妨。是以圣人为腹不为目，故去彼取此。”[①]老子提倡的这种半死亡状态，也是中国人植物化状态的最佳写照。

在 20 世纪 30 年代，中国的思想界曾经出现有关“动的逻辑”的大论战。所谓“动的逻辑”，就是“辩证法”。不少思想家认为，中国人“静的世界观”，或者可以由“动的逻辑”去改变。的确，中国文化是如此的一潭死水，真会令人同情毛泽东的“不断革命”的构想。但是，真正不幸，这个孙悟空的筋斗云并不能翻出文化“深层结构”的如来佛掌。“不断革命”的结果，只是引起了“动乱”。也难怪，既然在“天下大治”时不许人“乱说乱动”，到了“天下大乱”时，自然会一发不可收拾。

---

① 《老子·检欲第十二》。

因此，一潭死水的生存状态，正是整个文化“深层结构”的静态的“目的”意向性在每一个人“身”上的烙印。

7.“心理形势”的问题

我当时在大陆时，发现一种倾向：只有干部——而且还必须是高级别的——在面对外国人时，才会觉得自己与他们是同等人类；至于一般老百姓，在外国人面前，往往会觉得自己矮了一截。

中国人历史上就早已经把官与民划分为两种不同的人类，那么，出现上述情形，实不足为怪。在中国人之间，唯有管别人的人才会有较高的自我评价，因此，他们遂以“人上人”的地位，与西方人拉成一个平手。至于一般老百姓，则不论在“满大人”(mandarin)或“洋大人”面前，都会觉得自己是次等人类。

大陆优待外宾的办法却“礼不下庶人”，因此，就易将老百姓卑下的地位制度化。然而，人们卑下心理的形成，还具有来自文化“深层结构”的原因。

确实，一个在人格组成中含有许多“他制他律”的成分、在身上必须有外加意志的人，在一个自我组织和独立自主的人格面前，是必然会感到自卑的。

一个对“自我”的评价很低，不敢让自己太有吸引力，将自身的“性”当作是自己体内装载的违禁品，而又不敢公然地表露自己“是”什么的人，在另一个完全能够确立自己、对自己的吸引力感到自豪、与自身的生命力没有失去接触，而又敢公开地展示自我“完整性”的人面前，是会感到既怯且懦的。

一个害怕落单而必须常常和别人“在一起”、不敢“脱离群众”或“掉队”、总是要由别人定义自己，因此不能脱离这个定义自己的符号系统而去单独面对世界的人，在另一个独来独往、由“自我”这个基础通过内省的方式去定义外在世界，而又不断去使自己面对以及享受新经验的人面前，就会感到自己整个人都好像很单薄，别人的内容好像比自己丰富。

一个必须在感情上常常受人照顾，人家待自己好，就会在原则性的事情上向别人“交心”的人，在另一个不考虑人情攻势，而任何事物都必须经由自己的大脑皮层左半部加以分析与批判的人面前，就会觉得自己的想法总是站不住脚，而对方在任何事情上都比自己有主见似的。

中国文化对“自我”的戕害，达到如此严重的地步，以至在没有官压在头上的香港人与台湾人之中，也会出现这种在“心理形势”上输给西方人的情形。

例如，不少港台的留学生，到了美国后，就搞聚族而居的部落主义，从不敢单独面对世界。然而，有些人毕业后，在另外一个城市找到工作落了单，就会尽量想法在一些公众场所去结识自己的同胞，要求做朋友，还说：“此地的洋人很凶！”

也有一些人，整天认为自己遭受“歧视”。在美国，种族主义当然是存在的，但与香港人逢外国人就称作“鬼佬”的程度比较，却不可以道里计。一般来说，美国人倾向于站在“个体化”的角度去对待“人”，也是站在这个立足点上去交朋友。然而，中国人则倾向于将人“类型化”，因此，不只将洋人“类型化”，也将自己“类型化”，结果，就下意识地将自己这个“个体”放入了一个较“低级”的“类”中。心中既然已经有鬼，一旦碰到了“对抗”的场面，发觉对方完全充满自信地侃侃而谈，本身“是”什么就表现什么，不搞“和合”，而自己的攻击性就发挥不出来，自己这一方的意见，也总好像是未够合法地位似的，伸张不起来，于是就感到被压，并且认为这就是“种族歧视”。

于是，不少人就躲入了“十亿人”丛中，以求吐气扬眉。然而，即使参加了海外的爱国运动，也只有当觉得自己是“十亿人”这个巨龙的一片鳞甲时，才自大一阵；在单对单地面对洋人时，还是有矮了半截的感觉。

鲁迅说：“中国人向来有点儿自大。——只可惜没有‘个人的自大’，都是‘合群的爱国的自大’。”①真乃一针见血之论。

然而，上述这种“心理形势”，往往与一个人的天赋条件无关，一个人即使天赋条件比人优越，但是，如果他总是在“心理形势”方面将自己放在他人之下，就会主观地觉得己不如人。战国时代的思想家慎到曾经对“势”做过分析，指出：人臣总是受制于人君，纵使后者只是蠢材，因为这种“势”已被先定的地位所决定。因此，在“心理形势”上受制于他人的人，纵使自己的条件更为优越，也表现不出来。

---

① 鲁迅：《热风》，北京：人民文学出版社，1973 年版，第 19 页。

可惜的是:不少中国人的聪明才智并不差于西方人,却因为被自己的文化所伤戕,形成自己这个“个体”是很单薄的感觉。于是,在“心理形势”方面,就输给了别人。

中国文化对“个人”的残害,达到了如此严重的地步,以至不少中国人在自己人面前也在搞“妄自菲薄”。不少本来天资不差,明明很有前途,可以大量放光放热的人,却只敢将自己放在一个很低微的位置上,寂寂无闻地终其一生。

中国人在“心理形势”方面由自己造成的劣势,可以从“身体语言”中看出来。他们往往很谦卑地向人打恭、赔笑,处处做迎合他人之状,或者过分羞愧,现出笨拙困窘,很难出现风度,在公众场所亦往往不敢发言,而一开口就易口吃,因此,有时索性以木口木面对待社交关系。

如果我们用马克思政治经济学中的“价值”与“价格”这两个概念做比喻,就可以这么说:大部分中国人是倾向于将自己的“价格”贬到自己的真正“价值”之下的。

这完全是中国人的“良知系统”出了毛病,与经济落后无关。因为,笔者看到的一些非洲学生,往往比西方人还要凶,阿拉伯的男性则比西方男士更有雄风,甚至印度留学生中也有不少人摆出“要人”状的。

在“他制他律”生效的情形下,中国人总是“自我压缩”的,遂致没有个性,逆来顺受,妄自菲薄。因此,从来也不知道如何正确地处理自我评价的问题,就如同他们从来不知道如何进行有控制性的攻击一般。但是,当这种纪律一旦失效,却会出现傲气凌人的嘴脸。笔者发现:在中国人之间,出现“言辞的屠杀”(verbal slaughter)——当众在口头上将别人损下去,将自己抬高到对方的头上——的频率,比新教文化的人士高许多,而有点儿近似拉丁文化。这种情形,却是不符实际地将自己的“价格”放到了自己的“价值”之上,并且还用缺德的方法去按低别人的“价值”。由此也可以看出中国人即使在表现所谓“个性”时,仍然得借助“二人”来定义自己这个“一人”,亦即是靠铲低别人来肯定自己。

然而,使自己的“价格”达到全面恶性膨胀程度的,莫如“特殊化”的倾向。笔者在台湾以及后来在海外的政治运动中,都曾经碰到一些具有权力狂的人,并且摆明:为了达到“老大”的地位,就是由几万条人命垫底也不妨,好像不如此想就不足以对自己的“重要性”下定义似的。这虽然只是政治“意淫”,却也反映出:在中国文化中,有踏在别人尸身上抬高自己的倾向。中国人是必须由他人来定义自己而又是用“等级”来对人估价的,因此,作为“人上人”,就必须由他人来垫底。于是,一些自认为是“人上人”的候补员者,其“自我”就像没有堤岸的河流一般,做泛滥式的恶性膨胀,虽然,他们其实仍然没有“自我”,而只是去模仿一个“类型”。

8.“弱者道之用”

中国人的人格既然是“自我压缩”的,因此,整个文化基本上是一个弱者的文化。然而,它除了造成大多数人的弱化之外,却也同时产生了弱者取胜之道,那就是:以弱胜强,以柔克刚,以静制动,以退为进,欲取先予,欲擒故纵,借力打力,等等。

老子说:“柔胜刚,弱胜强。”“天下之至柔,驰骋天下之至坚。无有入于无间。”①“人之生也柔弱,其死也坚强……故坚强者死之徒,柔弱者生之徒……强大处下,柔弱处上。”②“天下柔弱莫过于水,而攻坚强者莫之能胜,其无以易之。弱胜强,柔胜刚,天下莫不知,莫能行。”③

因此,中国人一方面可以因“自我压缩”而搞到事事逆来顺受,另一方面又可以将自我贬抑当作是一种姿态,来满足私欲。在中国人那样提倡“和为贵”与“息争”的文化中,如果公然逐利,就会变成众矢之的,而成为被“平均”的对象,因此,必须在表面上推让,造成自己“无私”的形象,一旦建立了自己在道德上的优越性后,就可以在别人不知觉的情况下用转弯抹角的方式去谋利。正如老子所说:“是以圣人后其身而身先,外其身而身存。非以其无私邪,故能成其私。”④

---

① 《老子·遍用第四十三》。
② 《老子·戒强第七十六》。
③ 《老子·任信第七十八》。
④ 《老子·韬光第七》。

因此，必须造成“夫唯不争，故天下莫能与之争”[①]的形势，才是取胜之道。因为，“天之道，不争而善胜，不言而善应，不召而自来，坦然而善谋”[②]。

这是一种从反面取胜之法，因此必须掌握这样的原理：“反者道之动，弱者道之用。”确实，这样的原理也是相当“反动”的。

不少中国人，在面对人时，第一回合往往会先做自我贬抑的姿态，但是后面紧跟着的言词或动作则是抬高自己。因此，就有点儿像狄更斯在《大卫·科波菲尔》一书中描写的希普一角——他总是对人说：“我是很卑贱的……”然而却没有阻止他去用卑下的手法推进自己。在中国文化底下，希普式的人物确实也太多了。

中国历代的篡位者，也都是先由下面的人“劝进”，自己推让再三，然后，在“斯人不出，奈苍生何”的压力下，自己为了表示“毫不利己，专门利人”，才首肯的。这种把戏，一直到了民国时代，还出现在袁世凯身上。甚至迟至70年代，蒋经国也还玩这一手。

蒋介石一生中三次下野，也是同类的“以退为进”手法。有时，公开地表示自己不好名位的姿态，也可以用来迫对手下台。例如，1930年“中原大战”前夕，阎锡山、冯玉祥就曾通电蒋介石，要求共同下野。

《老子》劝告人必须做被众人踩的道路，或者低下的山谷，才会让自己得尽好处：“为天下溪，常德不离……为天下谷，常德乃足。”[③]确实，变成了道路，虽被众人踩，要走路的人却离不了它，因此，就造成了众人对自己依赖之势。变成了山谷，虽然成为最低下的地位，但是，所有的山涧泉水就会全部汇聚到自己这一方来。

因此，中国人制服别人的方式，往往是让自己去做卑下的事。八路军、解放军之所以能赢取民心，是因为他们不像军阀与国民党的军队一般恣意鱼肉老百姓，而是在明明掌握着枪杆子的优势下，还去替百姓服务，如周文王一般“以大事小”。如解放军在进驻西藏后，有清理拉萨的公共厕所之举，真正做到了能

① 《老子·益谦第二十二》。
② 《老子·任为第七十三》。
③ 《老子·反朴第二十八》。

“受国之垢，是谓社稷主”①。

至于中国人打击别人的方法，却往往是先将对方抬高，亦即是：“将欲歙之，必固张之；将欲弱之，必固强之；将欲废之，必固兴之；将欲夺之，必固与之”。②

故意地将对方先抬高，就会使他得意忘形，沦于轻敌，疏于防范，自己就可以乘虚而入。或者，造成他树大招风，成为众矢之的，就可以假手群众，将他平均。

这个原理，应用在中国的武术上，就变成了“借力打力”，让对方的冲势越威猛越好，反正，最后还是会反弹到他自己身上。

这个原理，用在军事上，就变成了很卓越的游击战术。毛泽东的“敌进我退，敌驻我扰，敌疲我打，敌退我追”的打法，就是“弱者道之用”的最典型运用。

诚然，“弱者道之用”的原理，使中国人悟出了弱者战胜强者之道，有利于弱者的自卫，并且使弱国在强大的侵略者面前有克敌制胜之道。

然而，历史上纵然有小国打败大国、弱国战胜强国的事例，在现代世界中，最好还是做到不“弱”，否则，纵使战胜对方，这场战争还是要在自己国境之内打。因此，如果自己本来就弱，不妨运用弱者制胜之道，但是，却毋需将“弱”变成一种美德。至于对整个文化的前途来说，这种态度就更要不得，因为它培养了奸狡猾贼，并且会让弱者用不公平竞赛的方法去战胜强者，造成反淘汰。

9. 中国人有无“自我扩张”的人格？

“自我压缩”是绝大多数中国老百姓的常态。然而，在统治阶层中我们却可以找到“自我扩张”的人格。这种情形，乃古今中外之通例。不过，中国人的“平均主义”既然特别厉害，因此，“特殊化”也格外明显。

笔者在大陆时发现：高干子弟的自我评价就比老百姓高得多，因此没有像后者那般“自我压缩”。至于某些首长——尤其是第一代的革命家——则往往是很有个性之人物。

---

① 《老子·任信第七十八》。
② 《老子·微明第三十六》。

中国电影的特色，就是角色缺乏个性。然而，像《陈毅市长》这部电影，就将陈毅这个人演活了，因为演员完全模仿他生前的样子，连土音也学得惟妙惟肖。然而，这个角色可以尽量发挥，其他的角色却变成了活动的布景板一般，一点儿也没有个性。恐怕，在日常生活中，也是如此。

至于像毛泽东与周恩来那一级的人物，则更是旷古少见的。他们比任何同代的西方领袖都要伟大。确实，由十亿人造成的金字塔尖，也必然是如此。

可惜，中国人搞“自我扩张”，就必须做“人上人”，而不能像西方人那般，在同一个平面上让每一个“个人”都有“自我扩张”的权利。

(三)“个人”的不发展

中国人认为：抹杀了“个人”，就可以造成“无私”的集体主义精神。这种效果，可能在革命时期出现过，但是，在现实生活中，这却犹如纸上谈兵。

在现实生活中看到的是：抹杀“个人”，并没有促进“集体”的公益，徒然造成了“个人”的不发展而已。这种不发展状态，既没有“私”，也没有“公”，而是一种“公”与“私”两败俱伤的状态。

大陆一度流传的口号是：“大河有水小河满，大河没水小河干。”其实，大河的水是从小河灌注而成的，而不是相反。因此，这基本上是一种倒因为果的说法，并且也造成倒因为果的做法，亦即是把小河水放尽，造成大河也干涸的状态。

1. 从身体动作看出的端倪

中国人有随地吐痰、擤鼻涕、当众挖鼻屎等习惯，非但看起来不雅观，而且基本上是一种有损公益的行为。

在大陆，这种倾向又比香港严重得多。在香港，只有在较贫穷的区域，以及在中下层的中国人身上，会出现随地吐痰的现象，至于随地擤鼻涕，则已少见，但当众放屁与挖鼻屎却似乎在各色人等中都会出现。

在大陆,却是任何阶层的人,都有上述这种行为。在教室中,在图书馆中,会有大学生随便将痰吐在地上。甚至在教职员阅览室中,也有教师将鼻涕擤在书架旁边的地上。一些外国学生说,在他们听课时,就有教授当众将鼻涕擤在讲台旁边。一位参加国内甲骨学会议的美国研究生则说,在会议期间,大家一齐用膳,亦有甲骨学家一边吃一边将痰吐在桌下。

如果当年连学者也如是,那么,一般少受教育的人就更严重地呈现出这种倾向。甚至连上海那样的城市,当年在街道上走时,前后左右也都响起"咳吐"之声,令人有置身交叉火力网之感。在马路上,则到处是痰与鼻涕,使人有难于落脚之感。

然而,上海一地还是比较文明的,在电影院中就很少有人吐痰。至于华东的一些小城市,以及内地的大城市,在戏院中观剧,终场就是一片"咳吐"之声,此起彼落,无有间歇;有时,就从座位上飞到走道上;有时,就在你的颈后爆发,于是,你的颈后皮肤就立即会产生一种异样的感觉,历久不散。这种连珠炮一般的如呕似吐之声,令人产生全国都不太健康之感,因此,使人就会怀疑"东亚病夫"这块招牌是否仍然不能摘下。

如果连身体的排泄物都不能控制,那么身外的废物就更不能期待中国人去作合乎公德的处置了。凡是公众的地方——例如公园之类——都是冰棒纸棍、瓜子壳以及其他的垃圾丢满一地,在饭店中,除了将骨头吐在桌上之外,还丢满一地。

西方与日本都没有这种情形,北欧的公园尤其洁净,保持得如同私人家中的花圃一般。中国人素来攻击西方人搞"个人主义",因此,也就从不能理解这种"公"与"私"两存其美的情形。至于中国人自己搞的,则是一种"公"与"私"两败俱伤的局面。

中国曾经一度不让自己老百姓进入外宾专用的场所,除了"礼不下庶人"的原因之外,也具有上述这个因素。从前帝国主义势力在华时,在一些洋人专用的地方,挂上了"华人与狗不得入内"的牌子,中国人引为奇耻大辱。如今,并没有出现"帝国反击战",而是自己将别人邀请回来的,却仍然要执行这个措施,十分令人叹息。

至于中国人对废物的处理失去自制的例子，还有随地倒污水。他们不只随意倒在街上，甚至在大学生的宿舍中，一个人只要出了自己的房间，就可以随便将水泼在走廊上。

其他没有公德心的例子还有：凡是公共的地方，开了水龙头就很少有人关；亮了电灯，在离开时也多半不顺手熄掉。一位苏丹的留学生曾说：“中国人为了对我们解释国内条件的困难，往往说自己穷，自己落后，我们苏丹也是贫穷落后的，却没有出现这样大量浪费的情形！”

中国人的这种态度，运用到陌生人身上，就变成了“损人利己”。在上公共汽车时，一般都是不排队，即使在栏杆内还想插在别人前头。在商店中购物，则用身体将先来者顶开。

然而，这类动作又往往不是故意的，而是像儿童一般浑然不觉。一个“他制他律”的人，在生活的整个方面，可以被外来的压力弄到毫无个性，凡事逆来顺受，对自己的评价很低，但是，却仍然总会存在一些外来纪律达不到的角落。这些角落，自己从来也没有学会如何去控制。而且，既然对自己的评价很低，也不用去想到自我的形象。事实上，必须先出现了“自我”，才会考虑到“自我形象”！

因此，一个不是自我组织的人，就往往连身体的动作也控制不了。例如，当年我在国内某大学上课时，或者听音乐会与看戏时，在同一张长板凳上靠坐着的人往往会不停地抖脚，使我也不能专心，只好出声叫他停止。这种情形，从前在香港与台湾也碰到过，像这一类的小动作，就很具体形象化地说明了中国人的“个体”不发展。

2. 被弱化了的“个人”

上述情形，只是一个被弱化了的“个体”的不自觉的身体动作。至于这样一个人的心理状态，还可以由其他一些“身体语言”表达出来。

一个人，如果感觉到自己这个“个体”很脆弱，很单薄，在公众场所中往往会感到很自卑，觉得别人都在审阅自己，结果就多半露出了不自然的表情。或者，当自己突出地走过一大堆人的面前时，也会脚步踉跄。此外，在上课或听演说的场合中,自己想发问,也多半憋在心里,不敢问;或者,总是要由别人起一个头,自己才敢发问;而且,即使开口,也会感到血液沸腾,面红耳赤,声音颤抖或变形,因此显得语词错乱。

一个被弱化了的"个人",在面对"心理形势"比自己占上风的人时,总会觉得有一股比自己强大的外力将自己带动。因此,就身不由己地向对方打躬、赔笑,而且,还往往有去迎合对方的倾向。不少中国人,明明是自己的意见比别人卓越的,但当别人说出不同的意见时,就会全线崩溃,赶紧取消自己的意见。这种情形之所以产生,是因为自己这个"个人"树立不起来,因此觉得自己的看法一点都站不住脚。

一个被弱化了的"个人",往往在自己生命的大事上,也束手无策,任由命运的摆布,飘到哪里是哪里,甚至还会让命运之手,将自己压成残渣。鲁迅笔下的阿Q、祥林嫂、孔乙己,茅盾笔下的韦玉,巴金笔下的高觉新、周如水,以及钱钟书笔下的方鸿渐,都是被弱化了的"个人"的形象。在国产电影中,有一部《第二次握手》,其中有一段,描写男主角在火车上如保罗·纽曼般"英雄救美",一个人打倒四个流氓。然而,当他的父亲拆散他与女主角的姻缘时,却失声痛哭,最后只好屈从父亲的意志,娶了别人。后一种描写相当接近中国男性"窝囊废"的面貌,至于前一种描写,则是抄袭自二十年前的好莱坞电影,因此,就破坏了整个角色塑性的统一性。

确实,中国人的"悲剧",具有与西方人的"悲剧"完全不同的内容。古希腊人对"悲剧"的定义是:一个人还未出生以前已经有先定的命运,对凡夫俗子来说,这种命运不会酿成"悲剧";只有当一个功业彪炳的英雄,在这种先定的命运面前碰成粉碎,故事的情节才达到了"悲剧"的地位。西方人对"悲剧"下的定义则是:一个具有个性美的人,在面临一个不适合他的环境条件下,他的人格的完整性遂变成了他的局限,以及导致他败亡的原因。

至于中国人的"悲剧"内容,则往往是一个被弱化了的"个人",在对自己切身大事上,也无力抗拒比他强大的外力,唯有哭哭啼啼地等待"命运"裁判。因此,中国式的"悲剧"总是少不了弱者的眼泪。

然而,在中国文化中,这种被弱化了的"个人",却往往会被当作是"老实"

的人。有时,不只是父母与师长如此认为,甚至在男女选择对象时,也会偏好这类人物。

3. 没有“个性”

要求一个不发展的“个人”去具有“个性”,就好比要求爬虫做高空飞行一般。

的确,一个从来也不能否认的事实是:中国人的倾向不欣赏一个人有“个性”,而是欣赏一个人“不脱离群众”“不掉队”“跟大家一样”,而所谓“太平”“大同”“尚同”归根到底就是这样的境界。统治者之“齐民要术”,讲究的就是一个“齐”字,而这种“平天下”却又必须由“齐家”做起。

在“跟大家一样”的压力下,中国人即使要表现自己的伸张性,其方式也是很奇特的——例如:为了获得大家认可,中国人要搞斗争,也必须说是为了“整体利益”,换言之,就是将自己“斗争”之目的说成是为了“保持团结”,并且,尽量把自己对手的“斗争”说成是“破坏团结”“搞分裂”的行为。

因此,在中国人之间就普遍地存在着一种倾向,那就是:喜欢冒充是十亿人的代表。只要发觉别人有脱离自己心目中的“常轨”的行为,这些“十亿人的发言人”就会向对方抛出一顶“自外于国人”的帽子,告诫说:“你这种思想行为不像中国人!中国人应该有中国人的样子!”无疑地,躲进了十亿人的堆中是没有“个性”的人用来确立“自我”的最佳良方。

因此,中国人总是倾向于使“群众”认同,对有独特表现的人——其实是热爱生命之人——总是采取平均主义的态度。鲁迅曾经提出过“拒庸愚”的思想。鲁迅如今已被神化、偶像化,但是他的思想却不见得发挥作用。因为,你如果对一般中国人提倡“拒庸愚”,对方总是以为你把他也算在“庸愚”的范围内。但是,笔者发觉:如果向西方人提出这样的主张,对方就会认为你是指不包括他本人在内的其他人。既然大家都不愿意成为“庸众”的一分子,结果自然就没有了“庸众”。

中国人既然力求“正常”,因此就向平庸的事物认同,其生活的意向也是“不要脱离常轨”,不要与众不同,反对的则是“标新立异”,尤其讨厌的是别人

“出风头”。的确,中国人的美德是与人“和合”“不要出头”“不敢为天下先”。于是,即使连夫妻与情侣之间,也会发生这样的现象——以防“好出头”,碰了钉子回来,另一方就说:“抵你死!鬼叫你好出头,学吓人地啦!”在其他国家,这种事实属匪夷所思,因为,既然要求“跟大家一样”,又何必选择此人当配偶!

因此,中国人总是常常需要和别人“在一起”,不敢单独地去做一件事。如果他们想去一个地方,就必定要约了熟人一起去;如果熟人临时改变了主意,自己这一方也会打消去的念头。在一个陌生的场合,则往往只敢与自己人谈话,如果大多数人要离开,自己亦多半不敢留下,而是跟着别人一同离去。

中国十亿人可以由一条变来变去的路线牵着鼻子走,这样的一个奇迹,可能在上述的倾向中找到解开奥秘的答案。

没有“个性”的另一个表现,就是“拉大旗做虎皮”。在对自我评价很低的情形下,某些人就用攀附别人的方式来稳住自己。例如,说某某名人是自己的“朋友”,或者,将自己从名人处讨得的题字之类,裱好了,悬挂在大厅正中处,以及将名人的名片压在玻璃底下。笔者在台湾看到的一个较极端的例子是:一个认识胡适但胡适却不认识他的人,将胡适的照片放在办公室的显眼处,照片中是一个公众场合,胡适坐在第一排,他本人则站在背景中的第三排。

4.“小丑化”的倾向

中国人难得有幽默感,事实上,多半还不知道幽默感为何物——因为只有思想活泼、思路犯规的心灵才会酿造出幽默感,至于循规蹈矩的中国人心灵,就不是产生幽默感的园地。但是,中国人却有“小丑化”倾向。

小丑是这样的一种职业,他以自己的塌台、失败与丑态来博取观众的掌声。

一个被弱化了的“个人”面对他人的“心理强势”,会觉得身不由己地被带动。为了有所表现和确立自己的价值,就往往会采取娱乐对方的办法。因此,很容易出现小丑化的倾向。

一个不发展的“个人”,自我评价往往是很低的,自然也不会有自我尊严。因此,当他去谋取私利、满足私欲时,也往往会用十分缺乏尊严的方式去进行。在中国文化中,公开“逐利”的行径是没有合法地位的;一个人除非真正搞“存天理，灭人欲”，否则他就要用“弱者道之用”的方式去搞。然而，并不是所有的人都能做到如此高明，于是，遂出现了在人前丑态纤毫毕现的现象。

在笔者的印象中，这类现象似乎在台湾地区出现得特别多。台湾出产的电影，角色造型往往有严重的小丑化倾向，虽然流于夸张，却也反映了一点儿事实。

在台湾，某大专的一位老教授玩弄了女学生，被人在报纸上揭发，他就将替国民党完成过秘密任务所得的勋章亮了出来，结果，自然弥补不了名誉，反而暴露了国民党的秘密任务，以及自己的特务身份。此外，某大专校长服用过一个春药贩子的药，而且还可能“用过”由他介绍的逃家少女，事后，该名贩子就要挟他，要求在大专中任讲师，既然他的国文英文都不行，结果就开了“三民主义”的课程。

还有台北的某一任市长与市议会斗法的故事。该市长亲自拟订台北市发展计划，因此造成某地段的地价上升的势头，他就用家属的名义先将地皮买下来。市议会闻讯后，就决议将市立殡仪馆搬往该处，造成地价大跌。市长只得采取“水来土掩”之法，下令将关帝庙迁到殡仪馆之旁。后来，还是索性分予市议会的议长一些甜头，才平息这场闹剧式的斗争。

然而，即使本来应该是很正当的竞取权位的行为，亦居然会蒙上闹剧精神的色彩。有一次，台中某中医学院发生争夺校长之位的事件，其中一方居然抬了棺材去争。在20世纪60年代末，国民党首次让参与地方选举的竞选者公开发表政见，同时又对非党人士的公开演说存有戒心，因此，只给他们十分钟。结果，就产生了这样的闹剧：一位竞选者眼看时间将到，自己还说不清楚，一急之下，就在台上当众跪下，向听众哀告：“拜托！拜托！一定要投我一票！”

这固然是一些极端的例子。然而，笔者发现，在台湾，不少知名之士或者教授之类的人物，在台上演讲时，也会做出一些可笑的动作，以娱听众。这类动作当然是下意识的，却也暴露“个人”之不能树立的心理状态。

台湾的现象，令人联想起民国初年。当时，不少军阀都有小丑化的形象。然而，不只是张宗昌之类的“狗肉将军”如是，甚至贵为总统的黎元洪与曹锟之类，也不免有这种倾向。

如果甚至连首长也如是,那么,就可以显示出中国文化中这一个毛病的严重性。这种“个人”没有合法性,因此必须用丧失尊严的方式去“逐利”的倾向,可能在资本主义冲击底下更趋恶化。这个解释,也许可以说明为什么这类现象大量出现在民国时代与现在的台湾。

中国共产党似乎没有产生这种现象。他们领导的民族主义运动,似乎真正地洗刷了人心,使中国人获得了一个新的形象。在国产电影中,也确实很少出现小丑化的形象——正面人物,不用说,都是充满英雄气概的,就是像国民党一类的反面角色,也只是形容其腐化、凶残与奸狡,而没有将其丑化。然而,社会上的真相,我们又知道多少?

5. 依赖感

一个被弱化了的“个人”,往往会觉得自己是无助的,因此,就有依赖他人的需要。

中国人有“在家靠父母,出门靠朋友”的说法。虽然,它不一定表现为对他人的过分依赖,也可以指中国人搞“和合”的做人方法,然而,它对一个独立人格之形成,却往往也有阻滞作用。因为,它是这样的一种程序设计,使人觉得无须过分地靠自己,尽可以去依赖别人——这种倾向,在青少年中尤其严重。

大陆的整个体制,似乎就是为了巩固这个倾向而设计的。它使人无须由自己去操心,因为反正一切都操在国家手中。个人念完了书,就由国家分派工作。在“文革”的后期,甚至还有“一生交给党安排”的说法,亦既是要求人连生命中的其他事项也不要由自己去打理。

大陆的这种体制,固然保证每一个人有一口饭吃,但是也使人不会有什么发展。因此,对强者来说,它是绝顶不利的。当时笔者就曾听说某些在职的人埋怨,说自己永远也出不了头,一生的发展只有从三十多元到八十多元这个途径,而那些原本在同一单位工作而又移民香港的人,过了几年却以经理与老板的身份回来探访。然而,一度对大多数的中国人来说,这种安排还是蛮合适的。他们会认为:还是国内生活安定,无须像外界那般,由自己去苦心焦虑,为前途操劳。

另外，盛行的“长幼有序”的薪水累进制，也使得年轻人永远出不了头，而必须依赖自己的长辈。因此，不少人到了结婚以后，还得伸手向父母拿钱。甚至还出现父母的职位由子女继承的倾向，更加深了后者对前者的依赖感。如果父母是有权力的，则更需要视之为靠山。这是“在家靠父母”这个传统的发扬光大！

此外，当时商品经济的相对不发达，物资的稀少，以及单位与单位之间的“壁垒森严”状态，无形中又使“拉关系”与“走后门”制度化——如果不这样搞，就根本寸步难行。于是，遂将“出门靠朋友”这个传统精神，也发扬至前所未有之高峰。

因此，不少人就养成这样的习惯：甚至连找婚姻对象，也必须由父母、亲戚、朋友去代劳。

在国外处于资本主义体制下的中国人之间，“在家靠父母，出门靠朋友”这一个“国粹”，自然没有像国内那般发挥至登峰造极。然而，不少青少年——尤其是在学的而不是在社会上做事的，这种倾向仍然严重地存在。

此情形在留美学生中也可以看到。例如，有些人为了他们分内之事要找美国教授，虽然你本人也不太熟悉该人，他们却要求你去查了电话号码，再去替他们通话。

中国人的依赖感是如斯的深厚，如果他们身居异域，你只要去照顾他们——接飞机，安排住处，与他们“在一起”——就可以赢得他们的友情。这个文化，曾有效地为海外的留学生爱国运动所运用。一些政治的积极分子，只要去帮助这些人解决生活上的事项，对他们付出心意，就可以赢取他们做“群众”。但是，一个受人“照顾”就可以让自己的“良知”被颠覆的人，说得不客气一点儿，就只可能是一个很弱的“个体”。

中国文化也确实是一个弱者的文化。子女大了，父母往往还不放心，必须处处地扶他（她）一把。四十多岁的中年妇人，在面对二十几岁的子女时，也会变成“老太太”，必须由他（她）们扶着在马路上走。西方人却非如此。笔者记得，在国内旅行时，一位五十七岁的美国妇人背了背囊爬山，同行的一个中国小伙子想替她背，她却动了气。

6. 推卸个人责任的倾向

中国人攻击西方人搞“个人主义”,往往只注意那些“我行我素”的一面,却从来也不想看到“个人责任”这一个方面。

一个人如果以“自我”作为基地,通过内省去处理外在的社会关系,就应对任何事情都做出自我选择,做了选择以后,则必须由自己去负责。这种安排可以使一个人很坚强,也可以令一个人很孤独而陷于精神崩溃——但是,无论是哪一种情形,都不能逃避自己行为的后果。

如果一个人的“自我”是由外力制约而成的,而又将生命的大事都交给别人去安排,自己无须去做选择的话,那么,也就没有责任可言。

当然,笔者并不是说,所有中国人都是抵赖个人责任的。中国文化对人的程序设计,是将一些社会义务——例如安身立命、成家立室、生男育女、赡养父母——用外铄的方式按在每一个人头上,令人们很少用“内省”的方式去批判或接受这些先定的角色。然而,这种强调外铄性的程序设计往往也是有效的,它令一个人不假思索,毫无考虑地去履行“做人”的义务。这无疑是中国文化令“个人”对“集体”负自己一份责任的方法。

在革命的年代以及新中国成立初期,我们还可以看到许多克制乃至抹去“自我”、对“集体”鞠躬尽瘁的精神。然而,当“集体”的威信下降,“他制他律的人格”失去控制的一面,就会浮现出来,而这样的一种人格的局限性,也就暴露无遗。

今日的大陆大量存在着的推卸责任的现象,有不少办事员,如果事情忘了办,或者办不好,就会凭空捏造一个故事(这也牵涉到“面子”问题,前文已经谈过)。

此外,还有把自己行为的后果推说是“上面规定”的情形。有一次,一位巴勒斯坦学生与一位非洲学生邀请了他们的中国老师到一个招待外宾的地方。这个地方,按照旧规定,中国人在外国人陪同之下是可以进去的,但是,按照刚换了的新规定,中国人在任何情形下都不得入内。那两位留学生不知情,故有此举。结果,那位中国老师就当面受到了服务员的侮辱,反而却由两位第三世界的学生在他的同胞面前去保卫他。他们对服务员说:"你们中国人是怎么搞的?即使在我们微不足道的祖国,也知道奉行贵国的格言'家丑不可外扬',有不名誉的事,尽可能地不在外国人面前表演!"结果,得到的答案却是:"这是上面的规定!"问题是:上面只规定中国人不得入内,并没有规定服务员去侮辱人。

然而,这种推卸自身责任的倾向,有时还会在整个民族意识的层次上出现——凡是事情办不好都找个借口用以开脱。

7. 难于维持人格的完整性

一个不发展的"个人",往往有迎合别人的倾向。这样的一个"个人",即使在为自己谋利,也会认为只有投人所好,才会使自己获得好处。他后来都不能想象:如果自己"是"什么,就表现什么,才会出现个性美。

然而,在中国这个没有超越意向的羞耻感文化下,人人都遭到必须"做人"的压力,而且还要按长幼、尊卑以及内外层次的渠道去做。在这种情形下,能表现个性的人不是没有,但势必比其他的文化之下要少得多。事实上,整个文化主流是欣赏一个人"不脱离群众"。因此,一个人"是"什么就表现什么,是吃不开的。在这种情形下,自然很容易会"见人说人话,见鬼说鬼话"。

的确,对抹杀青少年期的中国人来说,能够达到这种火候,也确实是"成熟"的表现。不少中国人的青少年,一直到近三十岁都保持"儿童化"的状态,很"乖",也很"听话",思想与感情都很稚嫩,也丝毫不懂得世故,不敢拂逆别人的意见,处处去迎合他人,这纯粹是一种"自我压缩"的表现。然而,一踏入社会,就立即进入"老于世故"的"老年化"阶段,并开始学会"见人讲人话,见鬼讲鬼话"的伎俩。这种对别人的迎合,就不纯粹是"自我压缩",而是为自己谋利的手腕了。

当年在大陆时,笔者曾经参加一个由校方派出可靠发言人的座谈会,在会中,笔者提出中国有发扬"个人主义"的必要,所得到的"官方"反应是:大家都认为笔者在提倡"自私"。然而,在会后,却有人来私下和我说:"我完全同意你的看法,我们寝室的人,也持有这种意见,不过我们在领导面前,在开政治学习会的时候,又必须摆出另外一副面孔。在这里,每一个人都是具有六七副面孔的!”

一位苏联的难民曾对笔者说:“在我们的国家,每一个人都有十副面孔!”相较之下,中国人似乎还少了三四副,可聊一慰。

然而,由这种倾向衍生的“阳奉阴违”的态度,却不足以作为民主事业的起点,它顶多是造成了体制的瘫痪而已。

8.“类型化”的倾向

在“个人”不发展而又必须公式化地“做人”的情况下,就会形成用“类型”去看人和事物的倾向。在一个不重“个性”的文化中,“个人”是没有“个体化”的深度的,即使出现少数这样的人,也会被“群众”用“类型化”的眼光去对待他们。

在面对一个没有“个体化”的深度、事事必须符合“社会道德”因而只生活在“类型”中的人时,你往往会觉得接触不到他(她)的“自我”。当他(她)判断你的时候,你也会感觉到他(她)并没有接触到你的“自我”,而只是凭一两件表面化的迹象,就将你定“型”。

中国文化的“类型化”倾向是十分严重的。它不只用“等级”和“层次”来定义“人”,而且还轻易地用“好人”与“坏人”来将“人”分类。在传统时代,对君主或臣子死后的谥法中,用一两个代表美德或丑德的字眼,就可以将人的一生概括论定。这无疑是“正名”思想的最典型表现。这种思想其实弥漫着中国人的整个历史意识——在二十四史里就充斥着“忠臣传”“贤良传”“高士传”“奸臣传”“贰臣传”“佞臣传”等一类的“类型”。在传统的戏剧中,也是红脸、黑脸与白脸,一出场就已经涂好了颜色,不再有人格发展与变化的过程。

这样的一个文化,后来却与马克思主义的“阶级分析”融合了。本来,马克思主义的“阶级分析”,只是用宏观社会学的分析范畴来说明人的经济地位的,因此,它将社会分成两大对立的阶级以及中间的游离阶层,并不意味着同一个范畴的人都是一样的。然而,到了中国后,就简单化成了一个时代一个进步的阶级,而一个进步的阶级又只有一种类型的情形。这种偏差,在30年代的左翼文艺中出现过,在“文革”时代则发展至最高峰。

八部“样板戏”中，“好人”“坏人”一出场就形象分明，不再有变化，也没有什么复杂性，自然也不可能有“个性”。

在“四人帮”倒了以后，情况当然改善了不少。然而，“类型化”的倾向仍然很严重。例如，官式文艺理论仍然提倡“抓典型”，其实还是在搞“类型化”。今日大陆的电影，虽然已不再强调“路线斗争”，但是，纠正开放以后产生的“歪风”却变成了它的一个新任务，于是，遂产生了一些新的“类型”。

这些新“类型”的塑造，也是极尽简单化之能事的。例如，为了描写“阿飞”与“流氓”的形象，只需要几种道具（墨镜、香港客那般的花绿衬衫），以及几种表面化的动作（抽烟、出入洋人的场所、扭动身体跳迪斯科），便足够了。确实，在中国这个“平均主义”的文化中，与别人不一样，就是有问题的人；在中国这个“静”的文化中，过分地“动”的人就一定不是正经的人；在中国这个将人“儿童化”的文化中，老干部抽烟是稳当的，青少年抽烟就不是“乖”或“听话”的人；在中国这个“锁国心态”的文化中，向往外界也必定不是好人。

在近几年，电影中的男女角色已经比以前更强调美貌了，然而，在妇女的造型中，还是常常出现只注重“内在美”以及只注重“外在美”这两大类。只注重“内在美”的，就是“清汤挂面”，但是必定是心地好的，“为人民服务”的；只注重“外在美”的，就是贪慕虚荣、迷恋国外的生活、自私自利的。本来，这两种美不应该是水火不相容的，然而，中国文化既然是无“性”的文化，因此，敢于使自己过分具有吸引力的人，就一定是不肯“存天理，灭人欲”的人，也就一定不是好人。在“五讲四美”运动中，一些人也只提“心灵美”，而没有“仪表美”，好像两者是互相排斥似的。

在这样的一个文化中，一个人只要不符合“群众”认许的“公共类型”，就会成为被平均的对象。在“文革”期间，只要有一点儿文化修养的，到过外国因而有一点儿消除不掉的洋气的，自己搞的一套大家都不懂的，生平有过大家都不能理解的经历的，甚至有海外关系的，就会成为打击的对象。笔者听说，在“文革”期间的上海，甚至发生这样的情形：在公共汽车上发生冲突，只要看到对方是戴眼镜的，就会指着鼻子骂：“臭知识分子！”

“类型化”的态度，基本上是儿童处理世界事物的方式，因为儿童自身还没有发展出"个体化"的深度,自然也不可能参透成人世界的复杂性,因此,就不可能忍受任何暧昧性。然而,将这一种态度应用到政治上来,就坑了不少人。

笔者在台湾住过,充分了解那种乱扣人帽子的逻辑——你如果对现状不满,就是攻击政府,而政府又是反共的,因此作为政府对立面的你就一定是"共产党",然而,台独也是反政府的,因此,你必定又是"共产党"又是"台独",即使这两者是不应该走在一起的,而你讲的一套又与两者都扯不上边,也不要紧,反正无论你怎么说,你总被认为是为背后的"阴谋集团"服务。事实上,这并不是少数人的心态,而是社会上流行的一种气氛——只要社会上有大家不能理解或不能接受的事发生,就总会扯到"阴谋集团"的身上去。例如,硬币上孙中山像倒过来看像毛泽东戴着八角帽;或者,不同面额的纸币由不同颜色的改换成同颜色的,以致使大家使用起来容易弄错;以及因政府中有人建议而设立了打卡制,使大家上下班不能再迟到早退,因而"失尽人心",等等,都会在社会上引起政府部门中潜伏着"匪谍"的讹言。因为,整个社会的对立面只有一个——那就是"敌人",因此任何大家都不能接受的事物皆可归入此类。而且,人们在心目中这样设想,就会在客观上如此认定。如果警备司令部也用这种"类型"来罗织你,在刑床上,你就是有理也说不清的。

当年大陆,既然是采取"一分为二"的方式来对待事物的,这种用"类型化"来制造莫须有罪名的倾向,自然就更被激化。你只要思想有点儿不同,就会被打为"反社会主义""反人民"的;如果你也谈马列主义,但是与官方那套不同,就会是"托派";如果你刚好与外国人有过接触,或者是由海外归来定居的,就会是"美蒋特务"。从"反右"至"文革"期间,几乎一切由海外来访的华侨,都有"特务"的嫌疑。

用这种方法思考的人,从来就不可能理解:人的脑子是很复杂的,一个人的存在状态也可能是很独异的,他可以为千百种原因提出异议,这种异议可以完全不符合任何既有的政治意见的分类,并且可以只代表他自己本人,而背后毋须有"阴谋集团"。然而,没有"个体化"的中国人是不会用这种方式看问题的——他们既然在道德问题上也不信任孤零零的"个人",在政治问题上自然也不相信有不属任何"集团"(亦即是不可归"类")的"个人"这回事。

时至今日,凭着一两点外表化的现象就将人“无限上纲”的作风,已经减退了许多。然而,只要文化的因素仍在,就随时有死灰复燃的可能。的确,在日常生活中,仍然存在着可笑的“类型化”倾向。

例如,认为一个学生整天地困守在书桌旁读书就是“用功”的,如果他这一方面的姿势较少,而又常常外出活动,就是“不用功”的。中国人似乎不理解:每一个人有自己读书的方法,每一个人领会的速度也不同,而且,个性也有好动与好静之分。然而,在一个“静”的文化中,似乎过分地“动”就是“不听话”的。于是,“读书”往往被用来作为束缚青少年心身的一个外表形式(例如,国民党的“读书救国论”)。

还有,晚上十点钟以后还没有上床睡觉,而在街上走动的,也多半不是“好人”。当年在我居留过的那所大学中,在这个时刻以后,就有由老工友组成的纠察队在校园中巡逻。他们常喝止晚上从别处走回宿舍的学生。

此外,搞还是不搞“男女关系”,也成为“听话”或“不听话”的标准。中国人认为:青少年搞“男女关系”,就一定是不念书的;如果是念书的,就一定不搞“男女关系”。因此,一度教育部有令:大学生不准谈恋爱,自然更不准结婚。姑勿论这是一种违反婚姻法的措施,有些学生,在“文革”期间荒废了十年,当时入学,已经三十四五岁了,因此,不准谈恋爱,也是一种不人道的措施。

国内的一位教师辩解说:这些“类型”确实也有事实的基础。他指出:西方人可以一方面书念得很好,另一方面也玩得很潇洒,中国人却不能;如果他们去玩,去谈恋爱,就多半不会读书。

这种说法,笔者只能接受一半。因为,在中国人之中,确实也有样样皆行的人,不过,他(她)们既然额外地做出一些非“群众”所能之事,往往就有被归入“不好”一类的倾向。

然而,这位教师的话也只对了一半。因为,不论你个人的能耐如何,往往是社会把你当作什么,你就会变成什么。例如,如果整个社会是疯的,只有你是清醒的,但是社会反而倒过来说你是疯的,在千夫所指的压力下,你就会将他们的看法内在化而真的疯掉。如果你不想反社会,就只得就范于“公共类型”,至于你的其他的潜能,就多半会被压抑掉。于是,在这种按照别人来定义自己的情形下,自己往往就成为了一个“类型”。这个“类型”塑造了自我的形象,令一个人觉得他根本没有能力去做这个“自我形象”范围以外的事。万一去做,也只是在“他制他律”失去效用的情形下,因此,就索性做到了“反面教员”的地步。确实,在国内,也听说有一谈恋爱就不能念书的例子,以及性欲过强而索性去当“阿飞”或“流氓”的例子。

在这个意义上,西方人像一部自我操纵的汽车,可以由自己控制,作一百八十度大转弯,需要的话,再游刃有余地转回来;中国人则像方向盘被人固定的汽车——他无论变“好”变“坏”,都只能沿着一条单轨上走去。

马克思认为共产主义的终极理想是“个人的全面发展”。这基本上是一种典型的西方思想。至于中国文化,则是反对个人发展的,更不用说“全面发展”了。

在今日的港、台——尤其是香港——传统文化的阴影已不如大陆那般浓厚。然而,对青少年的“类型化”,基本上与大陆相同,只是没有那么尖锐。至于对妇女的“类型化”,当然不是用国内传统加上政治的标准,然而,在早些时候,却偏向于用纯粹传统的标准,亦即是用贤淑与风骚的形象来决定“良家妇女”或“坏女人”。在目前,既然受到西方化的影响,因此在电影与电视中,一些“正面人物”也开始搞起性关系来了。然而,即使在香港的电影业中,女演员仍然有肯脱与不肯脱之分;如果要使自己形象较好的,就最好不脱——虽然,在私生活中可能又是另一回事。“脱星”要改行拍“正派”角色,在香港影业的术语中叫作“从良”。也有女演员在未红之前拍过稍作暴露的镜头,成名之后却将自己的责任推得一干二净,把事情说成是当时导演的不对。因此,中国文化基本上是一个消费“形象”的文化。

在香港这样的资本主义的中国人社会中,自然也会产生一些新的“类型”——例如“威”与“醒目”之类——作为衡量一个人价值的标准。然而,它们之没有接触到一个人的“个体化”深度,则基本上依旧是同一个文化“深层结构”的产品。

(四)不发展的“个人”对别人的伤害

在上一节中,虽然也涉及人在不发展状态下“损人利己”的行为,然而,着重点仍然放在人格不发展状态本身。在本节中,我们将偏重讨论不发展的“个人”对别人的损害。

1. 党同伐异

鲁迅曾经说过,中国人没有“个人的自大”而只有“合群的爱国的自大”,而后者就是搞“党同伐异”①。

前面我们也曾指出:中国人之间,树立不起“个人”的人,往往有“拉大旗做虎皮”的倾向。这种倾向,如果只是为了稳住自己,就顶多表现了自己没有“个性”,还不至于损害他人。然而,如果是联群结党,排除异己,就会出现损人利己的行为,而且,还往往使社会与国家断送人才。

“党同伐异”正是这样的一个现象:一群人霸占了一些权位,为了使自己的小集团更壮大,就只援用“私人”,排除“外人”。因此,他们用人的标准不是凭才干,也不是凭“公平竞争”,而是看对方是不是“自己人”。在一个“个人”不能树立而又必须按“亲疏有别”层次“做人”的文化中,出现这个现象是再自然不过的。

在港台的大学中,都存在这种现象。通常的情形是:院长或系主任想巩固自己的势力,形成自己的一党,因此只想培植“听话”的,也只援用“自己人”。笔者在台湾大学时,甚至还碰到这样的情形:连考博士班,也是凭几个老教授在背后先“内定”,录取的则是向他们磕过头的,可以成为他们的“私人”的学生,而根本不是凭既往的成绩。

还有一种情形是:在同一个单位中,也往往会形成几个派系,互相攻讦,每

① 鲁迅:《热风》,北京:人民文学出版社,1973 年版,第 19 页。

一个派系就更加要援用“私人”,以壮大自己的声势。

派系的形成,在美国的学术界也会出现,不过,还不至于做到使社会断送人才的程度。一般来说,如果有两个以上的人求职,资历不相上下的话,就多半会将位子给予有关系的熟人,否则,就凭“公平竞赛”。

这种倾向,在中国人的政治中自然更加严重,因为,中国人的权力结构是一元化的,而不是像西方那样搞多党政治。在后一种情形中,一个党选上了,另一个党下台了,就会名正言顺地只用自己人组阁;如果一方有人跳槽,另一方也会凭才干录用,双方都不会视之为“反骨”,因此,就根本说不上“党同伐异”。只有在中国这个提倡“君子不党”的文化中,搞起党派来才真正地下作。因为,每一个党派都说自己是代表“全民”的利益,是“民族团结”的化身,因此,都想垄断权力,至死方休。

像这类“全民”的代表,其作风往往是使国家与民族断送人才,因为,他们势必只援用“自己人”,并且打击异己,如果是有才干的人而不为他们所用,就更会施以打击,以免养虎为患。

比如,“四人帮”常向自己的党羽“封官许愿”,然而这些党羽又是一些不中用的人,因此,如果能够上台,就会令一些跳芭蕾舞的、作曲的、考试交白卷的、只在珍宝岛打过一仗的人来充任文化、教育与军事各部门的领导。然而,如果他们手头上只有这些货色,确也是无可奈何之事。至于国家的命脉,则不在考虑之列。

京戏中有《大登殿》这一出剧目,内中描写薛平贵在做了皇帝后,就大量犒赏“自己人”,并打击以前的仇人。这种“一朝权在手,便把令来行”的作风,是十足中国人的做派。想成为“人上人”的中国人,总多少会有一点儿“大登殿”思想。

2. 中国人的“私心”

这种将自己的“私心”放到了整体利益之上的做法,正好说明了中国人搞“团结”、强调“大一统”的虚伪性。

事实上,正因为在中国文化中没有开诚布公的“逐利”行为,也没有具有尊严的“逐利”方式，才会出现大家都必须把自己说得堂而皇之及纯粹“无私”的现象，正因为大家都必须把自己说得堂而皇之，纯粹“无私”的，结果，“公”与“私”的界限就不知道划在那里，而任何人都可以假“公”之名以遂其“私”。结果，“公”与“私”的界限就不知道划在那里，而任何人都可以假“公”之名以遂其“私”。因此，标准定到高入云端，就往往会坠入厕所中去。

中国人在“天下为公”的国有化体制下，并没有能够消除“自留地”。本着同样的“文法”，在中国人“他制他律的人格”中，也无法去除“私心”。

这一块外力控制不到，自己也控制不了的人格中的“自留地”，在海外中国人身上的表现形态，已经比国内淡薄得多，但是只要在文化上仍然是中国人，就必定会浮现。例如，西方人与日本人在过马路时有遵守红绿灯信号的习惯，然而，不少中国人，不论他是在香港、台湾或美国，就从不遵守讯号，只要没有车，也没有警察，也就不会有自觉的纪律。

往往越是提倡高入云端的“毫不利己，专门利人”，就越不能消除随地吐痰、擤鼻涕、泼污水、丢垃圾、插队、随意碰撞人等缺乏公德心的事，自然更无法防止“拉关系”“走后门”等破坏国家体制的行为。

此外，在大陆与台湾的大学中，笔者都发现：有些教授将图书馆中的珍贵典籍搬回了家，变成了他们的独家资料；有时连普通的书也省得自己去买，索性将馆藏的化为私有，而且，多半是自己不看，只是占有。

因此，孙中山才会说，中国人的“自由”太多，而不是太少。这种“自由”，当然不是指“自我组织的人格”所能享有的自由，而是指“他制他律的人格”不受控制的一面。很不幸，这种过多的“自由”，却往往必须由集权主义去对付。

但是，小百姓在公众头上倒大便的倾向，只不过是限于上述的那些小动作。大体上来说，他们是驯良的，因为外在的纪律在大的方面仍然在发生作用。然而，这样的人格，如果“一朝权在手”的话，就是不用去看也可以想象出会有什么结果。到了那个时候，既然自己是“公”的化身，因此做任何“私”事都可以说成是为了“公”。

于是，袁世凯在做了总统后，就想做皇帝，并且还要传位给儿子袁克定。至于蒋介石，虽然没有公然地做皇帝，却也做了终身总统，并且还成功地将“中华民国”传给了儿子,也是“儿子办事,老子放心”!

笔者发现,在台湾的每一个城市,都有“中正路”“中山路”以及“中华路”;而最漂亮的一条总是“中正路”,其次是“中山路”;至于“中华路”,则往往处于最暗最烂之列。这个事例很具体形象化地说明:“伟人”在公众头上倒大便的方式,确是不同凡响的。

中国人的这个“私心”,既然是不受任何控制的,倾向于化公为私的,因此也就往往是不识大体的。不识大体的人总是短视的,因为他只顾眼前的私人利益而不顾大局。然而,从长远来说,其后果最终会反弹回来损害自己。

在抗战期间,重庆政府治下的中国人发国难财,搞“劫收”,不只使美国盟邦皱眉,也搞到民心尽去,结果就为国民党的末运铺下了路。然而,棺材的钉却是用自己的手敲下去的。

在解放战争时期,中国共产党也是充分地利用了国民党的“私心”。国民党本来在财力、军力方面都比共产党雄厚,然而,中央与地方各军团之间却互相倾轧,往往彼此见死不救。当南京的嫡系部队在淮海一带与解放军对峙时,桂系却在武汉拥兵自雄,还认为待嫡系部队被击垮后,就是自己一显身手之日。结果,就被解放军逐个消灭。

无独有偶,清初之所以能以三十万之众征服整个中国,也正因为南明政权内部的互相倾轧。事实上,镇守武汉的左良玉就拥兵三十万之众,然而,因为与南京的中央闹矛盾,就挥军东下进行“兵谏”,结果,自然加速了自身的灭亡。

总是必须由别人定义“自己”的中国人,一旦“他制他律”的藩篱尽去,“私心”就会像决堤一般恶性泛滥。因此,在中国文化里,“个人主义”是而且只可能是“自私”的同义词。

也正因为如此,中国人总是认为西方的“个人主义”就是“自私”的同义词。然而,我们只要分析这个观念形成的心理背景,就会发现这只是一个语义学的问题。因为,中国人对“自私”的定义即没有“人情味”——当自己需要援手时对方不予援手,在自己需要人照顾时对方不肯照顾。因此,西方人“贵客自理”的待人态度,自然完全符合这个定义。

然而,中国人的互相帮助、互相照顾却总是在“自己人”之间发生的。为了在对自己有约束力的人面前“做人”,他们就往往去损害对自己没有约束力的“外人”。像“拉关系”与“走后门”一类的“人情味”动作,正是慷“外人”之慨,以肥“自己人”的。这种“内外有别”的“做人”方式,往往就将“公家”当作了倒大便的场所。然而,整个体制都搞瘫痪了,受损的人自然也会包括自己。

的确,中国人因“他制他律”失效而造成的大环境的臭化与脏化,与“他制他律”生效而搞到每一个人都不敢有吸引力,因而造成的灰色人文景色,都是对集体有损,对个人有害的。两者都是鄙视个性、反对生命的表现。

3.“人”是工具,还是目的?

然而,中国人即使是在互相“关怀”的情形下,亦往往不排除彼此利用的因素。因为,中国人的文化行为倾向于把“人”变成工具,而不是当作目的。

中国人父母的教导总是:“先有别人,后有自己。”政府的教导也出现过“毫不利己,专门利人”的说法。换言之,就是把自己当作工具,将别人当作目的。

在中国文化行为的“文法”规则中,自然每一方都期待另一方也会恪守这个观念,亦即是预期:在自己化为对方工具的同时,对方也变成自己的工具,是之为“互助”。在如此安排下,到底双方面都会成为“目的”呢,还是彼此结果都沦为“工具”呢?确是一个耐人寻味的问题。

人处于社会中,总不可能没有别人。但个人的一生之所以能形成一个独特的“目的”,能按自己最适合的方式开展,却只能凭自己的精心设计,别人的协助最多成为从属的因素。每一个人肚里的蛔虫也只可能是他本人的。

路德教文化背景的哲学家康德说,不论对你自己或别人,总得当作目的看待,不可当作工具。西方的基督教文化把个人的“灵魂”当作地上的神物,它只对上帝负责,它在世上之目的也是为了在超越界中获得救赎,而这种“得救”,也是超越世俗的得救。因此,对每一个人都形成这样的要求:他必须是自力开展的一个“过程”,也是一个“目的”。

在没有超越界这类文化符号的中国,一人之“身”则必须在人群中——尤其透过家庭——才会“得救”,个人的“良知”也大半向具体的人——家庭成员、建立社会关系的熟人——负责。“良知”的这个平面导向,自然不是朝向世俗之超越，反而是融入世俗。中国人之能超越世俗者，恐怕也唯有认同于国家民族这类较大的世俗单位，去抗衡家庭与自己人等小圈子。但这也不完全等于“个人”之得救。

对绝大部分的中国人来说，“良知”是既不对自己负责，也不导向一个超越世俗的符号，而是以“自己人”的小圈子为归属。因此，“人类”的思想、公德心，即使像日本式的大团体的凝聚，等等，都不会很发达，发达的倒是对具体的个人的效忠。传统的忠孝等道德即其具体表现。

在所谓“现代化”的中国人身上，这个倾向容或趋于淡化，但时至今日，中国人的“个体”之少有能按自我独特形态开展者，恐怕仍与其在家庭中成长的方式切切相关。中国人之生男育女，有“养儿防老”的构想。这个方针，就是中国人将人“工具化”的最原初的模型，它决定了其后的一切人际关系的模式。试想：一个人如果在还没有出生以前，已经被另一个人计算好作为一种“保险政策”，那么，不用说他个人留下的开展空间会大打折扣，该个人的理性也会被朝着低度发达的方向予以培养。因为，唯有让个人完全为自己的生命负责，他才有可能对其做出理性的规划，决定哪些是有利一己发展与成长的“优先事项”（priorities），然后去制订如何去推展的策略。这个操作过程如果是不断受外力左右的话，就好比当年捷克的经济受制于苏联一般，不可能具有最合理的形态。

“养儿防老”的措施，自有其经济的基础。在社会福利不发达的情形下，家中的老人须由仍能赚钱的下一代照顾。物质条件不发达，谈个人发展确实有点儿奢侈。即使美国，直至20世纪20年代，仍有法令规定雇主将青年人的薪水直接寄给他父母的，而在家庭之中，也实行把各人的收入都予以“共产”，与今日香港的中下阶层家庭不相上下。但从文化角度看问题，这个经济因素只是偶然的。

时至今日，在海外中产化的华人家庭里，经济条件的限制已几近于零，但中国人的“养儿防老”则仍表现在其他方面。例如，在今日温哥华的华人社会中，仍有老一代希望成长了的下一代与他们共住的风尚。他们为了达成这个目的，会买下两层楼的房屋，送一层给下一代，为了贿买下一代的“好感”，会在后者的婚礼方面大事铺张，送厚礼，甚至达到下一代予取予求的地步。但洋化了的下一代,为了私人状态的考虑,顶多搬进去住两个月而已。

人际间自然会有自发的好感。至于对别人"投资",希望对方受自己牵制,用对方去达到自己的目的,则是不折不扣地将人"工具化"的打算。海外华人上一代与下一代之间的文化失调,在于上一代在本身的成长过程中,被造成一种依赖感,不能由自己去面对一己之人生,自己之青春阶段既未能全面盛开,待到面临老年与死亡,又必须由年轻人去做枕垫。西化了的下一代则会认为:每一个人都有自己的青春阶段与年老过程,前者必须让它不受拖累地全面盛开,后者也只能大体上由自己勇敢地去面对,不能过分地拉扯别人。

在中国文化对"人"的程序设计中,由于一人之"身"被设计而成的单薄感、缺乏安全感、依赖感、开展自己生命的理性之微弱,在其处于能"设计"下一代的位置上时,为了使对方不会过分地与自己分离,也势必会在其成长过程中"做手脚",去培养下一代的依赖感,以及"后天性的无助感"(learned helplessness)。

北美社会中彻底西化的第二、第三代华人也许能逃脱这种厄运,在现代化了的华人社会诸如港台等地,这个深层的设计仍然在广泛地发挥其威力。在小家庭已经成为常态的今日,形式上的代间不断裂已很难维持,但上一代在下一代"身"上所做的"手脚"即使未能达成原来的目的,却仍将"人"之不发展持续下去,其效果则表现在其他方面,例如导致男女关系之母子化、父女化,将熟人关系"母胎化",并继续制造不敢面对自己生命的人。

不论在哪一个人类社会,亲子之爱、朋友间的感情都会有自发的因素。在这个真诚的内核以外,如果再去掺入其他的因素,把金钱交易的"债"权意象也搞入人情领域中者,则势必会导致人情之杂种化(bastardization)。

中国人子女将父母当"靠山",父母把子女当作"防老"政策——这种相互利用,实为以后所有的人际关系的基型。中国人之善帮助人者,有一半或是基于"人道",以及文化性的条件制约,不一定希求图报,但至少也有一半是在"毫不利己"的姿态下另藏有"潜台词"的:或是希冀对方在物质上回报,或是要求他在感情上对自己效忠。

有一次,一位大陆公费留学美国者花了二百多元开派对款待他的美国同学。即使美国人自己的私人派对,也从不会花如此"巨款"的,往往还要客人自己带菜来。至于大陆公费留学生,一般来说,补助是仅足糊口的,出手却如此阔绰。但事后,他却去问一位比他更早留美的台湾学生:“我这样请他们,他们是否会对我好?”

的确,唯有造成感情与人格两不独立的文化符号系统,才会产生一方“为人民服务”,另一方就会“交心”的政治行为。像这样一种颠覆别人“良知”的方法,显然不是去诉诸对方理性思考与批判的能力(亦即是大脑皮层左半部的功能),而是“攻心为上”,亦即是直捣脑部中层(凡是哺乳类都很发达的“动物感情”)。康德的文化同乡尼采,即对此提出警惕:只要是出现牺牲、服务以及仁爱的眼光的场合,那里就同时有欲主宰别人的意志。在那里,弱者沿着秘密的小径,偷偷摸摸地进入城堡,甚至是进入最强者的心中——并窃取权力。姑勿论尼采之论有否矫枉过正,它至少突出了西方每一“个人”乃“城堡”之意象。此意象在今日美国无疑发展至极峰。从他们的角度看:中国人的“个体”中有颇大的领域是别人的“公共租界”,甚或永久割让地。

在实行所谓“全民所有制”的地方,大家都会随意地把它弄脏,电灯开了不会有人关,水龙头的水也会任它流。因此,一个人如果也是“全民所有”的话,他势必被滥用,不在话下。

一个在美国餐馆打工的台湾学生,已出来一年多,仍有以为别人服务来肯定自己“好人”的观念,于是就义务地用车子接送一起打工的同胞。对没有车子又顺路的人,还说得过去,但到后来,连那些自己有车的、不顺路的都去剥削他,而其打工的城市离学校所在小镇仅是四十五分钟之遥,但每一次接送总得花掉三小时的时光。

这或许是一个特例。但一般来说,常有中国学生假期回台湾,而泛泛之交者都会托他们带东西的情形。纵使是小东西,十个人加起来也够呛的。某些人又特别地没有分寸。例如,有连婴儿用的棉布也要买美国货,托人带回台湾。此外,就是托人带五十磅重的行李,还要专程送去偏僻的郊区。像这类事,中国人是推辞不了的,顶多在背后骂。或者,将回国之旅当作最高机密,回来以后才揭晓。

4. 未开化的利己主义

上述希望别人对自己有用的做法，在中国文化行为里是常态，它是中国人“互助”的一种形式，而且，把别人当工具的人，也多半会把自己当作别人的工具以回报。因此，在中国文化的范围内，它并不能算是不道德的行为。

现在我们要谈的是刻意地损人利己的行为。这种行为，在中国文化中也被认为是不应该的。然而，它却是上述倾向的延伸，也是同一条“文法”规则的运用。

在中国文化“二人”的设计中，一个人需凭对方才能定义自己这一方，也往往要靠对方帮助自己这一方。但在文化的理想中，又主张双方都“毫不利己，专门利人”。于是，遂有一种人出现，他单方面替你决定“你之中有我，我之中有你”的方式，那就是：你必须毫不利你自己，专门去利他那一方——换言之，他随时都准备踩在你的身上把他自己抬高。

在早些时候，在香港还可以碰到这样的人——他们与你“交朋友”，却眼神不定，言辞闪烁，心怀鬼胎，丝毫掩饰不住他背后想利用你的动机，而且还有一副以能暗算别人而自鸣得意的神态。把自己的“精”与“醒目”当作是一副“美德”，在香港人中原不足怪，然而到了如此忘形的地步，却也称得上是罕有的文化特色。如果这样的人碰到了同类的货色，就会“光棍遇着无皮柴”，彼此暗算来暗算去，却仍然以“朋友”互称！

在台湾，这种情形就更为普遍。上面说过：中国青少年的“老年化”倾向，在台湾的一部分人中呈现出“老谋深算”“老奸巨猾”的形态。因此，即使在大学生中，也会有这样的人——自己不学无术，还去嫉妒别人，然后，在将对方“平均”之余，还要踩在他身上抬高自己。他们用的方法往往是与对方搞“和合”（例如请客吃饭），然后用共同联名合作的方式，将自己抬高到与对方同等的地位，在这个过程进行的同时，却不停地向对方进行狙击，希望把他压下去，令自己一枝独秀。在这个过程中，他们往往能够掌握对方“和为贵”与“息争”的心理。

此外，在台湾与大陆的大学中，笔者都曾见到这样的情形：有人利用师生、朋友关系，骗取他人的著作当作是自己的发表；当他方不肯罢休时，他们却托中间人去讲情，结果，在“人情攻势”之下，他方只好平息下来。

在大陆,甚至还有借“文革”之名以行事者。某些年轻的讲师在“文革”发动前曾借去他们老师的手稿,在“文革”发动后,自己也曾带头去斗这些老教授,以后关系就断绝了,于是就将手稿当作自己的论著发表。

上列这些行为,都是在“友情”的基础上进行的。诸如此类的“交朋友”法,在新教文化人士眼中,是绝对骇人听闻的。发展了“自我”的新教文化人士,往往比中国人更能洞察到这些现象的成因——他们看出这是在专制主义文化下“个人”不发展的结果,而且还理解到它只是“自我压缩的人格”失去控制的另一面。路德派神学家黑格尔说:

> 在中国,既然一切人民在皇帝前都是平等的——换句话说,大家一样是卑微的,因此,自由民和奴隶的区别必然是不大。大家既然没有荣誉心,人与人之间又没有一种个人的权利,自贬自抑的意识便极其通行,这种意识又很容易变为极度的自暴自弃。正由于他们自暴自弃,便造成了中国人极大的不道德。他们以撒谎著名,他们随时随地都能说谎。朋友欺诈朋友,假如欺诈不能达到目的,或者为对方所发觉时,双方都不以为可怪,都不觉得可耻。①

黑格尔的这种观察自然并不是指全体中国人,不过,却也指出了“自贬自抑的意识”与“极大的不道德”之间的有机关联性。的确,一个被外来制约搞到把自己当工具的人,也易于倾向把别人当工具。试问,一个不尊重自己“个体”的人,又怎么会去尊重别人的“个体”?

此外,在中国这个“依赖感”的文化中,既然能产生连终身大事也必须靠别人助力的人,自然也会出现想成名也必须踩在别人身上的情形。上面曾经指出过:“个人”不发展的中国人,有“拉大旗做虎皮”的倾向,不过,这只是没有“个性”的人稳住自己的方法,还不至损人利己的地步。然而,同一条“文法”规则的繁衍,就会变成踩在别人身上——甚至是尸体之上——去推进自己的情形。

---

① 黑格尔:《历史哲学》,上海书店出版社,1999 年版,第 136 页。

在60年代的台湾，曾经有这种现象：某些人微言轻的青年人，在重等级与重老年的社会中出不了头，就只好出此下策——写文章点名攻击一些已经成名的人。如果对方很愚蠢地应战，就会上当，因为一方已经有名有地位，越论战下去自然越不讨好，另一方原本寂寂无闻，而且烂命一条，死缠不休，名声反而越战越响。

在“文革”发动时期，也有一些后进之士专找一些权威人士开刀。例如，戚本禹就专门攻击史学权威翦伯赞。后者在不容答辩的情形下，就被打成了“黑帮”，于是，红卫兵的抄家、人身侮辱、人身折磨接踵降临，终于搞到与老妻两人双双上吊自杀。至于戚本禹则平步青云，入了“中央文革小组”（虽然后来也没有好下场）。

尼采说：“如果你想升高，用你自己的腿。别让自己被带上去，别骑在他人的背上和头上。”在尼采的观点中，更高的人类之出现，是必须踩在旧的“自我”之上去达成的。

因此，踩在别人身上抬高自己的作风，其实是一种永不超生的人类的表现——然而，中国文化既然缺乏超越意向，而倾向于在世俗中拔高，就很容易导致这类表现。

借别人的人头一用的伎俩，确也是中国人的“国粹”。例如，在《三国演义》中，曹操就被描写成如此。于是，在这个男性被弱化了的文化中，居然也会出现一种“伟丈夫”，那就是：“无毒不丈夫！”

在中国共产党的革命史中，就出现过这类现象。王明从莫斯科回来后，不曾有过什么功劳，也人微言轻，后来凭借苏联的撑腰掌握了大权，就对资历比他深的人施以“残酷斗争，无情打击”，用来确立自己的地位。张国焘以中央代表的身份到了鄂豫皖苏区后，为了立威，也将创立该苏区的一批有经验的干部几乎全部杀光。

这个“无毒不丈夫”的心态，有时反而会被资本主义激化。因为，在传统文化下，还可以用“耻”感去约束大部分的人。到了可以公然“逐利”的时代，一向不知道如何用合法方式“逐利”的中国人，就很容易会失去控制。于是，“他制他律”就会崩溃，而人也会变得“无耻”。列宁认为“资本主义越到东方越无耻”,确实说得不错!

在第二次世界大战后的香港与台湾,都曾大量出现下列的现象:开空头支票诈骗;叫别人代垫一笔款子而自己逃之夭夭,让别人上吊;与人合作做生意,赚了钱后独吞;或者,与人合股做生意而吃掉对方的资金;至于将船沉掉骗取保险金,也以中国人办的轮船公司居多。

显然,未开化的利己主义者是这样认为的:搞资本主义就是等于申请到了做强盗的执照!

然而,在中国这个“和合感”的文化中,这种强盗行径有时又是在“朋友”或“伙计”之间发生的,亦即是说,做了几十年“朋友”,到了最后的利害关头,就捅对方一刀。

如果“无耻”能到这般田地,连几十年朋友的“人言”也已不感到“可畏”,那么,在与对自己完全没有制约能力的“鬼佬”做生意时,就会更明火执仗地打劫。在笔者居美期间,几乎在到过的每一州,都听说与台湾做土特产生意被骗的故事;有些情形是买主看到报纸的大幅广告,将钱汇去后,就音讯杳然,对方的商号也随着消失了;有些情形则是收到了烂掉的货。

这种“未开化的利己主义”,在传统文化行为仍大量留存,而在搞资本主义的台湾集中出现,乃可以预料之事。至于在大陆,资本主义是被压抑住了的。因此,这种利己主义就没有像台湾那般猖獗,然而,却可能仍然保留资本主义以前的形态,例如,像在政治斗争或农村里“土皇帝”式的干部的专横中表现出来的那样。在经济局部市场化——市场经济尚未健全的情形下——上列文化病态,势必会严重化。

中国人一向反对“个人主义”,其效果则只是让自己的“土特产”——无论哪一种形式的“利己主义”——发扬光大。

第五章

国家与社会

(一)中国式的专制主义

(二)“大一统”的倾向

(三)“小国寡民”的倾向

(四)平均主义的倾向

(五)特殊化的倾向

(一) 中国式的专制主义

我们在前面已经指出:中国人的个体无力做自我组织,必须由他人去组织;中国的社会也无力做自我组织,必须由国家去组织。中国人的"身"是由人伦与社群关系的"心"去组织的。至于中国社会,则是由"亲民"式的专制主义去组织的。这种政治具有很浓厚的家长式统治的味道——在统治者与被统治者之间,不只是一种行政上的管理关系,前者对后者还有教化之功能。因此,在中国式的专制主义底下,政与教是合一的。

1. "政"与"教"的混同体

在中国文化的结构中,"和合"是一条最基本的"文法"规则。就如同阴与阳、"中央"和"地方"、"天"与"人"可以和合起来一般,"政"与"教"在中国文化中也是混同一体的。

在西方、中东、印度一带,都存在与日常生活的社会明显分立的教会、教阶以及僧侣集团。它们一方面是统治阶层的精神支柱,在另一方面,却也常常与世俗的政权发生摩擦,以致出现政教之争。

在传统中国,代表政权的往往就同时代表"道统",虽然,这个"道统"到底是由皇帝来代表,还是由士大夫来代表,却时有争执。

在传统中国,皇帝一向被称为"天子",他是"天"与"人"的媒介——只有他可以代表人类去祭天。因此,他同时也是天地与人间秩序的中心枢纽——如果通过他不当的“人治”而使天下出现不安宁的局面,那么自然界的运行也会出现脱轨的现象,水旱灾、蝗灾、地震、瘟疫就会相继发生。

在传统中国的天道观中,“天”并不是一个超然于世界之上的层次,而是与“人”一般,是同一个世界体系内部的事物。它们两者好比相互辉映的两面镜子,因此,不能符合“天道”的人君对人间来说即是“无道”与“失德”,并导致人间失和与自然界脱轨的并发症。至于能够“配天”的人君,则从他身上放射出来的“德”,就会像太阳一般“光被四表,格于上下”,使百姓昭明,万邦协和。这道“德化”的太阳之光,还可以越出中国的范围,感动“蛮夷”,促成“来远人”的现象。因此,中国式的宗教观虽然在表面上似乎比世界上任何高级宗教都要世俗化,其实仍然具有浓厚的巫术与奇迹因素。

上述这种“人君”兼“教皇”的原则,当然只是一个理想,而且是秦汉以来儒家思想加上阴阳家思想的产品。在现实的层次上,君权往往是由打天下集团的“枪杆子”里衍生出来的。“枪杆子”里出政权与“德化”当然是两码子事,而在位的人君又往往会做出一些与这个理想背道而驰的事——他们多半对法家的刑政更为偏好,或者佞道佞佛,或者耽于女色,纵容女祸,或者宠信宦官,起用佞幸,或者贪财好货,与民争利。

于是,士大夫阶层就从这些方面向君主发动攻击,认为“道统”是由他们代表的,君主只能代表“政统”。士大夫的传统官僚是没有受过行政的专业训练的,他们治理天下的本钱是对“圣人之道”的传颂。因此,他们“治国平天下”的方式,也是用“德化”,亦即是成为“子民”的道德表率——用现代术语来说,就是用“红”而不是“专”的身份去做领导。他们既然自膺为“圣人之道”的真正传授者,因此,就用美化古代尧舜之世这种“厚古薄今”的方式,来对军阀或流氓出身的皇帝施加压力。

孟子可以说是士大夫阶层这一倾向的最早代表人,也是最大胆的发言人。他提出了“民为贵,社稷次之,君为轻”的命题。不少人以这句话作为中国具有“民主思想”的论据。其实,这只是士大夫以“为民请命”的姿态,来获取比君主更高的道德上的优越性之尝试而已。因为,在传统中国,老百姓无理性的大爆发，基本上被视作与自然灾害相同，皆为天道失常的征候。因此，“人心”往往被当作是反映“天意”的一面镜子，正所谓“天视自我民视、天听自我民听”。孟子一类的士大夫，正是把自己打扮成应天意顺民心的，而将君主当作是必须加以纠正的对象，并且还常用“民变”来恫吓后者。

然而，孟子一类的士大夫却绝对不是什么民主主义者。《孟子》一书中就有“劳心者治人，劳力者治于人；治于人者食人，治人者食于人”的命题，而且还有像“为政……不得罪于巨室”这一类只有在官僚仕宦手册中才找得到的庸俗条文。事实上，士大夫固然可以指出君主许多“失德”的地方，君主也可以纠正士大夫的许多痛处——例如贪污受贿，勾结豪门，武断乡曲，侵占民田，等等。

上述这种“道统”与“政统”之争，似乎有点儿近似西方的政教之争，其实不然，因为士大夫与君主皆同时是“政”与“教”中之人。他们是权力结构中的两个组成部分，为了在这个政教混同体中争夺“教权”而彼此做斗争。

宋代以后，中国的政治形态越发朝中央集权与君主专制的方向发展，士大夫在这场斗争中就逐渐失去优势。针对士大夫“厚古薄今”的策略，君主就索性来一个“古为今用”，做釜底抽薪之计。先前，士大夫可以认为只有古代的人君才是“圣人”，因此强烈暗示今不如古。宋代以后的专制君主，则将这个逻辑颠倒了过来，认为人君既然承天之命，位居至尊，就必定同时是“圣人”——他们是重现古代尧天舜日的“晚圣”。

于是，“人君”与“教皇”越发合而为一。君主的世俗政权除了越来越专制之外，教化之权也越来越膨胀。因此，君主除了下“诏书”之外，还常有颁布“圣训”之举，将臣与民都一律当作“教化”的对象，而地方官的责任之一，就是在地方的孔庙或学宫中宣读“圣训”，以便老百姓学习。

2. “良知”的国有化

中国式的政教混同体就是将老百姓“儿童化”，亦即是把老百姓当作是被“教化”对象的“子民”。然而，凡是正常成长的“个人”都是会自己做主的，尤其是有关“良知”问题。在这个意义上，任何成人都应该是一个“良知主体”和“权利主体”。

中国人之不成长,可以由无须“私生活”一事看出。私人领域的不发达,使人的童年阶段无限延长,“自我”难于成为一个强大的内省基地。于是,也很难产生与公共意识截然分判的私人意识,以及理应属于私人范围的“良知”领域,而公共生活领域与私人生活领域也有被模糊化的倾向。

然而,在中国人的政教混同体的权力结构底下,确实是不能有“公”与“私”之分的,因为它除了在国法的范围内去管理老百姓之外,还要越出这个范围去管理他们的“良知”。

在具有政教之争背景的西方,就很难出现这情形。因为,每一个人只有在国法范围内是属于国家管辖的,在“良知”的问题上则由教会去打理。在“宗教改革”将教会的权力打掉以后,每一个人遂直接以自己的“良知”向上帝负责——而上帝是绝对高于国王的。在上帝死亡了之后,每一个人在不犯国法的情形下,就成为他本人的“良知”的主宰了。

然而,在中国文化里,是没有超越凡世之上的上帝这个因素的。中国式的“天理”就是在“二人”(集体)之间才能完成的“心”,因此,在结构上就决定了“个人”不应该有明确的“自我”疆界。自然,也很难出现“大公无私”领域以外的合法的“私”范围。

在中国式的政教混同体底下,确实也是没有私人“良知”领域与公共行政领域之分的。传统士大夫的义理就是“内圣外王”之道,亦即是从“正心”“诚意”出发,到“修身”与“齐家”,然后到“治国”“平天下”。这个过程是由内而外连成一片的,是一个不可切断的延续体。

士大夫是统治阶层,亦即是在政教混同体中去“正”去“治”别人的人,而不是被“正”被“治”的对象。因此,在上述那个公私领域不分的良知延续体中,士大夫一般认为自己是先修好了“私”的一端,然后才推展到老百姓头上的。确实,在一个用“人治”与“身教”去代替“法治”的文化中,统治者与被统治者的关系也只能是:“其身正,不令而行;其身不正,虽令不从。”

因此,中国人“平天下”的方法,也是一个按“层次”推己及人的程序。这一点,在《尚书·尧典》里的圣王形象中就最为清楚地体现了出来:

曰若稽古,帝尧曰放勋,钦明文思安安,允恭克让,光被四表,格于上下。克明俊德,以亲九族。九族既睦,平章百姓。百姓昭明,协和万邦,黎民于变时雍。

这一个程序,就是"修齐治平"的"大学之道",亦即是自己先"明明德",然后去"亲民",然后才能"止于至善"。

因此,"作之君"者,就必须同时"作之师,作之亲"。执掌政权者必须兼掌"教化",国法范围以外的私人领域自然也成为管理的对象。"亲民"又具有"新民"的意思,亦即是说:统治者有义务去转变"人心",用现代术语说,就是对国民施以"思想改造"。

因此,在"修齐治平"这个良知延续体中,能够"正"别人"治"别人者是执着施的一端,至于被"正"和被"治"的人,则成为了承受的一端。用古代术语来说,统治者搞的是"明明德",是"致良知",而必须"听话"的老百姓则成为了"作新民"的对象。用"文革"时代的术语来说:统治者从"灵魂深处爆发革命",而被统治者在被这场大革命"触及灵魂"之后,就获得了脱胎换骨的洗礼。于是,就可以"止于至善",达到"六亿神州尽舜尧"的境地。

这种"亲民"或"新民"思想,可以说是中国政治思想的中心枢纽。甚至在进入了"现代"期以后,不少政治领袖们仍然认为:建设现代国家的首要急务,并不在于工业化,而在于更换"人心"。例如,梁启超就提出"新民说",反复强调要"新民德"。孙中山则认为必须由"先知先觉者"去领导"后知后觉者"、改造"不知不觉者",因此必须由"军政"到"训政"才能进入"宪政"。服膺阳明哲学的蒋介石,其"致良知"的方式就是用"一人倡导于上"的办法搞"移风易俗",因此才会有"新生活运动"之举。

梁启超是影响少年时代毛泽东的人之一。因此,在新文化运动时期,毛泽东在家乡成立的读书会就叫作"新民学会"。当然,在旧时代,统治者用"亲民"作为借口,目的则为了维持长治久安。在新的时代中,毛泽东理解到是必须用革命的洗礼去达到"新民"之目的。

谁也不能否认在现代中国发生的惊天动地的大变化。然而,这次变动虽然达成了“建国”的任务，却无法动摇文化的“深层结构”，反而，它必须借助后者的“文化”规则才能去完成这项任务。结果，到头来“深层结构”却变成了真正的胜利者。

由“新民”的方式缔造的“新民主主义”，到底是具有比西方式的“旧民主主义”更高的内容，还是比《尚书》时代更能体现《尚书》中的理想？

至少在一段相当长的时期内——从延安时代到新中国成立以后的50年代——“新民主主义”似乎是具有比西方式的“旧民主主义”更高的内容。因为，在西式民主底下，人与人之间是讲究权利界限的，是互相对抗而不和合的，因此充其量只是让每一个人去追逐“私利”。至于中国式的“新民主”，则是讲究“心连着心”的，是提倡“为人民服务”的。还有什么比大公无私的群众性“感通”更具有“人民性”呢？

这种“新民主”当然只能由“亲民”的方式去达成。我们在“中国人的‘良知系统’”中曾指出：在当年革命时期，红军—八路军—解放军就是用“为人民服务”的方式，使“人心”归向，转而言之，他们采取了将老百姓当“自己人”的“做人”方式；至于军阀势力与国民党，则不将老百姓当作对自己具有人情制约的人，因此，他们的军、警、特，对老百姓就随便拳打脚踢，由他们保护的土豪劣绅也任意鱼肉人民，结果，就失去了“人心”。

从文化“深层结构”的意义上来说，这两种倾向在楚汉相争时代已经出现过。在那场斗争中，刘邦懂得“做人”，每到一个地方必先除秦苛政，安抚当地的父老，结果就“得人心”。至于项羽，则每到一地必屠城，结果就“失人心”。当然，这里必须指出，两者的作风只是在结构的意义上相同，而不是在内容上相同，因为，刘邦顶多是做做姿态，而中共却受到外来的马列主义理论的影响，这个义理使人从本能上同情被压迫者，因此就第一次在如此大的规模上触发了文化“深层结构”中的“人心”这个机括，而且还很可能在中国历史上是首次将“亲民”从结构上的可能性化为群众性的事实（也可能是最后的和唯一的一次）。

然而，不论是“得人心”也好，“失人心”也好，都与现代的民主政治无关。它们的差别是具有“亲民”基础与没有这种基础差别。前者比后者更为成功，也更为牢固。

从来没有一个政权,像今日中国的人民政府那样,将中国文化中"亲民"的理想在如此大的规模上实现。试问,世界上有哪一个政权能够使 10 亿人都有饭吃,都有工作做,而且还做到"使老有所终,壮有所用,幼有所长,矜寡孤独废疾者皆有所养"。当然,它亦要求人民"交心"。

这种安排,却是完全符合中国人的"人民性"的。因为,"身体化"的中国人格,在能够"安身""有一口饭吃"的条件下,是不反对让自己的"良知"被国有化的。

3. "礼乐"与"刑政"

中国式的专制主义既然是家长式的,政府与老百姓之间遂被比喻成"亲"与"子"的关系。历代的政府都是以"爱民如子"自我标榜,而"子民"也将统治者的家长形象内在化(即使在香港,英国人并不想做中国人的父亲,但是当麦理浩爵士离港时,某电视台的一位节目主持人却称赞他"爱民如子")。

因此,上一代对下一代的"教养"方式也就成为政府对老百姓的政治行动的比喻。一般来说,中国人的上一代对下一代,是"养"其肉体,"教"其如何与人保持和合,教而不听,就会出动到"罚",而施罚的对象也是身体。

因此,历代以儒家为官方意识形态的政府,总是标榜"德化"的功能,亦即是以"礼乐"治国,至于"刑政"则只具辅佐作用。孔子即说:"导之以政,齐之以刑,民免而无耻;导之以德,齐之以礼,有耻且格。"①至于纯粹提倡"刑政"者,则为法家。因此,儒家与法家之不同,在于一个强调——前者也谈"刑政",不过,却将其放到了次位。

历代的事实是怎样,却很难说。可以肯定的是:除了秦朝之外,后世的政权都比较懂得运用"礼乐"作为"刑政"的掩饰。

4. 国家强大于社会

道家思想基本上是一种"身体化"的哲学,因此它常常谈到如何"保身"、如

① 《论语·为政第二》。

何“养生”、如何使“身先”、如何使“身存”之术。它对个人要求是“能婴儿乎”以及“复归于婴儿”。它对政府的要求则如下:“是以圣人之治,虚其心,实其腹;弱其志,强其骨。常使民无知无欲,使夫知者不敢为也。”①

老子认为政府一方面应该将老百姓喂饱,并使他们筋骨强壮,另一方面用“虚其心”与“弱其志”的办法去抽掉他们的灵魂,常使“无知无欲”,永远也不会有自己的想法,至于已经开了窍的知识分子,就要用法子使他们“不敢为”。这种主张,并不是一家一派的学说,而是中国文化的“身体化”倾向的一个表现,因此是来自文化深层的一个表现。

事实上,老子这种“绝圣弃智,民利百倍”②的主张,在儒家思想里也可以找到。例如,孔子就说过:“民可使由之,不可使知之。”③

显然,孔老两家所提倡的“无知无欲论”,是针对老百姓而言的。对统治阶级当然不能也这样主张,否则搞到大家都一样,如何去统治老百姓?事实上,《老子》一书的作者,自己就不“绝圣弃智”,并且还认为做到大智若愚,“大巧若拙”。儒家思想则更是士大夫尊奉的义理,他们是读书人,也是官,并不是“不可使知之”的民。

政府当局尽量不让老百姓去知道、去接触、去理解干部们才有资格去知道和接触的事物。这种措施背后的逻辑似乎是:干部是“成人”,因此自然可以去做一些“成人”之事;老百姓是被“教养”的对象,因此自然不该去接触“儿童不宜”之事。

将老百姓“儿童化”,是中国统治者“弱民之术”的一个主要内容。即使在充分展示于外面世界影响之下的台湾,也经常出现这种情形。例如,蒋介石曾颁布过《国民生活须知》,教导全民在起居饮食方面如何去做——这无疑是他在大陆时期搞的“新生活运动”的一个翻版。不过,对任何“成人”来说,这都是一种啼笑皆非的侮辱。然而,这种对“人”的不尊重,还有诉诸行动的。例如,被台湾作家柏杨称之为“三作牌”(作之君,作之师,作之亲)的台湾警察,只要他们

① 《老子·安民第三》。
② 《老子·还淳第十九》。
③ 《论语·泰伯第八》。

在马路上对任何成年公民的头发视之不顺眼，也不用说个什么标准，就可以任意地将其抓回局中剪掉"过长"的头发。有一次，这种事情竟发生在一位在美国拿到博士学位的台湾大学教授身上。

然而，中国老百姓也必定有"儿童化"的一面，才会如此俯首帖耳地让统治者将自己当作儿童处理。上面说过，中国人"他制他律"的人格，是必须由外力约束的。他们人格不成熟最明显的外在表现，莫如对口水与鼻涕的失去控制。这些排泄物，是应该在孩提阶段就学会控制了的，然而中国人却终生控制不了。结果，必须劳驾政府去用"运动"的方式——如当年的"新生活运动"以及后来的"文明礼貌活动"——去执行父母在家庭中的功能，而到头来却仍然不奏效，因此，就很难说究竟是中国式的专制主义塑造了中国人的人格，还是中国人的人格产生了中国式的专制主义。

将人"儿童化"，自然就是将其弱化。例如，《老子》一贯认为"弱"才是美德，而最柔弱的状态莫若初生之婴儿，最坚硬的状态则莫若死亡，因此，为了生存就必须保持婴儿的柔弱状态。

这无疑是在专制主义（以及平均主义）下活命的哲学。然而，从统治者的立场出发，"弱民"之目的，却是为了保证国家强大于社会。在这一点上，表面上似乎与道家"小国寡民"理想完全对立的法家专制主义理想，在实质上却证明是与道家相辅相成的。例如，《商君书·弱民篇》中，就提出了这样的主张：

> 民弱国强，国强民弱。故有道之国，务在弱民。朴则强，淫则弱。弱则轨，淫则越志。弱则有用，越志则强。……民辱则贵爵，弱则尊官，贫则重赏。以刑治民，则乐用；以赏战民，则轻死。故战事兵用曰强。民有私荣，则贱列卑官，富则轻赏。治民羞辱以刑，战则战。民畏死、事乱而战，故兵农怠而国弱。……政作民之所恶，民弱；政作民之所乐，民强，民弱国强，民强国弱。

因此，国家与社会是对着干的，不是你死就是我亡。为了保证国家强大于社会，就必须使人民弱化。所用的办法，就是不要去投其所好，并羞辱之以刑，务必使他们“去私”而处于贫贱朴素的地位,才会为国家所用。

在马克思主义的历史观中,社会是“上帝之城”,国家是“魔鬼之城”,在这一出“双城记”的神剧中,最后的一幕,社会必将达到完全自主的地步,并且将国家取消。

5. “处列国竞争之世,行一统垂裳之法”

在现代世界中,民力是国力的基础。如果社会富庶,民智开发,国家就自然富强,至于政府是否也需要强大,倒在其次。

至于中国人那一套“倒行逆施”的做法,是违反在现代世界中生存之常识的。他们之所以做出这种自杀性的行为,是因为未能摆脱“天下主义”后遗症的结果。

中国人几千年来自成一“天下”,无须与其他国家竞争。至于解决“天下”的问题,则是如何用“定于一”的方式去“止乱”。因此,就必须由一个强大的中央去维持秩序。为了做到这一点,这个中央就绝不容许社会上有任何向它挑战的力量存在。因此,也绝对不要期待它去做“发扬民智”之举,因为如此无疑要它自掘坟墓。事实上,秦甫统一天下,就有用“焚书坑儒”的方式搞思想统一之举。后世的统治者却没有做得那么露骨,而是另采更高明之计。例如,用一套正统的思想作为晋身之阶,以便消磨天下俊杰之壮志。关于用科举取士之妙用,唐太宗就曾因一时得意忘形,露出了马脚地说:“天下英雄,尽入吾彀中矣!”

对待精英分子尚如此,对待亿万“黎民”,就自然更加要使之维持他们的蒙昧状态了。

但是,以此之国,如何去面对现代世局?

当“现代”硬迫到了中国人头上后,中国人遂被放入了一个列国竞争的世局,然而,却依然故我,用自行淘汰的方法去面对它。中国人这一个在现代世界面前无法解开的死结,康有为已经在19世纪末就指出了。在《杰士上书汇录》中,有他的一段话:

治一统之世以静,镇止民心,使少知寡欲而不乱;治竞长之世以动,务使民心发扬,争新竞智而后百事皆举,故国强。

这里很清楚地指出,治一统之世可以搞“使民无知无欲”,以便达到天下大治,但是,在列国竞争之局面中,就必须发扬民智,而且不要怕“动”。接着,他又说:

> 治一统之世以隔,令层级繁多,堂阶尊严,然后威令行;治竞长之世以通,通上下之情,通君臣之分,通心思,通耳目,通身体,威令无阻阂,而后血脉流注,而能强。

治一统天下,为了向老百姓立威,就必须搞层层的等级,让他们觉得自己很低,且对什么事情都隔阂,达到耳闭目塞的地步。但是在列国竞争之世,就必须让他们多与社会接触,多与外界接触,做到“通心思,通耳目,通身体”的地步。此外,他又说:

> 治一统之世以散,使民不相往来,耕田凿井,不识不知;治竞长之世以聚,令人人合会讲求,然后见闻广,心思扩,有才可用。

这里更明显地指出,治一统天下可以去维持老百姓“小国寡民”的习性,使“民至老死不相往来”,保持他们一盘散沙的状态,以便让国家成为社会的唯一组织原理,造成国家强大于社会的优势。但是,在现代世局中,就必须让人民互相来往,互相交流,形成有集会结社自由的现代国民生活,否则就永不开窍,无才可用。接着,他又说:

> 治一统之世以防弊,务在防民而互相牵制;治竞长之世以兴利,务在率作兴事,以利用成。

在大一统帝国内,是不需要讲究培养搞建设的人才的。反而,如果一个人太出类拔萃，还必须像“防民如防贼”一般地防着他。因此，就必动用到互相告密、诽谤的方法去令老百姓彼此牵制。然而，在现代世局中，是必须去放手让有才干的人一展所长，因此，就绝对不应再去搞“使夫知者不敢为也”这一套。

最后，他总结地认为：在今日“宜全用诸国竞长之法，而不能毫厘用一统闭关之法”。虽然康有为后来被认为是顽固的保守派，然而，这一段话，在提出的当时，几乎是一种全盘西化的激进观点。由此也可见到中国问题之严重，以及形势之紧迫。

戊戌维新时代离现在（作者写书时——编者）已经九十年了。然而，情况又有多少变化？

（二）“大一统”的倾向

中国无疑是一个国家强大于社会的局面，然而，中国式的社会又不可以没有国家去加以组织。因此，中国式的政治形态必然是从上而下控制的权力结构，而这个权力结构亦必定是一元化的。的确，对一个“他制他律”的社会来说，政治上的多元化就是没有节制的“乱”的代名词。

1. 中国式的“政治”

梁襄王曾经问过孟子：“天下恶乎定？”孟子回答：“定于一。”这段对话的含意是：天下只有归于大一统，才会安定下来。

这一重含意，也很明显地表达在“政”与“治”这两个中国字的字义之上。

“政”与“正”古义相通。孔子说：“政者，正也。”至于“正”这一个字的意义，《说文》曰：“从止，一以止。”《说文系传》曰：“从一从止，一以止。”并将之解释为“守一以止也”。亦即是说：只有在“定于一”的局面下，“乱”才会停止。

因此，“正”又具有“乱”的相反义。例如，孔子一生事业之目的都在于“拨乱反正”，亦即是将乱事停止，使天下重新趋于安定。

至于“治”，大家都知道是“乱”的反面。在古代汉语中有反训的习惯，亦即是将一个字义完全相反的字当作同义词。例如,《说文》曰:“乱,治也。”《尔雅》的《释诂》也做出同样的反训。因此,《论语》中记载武王曰:“予有乱臣十人。”[①]并不是指周武王底下有十位“作乱”的臣子,而是说他有十位能“拨乱反正”,使天下至于“治”的得力手下。

因此,归根到底,“正”(政)就是“治”。它除了“定于一”的意义之外,还有从上面去纪律下面的人之含义。而且,这种纪律还必须是家长式的“人治”或“身教”。孔子说:“其身正,不令而行;其身不正,虽令不从。”[②]因此,中国人有“上梁不正下梁歪”的说法。“歪”也是“不正”的意思。不过,下面的人正与不正,却是由上面的人决定的。因此,说来说去,仍然是“君子之德风也,小人之德草也。草上之风必偃。”[③]

的确,中国式的“政治”就是由上面“正”下面,由上面“治”下面。中国的老百姓从来没有当家做主过。

在这个意义上,中国式的“政治”,与西方的 politics 没有相通之处。politics 是指城邦(polis)的事务,它具有公民自治的内容,因此是典型的海洋型历史发展途径的产品。“政治”一词所表现的,则是大陆型的大一统帝国的权力结构,并具有由上面纠正下面的意思。

这种“政治”,是必须在政权与思想都“定于一”的条件下,才能实行。中国自商代开始,就有了一个形式上的“中央”,自秦以来,则维持了一个大一统的局面,以迄至今。而且,自秦以来,就尝试统一思想,虽然这个尝试到了汉武帝时才完全成功,然而从那个时候起,被“定于一尊”的儒家思想就支配了中国人的思想达两千多年之久。这个“定于一”的倾向一直持续到现在。但是我们不应将之视为社会主义底下的“封建残余”,因为它在今日又被发扬到了一个新的高峰。今日的中国,不论在中央集权化、思想统一方面,都达到了空前的地步,甚至连文艺界,也可以做到“钦定”只奉一尊偶像——例如鲁迅——的地步。

当然,除了“国粹”之外,我们不能排除来自苏联——这个也是具有大陆型

① 《论语·泰伯第八》。
② 《论语·子路第十三》。
③ 《论语·颜渊第十二》。

帝国传统的国家——的影响。然而,国共这两个在基本上完全对立的政党,却都选择了布尔什维克式的权力结构,就应该不是一个偶然的现象。中国共产党治下的大陆是实行国有化体制的,采用苏式权力结构还说得过去。至于国民党治下的台湾,也采用苏式权力结构,就成为资本主义世界罕有的现象。因此,这不能不说是一种文化上的偏好。

2. "与中央一致"

中国人这种在政权与意识方面都必须"定于一"的要求,是为了防止"乱"的。在《墨子》一书的《尚同》篇中,对这一点有提纲挈领式的说明:

> 子墨子言曰:"古者民始生,未有刑政之时,盖其语,人异义,是以一人则一义,二人则二义,十人则十义。其人兹众,其所谓义者亦兹众。是以人是其义,以非人之义,故交相非也。是以内者父子兄弟作怨恶,离散不能相和合;天下之百姓,皆以水火毒药相亏害。至有余力,不能以相劳,腐朽余财,不以相分,隐匿良道,不以相教。天下之乱,若禽兽然。"

这里说得很清楚,如果没有政府去统一思想,人与人之间就会"离散不能相和合"。为了保证这种"和合"感,就必须设立一个治理天下的首长,以及其下的各级官员:

> 夫明乎天下之所以乱者,生于无政长(政当为正),是故选天下之贤可者,立以为天子。天子立,以其力为未足,又选择天下之贤可者,置立之以为三公。天子、三公既以立,以天下为博大,远国异土之民,是非利害之辩,不可一二而明知,故画分万国,立诸侯国君。诸侯国君既已立,以其力为未足,又选择其国之贤可者,置立之,以为正长。

在这些"正长"设立后,老百姓就必须将一切都告诉这些在上者。在下者对他们虽然也可提出批评,但是基本上必须以他们的是非为是非:

> 正长既已具,天子发政于天下之百姓,言曰:闻善而(与)不善,皆以告其上。上之所是,必皆是之,所非,必皆非之。上有过,则规谏之;下有善,则傍荐之。上同而不下比者,此上之所赏,而下之所誉也。意若闻善而不善,不以告其上。上之所是弗能是,上之所非弗能非。上有过弗规谏,下有善弗傍荐。下比不能上同者,此上之所罚,而百姓所毁也。上以此为赏罚,甚明察以审信。

因此,谁如果做不到这一点,就必须受到上面的处分和群众的攻击。然而,必须从老百姓对待基层官员的态度中,就开始培养他们与"正长"认同的习惯:

> 是故里长者,里之仁人也。里长发政里之百姓,言曰:闻善而不善,必以告其乡长;乡长之所是,必皆是之,乡长之所非,必皆非之;去若不善言,学乡长之善言,去若不善行,学乡长之善行。则乡何说以乱哉?察乡之所治者,何也?乡长唯能壹同乡之义,是以乡治也。

因此,地方单位之"治",是因为老百姓对基层官员"听话",使后者能够统一本单位之内的思想。基层的思想一旦统一,就可以进一步要求人民认同于高级官员:

> 乡长者,乡之仁人也。乡长发政乡之百姓,言曰:闻善而不善者,必以告国君;国君之所是,必皆是之,国君之所非,必皆非之。去若不善言,学国君之善言。去若不善行,学国君之善行。则国何说以乱哉?察国之所以治者,何也?国君唯能壹同国之义,是以国治也。

高级官员在统一了他们治下的思想后,就可以做到全国"与中央一致"的地步:

国君者,国之仁人也。国君发政国之百姓,言曰:闻善而不善,必以告天子,天子之所是,皆是之,天子之所非,皆非之;去若不善言,学天子之善言,去若不善行,学天子之善行,则天下何说以乱哉?察天下之所以治者,何也?天子唯能壹同天下之义,是以天下以治也。

中央首长本身又是代表绝对真理的,因此老百姓除了与中央首长认同之外,还必须服膺这种真理,否则必有灾难:

天下之百姓,皆上同于天子,而不上同于天,则菑(灾)犹未去也。今若天飘风苦雨,溱溱而至者,此天之所以罚百姓之不上同于天者也。

如果这种层层控制的家长式统治不收效,对老百姓就必须动用到刑罚:

是故子墨子言曰:古者圣王为五刑,请以治其民。譬若丝缕之有纪,罔罟之有纲,所以连收天下之百姓,不尚同其上者也。

在这里,也完全符合了"亲民"式的专制主义"礼乐"之不收效则诉诸"刑政"的逻辑。

《墨子》的"尚同"观念又称之为"上同",亦即是提倡下面的人对上面"听话",最后则做到"与中央一致"。这个观念的基本前提是:只有做到由上面"一同天下之义",亦即是统一思想,天下才能归于"治"。

在中国,天下混一的局面虽然在两千多年以前就出现了,但是,《墨子》的这一种将普天之下都布尔什维克化的理想,在古代还没有充分地去实现它的条件。秦始皇想用强制的手段,去达到"一同天下之义",但是顶多只做到焚书坑儒,而不能做到将思想统一下达到基层。秦朝以后的中央政府开始懂得利用儒家作为官方哲学,并且逐渐学会运用科举取士的方式去吸取干部,从而建立一个具有相同义理的官僚阶层。但是,距离将全民都布尔什维克化的理想,还远得很。

这一种理想,也许只有在全盘的国有化体制下,才能大致上实现。因为一个具有一套严密的意识形态的组织,这时可以将它的控制伸入到最基层。并且可以全面地组织老百姓学习官方哲学。

中国传统道德中有“三从四德”的观念,而《人民日报》1981 年的元旦社论却提出了——事实上是重申了——“四从”的观念,那就是:“下级服从上级、个人服从组织、局部服从整体、地方服从中央”。这基本上与“上同”思想是同一个“深层结构”的产品。

《墨子》所提倡的每一级都有一个“正长”管束老百姓行为的构想,在今日也大致上实现。在国有化体制下,一个生产单位的领导不只是管生产,而且还要为属下人员的“思想”与“品行”负责。至于还没有就业的大学生,则由学校的党委系统为每一班派一名“指导员”,专门监视学生的思想以及防止他们谈恋爱。这些“指导员”对一个人的“思想”与“品行”之评价,在毕业分派工作时具有决定性的影响,因此就成为大家必须去巴结与迎合的对象。不少人甚至担任义务情报员,将别人的私生活报告给他们听。

在大陆时曾听说,从“反右”到“文革”这一段期间,有大学生偷取同学的日记,上缴给“指导员”,以致对方被打为“反动学生”,受到迫害而自杀的。当时这一类偷取别人日记的事,可能还是相当普遍的。有一位正在念大学的学生告诉我, 在她的中学时代,就发生学生偷取同学日记上缴给班主任的事,结果连累对方被当众批判。这确实是做到了“闻善而不善,皆以告其上”。

这种干涉与控制个人私生活的安排,除了保证每一个人都跟大家一样不要有自己的“个性”之外,是没有其他作用的。然而,似乎很讽刺地,这种情形趋于最极端的期间,就是从“反右”到“文革”这一段最“革命”的时代。因此,“革命”这个观念到了东方,必须做出重新理解。

总的来说,80 年代初,这一类的管束已经比以前松得多了。但在我居留一年的那一所大学中,看到的情形仍是对大学生的个性表现仍然诸多干涉(生不生效是另一回事)。例如,某一系某一级的一些女学生,当时穿了国产的稍为时髦的服装和半高跟鞋上课,就被指导员当众点名批判,说:“中国人应该有中国人的样子!”另一系某班的女生去割了双眼皮回来,亦被班主任扣上“资产阶级思想”的大帽子,加以“忠告”一番。然而,也有些指导员自顾不暇,对学生们违反教育部规定去谈恋爱之事,采取眼开眼闭的态度。

后来又到了出现所谓“三信危机”。很多年轻人虽然还不敢公然地不听话,但是已经多了许多自己的想法。与“文革”时代狂热的情形相比,他们对有些“政治学习”显露出不耐烦的表示,甚至还有人公开表示不信马列主义。

这种“一同天下之义”局面的瓦解,在统治阶层中确实引起了一阵很大的恐慌。例如,军方的黄克诚在一篇文章中就露出这种隐忧。虽然,这篇文章可能是为了遏阻同一个阶层中批毛的倾向而发的,但是引起我们兴趣的确是文中的论证方式。文中的论点是:必须要有“一套”思想来统一全国人的大脑,如果全国不信毛泽东的思想,难道要把孔夫子那“一套”,或者孙中山那“一套”请回来吗?统治者对思想控制的松弛感到不安,是很自然的事。但是,不管内容是什么,却总必须只有“一套”思想才能统一天下“民心”的想法,却是十分中国本色的,在老百姓之中也是很普遍的,因此统治者才可以诉诸这种心理。

的确,在中国这个将“理智”与“感情”混淆的“心的文化”中,思想本身已经变成了“和合性”的一个功能,它不再仅是一个分析的作用,而是“统一民心”的媒介(这也是个脑部中层发达于大脑皮层左半部的佐证)。

台湾的国民党也是一个一元化的权力结构,自然也有统一思想的倾向,但是却心有余而力不足。因为,一来,在台湾搞的是资本主义,权力结构虽然一元化,社会上却出现了多元化的局面;二来,统治者本身是没有思想的。

拿蒋介石来说——他到底是孙中山的追随者?还是曾国藩的崇拜者?是孔孟学会的名誉会长?王阳明哲学的揭橥者?还是基督教循道会的信徒?抑或是黑社会青帮的弟子?——连他本人也未搞清楚。既然连自己的思想也未“统一”,又如何统一老百姓的思想?

在老蒋去世前后由蒋经国掌实权的一段期间内,国民党也有一阵子提倡庸俗不堪的“小市民的心声”,一下子提倡不食人间烟火的“沙鸥精神”的。据云,蒋经国在不公开的场合中还提出过“牺牲享受,享受牺牲”的口号。这两种相反的倾向,其实是诉诸同一文化“深层结构”中的“身”与“心”的逻辑。前者即诉诸老百姓的那种各自为政、没有理想、十分现实的“身体化”存在方式,而后者则一脉相承统治者“大公无私”的说教——例如“存天理,灭人欲”“破心中贼”“饿死事小,失节事大”等等是同一条“文法”规则的演绎。

归根到底,国民党基本上是没有系统化思想的。统治者既然缺乏思想,因此才“便宜”了老百姓。

然而,即使在缺乏意识形态的情形下,戒严前的台湾仍然是有一条“反共复国”的“基本国策”的。任何无辜的人,只要被扣上违反“基本国策”的罪名,就会遭到无情的镇压。

因此,“与中央一致”是中国文化“深层结构”中的一条不因时、地、政治立场而异的“文法”规则。在先秦时代,它已经表现在“拨乱反正”“天下定于一”以及“尚同”这一类观念中,其后则更是深深地根植在中国人的意识中。中国人能否真正地“现代化”,就要看是否能搬走这一块取消亿万大脑的大图腾。

3. 重京师而抑郡国

在大一统的局面下,当然必须有一个强大的中央。否则的话,就会出现地方割据的局面,亦即是“天下大乱”。因此,为了致天下于“治”,就必须由一个强大的中央去压倒各地方。

这个过程并不是一蹴即成的,而是在中国漫长的历史中,经历了艰苦的中央与地方之间的角力赛。但是,就总的趋势来说,胜算总是逐渐地倾向于中央这一方的。

中国自古以来,中央的所在地就被称为“京”。“京”这一个字,在甲骨文字形上,是与“高”字相通的,两者都具有高塔之形状。在古代的神话世界观中,世界是被认为具有一个中心的,而这个“世界之中”往往被设想为一座贯通天、地、人三界的高山,一株参天巨木,或者是一座具有高山形状的人工塔。“京”与“高”在甲骨文字中既然具有高塔的形象,因此,与拉丁字源的 capital——有“首”或“头”的意思——字比较,中文里的“京”无疑是更为形象地保留了古代神话的“世界之中”的样子。它是唯一可以通天的地方,当然也具有高出于一切地方的意思。

在中国,较古的对地方单位的称谓叫作“方”,或者“国”。“方”只是指方向,亦即是以"中央"为枢轴来将整个天下划分方向。因此,它顶多只是显示出"中央"的宗主地位,并不具有真正控制的意思。事实上,殷人讨伐"人方"或"夷方"这一类地域单位,就好像与敌国作战一般,根本看不出有什么"中央"与"地方"的关系。

在周代,则采取由中央封"国"的制度,因此比殷代宗主式的权力结构,更为严密一步。然而,中央对诸"国"的控制,也只是名义上的。每一"国"在实质上都是一个城堡式的军事据点,以此为中心对四周的地方施以控制,但是对本单位以外的地域则采取防御态度。事实上,"國"的字形就显示出一圈围墙,墙内由一把干戈保卫着(或镇守着)一些人口。因此,每一"国"其实都是一个山头,一个独立王国。而且,每一"国"都自成一中心——在春秋时代,每一"国"中由围墙圈起来的中央地带都被称为"中国",以别于被其控制的"四鄙"。

到了秦大一统之前,已经出现了"郡"与"县"等名称。战国时代的"郡"也是一个军事据点。不过,每一国的中央对这一类单位的控制程度,已远胜于前。至于"县",则是在新征服了别国的土地上,或者在并吞了他国以后,直接由中央派遣非世袭的官僚加以统治的。只有在这些新获得的土地上,中央才能冲破旧的封建关系,试行新的官僚统治。因此,"县"有悬在本国以外之附属物的意思。在战国时代,"县"往往比"郡"还要大。

到了秦的大一统,就将郡县制度划一化与普遍化了。此后两千多年的大一统帝国之格局,大致上没有越出这个范围。虽然这个格局不是完全稳定的——例如汉、晋,甚至明代都有局部地恢复分封王国的现象——然而,基本上来说,由中央派遣官僚治理地方是政治的常态。

这个由中央压倒地方的倾向,是中国历史的总趋势。在宋代以后,这个倾向又更趋剧烈。在宋代以前,中央官吏与地方官吏是分属两个不同类别的。例如,像"郡守""太守""县令"以及中唐以后出现的"节度使",都是属于地方官的类别。

宋代在中央集权方面,又迈进了一大步。中央不只在军事上与财政上采取削弱地方的"强干弱枝"政策,而且从根本上取消了中央官吏与地方官吏的二类划分。从宋代开始,所有的地方官吏在名义上都是中央官吏。他们以中央官吏身份“知”地方事，因此就出现了“知府”“知州”“知县”等名目。

到了元代，则索性将地方单位当作是中央政府的延伸。当时的中央国务院叫作“中书省”，因此地方单位就被叫作“行中书省”，简称“行省”。明、清两代，大致上沿用了“行省”制度。

这种将“中央”一直抬上去的趋势，不断被推向新的高峰。这一个倾向，很明显地反映在北京的地位中。不只是国徽上用天安门做图案，而且1949年后很长一段时间，北京是全国唯一被建设得辉煌宏伟的城市。现代的建筑也只在北京出现。这除了“面子”问题——因为首都是外国使节云集之处——之外，还有更根本的原因。

80年代以前到过大陆的人必定会发现：各地的城市在市容上基本一样，真正可以说是做到了整齐划一的地步。各地的差异只是以前剩下来的遗址，以及城郊的名胜与古迹。唯一的例外是上海。上海的古迹很少，但是在市容上却是中国独一无二的大城市——市中心大部分是三四十年代的西式建筑——那是因为它是帝国主义在华的一个遗产。

上海因为具有这样的背景，因此在建国后就变成了被压下去的对象。中国的革命是采取农民战争的方式，而农民战争在本质上具有“平均主义”的倾向。城乡差别——尤其是由外力造成的城乡差别——更容易成为平均的对象。这并不是说，上海遭遇到类似柬埔寨的金边之命运。事实上，新中国当局在上海既有的工业化基础上加以扩充，使1949年后的上海成为提供全国工业总产值六分之一、轻工业产品种类二分之一的地方。然而，在城市建设方面，上海却受压抑。80年代，在市区建筑业方面，上海亦是全国进行得最少量的地方。市中心仍然像几十年前一样，原封未动，而且市面的繁荣也大不如前。以前曾经一度比东京还要辉煌的大都会，如今连台北与汉城也不如，更遑论香港了。

与北京相较，上海的交通是比较繁忙的。有些瓶颈地带，在早上大家上班时，甚至塞车达十分钟之久。但是，上海的街头却没有扩建过，而立体交叉桥则连一座都没有。但是，北京具有优先“现代化”的权利，就出现了一些六线的大道（连自行车道变成了八线），而且还建筑了在中国首次出现的立体交叉桥。然而，在大道上却只见到稀稀落落的车辆。

据说当时上海一度有建筑一个宏伟体育场的构想。但是,后来发现比北京的还要大,就被认为是"犯制",结果被下令缩小。至于北京的建设,则处处都患了巨大狂的毛病。不只是街头像广场一样阔,而且楼宇的每一层的天花板也特别高,令个人有被矮化的感觉。

然而,北京的生活指数却是低于华东与华南的——上海是九类,广州可能是十二类,北京大概只是七类或八类。因此,一般地说,当时的北京人看起来显得比上海人褴褛。在大热天时,他们会躺在地铁和天安门的圆拱底下纳凉,而且会穿着拖鞋和汗背心上公共汽车——这些现象在上海都是不存在的。但是,北京市的格局却被人为地撑高。结果,给人的印象就是人配不上城市。

在一个现代的民族国家中,这种将首都作人为提升的作风,是很难理解之事。因为,整个国家已经被凝聚成为一个整体,而无须由一个中央去维持统一的局面。例如,美国人无须用首都华盛顿去压倒纽约、芝加哥或洛杉矶,也可以维系合众国的完整。

因此,中国人这种在一国之内还要搞"强干弱枝"的作风,充分地暴露了中国这个"民族国家"的容器,仍然装载有严重的"天下主义"后遗症。

事实上,任何前身是大陆型的大一统帝国的"国家",都会出现这种倾向。例如,在苏联,莫斯科就具有压倒一切的形势。有人甚至还这样指出:苏联的党、政、军、特、文化、科技的领导层,实际上皆集中在莫斯科郊外的一个住宅区中。从历史上来说,莫斯科是大俄罗斯人的首都,而大俄罗斯人对帝国境内的其他民族——例如乌克兰人、高加索诸民族、中亚的伊斯兰诸民族——是具有征服者与被征服者之关系的。这种紧张的关系,在今日并没有完全消除,因此才有这种高度中央集权化的需要。

至于中国境内,则大部分是汉族,因此面对的并不是苏联这样的问题(至少在程度上没有那么严重)。在中国,中央所面对的,毋宁是两千多年来一直存在着的"地方主义"问题。

这就牵涉到现代中国的"建国"过程有否完成的问题。对于这个问题,在50年代,我想大家的答案是肯定的;在今天看来,却又很难说。今日中国的局面,实在令人怀疑:自秦以来中央与地方的矛盾是否已经获得全盘解决?

对中国这样的国家来说，人为地将首都抬高，显然并不只是“天下主义”后遗症的一种仪式性残留那么简单。因为，“强干弱枝”倾向的存在，即标示着它的孪生现象的同时存在，而那就是地方分离的倾向。在今日的中国，民族国家的形式可能已经是一个不可逆转的过程，然而，“中央”与“地方”的矛盾，仍然可以使这个国家不能发挥“民族国家”应有的健全功能。

照马克思主义的看法，资本主义市场促成一个统一的国家经济，为现代“民族国家”的形成提供了基础，因此，“建国”的任务是由资产阶级去完成，而无产阶级只要在这个既成的容器内夺得政权，就可以进一步地超越它，让“国家”枯萎，使国界消失。然而，在一个从“天下”转变到“国家”，而又是用农民战争去完成这一个过渡的地域内，如果使国家枯萎，就可能会出现令任何抱着书本的马克思主义者都意想不到的后果。

4. 中央与地方的“和合”

我们曾经谈到中国烹调术的原理，指出它能够将味道完全两样的东西，“和合”在一起而产生出一种新的味道来。这种“和合性”也反映在中国人的政治形态中。

人类史上从没有一个大一统帝国可以维持两千多年之久，这一点中国人却做到了。而且，在现代化的交通媒介与现代的行政形式还没有出现之前，能够将支离破碎的地方势力与中央权力“和合”起来，堪称奇迹。

事实上，即使地盘比中国小得多的西欧，在今日经济高度发达的情形下，也只能做到“共同体”式的结合。

至于中国，不要说在远古，即使在晚清时代，据经济人类学家的研究，也至少包含九个至十个自成单元的大经济区，而这些大经济区之间则存在着三不管的边区地带——因为它们是出现在一个表面统一的政治体之内的，因此学者们称之为“内部边区地带”。

然而，我们只要拿经济人类学家研究的成果去印证现代的情况，就会发现：这些大区的中心城市相当于七八十年代的十大军区的总部驻在地，而“内部边区地带”则约莫与共产党革命时期的“苏维埃区”与“边区政府”所在地相吻合——事实上，像川陕楚交界与淮北一类的三不管地带，历来都是农民战争的策源地。

因此，两千多年来，中国在大一统帝国的巨伞底下，其实也存在着支离破碎的所谓“封建”势力。然而，中央政府却设计出一套文官的选拔制度（到后来基本上是通过考试），把地方的乡绅势力“干部化”。地方势力一旦被中央文官体制“干部化”了之后，遂不期然地产生了一种“天下观”，使他们以治理整个帝国为己任。

至于帝国官吏，在告老退休回归乡里之后，则往往与已被文官考试制度录取但未被任用的候补生员一起，从事地方上的控制——因为在“县”一级以下是没有正式的政府存在的。

“中央”与“地方”，“天下”与“乡里”，明明是两种截然对立的东西，在这个“和合”的方程式底下，却可以像苦瓜与牛肉共同炒在一盘菜肴中一般，产生了一种崭新的味的组合。

有不少人认为中国今日的制度与苏联基本上相同，亦即是由布尔什维克式的党控制的国家。

其实，苏联的国家体制完全是头重脚轻，由中央彻底压倒地方。党组织虽然号称“民主集中制”，实际上是纯粹集中制。这种安排导因于俄国历史性文化的“深层结构”。

在俄国，自从恐怖的伊凡用血腥屠杀的手段实施大一统以来，中央就将地方的贵族完全臣服，并且将他们转化成为中央政府的奴隶。这种安排，到了彼得大帝时代，更臻于完善。彼得大帝一方面下令加深农民的农奴化，使他们完全臣服于地方贵族；另一方面则下令加强中央政府对贵族的奴役化。在彼得大帝设立的“服役国家”中，贵族被征召出任帝国的文武官职，是具有服兵役一般的强制性的——他们往往终其大半生地被调离家园，到告老时才准回归故里。如果他们拒绝，中央政府就像缉拿逃避兵役者一般，派人上门催迫上路。当然，到后来，地方贵族中也有人学会了“阳奉阴违”这一套，亦即是不公开地抗命，但是在中央的勾魂使者还未到达之前，就先闻风出门远遁，待风头过了再回来。后来，到了叶卡捷琳娜大帝时代，就将服役的强制性取消了。

然而,从这一类的倾向中可以看出:俄国历史上中央压倒地方的倾向更甚于中国,而且采取的并不是“和合”政策,而是霸王硬上弓。

俄国的历史显示出:历来都是由一个强大的中央甚至个人独裁者对全国加以鞭策,用霸王硬上弓的手段强制全国走中央制定的路线。恐怖的伊凡如是,彼得大帝亦如是,斯大林则变本加厉——后者甚至可以说是“用成吉思汗的方式建设社会主义”。

俄国“中央”的压倒一切,从“十月革命”的形式中也可以看出。与中共“农村包围城市”的革命路线不同,俄共是采取首都暴动之方式的。一旦在控制了两京以后,他们就轻易地宰制了全国。因此,苏联的中央集权化是胜于中国的。

1949 年以后的中国,是只有在第一个五年计划期间才完全模仿头重脚轻的苏联模式,以后则开始走调动中央与地方两个积极性的路。这种走中国人自己的路之倾向,走到了“文革”时期,就造成了本土精神的全面浮现。列宁主义的党组织终于被以“天下大乱”的方式砸烂。在重新建立的“中央”中,地方势力就占了很大的比重,而且即使是中央委员会甚或政治局的成员,也往往以地方上的地盘作为权力基础。

因此,中国人是用中央“地方化”、地方“中央化”的配方来达成“天下大治”的。这种“和合”的方式虽然长期地维持了大一统的局面,然而在浑然不分的情形下,却也无法为社会上的任何势力建立明文规定的权利界限。

中国这个两千多年的混一局面,是被指鹿为马地称作“封建社会”的。事实上,在西方的封建时代,君主的王室特权、贵族的特权、教会的特权、市民阶级与自由市的自治权,都有宪章式的明文规定,彼此玩政治游戏都有公开的法则可循。而且,正因为这个权力分立与抗衡的背景,才为近代多元化的民主政治与地方自治奠下了基础。

正如西式烹调之不同,这种“法治”观念在中国也是不存在的。在“何必曰利,亦有仁义而已矣。……上下交征利,而国危矣”的前提下,任何人都必须玩“顾全大局”的游戏,换言之,“局部利益”是没有合法性的,任何争权夺利的人都必须将自己打扮成“正统”或“大义”的化身,而将对手当作是“搞分裂”的、破坏“安定团结”的人。

一般地来说,在“天下大治”时期,谁控制了“中央”,谁就顺理成章地掌握了代表“整体利益”的专利权,因此就不可避免地形成专制主义。事实上,在帝制时代,甚至连士大夫阶层在君主面前也缺乏法定的权利保障。这种情形,与西方封建贵族明文规定的身份性权利制度是迥异的。

因此,中国的士大夫在向君主做斗争时,也必须信誓旦旦地先强调自己的效忠,做符合“大义”的表态。只有在摆出了这个“誓死保卫”的姿态后,才能用“打着红旗反红旗”的方式,向君主施压力。结果,自然往往是趋于被动,甚至还必须使出“尸谏”的下策。

然而,“天下大治”的另一面却是“天下大乱”。中国人这个习惯讲“和合”的民族,在一旦没法维持“和合”的局面时,就不知道用哪一种方式去代替它。换言之,就是失去对秩序的控制,并出现完全不顾大局的作风。在中国文化中,“局部利益”既然是没有合法性的,因此当它终于表面化以后,就必定采取不合法的闹分裂的形式,而不会走上地方自治或联邦制之路。

在中国文化中,地方“局部利益”之不合法,与老百姓缺乏“个体利益”的现象,是平行地存在的。对一般老百姓来说,在“天下大治”的时代,他们是没有基本权利的,是从上而下地被制约的,因此总是采取“逆来顺受”的态度。当这种情形没法维持的时候,就会出现没有节制的大迸发。

然而,老百姓的暴乱并不是制造“天下大乱”局面的唯一因素。士大夫阶层在地方上的军事化,也是造成天下“久合必分”的另一个因素。在皇朝解体时期,地方乡绅势力的军事化,在名义上总是为了保卫中央的,但实际上却往往代表“局部利益”的明朗化与表面化。然而,“整体利益”与“局部利益”的二分法在他们的脑海中既然是不存在的,而后者的明朗化又在军事化的局面下出现,于是就造成两种可能性:退守则为武装割据,进取则逐鹿中原,问鼎天下。因此,对造成“天下大治”的局面的瓦解来说,地方乡绅势力的军事化与农民的军事化所扮演的角色是平行的。

这种瓦解局面的结果,往往必须由一个“打天下集团”——姑勿论其来源——削平群雄,重新掌握了“整体利益”的专利代表权之后,才能结束。因此,中国人这个讲“和合”的民族,虽然常自夸为“礼义之邦”,但是中国政治的最基本形态却是“枪杆子里出政权”。

笔者在上面曾经指出:在中国人的人格组成中,有完全受制约而丧失个性与基本权利以及完全没有制约而失去任何纪律这两个极端。中国历史发展形态中的“治”与“乱”两极化倾向,其实也是该文化“深层结构”中同一条“文法”的另一种表现。

这条“文法”规则,与“人我界限不明朗”这一条规则,也是相互连锁的。中国人的宇宙论就是在太极中搞阴阳调和,太阴中有少阳,太阳中有少阴。在日常生活中,亦不喜欢划清人我权界,而是搞你之中有我,我之中也有你,让彼此互相渗透。因此,在政治生活中,才会搞中央中有地方,地方中有中央,造成法权观念的模糊。这种倾向,使中国人容易出现团结的局面,在现代建国的过程中,也发挥了不易迷失斗争大方向的优点,使全国上下很快地就达到了“万众一心”的地步。然而,在建国以后,却无法在“整体”之下树立“局部”甚或“个体”的合法权利保障。这种情形,难道是长治久安之计吗?

《老子》说:“治大国,若烹小鲜。”似乎不适用于现代国家。在烹调术方面搞“一镬熟”,也许会产生鲜美之味。然而,在国民的政治生活方面,如果再继续维持这种“一镬熟”的局面,就迟早会“大镬”。

5. 所谓“共和”

中国这个大一统的“天下”,虽然周期性地趋于瓦解,但是在意图上总是想维持长治久安——这也是文化结构上的“超稳定”在政治形态上的反映。

这个意图,可以从中国的一些地名中看出来。据不完全的统计,在此处就可以举出:长安、延安、淮安、镇安、怀安、惠安、太安、高安、远安、六安、兴安、新安、万安、文安、武安、乐安、隆安、宝安、泰安、吉安、安东、安西、安南、安远、安庆、安吉、安立、安多、安福、安化、安顺、安达、安康、安乡、安县、安阳、宁安、宁乡、宁城、宁都、宁国、宁南、宁远、平和、平顺、平南、康平、高平、开平、广平、桂平、正定、保定、康定、永安、永和、永宁、永泰、永定、保靖、太和、太平、大同、同安,以及西安、东安、北安、南宁、南平、北平、定西等等。

北京紫禁城的四面大门也叫作“天安门”“地安门”“东安门”“西安门”。一些宫观也叫作“雍和宫”“太和殿”。

为了维持“天下”之长治久安,中国人就诉诸“定于一”的方程式,并且对“安定团结”无限向往。这就形成了一种文化上的要求:大家都必须力求彼此之同,去相互之异;个体和“局部”必须尽量收束自己,以便促进整体的和谐。

因此,中国传统的乌托邦理想就叫作“大同”。在推翻了帝制以后,成立模仿西式的体制则称为“共和”。“共和”一词是用来翻译拉丁文中 respublica 一词的。这一个名词,就其字源来说,具有“公众”(publica)之“事务”(Res)的意思。古代的罗马共和国是从一个城邦发展起来的,因此“公众”的原始意义是指城邦中的住民。在这个意义下,respublica 与希腊文字源的“政治”(politics)有共通之处,因为后者具有城邦(polis)之事务的含义。

事实上,在古代的希腊和罗马,polis 和 respublica 都是指“国家”而言。不过,比起 polis 一词来,respublica 一词还更多地包含有清晰的法权观念。因为,在古代罗马,“公众的事务”具有多元化权力相互制衡的内容。而且,它是将这些“权力”清楚地界定的。它们包括:执政官的王权(imperium)、护民官的抗议权(potestas)、元老院的贵族权(auctoritas)、公民大会(comitia)的民权,以及非常时期为应付变故才容许出现的独裁权(potentia)。

至于中文里的“共和”一词,虽然源自西周时代的某一历史事故,但是它的字面意义却确实有“和谐地共同在一起”的意思。因此,它就与中国式的“政”与“治”有共通之处,亦即是反映出不容许有多党存在的文化心理。共和国初年的宋教仁以为可以移植美国式的两党政治,结果以身殉之。这个事件固然有其政治上的原因,但仍不失其文化上的象征意义。

事实上,中国人如果出现两个政党的情形,就是内战。在帝制终结以后的“共和”时代,在中国境内出现的西式政党,实质上多半是“天下大乱”时期的“打天下集团”,如国民党与共产党,都各自拥有自己的军队。也有军事集团先存在,然后才组党的现象——例如由十九路军组织的“生产人民党”。至于那些未能组织自己的党军的小党派——例如进步党、第三党(农工民主党)、青年党等等——也从事勾结军阀或渗透别人的军队之工作。事实上,孙中山的国民党,在未成立党军以前,也从事过同类的活动。

因此，中国人纵使穿上西装，在骨子里终归仍然是中国人。西式的 respublica 和西式的 politics，既然是脱胎于“城邦的事务”，就涵示有地方上的自由传统、基层的民主传统以及多元化权力制衡的观念。然而，地方上的自由传统与基层民主观念，在中国是不存在的。中国的城市从来也不是自由的城市，而是一个中央集权的一元化权力体制下官吏驻在地。事实上，从上面列举出的一大串地名中就可以看出：中国各地的城镇只是一个大一统帝国内的细胞，而不是自治单位。

至于多元化的权力制衡，则必须以党派与个体的“局部利益”以及保卫这些利益的自主权为先决条件。这些条件也是没法为中国人接受的。自主权包含有“自由”的意思。至于中文里的“自由”一词，却有要怎样做就由得自己怎样去做的意思，因此，在一个“定于一”才能至于“治”的文化中，就有造“乱”的嫌疑。在中国人心目中，对这类名词是没有好感的。在“文革”期间，甚至出现“‘自由’是资产阶级的遮羞布”的说法。在“文革”以后的今日，情形当然比较好一点儿。因此，虽然官方取消了“四大自由”，民间却出现要求自由的呼声。不过即使在今日，对绝大多数的中国老百姓来说，像“个人主义”与“自由主义”这一类的名词却仍然是具有不道德的含义。在台湾的统治者心目中，这一类名词也是不佳的，而且总会想到“叛乱”这个方面去。台湾虽然自称“自由中国”，但是这是指在“割据”之势已成后，自由自在于“整体”之外而言的。

至于“党”这一个字的形象，在中国人心目中也是不佳的。孔子有“君子不党”的说法，而雍正皇帝也正好利用这种心理，发表他的《朋党论》，为禁绝臣下搞派系树立理论根据。事实上，在中国历史中出现的“党”确实是一个不佳的现象，因为统治阶层内朋党倾轧的表面化，往往是皇朝解体的先声。

因此，中国人在披上西式政党的外衣后，都必须将自己打扮成是代表全民利益的“党”，而将对方打成“自外于国人”的“党”，因此，中国式的“政治”——亦即是如何“守一以止”和“拨乱反正”之道——就是只准有一个“党”夺得“中央”的游戏。换言之，就是逐鹿于中原，问鼎于天下。谁能夺得“中央”的位置，就可以掌握“整体利益”的专利代表权，就可以将“乱党”的罪名加诸对手。

中国在帝制终结以后的一段“共和”时期，曾经出现过许多问鼎天下的集团，然而最终则归结为共产党与国民党的对峙。既然双方都要继承“定于一尊”的“正统”，因此，这个中国式的两党政治就演变为武装割据——开始时是由共产党武装割据，现在则是由国民党武装割据。

至于介于两大党之间的其他小党派，就多半被并入这两个集团的势力范围中，而且采取的也是“和合”的方式。当国民党在大陆掌权的时候，趁着共赴国难的契机，就曾经搞过“政治协商会议”，邀请各党派参加。与西洋式的国会不同，这是一个强大的权力中心“团结”其他反对势力的机构。国民党当然未能成功地将共产党也“统战”了过去，而只是吸收了像青年党与民社党一类的货色。后来国民党的“政协”虽然没有了，然而“和合”其他党外势力的功能，仍然由披着西式外衣的国会——国民大会和立法院——持续下去。（在今日的台湾地区，因为西式的民主政治已经在民间抬头，因此像“立法院”之类的机构，内容已起变化。）

“政协”的形式，后来也被共产党接了过去，事实上，“政协”这一个名词本身，就很形象化地表达了“共和”这一概念。“协”是由很多人共同出力的意思，因此以共同地“在一起”为前提。“协”当然也是“和”，例如《尚书》中就有“协和万邦”的提法。

因此，在这个用“和合”的方式使大家“在一起”的体制中，“统一”的观念是远远地压倒“民主”观念的。

（三）“小国寡民”的倾向

我们曾指出：在中国，国家是“心”，社会是“身”，因此，一盘散沙的社会，必须由“大一统”的国家机器去组织。的确，在传统时代，“天下主义”与“地方主义”是孪生现象，它们是同一个太极中相辅相成的“阳”与“阴”。

1. “民至老死不相往来”

在先秦的诸子百家中，几乎都有大一统的思想。孔子有“拨乱反正”的思想。孟子有“定于一”的思想。墨家有“尚同”思想。法家则更不用说，简直就

是为中央集权的专制主义制造理论根据的。唯独道家不然,《老子》一书中提出了这样的主张:

太上,不知有之。其次,亲之誉之。其次,畏之。其次,侮之。①

即是说:最好的政府是连老百姓都不知道它的存在的。等而下之的,是亲爱它而称誉它。又等而下之的是怕它。再等而下之的是看不起它。这基本上是美化小农经济的"日出而作,日入而息……帝力于我何有哉"的状态。因此,《老子》的理想世界就是这么一副景象:

小国寡民。使有什伯之器而不用,使民重死而不远徙。虽有舟舆,无所乘之;虽有甲兵,无所陈之。使民复结绳而用之。

甘其食,美其服,安其居,乐其俗。邻国相望,鸡犬之声相闻,民至老死不相往来。②

中国文化中的这种倾向,表面上看起来是与"大一统"的倾向冲突的,其实不然——二者是相辅相成的。因为中国的大一统专制主义的基础,正是一大片分散的小农经济。

如前所述,中国式的"政治",从来就不是老百姓之事,而是由上面"正"下面,由上面"治"下面的。只有老百姓处在彼此分散,"帝力于我何有哉"的状态中,这种"政治"才成为可能。的确,社会唯有处在这种"一盘散沙"的情形下,国家机器才会成为社会的唯一组织原理,并因此造成国家强大于社会的现象。

任何农民的"社会主义",都会有产生这样情形的倾向。波尔布特的"红色高棉"农民军,在全国范围夺得政权,就将城市平均,将人口都疏散到农村去,使他们互不往来,然后由专制的国家机器派监督控制每一个孤立的小单元。此

① 《老子·淳风第十七》。
② 《老子·独立第八十》。

外,在铲除现代生活方面,“红色高棉”也确实做到了“使有什伯之器而不用,使民重死而不远徙。虽有舟舆,无所乘之……使民复结绳而用之”。因此,马克思的“社会主义”是用“社会”去取消“国家”,“红色高棉”式的“社会主义”则是由“国家”去谋杀“社会”。

如果我们用“红色高棉”去比较中共领导的农民战争,认为是同类现象,那是有欠公允的。因为,在“红色高棉”统治的短短几年中,柬埔寨的人口减半,而中共领导的农民战争,在初期阶段,至少完成了“建国”的任务,而且还大幅度地改善了农民的生计。因此,我们并不能简单地看问题,认为凡是农民战争都是不好的。农民战争有建设性的一面,但是也有上述那种“克服现代”的倾向。红色高棉的做法,却是将后一种倾向极端化到了荒谬的地步。

然而,这一种倾向,也是潜伏在中共领导的农民运动中的,而且是越到后来越明显。中共“建国”的原动力是土地革命。人民政府在大规模地重新划分土地之后,就将农村中的贫富悬殊平均,并且将土地平均地分配到了小农手中。其结果,当然是增加了孤立的小生产单元的数量,但是同时也为未来农村中阶层的重新分化,以及农村中自发的资本主义势力铺路。因此,为了维持平均状态,过了不久,人民政府就推动“人民公社化”的运动。

这个集体化的运动本来是由分到合的,因此在理论上应当终结小农经济的分散状态。事实上,对在“五四”启蒙运动中出身的中共领导者来说,团结民众、振兴中华才是他们原本的主观愿望。当时,毛泽东本人就有“中国民众的大联合”的构想。然而,历史性文化的“深层结构”却最终是一个更为强韧的力量,它可以使任何主观的意图产生意想不到的扭曲。它既然能够使“不断革命”变成“天下大乱”,自然也可以使“公社化”运动蜕变为“小国寡民”的倾向。

农民问题,是一个使任何设想现代化的大陆型落后国家都感到棘手的问题。苏联的建立,虽然非经由农民战争,但是苏维埃政权继承的也是一个建筑在农民经济之上的专制主义国家机器。在帝俄时代,农民的身份是被绑在土地之上的农奴,他们必须替贵族的大庄园服劳役。十月革命期间,农民分得了土地,因此更形成如汪洋大海一般的小农经济,过了不久也出现阶层分化与资本主义化的倾向。这种新兴的社会力量,形成了对专制主义国家的威胁。因此,不久,苏维埃政权就用“集体化”的方式将这种分化平均。这个措施,一方面铲除了社会对国家的威胁,另一方面将发展经济的功能从社会的手中攫出,而将它专利化于国家的掌握中,亦即是由国家集中地去榨取农民的剩余劳动,以便获得资金去发展重工业。这种由城市的征服者居高临下地榨取农村的做法,倒有一点儿像蒙古征服者对被征服民抽取“贡赋”与“力役”。所不同的是:后者是为了维系征服者的国家机器,前者除了这个目的之外,还要发展大工业生产。因此,苏联国家的发展道路,可以说是“用成吉思汗的方式建设社会主义”。

在这种安排下,农民被组织在一个个分散的“集体农场”和“国家农场”中,头顶上则压着庞大的国家机器。在这种分散而又被控制的情形中,农民又重新沦入农奴化的地位。因为,在斯大林时代,城市的居民要流动,就必须先获得内部通行证,至于农村的居民则是连通行证也不发给的,因此就根本被绑死在土地上,而且变成了“二等公民”的身份。至于国家对这些分散单位的控制,则是通过拖拉机站进行的。

苏联的模式完全是由城市压倒农村,而且迷信重工业与机械化,因此国家才会用拖拉机站去控制各个分散的“集体农场”和“国家农场”。中国的革命却是由“农村包围城市”去完成的,因此比较信任农民的自发性,而且倾向于将他们的手工作业的方式神话化——事实上,农民确曾以游击战的方式击败过现代化武装部队。因此,在“公社化”的过程中,遂强调农民用手工业的方式搞“自力更生”。

“公社”的理想就是政社合一,在工农兵学商各方面都可以“自给自足”,麻雀虽小,五脏俱全。而且,与苏联大量榨取农村生产剩余去搞重工业的方式不同,“公社化”的路线是将群众组织起来,调动他们的干劲,用手工作业的方式去改造山河。手工作业的方式加上冲天的干劲,曾经使农民游击队用“心”的力量战胜“物”的力量,因此遂被认为可以移用到经济发展的头上来。这种诉诸“人心”与“民气”而鄙薄“器械”的倾向,是中国文化“深层结构”的一个表现,也是中国农民式“社会主义”的一个特色。

至于这些自给自足的单位,当时则由全国统一的党组织将它们串在一起的。因此,亦足以说明“大一统”与“小国寡民”的相辅相成性。不过,在“文革”

期间,“小国寡民”的倾向却是被加强了。在当时,不只是统一的党组织有被砸烂的趋势,而且,在“割资本主义的尾巴”的极左路线下,促进人们流通的市场活动也大半受到压抑。此外,在中苏分裂以后处于极端孤立状态下的中国,也有将“自力更生”的原则加以夸大的趋势。然而,当时的中国人不只对外如此,还鼓励每一个地方单位也如此做——并且还认为这是对死里求生的“延安精神”的重新恢复。结果,在农村中就几乎恢复到了半自然经济状态。每一个农村单位在互不往来的情形下,甚至还发生自己再去发明一遍邻近单位已经改良了的技术的现象。

80年代初,则又恢复到了“包产到户”,虽然市场活动增加了,但小生产地盘则呈更支离破碎的状态。

这是中国农村中情形的一斑,现在让我们看看城市中的情形。

例如,在我当时居住的那一所大学中,就有“民至老死不相往来”的现象。校园中有一间外文期刊的阅览室,一般学生是不能进去的,只有教师与外国人可以进去。它的旁边刚好是某一系的办公室与图书室,内中也有相同的外文期刊。有一位两处都参观过的美国学生对该系说:“你们国家的外汇控制不是很紧张吗?既然隔壁有,为什么还重复订阅呢?”对方却表示出困惑的神情,说他并不知道该阅览室的存在。

这种外汇紧张的问题被“小国寡民”倾向加以恶化的现象,也出现在国营的企业中。当时一位到大陆做生意的友人告诉我:在香港只需要四部套色机就可以解决全港彩色印刷的问题,然而,在彩色印刷量比香港少得多的上海市,却从国外购入了十五部。因为每一个印刷单位都用自己的外汇自置一部,每一个月只用很短的一段期间,而宁愿让它停在那里,也不让别的单位去使用它。在大陆,这一类的服务并不是能够从流通的市场上购得的,而是必须自备的。当时,每一个国营企业在体制和预算方面都是自成一体的,与别的单位互不相干。这就使每一个单位都搞“麻雀虽小,五脏俱全”,除了自备后勤单位之外,还多半自营招待外客的宿舍。这固然是当时国有化体制本身存在的问题,然而,这似乎也十分能够符合具有“小国寡民”倾向的文化逃避现代生活的要求。因此,此即谓“全民所有制”。

单位之间的互不往来,也反映在如下一件事中。我初到大陆某大学时,曾经去校内邮政局购买国际邮简,答复是没有。这我是可以理解的,因为该校在近两年来才接待留学生,这种要求刚出现。但是令我困惑的是该局的服务员说:"我们国家是没有这种东西的。"开始时我还半信半疑,后来却在学校大门对面的邮政局中购得,相差只是几步路之遥而已。

另外,即使同一单位内部,也有"民至老死不相往来"的情形。有一次,我们在内地的一个大城市的宾馆中找喝咖啡的地方。正对大门入口处有一间,但是不在营业。正在打扫的服务员对我说要到晚上某时刻才开放。我们想知道在该建筑物之内是否还有另一喝咖啡处,她们回答说没有了,只此一间。结果,我们却在另外一翼的二楼发现了一间正在营业的咖啡室。

诸如此类的事情很多。然而,令人惊异的是:大学生在校内的社交生活也出现"小国寡民"的现象。我发现:不同系的学生是从不往来的,同一系中的也只有同届的才有些往来,因此,他们常用"七七级""七八级""七九级"这一类的名称。国内学生住舍的制度是只将同系同届同性的学生放在一间寝室中,因此还有更为极端的例子是:不同寝室的互不往来。

我当初也曾怀疑,可能是在大学生中较易倾向于出现这种情形,后来有机会与工人谈话,得出的答案也是:"我们只跟与自己同一车间的人有来往。"我问:"你们不是在一间大食堂中共同进餐吗?在那种场合中,不是也有机会去认识其他的人吗?"得到的答复却是:"如果本来是不认得的人,你无缘无故地跑过他们那一桌去搭讪,人家还以为你是发疯哩!"

因此,在大陆,社交的圈子是很窄的。每一个人的小圈子,一般说来只包括家属以及同一个小单位工作的人。

"文革"是从上而下组织的一次内动,而发动的方式是"串联",亦即是将原本分散的东西"串"起来,"联"起来。当上面要将"文革"的乱局消弭时,就下了"回本单位闹革命"的指令,结果就将局面稳住了。

显然,中国社会无力做自我组织,而必须由国家去组织。"五四"涌现的革命的一代虽然有"中国民众的大联合"的构想,然而,后来由中共设立的群众组织都是国家的延伸。

2. 壁垒森严

中国可能是世界史上唯一如此的人类社群,即除了用一道长城将自己与外界隔绝之外,还把所有大小的城镇都用城墙围起来的。西欧的封建时代并非如此,盘踞在城郊的封建领主的堡寨是有围墙的,至于城市,有些是有墙的,有些则没有。现代之前的日本也如是——在平安朝时代,甚至连首都平安京也是不设防的。

在传统中国,则不只是大小城镇都有围墙,有时连乡村也有土墙。在一个讲"和合"的"大一统"天下中,出现这种现象,在表面上似乎是令人费解的。然而,我们不该忘记:在中国这个"礼义之邦"里,"枪杆子"里出政权却是唯一致天下于"大治"的渠道。

而且,中国人是喜欢划圈子的。这种偏好,似乎已经被"中国"这两个字所决定。在周代,每一个封国都是用城墙将自己圈起来的独立山头。从字形本身来说,"國"就是在一个圈内用"干戈"镇守住一批"人口"。在春秋时代,每一个被圈住的范围内部都被称作为"中国",以别于"四鄙"。因此,当中国人终于统一了天下,并将整个天下都当作是一个大的"中国"去面对外在的世界时,就不期然地筑起了万里长城,以别于"四夷"。这种"锁国心态",既可以表现在国际关系中,当然也会具体而微地表现在小单位之中。事实上,前一种情形可能还是后一种情形的延伸呢!

这种现象,与中国人按"层次"去"做人"的倾向,也有密切的关联。按"层次"去"做人",当然是讲究"内外有别"的。这"内外有别"的"文法",应用到外国人身上就演绎为"夷夏之防"。但是,这个"夷夏之防"的原则,只是整条"文法"的一个表现方面。对同胞来说,中国人也是将这条"文法"做"吾道一以贯之"的应用的。因此,在中国人之间,也是划圈圈,拉山头,搞"党同伐异"。

这个由亲及疏的"层次",如果一步步往回归纳,就最终必定会达到一个"私心"——这个"私心"甚至可以做到不识大体、不顾大局的地步。这个"私心"与"毫不利己,专门利人"的作风是不冲突的,甚至可以说是"有无相生"的,就如同搞"分裂"与搞"团结"在中国人来说是相生相克的一般。因此,"人我界限不明朗”的中国人格，虽然是讲究“和合”的，是主张我之中有你、你之中也有我的，却会同时出现“城府很深”，以及“防人之心不可无”的倾向。

明乎此，就可以了解在大一统“和合”的大伞底下，中国人彼此之间壁垒森严的现象。

当年我在大陆时常碰到这种情形：如果打电话给一个单位，对方往往并不给你通报，反而先盘问你是谁。如果中国人打电话给外国留学生，有时传呼的门房谎称不在，或正在睡午觉。碰到中国人来找留学生，那就会被更没有礼貌地盘问：“你是谁？”“你来干什么？”“严夷夏之防”固然是政策所定，然而做到如此露骨的地步，恐怕是出于执行者的文化本能而不是出自上面的规定。

事实上，中国人即使在本国之间也在搞“壁垒森严”。例如，大陆图书馆都有封锁资料的习惯，亦即是将馆藏的罕有图书和档案化为私有之物。这些公家的资料一旦在被“独食”之后，另一个公家单位（例如大学或研究所）即使是为了公务（例如编写党史）也难动用分毫。这个“独食”的情形，甚至还存在于一个单位内部。例如，在我居留的那所大学内，具有总图书馆编号的书籍，一旦被调入各系图书室之后，其他的人就不再有权去使用。

因此，大陆虽然实施“全民所有制”，但是，每一个国营单位却像“神圣罗马帝国”内部众多的“帝国骑士领”一般，都是采取对外封闭的态度。每一个单位的大门都是一道关卡。因此，想进入任何单位，都要出示证件，填写自己的姓名、被访者的姓名、访问事由、到达时间和离开时间，访问单在出大门之前必须由被访者签名。这是一套制度，虽然执行的松紧各地不同，也因人而异。

在我居留的那一所大学中，进出时也都要来这一套。内部的人每天出入当然并不需要填单，但是必须戴上校徽和出示证件。有一些留学生已经在校内住了一二年，门房认得出，就免了这一套。但是，有时明明看到是金头发的，在进出时还是出于本能地例行手续，要求检查身份。结果，就与那些不习惯于这种制度的西方人，常常发生冲突。

然而，当时看到的情形，已经比前几年松懈得多了。在“文革”后期，官方报纸甚至有鼓励每一个居户在大院对外戒严的——例如，发动已经退了休的老妇人整天对着入口处侦察，看是否有“敌人”潜入，并称这是提高对“阶级斗争”的警惕性云云。

中国人这种“壁垒森严”的倾向,与“和合”的倾向是完全相辅相成的。因为,只有在尖锐地突出了谁是“外人”的同时,才能够深刻地圈出谁是自己人。于是,卡住了不给陌生人的东西,才可以用来对自己人“做人情”。只有如此,才显得“亲疏有别”。因此,只要认识熟人或者有特殊的介绍,对方就不只会让你获得对其他人是封锁的事物,甚至可以为你做出亏损公家的事情。因此,大门是“壁垒森严”的,“后门”却可以是畅行无阻的——只要你有办法。

3. 各自为政

一位到大陆留学的日本女学生说:“从地域上来说,中国是一个大国,比我们日本大很多倍,但是,在实质上,却有无数多个小中国存在。”

中国人虽然强调“统一思想”,但当时我在大陆一年观察所得的结论是:除了官方意义的思想统一,以及因“平均主义”造成的衣着统一之外,则几乎是任何措施都是不统一的。

大家都知道,中央可以颁布政令,而地方上则可以修改这些政令,并且还美其名曰“土政策”。这类“土政策”往往甚至可以破坏法律。例如,婚姻法规定合法结婚的年龄是十八岁,但是每一个地方都可以随便将这个限制提高十年八年。

我在大陆各地旅行投宿时,就发觉:中央虽然规定有划一的价格表,各地的旅馆在执行的时候,却产生了变化。有一次,我和一位美国人、两位日本人一起旅行,到了一个边疆省份的城市,投宿时发觉留学生住旅馆的优待已经取消,因此从六元升为十五元,我是港澳身份,只付九元,其他的三位就受到影响。两位日本人采取“和为贵”的态度,不欲计较。那位美国人却力争,旅馆当局遂拿出财政部和教育部的公文给他看。然而,虽然是明文规定的,结果还是在讨价还价之下,大家都只收九元。但是,我们到了同一省的另一个城市投宿时,却不见有提起中央指令之事,大家都收九元。到了另一省后,却发觉在那里仍然是照留学生优待收费。

我们乘火车旅行,也碰到类似情形。外国人乘火车,一般来说是加倍收费,港澳同胞照本地人的价格，至于留学生的身份，也有这项优待。这种按“等级”与亲疏的“层次”来评定一个人“身价”的做法，是中国人的一贯作风，因此虽然感觉上有一点儿怪，但是只要习惯了就可以适应——问题只在于执行起来是否有一贯性。然而，上述那种优待留学生的政策虽然已经实行了几年，但是，有一次居然也碰到不知道这项规定的列车，看到了外国面孔就硬要照外宾标准收取这些留学生的车费。结果，自然也引起了争执，但列车长也是十分认真地捧出了条文来作为依据。后来虽然把他说服了去做“违章”的事，然而，为什么这部条文与别的不同，却是一个到如今也猜不透的谜。

上列之事，固然都是一些小事，但也足以反映出一种倾向，那就是“各自为政”。这种倾向并不一定是抗拒中央的行为。有些是各自根据自己对“中央精神”的体会去施政。

这类“各自为政”的情形，也可能是上下交通渠道失灵的表现。有些情形则可能是地方对中央规定做出弹性的修改。自然也会有“阳奉阴违”，自己另搞一套的嫌疑。

然而，这种倾向也可以升级成为更严重的事件。例如，在中日甲午战争时，中国以一个庞大帝国的身份败于小小的日本，归根结底，是因为只有一支北洋舰队与日本作战，帝国的其他部分多半采取漠不关心的态度——当时广东的南洋舰队在事前曾派有“广甲”“广乙”二舰陪同北洋舰队演习，在战争中被日方俘虏了，广东方面却跑去向日本人要求取回，说是这场战争与广东无关。

此外，辛亥革命爆发时，曾出现各省纷纷向中央宣布“独立”的怪现象。

事实上，孙中山说中国人是“一盘散沙”——这个比喻是更为形象地说明了中国人的这一个特色。

（四）平均主义的倾向

任何“个体化”不发达的情况，都会有要求大家必须承受一样的压力。

因为，在“个体化”不发达的情形中，个人的自我价值，是必须不断地与他人比较才能确立的。因此,自己在做一件事,就必须看看别人是否也在做同一件事;而自己不在做一件事,也要看看别人是否同时不在做这件事。如果他发觉自己做的事与别人不一样,就会赶紧地与别人一致。或者,刚好相反,他会想办法将对方搞到跟自己一样——如果自己没有权力,就用"忠告"的方式去向对方施压力;如果自己专权的话,就会用威迫利诱,甚至暴力的方式去铲除别人的差异性。

在社群的纽带还没有瓦解,个人还未获得解放的传统时代,世界各地都会或多或少地出现上述这种倾向。

传统时代也是一个上帝还没有死亡的时代,亦即是只有一个真理的时代,因此也只有一条"得救"的道路。不论个人差异如何,都必须走这一条路。只有在上帝死亡以后,一个人才被容许走自己的路,可以彼此之间不同。

中国的问题却又不只是一个"中古文化"那么简单。因为,即使在教权时代的西方,个体性仍然比中国人发达,虽然大家都认为得救之路只有一条,但是"上帝"却是一个超越的符号,能够将每一个人从世俗中提升上去。然而,中国人之作为"人",是完全在人世间中实现的"平面人",而且必须由"二人"去定义"一人",因此"个体化"不发达就不只是社群纽带还未瓦解那么简单,而是一种结构性的"人我界限不明朗"。这种"二人"互相定义的措施足以将双方的"个性"都磨掉。而且,这种在"二人"之间才能衍生精神形态的设计将每一个"个体"都转化成需求大致相同的"身",因此,对超乎这种需求以外的个体的特异表现,就难于接受。

的确,中国几千年来没有超越意向的"超稳定"局面,也正与这个磨掉个性的"身体化"倾向有关。中国人"身体化"的宗教观与不朽观,除了使一代又一代"身体化"地延续下去,每一代都不能产生特异风格之外,还制造了世界上最庞大的人口,形成对有限资源的巨大压力。于是,整个文化结构的意向又只能导向解决"身体化"存在的问题——主要是"民食"——而其解决方案也只能是平均分配。

1."太平"思想

中国历来都是一个以小农的生产为经济基础的社会。千百年来,小农经济的生产地盘都是小块土地。在这种地盘上，一般都是进行简单的手工操作。在耕作没有任何分工，也不需应用任何精巧的科技的情形下，也就没有任何多面性的发展。因此，它们一方面是多如恒河沙数，一块连着一块，在另一方面却又是各自为政，而且每一个在基本上是同质的。

在这个同质的空间中，是不能过分地容忍差异性与多样性存在的。诚然，在中国历史上，经常出现周期性的土地集中。然则，在人口对自然资源的巨大压力下，这种周期性的集中就成为了周期性"平均"的对象，而这种"平均"又通常是周期性爆发的农民战争的纲领。

这种"平均"倾向具有这样的构想：只有把天然资源平均分配了之后，天下才能安宁无事。因此，中国人历来都用"太平"来表达天下安宁的意思，同时又有"和平"这一个名词，亦即是认为只有在平均状态中，天下才能趋于"和合"。

这种平均思想，甚至还渗入了"以天下为己任"的士大夫阶层的意识中。例如，孔子就曾经说过："不患寡而患不均。"甚至一直到孙中山，还有"平均地权"与"耕者有其田"的构想。

然而，基本上，"太平"思想是源自小农为了生计而维持简单操作的地盘之要求，因此也是一种维持同质的、单调的、各自为政的分散状态的要求。

从黄巾军的"太平道"，到帝制时代末期的"太平天国"，这种"太平"思想是一条贯穿了两千年农民战争的主线。

黄巾军的"黄天太平"的口号，提出了用"黄天"去代替"苍天"，希望从而获得太平。唐末的王仙芝自称为"天补平均大将军"，而黄巢则自称为"冲天太保均平大将军"，很明显地表现了平均主义的思想。北宋初年，王小波、李顺起义，提出"吾疾贫富不均，今为汝均之"的"均贫富"口号。北宋末年，方腊起义，打出"是法平等，无有高下"的旗帜；南宋初年，钟相、杨么在洞庭湖地区起义，提出"等贵贱，均贫富"的战斗纲领。元末农民大起义，则喊出了"天遣魔军杀不平，不平人杀不平人。不平又杀不平者，杀尽不平方太平"的口号。明代前期的邓茂七起义，则自号为"平均王"；明末的李自成起义，提出了"割富济贫""均田免赋""平买平卖"的口号。帝制时代最后的一次农民战争，则用成立"太平天国"的方式，就更为形象化地体现了这种"太平"思想。太平军把"平分土地"的要求具体化为《天朝田亩制度》。

这种“太平”思想的历史功过是很难评定的。在帝制时代,它具有周期性地平均贫富不均的功能,因此发挥着把土地归劳动者所有的正义作用。然而,在维持了同质的、单调的、一盘散沙的小生产地盘的情形下,却同时维持了一个压在它们头上的专制主义皇权。到了现代,这种平均主义的倾向则无法促使资本主义这个新的生产方式出现,因为后者以社会上的阶级分化与资本集中为前提。因此,具有这种平均主义倾向的社会,就唯有再度依赖集权主义的国家权力去发展现代化的经济,而这一个步骤又是由中共领导的农民革命去促成的。

然而,即使在革命过程中,以及在革命成功以后建立的国有化体制中,这种平均主义倾向所发挥的作用,也并不完全是正面的。

例如,在江西苏维埃时代,在王明路线影响下的“查田运动”,就出现绝对平均主义的极“左”倾向。这个运动,把许多中农、贫雇农以及其他职业者,都当作是“地主”和“富农”来打击。因为,在这次极“左”路线的影响下,划分阶级成分的标准是很奇特的。在不少地方,它把仅仅放几百毫子债,请过个把长工,或收几担租谷,而极大部分是靠自己过活的中农,当“富农”打了;有些甚至完全没有剥削别人,仅仅是多有几十担田山,生活比较丰裕的中农,也当作是“富农”来打击。有些地方,则算陈账,算到苏区成立前若干年上去,在十几年前请过长工的,也算作是“富农”;或者仅仅只请过一年两年长工,前后没有再请过的富裕中农分子,也放在“富农”一类。在某些地区,一些做了二三十年长工或手工艺的工人、雇农,只不过因为放了几百毫子债,收了几担租谷,就被当作是“地主”或者“高利贷者”,而给没收了土地和财产。更为极端的是没收工人、雇农、红军家属的财产。最为极端的例子则为将中农、贫农划错阶级成分而加以枪毙。至于在根据地的县、区、乡当教师与医生的大批知识分子,因为出身剥削阶级家庭,也不分青红皂白被划为“地主”“富农”,弄得他们没法教书、看病,甚至连小会计、小职员也不能当。这种做法,从根本上动摇了苏区的“国”本,给第五次反“围剿”的战斗增加了困难。

在苏区曾经一度出现过的这种倾向,到了建国以后,又在更扩大了的规模上重演了一次——那就是空前绝后的“文革”。在这段期间内,在“公社化”以后的农村中还用显微镜去找“富农”,用“割资本主义尾巴”的名义把生产力强的贫农当作是“资产阶级暴发户”,把知识分子与从事现代职业的当作是“资产阶级”的事件,更是层出不穷。

问题在于,像这一类的极端措施,即使对广大的贫农来说,可能也是不受欢迎的。因此,我们不禁怀疑它是农民的“太平”传统在一小撮受过马列主义洗礼的领导分子脑海中的理想化。马列主义者在本能上是同情穷人的,并且认为必须将后者自发性的要求提升到理论层次来加以集中表现。然而,中国的穷人并不是西方的“无产者”,中国人的“人民性”中是具有许多落后性的,于是“集中”表现就变成了夸大落后性。

如前所述,中国的小农经济是建筑在同质的、单调手工作业的,以及分散的细小地盘之上的,它不容许在耕作时进行任何分工,应用任何精巧的科技,因而也就没有任何多面性的发展,没有任何不同的才能,没有任何丰富的社会关系,也没有远大的眼光。因此,它对现代的社会分工、众多的现代职业团体的繁衍,以及由此而引起的现代生活的多样式、炫耀性与流通性是极端仇视的。

小农的心态,对城乡、工农、劳心与劳力的差别是必欲平均之而后快的。然而,与发达国家的郊区都市化、农业企业化、劳力者知识化的做法背道而驰,小农心态往往认为都市生活是“腐化的”,而农村的愚昧则是“民风淳朴”,因此一切都得还原到原始状态。

大陆的都市虽然没有遭受像柬埔寨的金边一样的命运,然而笔者在大陆时,也确曾发现有都市乡村化的现象。例如,在南京的市区内就到处出现泥地和土墙,晚上则灯火惨淡,给人如在乡村一般的感觉。像上海一类的都会也被搞到黯然无光,在晚上八点以后就变成“夜城”,而且人文景色的主调被弄成灰色,到处都是脏与臭,在不应该闻到厕所味道的地方也闻到这种气味。

然而,中国人由平均主义所造成的“死亡崇拜”,并不限于城市,它还体现在每一个人身上。

2. 跟大家一样

中国文化最高的社会政治理想就是“大同”。现在,就让我们看看期望中抵达的“大同世界”的一些景象吧!

在大陆时,碰到了大气从寒转暖的时刻。虽然是早春天气,但是我在房中已经感觉到有一点儿热,因此就把校方配给的电风扇从柜顶取了下来。一位年轻的教师来访,看见我那只放在地上的风扇,进门第一个反应就是:“哎哟!怎么连电风扇也取出来了!大家都还没有在用呢!”

我既然是国外来的,因此在穿衣方面自然与国内不一样,也不知道许多规矩。有几次,天气微热,我就换上了短袖的T恤外出。到商店购物时,比较熟的店员就很惊讶地说:“哎哟!怎么连短袖也穿出来了!”

这种情形,后来我曾与一位女同学谈过。她说:这是国内的常态。她在季节还没有到时,只敢在家中穿裙子,出门时只敢穿与大家一样的裤子;有一次,她去家附近的街上购物,懒得更换,结果小贩的第一反应就是:“哎哟!怎么裙子也穿出来了!”

这种情形,其实也是克服人我界限的“感通”,因为别人可以代替你本人感觉冷暖寒暑,并且认为必须与他们一样。中国人似乎在“统一思想”之余,还要“统一感觉”,真正可以说是做到了“心连着心”!

当时大陆对衣着求同的压力是很大的。上述的那位女同学告诉我:一般人换季是按部就班的,先从外套换成长袖衬衫,然后才换成短袖衬衫,没有人一下子就跳跃几个阶段的。至于女孩子的裙子,只有到了真正大热天时,才敢穿出去。

她又告诉我:在中学时代,班上没有一个人敢先换季;到了七月份大家仍然裹在外套里,结果老师在课堂上看了怪难受的,骂了一顿,翌日起大家就开始换装了。

一位观察力比较敏锐的挪威女同学说:中国人是在特别约定的一天大家一齐换季的。但是,抱歉得很,这个约定法,笔者至今还未能参破其中的奥秘。

总而言之,因为这种“跟大家一样”的压力,当时在大陆就出现下列这种怪现象:不少女孩子裁剪了漂亮的衣服,只敢在家里穿,口红等化妆品也只敢在家里用;出门之前则将化妆品抹掉,将衣服也换成与大家一样。这与世界各地的女性的行为刚好相反。

衣着虽然是外表的事物,但是它却最具体形象化地披露了一个事实:“个体”在中国文化中是完全没有合法性的。甚至连苏联与东欧等相同体制的国家,也没有做到如此整齐划一的地步。因此,我们只得把这种情形归咎于中国文化中抹杀“个性”的倾向。

中国人不欣赏一个人有“个性”,他们只欣赏一个人“不脱离群众”“不掉队”“乖”或者“听话”。换言之,就是“跟大家一样”。

人的思想在牵涉到社会与文化事物方面,往往是最为奇特的。即使连种花的园丁也知道:如果在花圃中多种上各种不同种类的花朵,让每一朵都盛开,那将会是一副多么赏心悦目的景象。然而,中国人在人文景色方面却连园丁的道理也不懂。他们在全国范围的这个大园圃内只准一种东西生长,至于对那些靠自己的努力萌长出来的花朵,则非但不欣赏,还要将之踏平。

这无疑是中国人的“死亡崇拜”的又一个表现。因为,世界上是存在着各种各样的人——有的美,有的丑;有的人身段的线条好看,有的不好看;有的人即使不十分美却具有创造美感的“心理化学”,有的人即使天生美却为了跟自己过不去——或者为了在别人面前表示“乖”与“听话”——而以丑为荣;当然也有根本是丑还要丑人多作怪的,然而,中国人却会用“群众专政”的方式,将这一切差别都平均,结果使女的弄得像“清汤挂面”,男的弄得像“霉干菜”一样,身段好不好看都一律遮起来。本来,人与人的这种差别,是只有到大家都死亡了之后,才能真正拉平的。因此,这种在生前就用“集体涅槃”的方式搞的“无差别境界”,是一种不折不扣的“死亡崇拜”。

我坚信:任何创造都是犯规(虽然并不是所有犯规都是创造)。然而,中国文化的整个结构却是反其道而行的。中国人是把“跟大家一样”制度化,而即使在有文化创造自由的国外华人社群中,不重“个性”的倾向,也令他们对现代文化的贡献甚少。

中国人是用“人言可畏”的方式去将别人平均的。在中国人之间,一个人尽管没有做损害别人的事,只是自己的生活方式以及风格与庸愚大众稍有不同,那些以庸愚大众的发言人自居者就会起来指责这个人“人品不好”。

中国人的“品”是由众口所定的,因此“品”字有三个“口”。中国人“品评”

人物，虽然有时是对“无耻”的人的一种制裁，但是更多的时候却是为了把别人搞到跟自己的水平一样——因为一般中国人衡量别人总是倾向于用大家都接受的公共标准。

3. “我出不了头，你也不要出头！”

在80年代以前，中国人的体制是充分体现了“人民性”的革命的结晶，因此也就完全是为了符合平均主义这个“国粹”而设计的。在这种体制下，对一般工作人员来说，不论一个人是大天才或是大蠢材，在开始工作时都是三十几块人民币，然后就可以待在那里，眼光光地预算定快到退休时将会达到的工资数目——大概八十多元。

因此，当时大陆这种“广就业、低工资”政策的效果就是“低效率”，亦即是说：最聪明的人亦将以最笨的人的效率去工作。事实上，“平均主义”是而且只可能是“向下看齐”的同义词。

中国人的这种文化心态与美国人的清教文化刚好相反。在加尔文派的教义中，“得救者”只有少数的名额，而每一个人都必须通过自我组织的方式，与他人竞争，去获得“入围”的资格。因此，美国文化是一个只同情强者的文化。它是没有一点儿“人情味”的——常常需要在感情上依赖他人者，往往就会陷入精神病；不能自我组织而必须依靠他制他律的，则往往会出现人格解体的征状；年老的很不幸则多半被遗弃。

至于中国文化，则可以说是一个照顾弱者的文化。它用“和合”“团结”“在一起”的方式达成了“向下看齐”的效果，而将有个性的、出众的人放入该被平均之列。

平均主义的体制是保障大家都出不了头，亦即是把个体之不发展制度化了。既然大家都不可能有个人发展，于是大家都希望别人发展不了。马克思说过：在贫穷的基础上实行“共产主义”，结果就只有出现“嫉妒的普遍化”，真是说得一点儿也不错。不过，这种倾向，在中国又似乎特别严重。

上海的工人告诉我，在“四人帮”倒了以后，邓小平曾经搞过一阵名副其实的物质刺激；上海一地因为有帝国主义与民族资产阶级奠下的现代化基础，结果一下子就搞上去了,因此奖金也分得特别多。然而,当时内地搞不上去的一些地方却看了眼红,认为奖金必须大家都有——在动用意识形态的大帽子的情形下,这一点是不难做到的——结果,奖金变成了大家都发,数目则变成了象征式的,而奖金制度也就名存实亡了,因此,上海工人劲也松了。

这种自己出不了头,也不要别人出头的心态,除了被制度化了之外,还牢固地根植在文化的深层之中。在一个缺乏"个人发展"观念而又"人我界限不明朗"的文化中,个人的进身是不需要完全凭一己之才干的——因为可以凭特殊的关系与身份就可以做到;至于个人发展不了,也无须怪自己不行,只须将怨恨发泄在别人身上便得了。事实上,在一个"自我"还没有确立的文化中,也只能是这样。

在大陆时,在几所大学里,笔者都留意到这样的情形:一些才貌出众、功课好、人也活跃、家境又稍为优裕的人,往往就会成为班上妒恨的对象,有时嫉妒他(她)们的人甚至包括与党方面扯上关系的人——例如班长或辅导员之类。嫉妒的动机也很简单,只是因为你比他好,并且还与别人不同。这些与上级或组织有关系的人,在没有政治运动的现在,当然不敢兴风作浪,顶多在比自己优越的人面前酸溜溜地说:"你什么都比我好,该满足了吧!"

这当然不是马克思主义的过错,因为这种"国粹"笔者在台湾也领教过。在台湾大学时期,偶尔也会遇到一些与国民党有关的学生,而且多半是当过宪兵一类退了役的超龄学生。这类人眼看比不上别人,却不怪自己不学无术,反而把自己不发展的账算到了别人头上。在妒火三千丈之余,他们也会利用"人情攻势",用搞"和合"的方式与你"交朋友",然后乘机踩在你的身上把自己抬上去。

在台湾,不学无术而又想出头的人,往往可以专门去从事党团活动。对这类奸险狡猾的人,党团的大门是洞开的。事实上,任何不通过现代专业主义的渠道,而只是通过"政治挂帅"渠道的晋身之阶,都会具有这种危险。我们必须承认,在共产党中,有理想的人是比较多的,但是也很难防止这种情形出现。例如,我在大陆时,从不同的学生口中就不止一次地听到这种情形:同系中的有些同学,如果发现专业搞不过你,就会转向去搞党团活动,待到在将来变成了你的上司后,就可以掉过头来不准你搞你的所长,使你不再发展。

不过,上述台湾和大陆的现象,除了"我出不了头,你也不要出头"的平均主义心态之外,还牵涉到踩在别人身上抬高自己的"未开化的利己主义",以及为了一己之心的"私心"而断送国家的人才的作风。

4. "我得不到,你也不要得到!"

在这里,我们将着重讨论"平均主义"的"文法"规则在"性"方面的表现。对整个人的发展来说,"平均主义"的法则是"我出不了头,你也不要出头!",在"性"这一方面,同一个倾向则表现为"我得不到,你也不要得到",甚或是"我正在做,你也不要做"这样的一种"损人不利己"的行为。

必须声明,这种行为并不是出现在所有中国人身上的,而只是某一部分人的倾向。然而,这种倾向笔者在现代西方人身上没有发现过。至于现代之前的西方人,或者也曾经具有这种倾向。例如,雨果的小说《巴黎圣母院》中的神父,就曾经因为自己不能去,而去陷害别人。

这当然是一种中古时代的病态。如果"人我界限不明朗"的"文法"规则不改变的话,就永远只有这种状态。

这类情形,当然在"国粹"比较浓厚的台湾与大陆,出现得比较多。

当我于60年代在台湾之时,就曾碰到这种情况。有些人以"朋友"的身份去破坏别人的"好事",或者,本来只是普通的男女交往,他们却"心灵超速"地认为是那一类事,于是就着手破坏。例如,有些人在看到你与异性交谈时,就会走过来,故意地提起你认识的其他异性的名字;当他以为目的已达以后,就扬长而去。做这一类小动作的人,往往自己也正在搞男女关系,但是偏偏就看不顺眼别人也能够做同样的事。而且,如果是另一个陌生人的话,反而不会撩起他的妒意,正因为是"朋友",就觉得非破坏不可。

以上的这一类例子是男性的行为。然而,在台湾时,还看到过女性做出的这种行为。有一个人,前后曾经有过两个女朋友,都住在宿舍中,而她们的室友都说有一次看到这个男的曾与另一个女的一起在公共汽车上。耐人寻味的是:那两名先后的女友,是互不相识的,而她们的那两位造谣的室友也是互不相识的，却能够编造出同样的故事，因此不能说不是来自文化深层的倾向。

5.“嫉妒的普遍化”

总而言之，当我们了解了中国人这种“我出不了头，你也不要出头”的心态后，才会明白为什么在“文革”期间会出现把钢琴弹得好的人的手指打断，把靠面孔演戏的人毁容，把舞蹈表演者的腿打断等现象。因为，一些平时在成就上比不上别人的人，早就伺机而动；现在刚好趁着“革命行动”的机会，将别人平均，搞到“跟大家一样”。

以上这些在“文革”中出现的少数事例，其实只是冰山的一角，因为“文革”的打击面可以说是包括一切有成就的人。在各行各业中有成就的人，不用说，都是有点儿名声的，报酬也是比别人稍高一点儿的，然而，却正因为这样在大家齐头的水平上“出了头”，结果就成为了被打击的对象。魔术是可以点石成金的，马列主义的名词也可以变戏法，于是这些人也通通变成了“资产阶级”。

在“文革”期间，所谓“革命群众”对一些曾一度使他们赏心悦目过的人民花朵的摧残，确实达到骇人听闻的程度。名钢琴演奏家刘诗昆被音乐学院中嫉妒他的人将手指打断；在《刘三姐》一剧中曾以银铃一般的山歌声娱乐过千万群众的女主角，从所谓“革命群众”手中所得的报酬是被人装入笼子里在桂林市游街；《阿诗玛》一剧中秀丽脱俗的女主角，在“文革”期间也饱受身心摧残，待到她在事后再露面时，已经脱了形。

人的思想往往是很奇特的。例如，世界上就有专门毁坏艺术品的神经病汉。对一个泯灭“个性”的文化来说，则可以说是集体性地患上了这种神经病，因为，一个在平时就不准人发展“个性美”的文化，对具有“个性美”的个人是视为眼中钉的；一个在平时就不准人创造“外形美”而搞到人人“以丑为荣”的文化，是会将具有“外形美”的人当作是“不道德”的；一个平时就不准“个人”放光放热的文化，是反对生命而崇拜死亡的，因此搞到自己“活”不起来，也不要别人“活”。

在“文革”期间，即使不是出了一点儿名气的人，而只要条件稍微比人优裕一点儿，也难逃被平均之厄运。有些家庭房子住得稍微宽敞点儿，就成为街坊邻里眼红的对象,必欲扫地出门或占据一角而后快。如果这些家庭在出身背景上被抓住了小辫子,"群众"就可以凭"革命行动"一遂私欲;如果没有小辫子可抓,就要看是否顶得住暴民的压力。

的确,中国文化的"深层结构",在几千年的递进过程中,在形态上是越来越"超稳定",在结构上也像落水麻绳一般,越箍越紧,因此,到了后来,不只是专制主义发展到了极致,平均主义也发展到了史无前例的最高峰。

"杀尽不平方太平"的农民战争,曾使张献忠堆起过人头山,使波尔布特搞过万人冢。中国现代的农民战争,虽然并没有这样具体形象化地搞"死亡崇拜",但是却用平均良与劣的方式搞了一个十亿人的"万人冢",因为,他们的这种做法,使十亿人中每一个"个人"都发展不起来,因此使整个整体也发展不起来。

事实上,连养鸡与养金鱼的人也知道要培养优良的品种。然而,这点儿浅显的道理,中国人在对"人"方面却完全不懂得,而且还反其道而行。他们将最良的与最劣的一律用死后大家都只占六尺空间的方式去处理。这种做法,不用说无法创造出比现在蓬首垢面的"苍白的囚徒"更高的人类来,就是连眼前的发展工业化与现代专业技能也办不到。

即使在"文革"以后,仍然出现发明家获国家奖赏而被有的同事抵制,因而被逼疯的事例。在大学里,杰出的学生被人在背后造谣、中伤、告密的情形,亦时有所闻。

当时在大陆时常听说(也亲眼看到):中国是不乏人才的,但是往往在国内却出不了头;同样一个中国人,在国内一点儿用武之地也没有,只有到了国外才会变成人才。因此,有一点儿办法的人都想去外国。

5. "自外于国人"

拿别人"不像中国人"的说辞,去向对方施压,企图把对方也搞到像自己一般地局限,是"平均主义"的一个特殊形式。

这种倾向,并不限于大陆,而是在港、台、海外的中国人之间都普遍存在。

在台湾的文化人之间,一旦爆发论战或者互相攻讦,往往就会搬动这顶大帽子,双方轻则互责对方“自外于国人”,重则互控对方为“汉奸”“匪谍”。这种情形,当然不完全是平均主义倾向的表现,它还牵涉到我们在上面提到的另一种倾向,那就是:在一个“个体”与“局部”都没有合法性的文化中,如果“个体”或“局部”赤裸裸地表示其意见只代表本位的利益,也会被认为是不合法的,因此它必须将自己说成是“整体”的代表,把自己打扮成是“民族大义”的化身,做出自己是为了“团结”才去争权夺利的姿势,并且还必须把对方说成是“搞分裂”的,因此也是“自外于国人”的。

在一个不让每一个“个体”都用合法的、有尊严的方式去代表自己利益的文化中,确实也只能够这样。

不过,它倒说明了一种倾向,那就是:中国人总喜欢冒充自己是几亿人的代表。

而这种自封的代表在获得了这种合法地位后,自然就可以心安理得地去尝试控制别人。一般来说,他们倾向于用这顶帽子去平均比他们局限性要少的人,或者是他们的智商无法理解因而不能接受的人。事实上,这种做法也的确是没有个性的、“乖”的、“听话”的、“跟大家一样”的、不敢“脱离群众”的人用来表达自己优越性的独一无二法门。因为,中国人历来都是一个以数量去取胜的民族(例如常说:“我们有几亿人……”云云)。

这种情形,在“集体主义”的大陆一度出现得比较频繁。在大陆,为了管理大学生的思想与生活,每一班派一个“指导员”。例如,在我居留一年的那所大学中,某一系某一级的一些女学生,穿了国产的稍为时髦的服装和半高跟鞋上课,就被“指导员”当众点名批判,说:“中国人应该有中国人的样子!”此外,当某些中国学生被认为与外国人来往“过密”,当局恐怕他会传染上外来细菌时,也会对这些人提出“忠告”,说:“我们到底是中国人!”当然,中外的风俗习惯是不同的,外国人来到中国理当“入乡随俗”。但是,问题是谁有权去决定这个“俗”。

“不要自外于国人”之所以成为法宝,其在整个文化中必定具有高度的合法性,事实上,在一般老百姓中也常常出现这种倾向。例如,一位女学生暑假回乡,刚好与一位不太熟的男同学同目的地,为了旅途有个照应,就一起坐火车回去。结果,班上另一位与两人都不太相干的男同学闻讯,就在背后说:“黄帝子孙不应该干这种事情!”当然,这里除了潜在地表现自己成为“龙种”的代表逻辑之外,还呈现对男女交往“心灵超速”的倾向。

在70年代海外的留学生爱国运动中,也有些人因为风格特异,不符合“向下看齐”的“群众路线”——例如:他们喜欢与西方或第三世界的左派打打交道,而没有像其他的人一样,一方面在美国搞“安生”,另一方面与“强大祖国”认同,而且不与自己人“在一起”就无法面对世界,因此总是自己人抱成一团,窒息了一切对外的好奇心——而遭受到“自外于国人”的压力。

然而,即使“现代化”如香港之中国人者,有时即使在不牵涉到政治的事情上,也会出现这种套大帽子的倾向。例如,有人为了证实自己那一套庸俗的“做人”方式的优越性,就强使别人的做法与其一致,往往就如此教训起别人来:“中国人终归要‘做人’,西方人那一套我也领教过,他们是没有‘人情味’的,希望你学学如何‘做人’!”这种强替别人选择生活方式以及个人发展途径的作风,大概也是心之“感通”的克服人我界限吧!

以上这种倾向只是说明了中国人文明开化的程度!如今,有许多美国人在搞印度的冥想术和瑜伽术、中国的易经和老庄哲学、日本的禅宗,或者穿戴阿拉伯人和印度人的服饰,吃中国菜肴,如果有故步自封并还要将别人搞到跟自己一样的人出来干涉,说:“美国人应该有美国的样子!”就很可能会被当作神经病患者关了起来。事实上,那个在50年代曾用“非美活动”(un-american activities)的大帽子来打击人的参议员麦卡锡,后来确实也死在精神病院中。

美国人如今谈论起“麦卡锡时代”,总是嗤之以鼻。有人用“坏痞子的时代”(scoundrel time)一词去称呼它。然而,对中国人来说,似乎由古到今都生存在这样一个漫无止境的“坏痞子”时代中。

(五)特殊化的倾向

80年代大陆的平均主义倾向可能是中国有史以来最严重的——不论高干、

低干,做官的与做老百姓的,一律穿着同一式的“人民装”(虽然布料与裁缝不同)。这是中国的政权最符合“人民性”的革命之结果的某种表达。

然而,大家都知道,今日在大陆也是普遍地存在着特权的。这种现象,在今日是否比在帝制时代和国民党时代还要严重,则很难说,也可能在一个“人民的政权”底下显得特别刺眼,因此觉得特别严重也说不定。但是,总而言之,它是存在的。

关于特权的事例已经太多,此处无须一一列举。因此,在这里我们将着重阐明“特权”这个现象在文化“深层结构”中的“文法”关联。

1. 平均是为了特殊化

正如“大一统”倾向与“小国寡民”倾向是相辅相成的一样,平均主义的倾向与特殊化的倾向也是互相补充的。

这两组相克又相生的关系,在“文法”上也是相类似的。“大一统”是讲究划一的,是求“同”的,是求“合”的;“小国寡民”则是划小圈子的,是用按“层次”去做人——“亲疏有别”“内外有别”——的方式搞特殊化的。“平均主义”也是讲究划一的,是求“同”的,是求“平”的;而“特殊化”则是在大家都齐头的基础上搞特权,因此它是用按“等级”去做人——“尊卑有等”“贵贱有列”“长幼有序”——的方式搞特殊化。

这类“文法”也是“个体化”不发达的文化之必然产品。因为,在一个“个体化”发达的文化中,每一个人与别人不同是完全合法的,而且他必须凭自我组织与自我发展去做到这一点,并不是凭踩在大家强制齐头的基础上来突出自己的特殊性。因此,就无所谓“平均”,也无所谓“特殊化”。这样的文化可以容许在“人格”平等的基础上出现多样化与差异性。

然而,在一个缺乏“个体化”而又把“做人”公式渠道化的文化中,“人格”平等的观念是不可能存在的。“人”的唯一内容就是他在整体中的“等级”“身份”“辈分”,以及在“层次”关系中的位置。每一个人都必须在这种系统中来给自己下定义。因此,在这个意义上,特殊化就不是一种偶然的、暂时的、可以加以纠正的变态现象,而是这一整个文化结构中的主轴现象。

在这样的文化中,除了在不受制约的情况下就不可能使一个人受到制约之外,还会出现因不同“等级”“身份”“辈分”与“层次”而出现的不同的制约力。换言之,在某一个地位上不能做的事情,在另一个地位上就可以做,而且不能不去做,否则就无法对自己的身份下定义。因为,在一个必须由他人对自己下定义的文化中,一个人的特殊地位,是只有在大家都被平均了的基础上,才能浮凸出来的。

国粹派学究(如钱穆之流)曾津津乐道:中国的历史是朝着“平民社会”的方向走,并且认为在宋代以后中国基本上是一个“平民社会”。他们还有把这个“平民社会”与西方式民主混为一谈的趋势。然而,“平民”一词其实是被平均了的、齐头之民的意思。因此,“平天下”之术又曰“齐民要术”,而治平之道又必先从“齐家”做起。然而,能够去“平”别人、“齐”别人者,自然不会在被“平”、被“齐”之列。

因此,传统士大夫“十年寒窗”之目的,就是为了“吃得苦中苦,方为人上人”。所谓“人上人”,就是做官。在中国文化中,“官”与“老百姓”是两个绝然不同的范畴。“老百姓”一词,是纯粹指被统治者而言的。甚至在当今中国,“老百姓”仍然具有这样的意义。只有当人们用“人民”一词的时候,才将干部也包括进去——虽然如此,却无法避免奥威尔在《动物农庄》一书中描述的情形:“一切动物都是平等的,但是有一些比其他的更平等!”

这种“官”与“老百姓”的截然划分,是中国文化“深层结构”的特色。它证明是一个比外来的马克思主义理论更为强固的力量,甚至可以说,它已经战胜了马克思主义。

毛泽东发动的“文革”,在多方面的意义上来说,都是想革文化“深层结构”的命。这次由马列主义理论指导的革命,使中国历史上首次于“太平盛世”时出现大规模的下犯上行动。无疑地,这次运动亦调动了中国文化深层中“平均主义”的倾向,亦即是将平均的对象延伸到那些在平时是“免疫”的人头上去。然而,如果没有马列主义“不断革命论”这个外来因素,是很难想象这次运动会诞生的。可惜,孙悟空虽然能够一个跟斗翻出十万八千里,却证明无法越出“深层结构”这个如来佛的手掌。固然不错,在“文革”期间确曾打掉了一大批做官的人之特权,但是却同时扩大了林彪、"四人帮"等人的特权。结果,平均的范围加大了,特殊化的领域也拔高了。

因此,"文革"根本就没有解决问题。即使在"文革"以后的今日,一般老百姓仍然感到他们与做官的是两种不同等级的人类。

在今日中国的老百姓中,仍然有不少人认为干部享一些福是应该的。大陆的一些文艺作品以及一些具体事实反映出不少人对原本与自己差不多的熟人或邻人之境遇获得改善,心中往往就会感到不快,认为他们不应该比自己好,但是,对比自己高得多的干部能够过比自己高得多的生活,则没有话说。

2. "只许州官放火,不准百姓点灯"

然而,在另一方面,也有一些人偶尔对干部的特权发牢骚。确实,有些事物之分配不均,并非由物资缺乏所造成,而是基于一种先天性的不平等态度。

例如,当年大陆能够让老百姓看的外国电影很少,选择的范围也很窄——虽然,在最近这几年,尺度已经比以前放松了。但是,干部们及其亲属朋友却可以看到不经删节的进口电影,而且往往包括"黄色的"电影。这些电影只在"内部"电影院中放映。当年,这类内部放映室往往就设在"革委会"里面。这些电影,当然是靠外汇进口的,但是只便宜了少数人。

那时,大陆的"内部书店"也分几级,最低的一级只是不让外国人与海外中国人进去,一般国内的人可以在里面购书。再高一点儿的就要凭等级与特殊关系了。这一类书店也多半设在"革委会"里面。一些在市面上禁掉的书,里面都有,先禁后放的书,里面也先有——例如《金瓶梅》《十日谈》以及有关苏联色情间谍的著作。如果原著是外文,自然也需要找人替这些少数读者翻译。

笔者当年还听到一些人发牢骚说:当局不让老百姓有公开跳舞的地方——事实上,在"文革"时代,连家中也没有人敢跳,后来在某些大学内局部开放,在某些专门招待外宾的地方偶尔也让中国人进去——但是,干部们却有内部跳舞的场所。

此外,当局不让老百姓与外国人接触——以前根本不可以,而现在则诸多阻挠——然而,干部却可以与外国人打交道,而其中不少人还以能陪伴外宾到处走动为荣。

在这些事例中,我们可以很清楚地看到背后的一条逻辑,那就是:老百姓看到了碰到了就会受到"腐化"的东西,干部们对之却具有"免疫"能力。因此,做官的为了老百姓好——又是"处处以他人为重"的姿势——就必须不让他们去接触这些事物。

这基本上是一种不尊重"个人"的态度,并且把他当作是不能自主的"不道德的主体",亦即是说:单个的"个人"之所作、所为、所思,是必须被看管的。至于干部,则已经受到组织生活的铸炼,在思想上已经过了关,因此就可以去接触老百姓不能碰的东西,而特别是某些事情——例如和外宾接触——就更加必须由这些定力够、不易"受惑"的人去做。

中国传统思想中有"三十而立,四十而不惑,五十而知天命,六十而耳顺,七十而从心所欲不逾矩"的说法。然而,这似乎只是士大夫的人格成长论,老百姓是被当作永远不会成长的。因为,老百姓不论是二十岁还是八十岁,都必须由外力去"保护"他们,使之不受"腐蚀"。

因此,这基本上是一种把老百姓"儿童化"的倾向,而这种倾向是中国文化"深层结构"的一个表现。中国人历来都把老百姓当作是"子民",把官方当作是"父母官"。也正因为如此,才会强调老百姓必须"听话"。这种倾向,与中国人的"人治"当然也有结构上的直接关联。确实,"法治"是成熟的"个人"才能玩的"成人游戏"。

3."礼不下庶人,刑不上大夫"

没有"人格平等"的意向,就不可能产生"法律面前人人平等"的概念。在中国文化里,既然超然于特殊化人情渠道——尊卑、长幼、亲疏——以外的"人格"观念很难浮现,自然就不可能导引到"人格平等"的观念。

这个"深层结构"的形态,可以一直上溯到"周官"时代。《礼记·曲礼》说,"礼不下庶人,刑不上大夫,"就很明显地界定了两种不同性质的人类。

"礼不下庶人"的情形,大陆一度是普遍存在的。在前面已经说过:一些招待外宾的地方,老百姓是不准进去的,干部则可以出入自如。的确,在传统时代,“礼部”是主办科举取士(亦即是册封中国式贵族)的部门,同时也是接待外宾的外交部。这类礼遇,老百姓都是沾不上边的。

至于司法部,在西方叫作“正义部”(Ministry of Justice),在传统中国则叫作“刑部”,因此,“司法”就有点儿接近“司刑”,其对象就是一般老百姓。至于特殊身份的人,犯了法往往无须与庶民同罪——在传统时代,就出现过“以官当刑”的措施,亦即是用官职去抵消或减轻刑罚。

至于“刑不上大夫”,在《周礼》中就有很具体的说明,在《秋官》“小司寇”条下,就规定有八种在法律面前有商讨余地的特殊关系,叫作“八议”:“一曰议亲之辟,二曰议故之辟,三曰议贤之辟,四曰议能之辟,五曰议功之辟,六曰议贵之辟,七曰议勤之辟,八曰议宾之辟。”(“辟”是“法”的意思)郑玄的解说,凡是这八种关系,“其犯法则在八议轻重,不在刑书”。亦即是说,这类人犯了法以后无须照刑书上的规定惩罚,而是可以经过磋商以后才量刑的,而一般来说,量刑总是从轻。孙诒让《正义》曰:“盖凡入八议限者,轻罪则宥,重罪则改附轻比,仍有刑也。”

在这八种特殊身份中,“亲”是指宗室,亦即是皇亲国戚;“故”是指当权派的旧知;“贤”是指有廉吏名声的人;“能”是指有道艺者;“功”是指有大勋、立过功的人;“贵”是指正在任上的官吏;“勤”是指对国家没有功劳也有苦劳的人;“宾”则是指外宾。

这类“特殊化”的现象,在今日大致上仍然存在。拿最后一项“议宾之辟”来说,在国民党统治底下的台湾就曾经发生多起。例如,1956 年的“刘自然事件”,就是因为美国人杀了中国人后被放回国才引起的。20 世纪 60 年代末,笔者在台湾时,还听到过这样的事情:一个美国大兵勒死了一名吧女,法庭判他回国,该名凶杀犯闻判大喜,当庭对法官说:“圣诞快乐!”

上面曾经说过:凡是有外国人来中国,统治阶层总是给予他们如自己一般的待遇;因此就往往形成断然有别于一般老百姓的两个等级,一为“满大人”,一为“洋大人”。

因此,对“洋大人”的法外开恩,其实是“刑不上大夫”的逻辑的一个延伸。例如,台北市曾经有一名市长因贪污而吃官司,但是因为他是国民党员,如果判刑将对国民党在下次市长竞选中不利,结果遂免咎复职。

一般来说,在少受资本主义法权观念沾染的大陆,这种情形还要严重得多。大陆有不少人认为:上海是全国搞特权最少的地方,正是因为在那里资本主义曾经一度很发达。在国内其他的地方,特权就十分猖獗。

第六章

对待世界的态度

（一）锁国心态

（二）中国人的现实感

(一) 锁国心态

中国文化的超稳定形态,其结构性的意向只可能是“镇止民心,使少私寡欲而不乱”,换言之,就是维持整个结构形态的固定与不变。

如果整个结构性的意向是如此,任何新鲜的事物以及外来的事物(外来事物也必然为新鲜之物)都会从本质上对整个结构的存在形态造成威胁。于是,中国这个没有超越意向的文化,也必须相信空间是有限的——即使空间延伸至无限,也必须人为地选择一个界限,筑一道长城,将自己这个“天下”圈起来。

这并不等于说:中国人从来不会接受外来文化。只不过,这类接受,也只有在自己“天下大乱”,本身的文化价值体系陷于破产的时机,才会出现。在传统时代,印度佛学的传入以及现代马列主义的传入,都是适逢这样的契机。外来事物在传入之时,或可以成为补充甚至基本上改变中国文化体的因素,但终归会遭到本土化的命运,那就是为那个没有变动意向的、完全在眼前实现的“超稳定体系”服务。

中国之所以“锁国”,除了结构性的内在原因之外,还有一个地缘性的历史原因。

中国地处东亚,在传统时代,四周都没有高级文化可以与之抗衡,因此很自然地自成一个“天下”,居于世界之“中”,与四裔的关系是人类唯一的文明与非文明的关系,而不是不同文化之间的关系。

“我族中心主义”是世界上所有民族的共同特征。在各自都认为自身的文化系统具有宇宙间绝对价值的情形下,这种心理是无可避免的。

但是,地中海区、西亚与印度至少在很早的时候起,就有连成一片的趋势,在人种成分上也大致相同。从宗教上来说,犹太教、基督教与伊斯兰教基本上是同根所生。从语系上来说,印度与欧洲同属印欧语系。此外,地处南亚的印度,也常常被西亚的征服者所统治。

包括中国、日本、朝鲜、越南在内的东亚文化则是处于这个延续体之外的。事实上,东亚文化自成一个延续体,而且这个延续中只有一个中心——就是“中国”。它是高高在上的“天朝”。

在鸦片战争以前,这个延续体与世界上其他的大文化传统基本上缺乏正面接触。翻开中国史的教本,就会发现,除了佛教的传入外,1840 年以前,中国人几千年的历史,基本上无须提及其他的高级文化。因此,当西方人侵入东亚区时,其感觉就恍如天外的外星人入侵地球一般。

事实上,一直到今天,中国人还未能完全成为“世界史”的一部分。中国人历来对“世界史”的定义,是不包括中国在内的“他们的历史”。的确,中国人被迫进入的这个狂暴的新世界,是由他人缔造的。甚至在今日,对中国人来说,这个外面的世界仍然有点儿匪夷所思。

1.“匪夷所思”

一般说来,任何文化对待外面世界的态度,往往是对自己人的态度的一个延伸。

如上所述,中国文化中的“个体”因素是不发达的,因此,在处理人际关系时,就必须把对方与自己的关系,按亲疏、远近、长幼之序先弄一个清楚,才能去“做人”。孔子强调“正名”,就是这个道理。

对完全不相识的人,中国人就无法对他下定义,也无法在他面前对自己下定义,于是,就往往不需要“做人”。因此,不认识的陌生人最好经人介绍,经过这道手续,就可以成为“客人”。不相识但彼此又有事相求的,亦须先“拉关系”,变成“自己人”之后,才好去进行。否则,就是“名不正则言不顺,言不顺则事不成”。

中国人认为,只有使天下事物各就其位,才可以维持人间秩序的和谐。因此,只有这样的“做人”方式,才是“人之道”。

在中国人心目中,四周文化较为原始的民族,是还没有进入“人之道”的,因此,就以禽兽视之。在传统中国,往往以“兽”字或“虫”字部首的名字来命名这些民族,就是这种心态的一个表现。

对于与中国相类的农耕民族,中国人则以“礼”待之。因此,在传统中国,是把“礼部”当作是外交部的。然而,“礼部”却同时是主办科举考试的教育部,以及负责祭祀山川鬼神的宗教部。这个事实,就显示出一种心态,说明中国人是将天地秩序、帝国秩序以及外交秩序的维系,都当作是礼仪的一种功能,而“礼之用”又是“和为贵”的。

的确,中国人对天地与对人,对内与对外的态度,是同一种态度的不同的表现。为了保持天地秩序的和谐,皇帝必须按“等级”册封以及祭祀山川鬼神,只有在进行了这样的“正名”仪式以后,才能“和合”自然界与人间的关系。至于礼部主办的科举制度,则具有册封士大夫这个中国式的贵族阶层的功能,而且,也是凭他们的才能表现去规定“等级”。这种册封,自然也具有“和合”中央与地方关系的作用。

至于中外关系,如果要进行“和合”的话,也必须经由“礼部”。这种“和合”的方式,就是由中国这个“天朝”,以各国与自己关系良好与否为标准,来判定亲疏远近的关系,然后对它们进行不同等级的册封。只有按层次与等级关系将外面的世界整整齐齐地分类,事物才可以各就其位,而只有在关系明朗化后,才能加以正确处理。

如果亲疏不辨,等级混淆,天下之事物都不安其位,就没法维持秩序,就会变成“乱”了。人间秩序既然必须反映天地和谐之运行,因此,制造混乱的东西在天地间是没有地位的——它甚至可以说是对宇宙秩序未成之前的混沌状态的回复。既然无法将它归类,就只有当它不存在。

因此,犯上作乱的人都被称作“匪”。“匪”与“非”古义相同,亦即是不存在的意思。例如,新中国已经存在了几十年,但是以“正统”自居的台湾政府却来个闭眼不认,称之为“共匪”,就是这个道理。自然,人民政府也以“蒋匪”的称号回报之。

“非我族类”的外国人被称作“夷”,也是出于同样的心理。外国人是很难被纳入中国人的文化秩序中的,其存在甚至可以说是一种永恒混乱状态的化身。因此,对他们也只好来一个闭眼不见。《老子》曰:“视之不见名曰夷。”《说文》段注则云:“夷,平也。”因此,“夷”也有取消的意思,例如“夷为平地”“夷九族”等等。

将“匪”与“夷”这些永恒混乱的化身都归入一个不存在的“类”,也是中国人“正名”思想的一个表现。的确,“夷”与“匪”可作一视同仁看待。例如,英国人在发动鸦片战争时,清廷派军去应战,就用“讨逆”的名义。在中国这个重“和合性”的文化中,“匪”与“夷”的对抗性行为,应该是阴阳调和的太极以外的事物。可以这么说:它们两者的所作所为,实属“匪夷所思”。

“匪”是破坏安定团结之人,自然可以算是“自外于国人”。然而,外国人的所见所为,之所以也被归入“匪夷所思”之类,则是因为中国人的“和合性”是一种宗教经验,而这种宗教感又是与文化的面积等同的,因此只有文化行为相同的人才能参与其中。与世界上任何高级宗教都不相同,中国人的这种宗教感是在“人间世”中实现的。因此,就会认为:只有自己这套“做人”的道理才是“人之道”,不能参与其中的只能是“人间世”以外的“鬼”。事实上,吴大澂《字说》对“夷”的解释就是:“古夷字即今之尸字也,古尸字即今之死字也……东夷之民,蹲居无礼仪,别其非中国之人,故尸与人,相类而不同。”“尸”当然就是“鬼”。

中国人的“锁国心态”,即以这种与文化同领域的宗教经验为基础。这种泛文化性而又政教混同不分的宗教感,比犹太民族的犹太教更具笼罩性与排他性,因为犹太教仍然具有一个外部的形式或构造,与整个文化领域不等同,因此,受了现代科学思想启蒙的犹太人尽可以不去信教,成为世界主义者,仍然无须“自外于国人”。

但是,中国人泛文化性的宗教感却是“人的因素第一”,而又以日常生活的实践作为检验真理的唯一标准,正如孔子所说:“人能弘道,非道弘人。”因此就无声无臭，即使受了现代科学思潮的冲击，仍然可以在行为上持续。然而，也正因为这样，就基本上很难跳出。一个人只要“自外于国人”，背弃自身的文化行为模式，就是叛教。

然而，在政、教、社混一而又同领域的情形下，甚至并没有背弃自身的文化行为而只是脱离中国地理范围之“去国”，也往往会被当作是一种背叛。例如，当世界进入了近代期，西方列国都向海外殖民，并视本国移民为向外扩张的先锋队之时，中华帝国却视移居东南亚的侨胞为“天朝弃民”。

既然将“大圈”以外的自己人也当作是报销的项目，那么，视外国人为“人间世”以外的“鬼”，也就毫不足为奇了。

2. 按“等级”“层次”“类型”来划分外面的世界

中国这个“大圈”，在处理外面世界时，总是以自己为中心，按亲疏远近的关系来将它划分“层次”的，而这种“层次”又常常变成一种“等级”序列。同时，这也是一种“类型化”过程。

《国语·周语》中的“五服”制度，就是这样的一种构想：“夫先王之制：邦内甸服，邦外侯服，侯卫宾服，蛮夷要服，戎狄荒服。”这种以自我为中心按亲疏远近关系而编成的五个同心圆圈，固然只是古代的理想化制度，但是却可以视为中国人处理外事的理想模型。

事实上，清廷搞外事就没有一个统一的办事机关，而是有几个之多。一般来说，“礼部”是用来处理别的东亚农业国家，这些国家的社会条件与中国类似，可以接受儒教文化，因此也可以“礼”待之。至于蒙、藏的事务则归“理藩院”处理。这些游牧民族与入关以前的满族人一样，都是边疆民族，因此，礼遇虽不若外国人一般，却可以当“自己人”看待。当西方人来到中国后，中国人本来把他们当作是来“朝贡”的，但是，在自己被打败，而又被不平等条约加诸身上之后，就不能再把他们当作“藩属”处理，于是，只得参照现代的国际关系，多加了一个“总理各国事务衙门”。结果，就出现了“三分世界”的局面！

说起“三分世界”，自然会令人联想起新中国的“三个世界论”。在建国初期，中国是采取“一面倒”的外交政策的，亦即是将世界分成两大阵营——“社会主义阵营"是"自己人","帝国主义阵营"是"敌人"。至于这两个阵营之间的广大中间地带,则被称为"第三世界",并视之为可争取的盟友。

后来中苏之间出现分裂,中国转向更"左"的路线,然而在对外关系上则将"锁国心态"发扬至鸦片战争以来之最高峰。在"文革"期间,提出了"反对帝国主义,反对修正主义,反对各国的反动派"的口号,在实质上是"四面出击",换言之,是将"自己人"圈子缩得很小,除了中国之外,就只剩下了阿尔巴尼亚一类的盟友。因此,不论将外面的世界分成几类,一律以"敌人"视之。

到了"文革"后期(尤其在珍宝岛事件之后),中国觉得有对外部世界重新进行"正名"之需要。于是,出现了新的"三个世界"理论,并以之作为新的"革命外交"的基础。这个新的分类将美、苏两个超级大国当作"第一世界",欧、加、澳、日本当作"第二世界","第三世界"则维持原样。至于"革命外交"的策略,则是将自己放入"第三世界"中,亦即是将它们当作可以团结的"自己人",然后去笼络或至少中立"第二世界",最后则孤立"第一世界"。

这个策略,既然同时"反两霸",听起来确实是很"左"的,而且把自己放入广大的"第三世界"中,看起来也是很够群众性的。然而,被中国当作是"自己人"而加以团结的"第三世界"中,却包括不少按马列主义理论来说是"帝国主义走狗"的反动政权。至于由苏联控制的集团,到底有没有资格被称为"社会主义阵营",当然大大值得商榷,但是它们到底像中国一般,是国有化体制的国家。然而,在"三分世界"架构底下,中国处理本身以外的同类国家的态度,却是这样的:如果关系颇好的话,则仍然"册封"为"社会主义国家",例如:朝鲜、(破裂之前的)阿尔巴尼亚、(开战以前的)越南与泰国、波尔布特的柬埔寨、罗马尼亚以及(关系改善了以后的)南斯拉夫;关系不良好的,即使具有同样的国有化体制,也吊销资格。因此,纯粹是一个"以我划线"的态度。

因此,"三分世界"的架构,基本上并不是马列主义对世界形势与国家性质的"分析",而毋宁是将天下万国,按与自身关系之亲疏远近,放入以中国为中心的三个同心圆圈中。换言之,"三分世界"的架构,对推进"世界革命"甚或"第三世界"的民族解放运动的作用是不大的,反而,它变成了在国内接待外宾时决定待遇亲疏不同的标准。

例如,在毛泽东丧礼的纪录片中,经过剪接后的外国使节吊唁团的出场序是:首先是阿尔巴尼亚和朝鲜;然后是印支三国;然后是"第三世界";然后是"第二世界",苏联与东欧国家则与这些西欧国家穿插排列在一起;然后是没有国家身份的巴勒斯坦解放阵线;最后是当时没有邦交的美国。

毛泽东去世后,"三分世界"的架构仍旧,但是团结的对象已经逐渐偏向美国、西欧和日本。于是,它们遂摇身一变而为上宾,至于"第三世界"则有降处真正的"第三"之势。

笔者在大陆时发觉:西方与日本的留学生总是被放在一起的,而非洲与阿拉伯学生则被归人一类。这并不是中国当局的刻意安排,因为,前者来华留学,搞的是文科与社会科学,因此集中在第一流的重点大学;后者念的都是工科与医科,因此就集中在一些技术学院。然而,这种同类集中的做法。就往往会加强了将人"类型化"的倾向。

在每一所容纳留学生的大学中,当局都得设立特别的办公室去照顾他们。这些办公室的作风,也因地而异。然而,笔者将曾居留过的那个城市中的一些学院做过比较,就发现:第三世界的学生与管理当局的关系似乎较坏。在一所工业大学中,某些阿拉伯学生说,他们出入的时间被门房偷偷地记录下来。在另一所医学院中,则全体阿非学生与当局闹矛盾,以至校方将所有中国的陪住同学撤走。

这当然很难说完全是其中一方的错。事实上,阿拉伯学生与非洲学生中确有一些闹事的人。一些中国人和我说:"这些人是他们国家的高干子弟,蛮不讲理。"此话亦当真,笔者在美国也曾碰到这样的学生。

然而,在另一方面,却只能归咎于文化冲突。如前所述,这些人都比较好动,不像中国青少年那般死气沉沉,而且多半需要两性关系,也不像后者那般可以将青春阶段整个抹煞掉,等等。

不过,这类倾向在西方人之间也存在。例如,西方人也搞男女关系,只是多半与自己人搞。在笔者到过的西方学生集中的学校,似乎都是男女数目相若。至于来华留学的第三世界学生,则多半是男性,因此往往必须结交中国女性。此外,西方人来华顶多一两年,在这段期间内甚至可以将这种需求暂时压抑掉。

至于第三世界的留学生,则往往来华五六年,又不能像中国人一般“存天理,灭人欲”,因此,就在中国人眼中造成好淫的形象。

西方人当然比中国人更好动,不过,却比不上阿非学生。前者顶多一两个星期上酒吧一次,后者之中有些人,则一个星期中四五个晚上去酒吧。然而,笔者总觉得这些人比西方人热情得多。笔者在结识了他们后,就多半相约日期被邀请去他们的宿舍;当笔者进入饭堂时,甚至连不认识的人也会打招呼。至于在我们宿舍的饭堂中,即使同住了大半年,一些西方学生仍然是一副不理不睬的态度。然而,中国人既然是好“静”的,如果认识这些阿非学生的话,还可以在感情方面与他们流通,否则就会凭一两点表面化的印象,将他们当作是“阿飞”或“流氓”。

还有一个偏见是认为他们是不读书的。这与中国人整天困守在书桌旁就是“用功”,常常在外活动或搞男女关系就是“不读书”的简单类型化有关。不过,笔者认识的几位阿非学生都是很聪明博学的。例如,一位在酒吧碰到的卢安达学生就可以谈谈19世纪法国象征主义文学,而他的主修科却是工程学。这种情形,笔者在港、台的工科学生中还没有碰到过。此外,与他们交往,亦如与西方人交往一般,你总觉得可以直接接触到他们的“人”,而不像和海内外的同胞交往那样只能够接触到他们的“做人”,而他们也会直接接触到你的“自我”,而不像同胞那样用公共标准来衡量你。

此外,就是认为他们好闹事。然而,这个倾向在西方学生中也存在——有的人是天性好起哄,有的则是因为在中国闷得发慌。在笔者居住的宿舍中,就曾有人喝醉酒,凌晨回来躺在学校锁了的大门外。一个丹麦学生则在酗酒以后夜半翻墙而摔断腿。一个法国学生则因门房忘了替他叫车而将一瓶墨水倒在他的脸上。当然,这并不是集体闹事,也没有出现过如上海纺织学院阿非学生群殴事件。然而,阿非学生与中国人群殴事件,却是因为前者之中二三人闹事却集体被中国人围攻才造成的。在今日,既然是将西方人当作“洋大人”的时代,而不是义和团以及“文革”那种将西方人当作“洋鬼子”的时代,因此,中国人是否敢去打白种人,也成疑问。(详下“洋鬼子”与“洋大人”这一个分节)

总言之,在以前,当西方学生还未来到时,阿非学生是单独存在的,“好”与

“坏”都无从比较。在西方人来临以后,社会上一般的意见就绝对看好西方学生,而贬低阿非学生。

如上所述,造成这种看法的背景是很复杂的,不能用“好”“坏”两个字就说得清楚。而且,在两组留学生中,都有各色各样的人,不能一概而论。然而,中国人既然倾向于简单地将人“类型化”,就很自然地对阿非学生形成了成见。

笔者的苏丹籍友人,就曾碰到这样的待遇:一位在陌生场合与他搭讪的中国人问他:“你们是不是很喜欢与中国女孩搞男女关系,常常酗酒,不太念书的?”碰巧,这位苏丹人的女朋友是一位澳大利亚女学生,他因信奉伊斯兰教,滴酒不沾,而他在学校中又是成绩最优异的。

中国人既然以“类型化”的方式去看人,自然也会站在“类型化”的基础上去“做人”。那位苏丹人说:“五年前,当我初到时,与中国人讲英文,他们亲切地对我说,不要讲英文,那是帝国主义的语言。如今自己却找上了美国人。因此,再和我谈什么‘友谊’我也不相信了。”

的确,中国人将外面世界做出不同质的“类型化”的倾向是如此的严重,以至在“文革”期间出现了这样的怪事:红卫兵在北京将西方大使馆集中的街道改名为“反帝路”,将东欧与苏联使馆所在地改名为“反修路”;这两“类”外交人员,如果生病的话,前者就必须住进“反帝医院”,后者则必须住进“反修医院”。真正如荀子所说:“必也正名乎!”

现代世界的国际法,在法理上是将大小国家都当作平等看待的,虽然这些国家在实力上并不平等。这种观念是西方文化“人格平等”观念的一个延伸——人虽然有优劣之分,但是在“人格”上应该是平等的。然而,中国人既然对自己人也搞“尊卑有等”“长幼有序”“亲疏有别”,因此将它延伸到国际关系上,就出现了上述的怪现象。

国家与国家之间当然是讲利害关系的,有的与自己邦交比较良好,有的比较不良好。但是,却无须影响及整“类”的人。然而,中国人的“个体化”既然不发达,因此,就会将自己当作一“类”,将别人分成几“类”。正所谓:“方以类聚,物以群分。”

至于现代的国际关系,也实在没有必要去蒙上一层“人情化”的因素。如果对方是外交官的话，则可以明文规定的统一化的外交礼节待之。如果是私人身分，则可以站在“个体化”的基础上，以个人喜恶为准去与他们打交道。然而，中国人既然对自己也在“做人”，于是，将这种态度延伸到国际关系上，就会变成了一种程序设计的“友谊”，而这种设计中，又往往多了“因机而变”这个程序。

3.“非我族类，其心必异”

中国文化是一个“心的文化”，它建筑在“仁”——亦即是人与人之间的感通——之上。

这个文化的“深层结构”，在日常生活中好的一面表现为人与人之间的互助（不包括互相“开后门”这一点），坏的一面则表现为利用人情去摆布利用别人。应用在政治上，好的一面则表现为“心连着心”的群众大团结，坏的一面则演变为利用“亲民”的方式去搞专制主义。

然而，不论是好的一面或坏的一面，这个“深层结构”本身都没有为“个人”预留地位。它使一个人感觉到很单薄，必须常常受到照顾，稍作延伸，就会变成心甘情愿受控制。它也使一个人常常愿意去照顾别人，然而，稍作延伸的话，也会演变成干预与控制别人。

中国文化既然认为孤零零的“个人”是一个“不道德的主体”，必须将他（她）纳入“人伦”或“集体”的关系中，才能去定义他（她）这个“人”，因此，对控制者与被控制者双方面来说，都不会觉得做错什么事。

不过，在这个“心的文化”中，这种控制往往以“照顾”方式表达出来。在同一个文化内部，如果对方是很单薄的，或者不能撕破“面子”做人的，就会无法抗拒这种控制或“照顾”。因此，在中国文化内部，“仁者”是无敌的。

然而，也只有在中国文化内部，才是“仁者无敌”的。对外国人应用这一套，就往往会失效。亦即是说，你付出了人情，希望对方回报，对方却一副不受束缚的样子。于是，中国人就怀疑对方的“心”是否有点儿异样。

当外宾来到中国以后，中国有关部门自然也用这种方式去照顾他们。而且，这番“心意”实在可以说是很厚重的。例如，把自己老百姓得不到的东西给予这些外国人，他们要特殊的服务，亦刻意安排，并且还特别设立一些消费娱乐的场所，专供他们享用。中国人“做人”的方式是在“客人”面前贬低自己的，而如今已经做到了“毫不利己，专门利人”的地步，就只待对方如何反应了。

然而，这些外国人却并非个个都“领情”，不少人居住的是高级宅寓，出入的是高级场所，却还在不断地埋怨，而且矛头往往指向有关部门的安排，不是埋怨后者“过分安排”自己的生活，使自己的行动失去自主性，就是埋怨许多地方外国人去不得。并且，不只是埋怨，这些“不道德的主体”还往往要“一意孤行”，公然翻“脸”。

于是，“心的文化”就会这样觉得：自己付出了心意，而对方却撕破“面子”做人，对这些没有“面子”的人，当然是不屑一顾的，因此，也确实应验了“视之不见名曰夷”的定义。而且，一个人受了款待，却不给主人“面子”，还要去“刺探国情”，也可以说得上是“其心必异”的。的确，在一个“为腹不为目”的文化中，对一个人不受安适的照顾，反而要为了满足好奇心而乱闯，是不能理解的。于是，轻则怀疑对方是不“规矩”的人，稍重则认为对方存心捣蛋，疑心再重一点儿就会觉得对方有“特殊任务”在身，即是有“特务”之嫌了。

然而，在中国这个“心”与“身”的文化中，即使对自己人，也会用这个标准去衡量。的确，政府已经保证了大家有饭吃，有工作做，而且还是用“为人民服务”的方式来表达自己一番“心意”，如果对方还不“交心”，不肯“听话”，而且对他做“思想工作”（其实是“人情工作”）也不生效，就是异动。在中国社会中，不肯“跟大家一样”的人都有点儿“特别”，而这个“特”字就会使人自由联想到其他的“特”字头上去。

因此，国民党的宣传攻击说共产党底下民不聊生，尸横遍野，因此不欲外人看到云云，就根本是一派胡言。事实上，世界上任何国家内部都有很多问题，不过，却从来没有一个民族死要“面子”到中国人这般地步，以至认为款待客人，对方就会对自己有好印象，否则就是一种“不友好”行为（这与中国人不“治”则“乱”的“文法”规则也有关联）。此外，在客人的“心”与“身”的需要都予照顾后，就很难想象他还有什么“特殊”的需要，而这种需要又是如此“特殊”，以致他必须搞到跟大家不一样。

台湾因为搞资本主义，又在美国的势力范围底下，却也呈现出同类的倾向。

当笔者在台湾"中央研究院"民族学研究所工作时，就发生过这种事情：一位与"中研院"挂钩的美国老太婆，独自一人到台湾南部的一个渔村搞人类学研究，结果，当地的警察局就起了疑心，认为洋人好好的高级地方不安顿，反而要到这种穷乡僻壤，因此就必有"特殊任务"在身！

任何国家内部当然都会有他国特务潜入的可能性，然而，患"特务狂"患到如中国人这般地步的，可能只有苏联可以媲美。这种恐惧症的形成，除了上述的"非我族类，其心必异"的心理背景之外，还有"良知"的国有化这个因素。

在今日的中国，并不是如马克思所说，社会行将完全自立，无须再受国家控制，而是相反，即使连社会自身也被"国有化"。因此，每一个"个人"都是国家的一部分。中国人如果被派出去外国，也是国家的一个延伸，而不是社会的一个延伸。

因此，一些中国人遂倾向于想象他国的国民也是其政府的一个延伸。例如，在笔者居留过的那所大学中，一位文科的教师就不知道美国有私立大学的存在，以为所有的美国大学都是国立的，因此来华留学的学生也像中国官方派出去的人一般。

此外，当笔者的那位苏丹友人刚入境时，负责照顾他的单位对他说："你们应该好好用功，以便促进中苏（丹）两国友谊。"然而，他却如此答复："我十分钦佩我们总统的为人，但是我不一定赞同他的意见。"

如果中国人很难想象他国的老百姓可以有独立于国家之外的"良知"，那么，对有官职在身的人，就更难想象他（她）有独立于官职以外的存在了。事实上，在当今之世的大部分国家中，在政府中任职的人大多不是将身卖给国家的。然而，中国人却不作如是想。

在当年笔者居住的那所留学生楼中，一位来华念书兼教英文的华侨小姐，为了庆祝美国的"鬼节"，筹备了一个化装舞会，准备在留学生楼内举行。她除了邀请了她的两班学生之外，还邀请了所有在城内的美国人，包括美国领事。她本人来华已年余，因此已经懂得了国内的许多规矩，平时凡事都很谨慎。然而，这一次她却忽视了中国人对这类事情的敏感性。因为任何国家的侨民，碰到自己人的节日，而城中的同胞又只有三四十人的话，相约聚会庆祝，乃人之常情。然而,校方听说她要邀请领事馆的人员入校,就背着她下一道命令叫全体中国师生不要参加,然后才找她谈话,说两国的节日不同,婉言劝她只在留学生中搞舞会。

在美国人眼中看来,即使身任领事,在五点钟下班以后,就是自由之身,可以像平民一样找他的消遣,进行他自己的活动。然而,在中国人心目中,官是官,民是民,绝对没有平民化这回事(即使如"文革"期间领导与员工打乒乓球一类的事,也是一种"做人"式的"亲民"姿势)。此外,当局还有规定:不在官方陪同之下,老百姓是不能擅自与外国官员接触的。因此,即使是同一个国家的外国人,也被归成两"类",而领事馆的人员,即使在五点钟下班以后,仍然是被归入"官"这一类,因此就不能让他们随便与中国师生接触。中国人并没有"人格"独立于"身份"与"等级"之外的观念。

事实上,一个人纵使身任官职,他(她)的"良知"仍然可以属于自己的。尤其在20世纪60年代以后"青年化"了的西方社会中,理想主义与人道主义的心态往往持续到一个人的中年以后。不少人虽已从商,却仍然保留学生时代反对"建制"的理想主义。而这种理想主义又是超国界的,是一种对"人"的同情。一般来说,这些人往往对自己人的社会批评得体无完肤,因此,在到了他人的国家后,看到了压抑人权之事,自然也会去插手管一管,而这种做法又是与他们身任的职位无关的。

在70年代初期的美国校园中,笔者就曾亲眼看到这样的事:当时,美国大学生在搞反越战的暴动,州政府应校方之邀,派国民军入校园中维持秩序(在学生眼中自然是镇压)。然而,身穿制服的国民军,在执行任务时,居然也有人在臂上绑了橘黄色的布条,表示是同情和平运动的。像这种事,长官居然也没有禁止,而且还让他一起去。这自然是尊重个人"良知自由"的一个表现。

4."大圈"心态

中国人的这个"和合性"文化,是不知道如何处理"抗争"关系的,因此,在政治行为上,一旦无法致天下于"大治"局面的话,就会演变成"天下大乱"。同一个文化的"深层结构",表现在人事上,就会出现这样的情形:如果没法和对方搞“和合”，搞“团结”的话，就很容易出现“不是朋友，便是敌人”的倾向，或至少自己无须在对方面前“做人”。

换言之，中国人在搞“和合”的时候，必须搞到“人我界限不明朗”，我之中有你，你之中有我，然而，在这个“心连着心”的“共和”范围之外，就会是一片“匪夷所思”的混沌状态。因此，必须在这两个领域之间将界限划得清清楚楚，造成一条不可逾越的鸿沟。

显然，中国人又是“以我划线”的。如前所述，中国人即使在“自己人”或“客人”面前，也会摆出一副“毫不利己，专门利人”的姿态，这种“做人”的方式，仍然是以自己为中心，按“亲疏有别”“长幼有序”“尊卑有等”的层次或等级决定的。因此，如果往回归纳，到了最里面的一层，就是一个必须借外面各层支持的“自我”，或者是一个不能被定义的“私心”。

在“个人”完全不能确立的情形下，这个“自我”要完成自己的话，就往往必须借助“集体”。如果这种自我完成是无私的革命事业，就会将自己变成革命组织的一分子。如果纯粹是为了“私心”，就会联群结党，搞“党同伐异”。

然而，无论是哪一种事业，都是“以我划线”来决定亲疏之层次的。因此，在中国人的文化意识中，遂出现了“异己分子”这一类型。在日常生活中，“异己分子”可以是这样的人：他是“自己人”圈外的人，或者你去“做人”而对方不买账，不给“面子”的那种人。在政治关系中，“异己分子”则是这样的人：自己这个党派的对立面，或者你去“统战”而对方不受“统战”的那类人。在国际关系中，“异己分子”就是那些“不友好”的国家，或者你做出“友谊”的姿态而对方仍然保持“不友好”态度的国家。换言之，就是一些不能“和合”的对象。

说起来似乎是很矛盾，在中国这个“心的文化”中，人的“心”却是如此地脆弱，以至它必须常常受到“自己人”的照顾，而任何对抗自己的行为，就会被感到是“不友好”的。

在“心”这个因素不如中国人那般发达的西方人之间，这种倾向就不太显著。对方可以反对自己，但是却不一定由“对抗”的态度而联想到“不友好”的这个方面去。在其多元的社会政治结构底下，大家可以公开地为了自己的利益，搞有控制的攻击性行为，而不伤及感情。在野党可以成为执政党的“忠诚的反对者”，而不会被后者认为是一种“疯狂进攻”的行为。自然，每一个人都可能有敌人，然而，这多半是建立在自己不欣赏对方性格的基础上，而不是看对方是否“自己人”圈中的一分子。

然而，“个体化”不发达的中国人是一定要划圈圈的，大小可以因时、因地、因标准而异。例如在传统时代，犯上作乱的“匪”当然是被当作圈外而自己不欲眼见的，但是，一旦被招安，就变成了“自己人”。“招安”自然也是“和合”，而且也使自己“心安”。

在中共革命时期，是将“群众”当作“自己人”的，因此“为人民服务”的方式就能赢取他们的支持。至于国民党，则从来不当老百姓是“自己人”，因此也就无须在人民面前“做人”，结果，圈圈就收得小，并因而失去了“人心”。

新中国成立以后，在推进“世界革命”的过程中，这个圈圈就划得更大，甚至包括许多“第三世界”的国家，而“做人”的方式则包括将自己的裤腰带勒紧，用物资去支援这些国家（例如越南、阿尔巴尼亚、坦桑尼亚）。

然而，划这个圈圈的标准往往却是以中国为中心的“革命”，因此，一度就把世界上大部分的国家、中国社会内广大一批人甚至党内的一些人都划入“异己分子”之类。到了“文革”期间，既然连自己党内的大部分人也都被当作是敌人，于是这个圈圈就收得很小，除了几乎以全世界为敌之外，还将“大圈”以外的同胞也当成是人渣或“特务”。后来，强调“爱国不分先后”，于是，对本国人的这个圈圈又开始放松，所有海外的侨胞都被包括进去——如果他们来国内旅行的话，乘火车可以与“自己人”一般待遇，至于外籍人士的外宾，则要加倍计算。

5. “夷夏之防”

这个“大圈”无论如何地伸缩，都不可能真正把外国的“人”包括在内。

因为，在对“人”的态度上，如要真正地做到“全球化”的地步，就必须站在“个体化”的基础上去进行。亦即是自己凭对个别的“人”之欣赏去和他们交朋友，无须计较国籍。因此，像中国人这种在“自己人”之外划圈圈的作风，基本上就摒除了“全球化”的可能性，纵使有时这个圈圈将外国也笼罩进来，也只是凭“以我划线”来决定对方这个“类”是否对自己有利，因此顶多导致去“做人”，而不会发自真心的友谊。

然而，外国人的"心"是必然异于中国人的，你即使去"做人"，也不可能真正地与他们搞"和合"。你认为必须在"二人"之间才可以去"做"一个人，他们却偏偏都"是"一意孤行的孤零零的"个体"，因此，他们可以说是"和合"圈外的永恒混乱状态的化身，就如同神话世界中被摒绝于天地秩序以外的"混沌"势力一般。的确，在中国古代传说中，就有"圣王"将"四凶"一类的"匪"流放于世界的四个边缘的故事，而"四凶"的后代就变成了蛮夷戎狄等"四夷"。像这类"人间世"以外的事物，只能以"鬼"称之。为了防止他们搞乱天下的秩序，就必须划出一道不可逾越的"夷夏之防"的鸿沟。

然而，当这些"鬼"来到世界之"中"的中国时，又将如何处置？如果不是战争状态，而又是"面"对"面"的近身接触，就牵涉到双方的"面子"问题。于是，中国人遂想出了一个两全之策。一方面认为这些"化外"之人，肯自动来到中国，就是一种"来远人"的现象，而这个现象就充分地说明了一个事实——自己的政府所行的"仁政"，不只是在境内达到"仁者无敌"的地步，而且这种"德化"还"光被四表"，"化"到了原本是"化外"之人的头上。既然中国人是用"仁"来定义人际关系的，这些外国人又不是在战争状态下来到国内，因此，不是敌人，就是朋友，必须用"和合"的模式去套他们。而"仁"的"做人"方式又涵示自己这一方必须做到"毫不利己，专门利人"的地步（如果"不仁"，就谈不上"德化"，何"来远人"之有），因此就必须给予他们特殊的照顾，连一般老百姓都得不到的东西也拿出来招待他们。如此"做人"法，当然也可以避免对方的"人言可畏"，说自己"寒酸"。

然而，这往往是一厢情愿的做法。对方的"心"既然是"异己"的，往往就不"吃"这一套。于是，就必须搞"内外有别"，对这些"鬼"虽敬，也必须"敬鬼神而远之"，而这种"敬"遂变成了用"友谊"的方式去羁縻之。

在鸦片战争的前夜，西洋人来到中国。中国人虽然主观上把他们当作是来"朝贡"的，但是他们摆明是来"逐利"的，因此掌"教化"的官吏就根本不愿与他们直接接触，只命令"四民之末"的商人与他们打交道。此外，还必须防止他们到"天下之中"的北京去，尽量将他们羁缚在广东，而且，还要求他们不要入广州市，宁愿在城外给他们最好的房子住，给予最好的供应，配备中国的仆人。

可惜，这些“其心必异”的“洋鬼子”却不受“照顾”，偏偏要异动。结果，遂导致了鸦片战争。“天朝”以“讨逆”之名义出师也遭败绩。于是，中外关系遂由不平等的“朝贡体制”一变而成不平等的“条约体制”。

然而，很奇怪地，在中方操主权的“朝贡体制”底下，“夷”与“夏”之间固然是划了一道不可逾越的鸿沟，到了中国受制于人的情形下，这道鸿沟却并没有因之而消失，只不过是换了一个形式，那就是由中国当局遵照这些洋人的要求，划地为界，拨给他们做“租界”。

在中国受制于外人的时代，这个形式一直存在。后来，中国人终于站起来了，并且还建立了现代“民族国家”，然而，“夷夏之防”，一度却有恢复到清廷未开国以前那种形式之趋势。

如洋人来到中国后，当局仍用给予特殊优待以及设立特别的办公室的形式去照顾他们。这一方面是由于“小国寡民”倾向，如果一个人不是受本单位照顾的话，就很难生存。但是，这种措施也有“严夷夏之防”的作用。

例如，当年在笔者居留过的那所留学生楼中，就有中国学生陪住，这些人在搬入来之前都受过指示：与外国人的关系不要搞僵，但也不要搞得太好。因此，就充分暴露了当局心目中的“中外友谊”，只是中国人被程序设计的“做人”方式的一个延伸。中国人自然是很富有“人情味”的，但也倾向于把纯真友情以外的领域也加以“人情化”。当局的这种指示，无异是说：只保留这些虚假的“人情化”领域，而将纯真友情这个内核窒息掉。这个指示也暴露了：“良知”的国有化、将人民当“子民”、不尊重“人”等现象，因为，它除了认为“子民”不受指点就会“变坏”之外，还基本上抹杀了个人的自由选择。如果与陪住的外国人感到不投契，为什么还要“逆来顺受”，抹去自己的“个性”？而人的感情又是很难被程序设计的，如果觉得对方是投契的话，就很难将它控制得恰到好处，唯有对指示采“阳奉阴违”的态度，结果，就会使很正当的友谊也变成了没有尊严的违法行为。

在一次留学生闹事之后，校内的外事处就召集了全体与留学生打交道的中国师生训话，大谈“内外有别”的道理，警告他们不要过分地接近留学生。

在有些容纳留学生的大学中,就索性用墙将留学生宿舍围起来。例如,南京大学的留学生政策本来是全国最开通的,后来却开始在留学生楼四周筑墙,而且是看着它一个学期多了一道墙,最后就整个地与外界隔绝。宿舍中的外籍学生是想与中国学生的宿舍连成一片的,对自己变成防疫的对象也自然感到不平,为了抗议这种措施,就在第四道墙完成的当晚,用中文大书“外国租界”四个字在一块牌子上,悬挂在入口处,过了六个小时才被当局发现,取了下来。

还有外国人不得到处走动的条例。不少城市索性印了上面有一个大圈的地图,表示外国人可以活动的范围。至于从一个城市去另外一个城市,就一定要申请到内部通行证才能成行。与中国交换留学生的国家之人士,都觉得这种交换不是等价交换,因为中国人可以在这些国家自由走动,而他们却不能在中国随便走动。据说,当年意大利也“以其人之道还治其人之身”,定下同样的条例,要中国派遣生申请到通行证才准做内部旅行,其他国籍的人士则不用。

其实,中国这个静止的以及“锁国”的文化并不是对外人故意刁难,只是将自己的习惯应用到别人头上而已。中国人即使到了外国,也是维持“夷夏之防”的。在最极端的“文革”时代,甚至还有这种情形:中国派遣人数众多的援助工作团到外国去,可以完全只过内部的组织生活,与当地社会的关系就像水与油一般截然分判。

这种“夷夏之防”的心态,其实在所有中国人的社群中都存在,差别只在程度问题。香港似乎可算是最开放的华人社会,基本上说得上是一个华夷杂处的局面。然而,香港人到了美国后,却又不是那么一回事。

香港人在自己人占绝大多数的社会中,自身的“中国性”并不显著,但是,一旦到了被“非我族类”包围的情形下,这个特性就浮凸出来了。一般来说,留学美国的香港人都有聚族而居的倾向。

这种情形,与其他各国留美的学生都不同。后者往往在远离了自己的故乡后,多半想增进个人的人生阅历,因此就各自越出了自己人的范围,去了解美国社会,以及广泛结交世界各地来的人士。甚至如果为了政治的原因而必须在自己人之间组织团体的话,也不排除与别国人士结交的可能性。这种结交,或者是因为对方在意识形态上与己接近,或者是欣赏对方,然而,无论是哪一种情形,你总觉得他们是站在“个体化”基础上与你这个“人”的直接接触。

从香港去美国留学的中国人却不是这样。在“个人”很单薄的情形下,他们往往不能单独一人去面对这个迅疾的新世界,而必须彼此之间互相照顾。于是,遂为了“安身”与“安心”而排除了任何好奇心的因素。事实上,在中国人的“良知系统”中,“好奇心”这类属于个体“灵魂扩张”项目,是没有被设计在内的。

这些人必须常常“在一起”的另一个文化背景是:中国人的“个人”是无法做自我定义的,他必须与一个对方互相定义。因此,在“其心必异”的外国人面前,就无法定义自己,也无法定义对方,于是,就索性对他们抱着一副“匪夷所思”的态度。

这个倾向往往因海外的爱国运动而加剧。似乎是很矛盾地,在“四人帮”的极左时代,这些受了大陆政治路线影响的海外学生,也会如鹦鹉学舌般唱唱《国际歌》,然而“夷夏之防”却因为自己人的社团性的增强而加剧(也可以说得上是“向后倒退到革命”)——即使他们同时在美国搞居留证与置产也不例外。当时,有一些美国的激进学生,认为中国人都是三头六臂的人物,自然搞不清楚:这些留学生其实都是一些没有到过中国而只是沾上“强大祖国”之光的人。于是,这些美国激进学生就去找上这些香港激进学生,要求挂钩。结果,中方除了怀疑他们是“中央情报局”,而加以敷衍之外(其实也是对自己的遁辞),背后则以“一只鬼、两只鬼”称之。

不过,这些香港留学生到底是“左派”,还有一点儿模糊的进步意识,而身居的美国社会的主流也在反种族主义。因此,碰到了“第三世界”的左派黑人要求联系时,就不能用上述的态度待之。于是,遂出现了“做人”的局面,亦即是看准了对方属于哪一个“世界”,然后做出哪一“类”的接触。

不过,即使是这种接触也是极其之少的。一般来说,是宁愿在自己人之间互相加强彼此的局限性,也不愿意站在“个体化”的基础上去选择有价值的“人”交朋友。事实上,他们几乎是被程序设计到没有任何选择,以致某些自己人即使多么没有价值,自己也必须承担义务地与他们打交道。这种“无私”的态度看起来似乎比“个人主义”更伟大,然而,如果照顾人者与被照顾者双方都是为了安全感而逃避自由的话，就只能说是弱者文化的一个表现。

因此，在美国的校园中，就常出现这种情形：碰到一些支援非洲、拉美、伊朗、巴勒斯坦革命斗争的场合，校内各国的进步学生组织都会联合起来共同主办，唯有中国人的"左派"置身事外。在这一方面，他们倒反而近似另一个自外于各国学生的组织——犹太复国主义的以色列同学会。因此，就往往令人觉得，中国人的"左"与"右"确实是很难分的。

然而，中国人即使是"不敢为天下先"，在由别人出面组织了这类演讲、集会之后，也少有到场的。因此，除了怕出头之外，可以说是根本缺乏好奇心。他们宁愿每天晚上到一些自己人的家中轮流煮饭，围炉共醮，也不会想到去参加这类场合。因此，又是"为腹不为目"文化之典型写照。

有时，这些"左派"反而会觉得国民党学生比任何外人亲切。在留学生群中的"左""右"对立，往往是在同学会中进行的。斗争的双方都必须摆出为同学会的"团结"而奋斗的姿势，并互控对方是"搞分裂"的，结果，纵使搞到业务瘫痪，也不肯"一分为二"，而仍然必须维持"在一起"的局面。在这种"既团结，又斗争"的局面下，自然又少不了"做人"因素（这一点左派较为优胜）。例如，请对方吃吃饭，一起打打球。于是，也出现了一点点程序设计的"友谊"。因此，在自己人的范围内，固然将国民党当作敌人，然而，若有外国人说这些家伙英文很差，却会感到"民族尊严"受损，起而辩护之。因为，这些家伙虽然坏，他们的行径到底并不是"匪夷所思"的。

现在让我们谈谈台湾的"锁国心态"。一般人以为台湾比大陆开放，在社会层次上固然可以这样说，但是在意识的层次上则未必。今日的大陆对台湾已经有较正确的报道，让老百姓知道台湾的生活水平高于大陆，然而，80 年代中期以前台湾对大陆仍然是一副"匪夷所思"态度。此外，大陆对待外人的方式虽然用上传统的"做人"这一套，然而，对世事的分析却到底是用马列主义的观点，因此比较有社会科学的味道，但台湾当局则完全看不到社会力，而倾向于用"共产党阴谋"去解释世事，结果，对外在的世界也是一副"匪夷所思"的态度。

至于台湾搞的"夷夏之防"，则是连"匪"也当作"夷"看待的。例如，当局的反共教育如是说：毛泽东已经不是中国人，共产党自然也不是中国人，他们已经被俄国人施展过“换心手术”，种种做法都是背弃中国人的人伦的，因此，只有台湾才是真正的“中国”。在70年代以前，当国民党还没有放弃“反攻大陆”的姿势之时（如今，这种“大中国”心态会勾起“统一”思想，自然就不敢提），甚至还有这样的说法：当今之世的问题在于共产主义，美苏既已缓和，共产主义的问题就变成只在于“共匪”，如果要解决这个问题，又只有待国民党反攻大陆。在这种逻辑底下，由台湾代表的“中国”确也变成了“世界之中”！

为了对付“心”已经不是中国人的大陆，台湾就设下了“心防”的措施，编造出一整套封神榜式的反共教育。在这套教育的洗脑底下，大部分台湾人对外在世界就真正产生了一种“匪夷所思”的态度。这种意识是如此光怪陆离，无以名之，姑名之曰“台湾意识”。

在20世纪70年代初期，有台湾学生赴美留学，途经香港，抬头猛看见了中国银行顶上悬挂着的“毛泽东思想胜利万岁”的红布条，惊出一身冷汗，不敢再仰视地匆匆而过。在美国的校园中，有爱国运动的香港学生喜欢身着中山装，却被一位台湾的女同学在窄路处碰到了，后者以为是与“匪干”做不知是第几类的近身接触，结果，也是惊出一身冷汗，低头改道落荒而逃。

还有其他的一些“匪夷所思”的故事。例如，在美国校园中，国民党学生为了打击“左”倾的香港学生，就跑去与美国人说这些人是“共产党”，很不幸，70年代美国很大部分年轻人都有一点儿进步意识，结果就变成了“偷鸡不着蚀把米”。有一次，在国际学生会的竞选代表场合中，“左”倾的香港学生全部获选，国民党学生全部落选，于是他们就跑去与现场的一些第三世界学生说：“这些人是共产党！”很不幸，又是送羊入虎口，他们碰巧找上了“厄立特里亚人民解放阵线”在校内的分部。这些非洲学生回答说：“这又怎么样？我们也是共产党！”结果又是吓得他们屁滚尿流。

笔者并不是对台湾留学生特别的苛刻。笔者曾经对各国的留学生做过比较：一些亚、非、拉国家的独裁政权比台湾政权还要凶恶，但是从这些国家出来的学生，头脑却比这些台湾人还要清楚得多。事实上，笔者只碰到过两位巴基斯坦学生、一位韩国学生，其反共意识达到上述台湾人的这种程度。台湾的一般教育水平在国际间不算低，而这些人又是硕士博士级的，却仍然出现如此“匪夷所思"的行径,因此,就只能归咎于中国人缺乏"个性"的倾向,以及对当局的"听话"态度。

6. 所谓"里通外国"

中国人的"锁国心态"是如此的严重,以致在他们之间出现了一项罪名——那就是"里通外国"。自然,任何国家都有"卖国"或"通敌"的罪名,但是,像中国那样,将与外界的任何交通都当作是罪状,却真正是有点儿"匪夷所思"。

因为,如果自己在"里",外国在"外",要交通的话,就必定要"里通外国",就如同口腔在"内",食物在"外",如果要吃掉它的话,就必须有一道从"外"到"内"的手续。除非这食物是充满细菌的,否则这个行为本身不应该引起大惊小怪。如果因为"内外有别"而引起大惊小怪的话,就根本是一种被害妄想的心态。

然而,当年中国人的"里通外国"的罪名,也并不是指特殊、具体的"通敌"行为,而是包括办外交、对外贸易、到外面留学、曾经在外国住过、配偶是外籍人士、与外面通信,甚至有亲人在外,等等。

像这类连想象都很困难的事,如果不举具体例证,就真的会感到"匪夷所思"。现在让我们从最后一项说起。大陆从"反右"到"文革"终了这二十年间,存在着一个倾向:与包括香港在内的外界之亲友通信,都足以构成罪状。自然不是每一个人都会因此而遭殃,但是如果要整起人来,这一个行为本身就可以算是一项罪名。如果亲友来国内探访,也是可大可小的事,小的只留档案,大的话,被访者遂遭到降职调职处分。如果要整人,那么即使不与亲友通信,也没有人来探访,单单是"具有海外关系"也足以构成罪状。因为,在中国社会中,你不能跟别人不一样,别人没有这种关系,你为什么有?!

中国人本来是很重亲属关系的,但是一旦"锁国"起来,那么"大圈"就变成了一道不可逾越的鸿沟,即使圈外的同胞也变成"匪夷所思"的对象。这基本上是承袭了帝制时代将海外侨胞当作是"天朝弃民"的心态。

后来,固然放松了很多,但是仍得看地方与单位宽严程度而定。有些单位(例如学校)对青少年管制得特别严,凡有外界寄到的信件都被人在背后私拆,然后用很迂回的方式向收信人施压力，要他们中断交通。

此外，在外国住过并且与外籍人士通婚，也足以构成罪状。有一位在1949年前在澳大利亚跑船的水手，在当地成家立室，并且参加了澳大利亚共产党，建国后，自然满腔热情地投奔祖国怀抱，结果过了不久就被关了起来，一关就是二十多年，后获释，才允许与他的澳籍妻子及成年了的儿子见面。他的这种遭遇的原因，除了曾到过外国之外，还可能包括在外国社会中有家室这一个因素。

的确，有时候即使是有外籍配偶这个事实本身，也会使一个人遭殃。一位移居美国的苏联难民告诉我：她的一位女友，在中苏友好时期曾被派到中国去工作，并与一位中国男士结婚；两国关系恶化后，她仍然留下；到了“文革”期间，她的丈夫被红卫兵活活打死，她本人与子女则被赶回本国。

当年，即使只在外国住过或者到过外国留学，也足以构成罪状。从“反右”到“文革”期间，曾发生多宗把回归国内服务的专业人员打成“特务”的事件。不少在美国已经有成就的医生、工程师以及其他的专业人员，在50年代毅然结束其在美国的事业，迁回祖国，一心想帮助建设祖国，但其中一些人在不久以后就被当作“外国特务”关了起来。

这类在50年代还是零星孤立的事例，到了“文革”时期就汇为巨澜。当时，成批整群的回归专家、学人被打成“特务”。例如，某地科学院就出现“两线一会”案，亦即是把所有从国外回归的科学家，按回国时期的先后，划分成两条秘密的阵线和一个秘密的“会”，全部当作“特务”处理。在东北的一个科研单位也发生类似事件，该单位的领导还夸口：“不用出门，不费车票一张，就拿到特务一大批！”这些都是后来见报的事件，相信这类事件在全国各地都曾普遍地发生过。事实上，这类故事后来就成为白桦《苦恋》一剧的主题。

这种凡是沾上外界的边就有“特务”嫌疑的倾向，其实在台湾也存在，只是没有那么尖锐，也没有酿成巨案。在20世纪60年代，台湾曾发生西化派与民族主义派的论争。当时，西化派主张“全盘西化论”，自己却拿不出东西来，于是遂将论据建筑在美国的中国研究成果之上。因此，民族主义派遂顺理成章地认为他们是“里通外国”的。既然美国的中国研究的泰斗是费正清，前者遂将后者冠以“费正清集团”之名。费氏的政治观点反映当时美国政府中一部分人的看法,他本人的自由主义立场也使他倾向于支持台湾民间的民主势力。但是,自由主义立场在台湾的眼中已经很“左”,因此,除了将自己的民主派想象成是“共产党”之外,还将费正清也说成是“美共”。于是,西化论者遂被说成是替美国情报机关服务的,同时又兼“台独”和“共产党”——他们为一个欲颠覆“反共基地”的国际阴谋集团服务(这种将凡是异己的“他们”的外在世界连成一片的倾向,在大陆也存在。例如,在“文革”期间,甚至党内被斗倒了的领袖人物都被说成是“美帝特务”兼“国特”兼“苏联特务”兼“托派”等等)。

除了对西化论者做出这样的指控外,台湾的民族主义派亦同时攻击留美归来的学人,认为这些曾留居于这个大疫埠的人士都是“其心必异”的。的确,这些人都有点儿洋里洋气,思想方式与中国人格格不入,生活方式也“脱离群众”,而且还享受某些特权,引起妒恨。其中也有不少挟洋人以自重的。不过,他们是否“特务”,则又是另一回事。然而,当时的民族主义既然认为只有“反共基地”是唯一的干净之土,甚至连宗主国的美国也已经弥漫着共产主义的细菌,因此就很自然地认为这些人是替国际共产党阴谋集团服务的。

不过,民族主义派的这种心态,却只不过是社会上一股更广泛的潮流的最极端表现而已。社会上的风气是既崇洋又对洋事物看不顺眼(有关这种自相矛盾的心理,详下“‘洋鬼子’与‘洋大人’”这一分节)。因此,一方面大家都想去美国,去成以后就能挟洋人以自重,去不成的则抱持平均主义的态度,尽量丑化有国外关系的人。台湾当局也是一方面媚美,另一方面则由国民党经营的电影公司出产《家在台北》一类的电影,把留美学人描写成爱恋金发美人、抛弃糟糠之妻的忘本之人,并且以留美博士终于被他乡巴佬式的老父棒打为大快人心的一幕。至于一般本土的知识分子,都有把留美归来者当作“买办”的趋势。在20世纪70年代,这种心态曾经成为乡土派在打击西化派时能够调动的有利的社会因素。自然,归国学人中确有“买办化”倾向,而乡土派所能调动的社会因素也包括“群众”落后的一面。

因为台湾基本上是媚美的,而整个社会也比较没有那么封闭,因此,这种倾向并没有像在大陆上一般成为主流,自然也没有酿成一种官方的运动,而只是以暗流的身份存在。然而,从被外在世界渗透的中国沿海地带还存在的暗流中,我们也可以一瞥中国大陆的主流。

在中国大陆,也有“匪夷所思”的事:在“文革”期间,甚至连曾被官方派出去表演的艺人,也有蒙上“里通外国”之罪名的。例如,上海的一些唱评弹的艺人,在“文革”前曾被派到香港表演,到运动发起了以后,就被迫害致死了几个。

不过,更为“匪夷所思”的事还在后头。例如,将对外贸易当作是“卖国”,“四人帮”曾经一度攻击外贸部为“卖国部”。“文革”期间发生这种事,自然不足为奇。然而,即使在比较开放的60年代初期,也曾发生过这一类的事。一位曾在外贸部工作过的人士告诉我:当时他曾经与一位到部里谈生意的西欧商人接洽过生意,只谈了半个小时,又是在领导陪同下进行的,后来,在他的人事档案中居然多了一件关于这次接头的黑材料,一直到很久以后才烧掉。因此,他一面苦笑一面说:“在我们国家,就是有这种事情的。”

其实,在帝制时代也曾发生类似的事。在鸦片战争前夜,西方人来到广州,官吏们根本不愿意和他们打交道,只令“十三行”等商人去与他们接头。结果,到了林则徐前往广州禁烟时,就先拿这些人开刀,罪名也是“里通外国”之类。当然,这些人确与外国人有同流合污之举,不过,如果由官吏去接触,也难保没有贪污之事。因此,归根到底仍是这样一个模式:没有人愿意去与带菌的“鬼”接触,只有一些倒霉鬼奉令去执行公务,到了民族主义运动兴起时,又拿他们当作开刀的对象。

因此,在鸦片战争以后,清廷没有人肯出国办外交也就不足为奇了。这个倾向,自然大大地拖延了整个现代化的步伐。日本在1853年被迫开国后,就立即发动国内变革,并尽量设法去适应新的世局。然而,中国在1842年开埠以后,对外界却仍然是一副“匪夷所思”的态度,即使被洋人击败多次,甚至连首都也一度被占领(1860年),还是不愿意承认外界的存在。

这种只有外国人来中国,中国人不愿意去外国的情形,当然使别人越来越占便宜,自己越来越吃亏,步步受制于人。然而,在越来越吃瘪而非派驻外大使不可的情形下,却无人愿意“去国”。因此,到了1867年,只得聘请卸任归国的美国公使蒲安臣充任办理各国中外交涉事务大臣,又加聘英使馆官员与海关法籍职员为其助理。如此荒上下古今之大唐的“使团”,到美国去替中国“签约”,

自然就将中国卖了猪仔!

因此,到了1876年,在实在回避不了外在世界的情形下,清廷终于第一次派遣本国人做驻英法公使。当时倒霉而受命的官员是郭嵩焘。他确实也身受了"下地狱"的经验,或者,至少可以说被国人"开除教籍"。例如,他同乡的湖南人就撰写了下列联语来咒骂他:

出乎其类,拔乎其萃,不容于尧舜之世。
未能事人,焉能事鬼,何必去父母之邦?

后来,如曾纪泽一类办外事的人,也遭受到同样的压力。

明乎这样的历史背景,我们才可以理解:为什么在"文革"时,外交部长陈毅、国家主席刘少奇曾经到过印尼办外交的行为也会变成罪状;至于刘少奇的夫人王光美,因为曾经在印尼与苏加诺跳过舞,除了被当作是"里通外国",还扯到道德问题上去。

在"文革"时代,中国甚至连与外国的科技知识交流也予以切断。在早些时候,当中苏分裂之际,中国就已经将大学中的俄语以及俄国史课程完全停掉,换言之,就是不要"知己知彼"。在各国都在搞"情报化"的现代世界,中国人却出现这种自杀行为,并且还将它当作是民族主义的正当表现。因此,说中国人是一个喜欢搞"死亡崇拜"的民族,实不为过。

在现代世局中,外在世界是回避不了的。身为地球的一分子还要回避世界的话,就不如索性如毛主席所说"开除球籍"算了!

7."洋鬼子"与"洋大人"

鲁迅说:"中国人对于异族,历来只有两样称呼:一样是禽兽,一样是圣上。从没有称他朋友,说他也同我们一样的。"①

事实上,中国文化本身就排除了将其他的"人"当作同等人类看待的可能

① 鲁迅:《热风》,北京:人民文学出版社,1973年版,第39页。

性。因为，在中国文化中没有“个人”，每一个“个体”都必须借“自己人”这个圈圈来支撑起自己。他们即使在同胞之间也在划小圈圈，因此在面对“非我族类”时，就会划出一个“大圈”。唯有如此地躲在自己人的圈中，中国人才会感到安全，至于其他的一切——好奇心、广阔的心胸与眼界、个人阅历的增长、个人发展的可能性——都在牺牲之列。

如果一个人是自我组织的，他的“个体”就不会感觉到如此的单薄，他就会根据自我发展的需要去结识“人”。这种站在“个体化”基础上去对“人”的认识，就无须考虑到对方的国籍，也无须将对方归“类”，而是对其“个体化”深度的直接掌握。在这个意义上，“个体化”是“全球化”的基础。

站在这个基础上，一个人也只会留意到另一个“个体”与自己的异同——他比自己优或比自己劣，都只会是个人之间的比较，因此，并不会产生对方所属的整个“类”是比自己高级或比自己低级的考虑。

然而，中国人不只是没有“个体化”，轻易地将“人”分“类”，而且也没有“人格平等”的观念——他们整个“做人”的方法，就是建筑在“等级”与“层次”等考虑之上的。因此，“非我族类”的这一整个“类”与自己的关系，就只有两种可能性：他们不是比自己高就是比自己低，永远也不能是与自己同等的人类。

在鸦片战争以前，中国是“天朝”，所有的外国都是“朝贡国”，自然是一种不平等关系。到了中国人被西方人打败以后，就被不平等条约加之于身。于是，遂从一种不平等到另外一种不平等。这个历史背景，对上述的双重心理具有促使形成的作用。

一般来说，在鸦片战争前，中国人倾向于把西方人当作“洋鬼子”；在该事变以后，就逐渐地将西方人同时当作是“洋鬼子”与“洋大人”。这种双重心理，其实只是“锁国心态”这一个钱币的两面。有时，“洋鬼子”是显性，“洋大人”是隐性，有时刚好相反。至于如何决定哪一面是显，哪一面是隐，在个人的层次上要看场合，在整个民族的层次上则视国势的兴衰起落。

无论如何，有一个现象却是万变不离其宗的常数，那就是：把西方人同时当作是“洋鬼子”与“洋大人”。香港的店员，在碰到西方人来光顾时，总会下意识地招待得殷勤点儿，事后则会以“鬼佬”“鬼婆”称之，就是这个双重心理的最佳写照。

这种心态,其实也常常出现在所谓“民族主义者”身上。在20世纪70年代留学美国的港台学生群中,不少人参加爱国运动的动机,往往是因为“个人”站不住脚,在“心理形势”上输于外国人,唯有在躲入了“十亿人”的堆中后,才在“心理形势”方面扳回优势。因此,鲁迅说中国人没有“个人的自大”,只有“合群的爱国的自大”,则说得一点儿也不错。的确,这些人只有在与自己人抱成一团时才敢自大,在单独地面对洋人时,却总不免会露出过分谦恭之态。此外,在与“强大祖国”认同的当儿,这些人也会同时努力变成美国人。甚至可以这么说:这些人在申请永久居留证之同时,感到自己将会变成美国的少数民族,于是遂加强与“十亿人”的认同——其在美国的具体表现则是与自己人这个小圈抱成一团,将所有外人都当作“匪夷所思”的对象。

如果我们把这些中国人的战后一代与其他各国的同代人比较,就会立即看出境界的高下。不论是西方还是第三世界的同一代年轻人,其政治化的过程,往往也是一个反叛的过程——他们不是反叛自己人社会的偏窄性,就是与上一代的保守性决裂,事实上多半是两者兼而有之。如果是西方人,那就更不用说,他们对本国社会或本身父母的反叛,都是以同情被本国欺压的弱小民族的方式表现出来的。如果是第三世界的留学生,除了反对本国的反动势力之外,还会在美国土地上高呼:“打倒美帝国主义!”很少顾到自身的安危,更不用说考虑到美国“安身”的机会了。然而,他们要打倒的只是美帝国主义,因此,并不排除他们与个别的美国“人”以及其他各国的“人”交朋友的可能性。

至于中国人,不论“民族主义者”与否,都无可避免地抱着“洋鬼子”与“洋大人”的双重心理。这是中国文化的“深层结构”使然,只要一天不跳出这个牢笼,就一天都没法避免这个现象。

在大陆,这种双重心理通常也表现为:在外人面前贬抑自己的同胞,给予外人上等人的特殊待遇,同时,又做出“敬鬼神而远之”的措施,在背后对自己人下指令:只能在这些人面前“做人”,而不应对他们付出真正的友谊。

大陆的电影一度也反映出同样的心态。“四人帮”时代以后制作的电影,似乎都以能邀请到几个外国人客串为荣。这些“临时演员”其实都是一些留学生(不少是与笔者同宿舍的)。这些人出现银幕,除了抬高整部电影的身价之外,还有下列两种具体的作用:第一,是用他(她)们来衬托一些高贵的场所;第二,在描写中国人的贪慕虚荣者或"阿飞"喜欢出入的场所时,也以这些外人做背景。

事实上,在今日的大陆,很多人都想去美国。尽管当局在宣传上一直试图抵消崇洋的歪风,但另一方面,却让一些高干送子女出国,不少干部亦以能陪伴外宾到处走动为荣。

至于台湾的双重心理,我们已在上面提过,此处无须再赘述。

(二)中国人的现实感

中国文化在结构上已经决定:它除了缺乏外求的意向之外,也同时缺乏超越的意向(二者其实是同一物)。

在中国文化里,现实的世界就是眼前的这个人的世界,个人得救的方式就是能够养活以及安置自己的这个"身",使个人不朽的方式也是用传宗接代来获得"身体化"的延续(也因而制造了世界上最庞大的人口),或者,用"立德、立言、立功"的方式使自己在"后世"中获得"心"的不朽。因此,中国人最高的宗教经验也是在人间世中保持人与人之间的"和合",而中国式的天国也只可能是人间世中的"太平"或"大同",也正因为这样,中国式的宗教行动就是"平天下"的政治行动,而中国式的僧侣集团也就是"政治挂帅"的士大夫阶层。

因此,中国式的"天理"也只可能是"二人"和合状态中衍生的"仁"。孟子曰:"仁,人心也"。于是,遂有"心即理"与"性即理"等命题("性"是"生"来自有之"心")。像这样的"天理",就不可能是超越于人间世之上并与之对抗的原理,而只可能是与人间世合而为一之物。

1. 天与人的"和合"

与世界上任何高级宗教都不同,中国人的"天"并不是超越世界之上的"上帝",而是"天地人"这个世界系统内在的组成因子之一。

至于这个连“天”也包括在内的世界系统,也不是由“上帝”去创造的。中国文化基本上缺乏“造物主”的观念,因此这个世界也不是“受造物”。这个连“天”也包括在内的世界体系,其实可以说是“造物主”与“受造物”两者混同的状态——它一般被称作“造物”或“造化”。

因此,世界上其他的高级宗教都认为“天”与“人”之间有一道不可逾越的鸿沟,“人”尽管可以向往超越界,但永远也不可以达到神的地位,唯有中国人的天道观主张“天人合一”。

而且,这种“天人合一”,又是将“天道”拉下来去符合“人道”的。中国人相信“天道远,人道迩”。最能代表中国人思想的孔子就说:“未能事人,焉能事鬼?”“未知生,焉知死?”亦即是把存在的意向完全集中在这个人间世上。毛泽东认为“人的因素第一”,也的确是十分中国本色的。

因此,中国人的“天道”其实就是“人道”,它是人间的理想化了的和谐关系的映照。亦即是说:人间如果能够保持和谐,就是符合“天道”,否则的话,就会令“天道”失常,因此,人有参天地化育之功。

至于如何一个“参”法,那就是用“存天理,灭人欲”的方式,泯灭个体“自我”的疆界,让自己的七情六欲都疏导入公式化的“二人”渠道中获得中和化的效果,以便能够永恒地维持“和合”状态。这个“你之中有我,我之中有你”的状态,其实也是太极之中“太阳中有少阴,太阴中有少阳”的本体论模式的一个表现。正如同天地之阴阳调和是为了化生万物一般,“二人”之间被渠道化的七情六欲也必须是为了养育以及延续“身体化”的存在——养双亲、养老婆、养孩子——服务。正所谓:“喜怒哀乐之未发,谓之中。发而皆中节,谓之和。中也者,天下之大本也。和也者,天下之达道也。致中和,天地位焉,万物育焉。”①

因此,中国式的“天理”就是人伦化的渠道,而每一个个体“知天命”的方式,就是在人伦秩序中轮流扮演“幼辈”与“长辈”的角色,并且在人间秩序中找到了自己的位置后,将它当作是天赋命运一般地予以安守。的确,中国文化为每一个人安排的命运就是“安身立命”。至于去执行这个命运的方式,就是由每

① 《礼记·中庸第三十一》。

一个“个体”将自己纳入“人伦”或“集体”的关系中，并且在其中尽量保持“和合性”。

自然，在社群中用“存天理，灭人欲”的方式去保持“和合性”，也就是要求每一个“个人”都抹掉自我，在渠道化的“二人”关系中，处处以对方为重地去“做人”。这样的“天理”，用传统的术语说，就是“克己复礼为仁”，用现代的术语说，就是“毫不利己，专门利人”。在家庭中，从小由父母教导的则是：“先有别人，后有自己。”

这个处处为了别人而活的生存意向，在涉及“大体”的情况中，也包括“成仁”——舍弃自己的生命成全“二人”关系中的对方——的设计。在传统时代，“成仁”是为了忠君。到了现代的“共和”时代，成全这一类的“大义”就变成了为集体事业的舍生。因此，“成仁”或“取义”用现代术语来说就变成“一不怕苦，二不怕死”。

这个纯粹为了人间的社群“献身”或“舍身”的情操，是传统士大夫或志士“安天下”意向的动力，在现代革命事业中也曾在广大群众中发挥过积极的作用——后者是由外来的马列主义激励而成。然而，除了由马列主义的动态意向将这种牺牲精神锤炼成一种唯意志的力量之外，总的来说，中国式的“存天理，灭人欲”只是为了“镇止民心，使少知寡欲而不乱”，因此终归未能导致日本式的集体强化，徒然造成每一个“个体”的大幅度弱化而已。

的确，在这个“天理”底下，被“灭”掉的正是每一个“个体”的生机——每一“个体”皆被当作是可以随意安装在任何一处的零件，而这个“天理”的逻辑是：反正，无论安装在哪里，都是替同样一条道路同样一个祖国服务。然而，在一生被别人安排，一己的才能、情趣无由发挥的情形下，整个生命力就被窒息，或者被浪费地散发掉。

纵使不是处在这个集体吃人的“天理”底下，中国人那个磨掉个性的、与人和合的、导向养育“身体化”存在的“天理”，也是对热爱生命、想让自己的生命力作多方面发挥的人的一面枷锁。

中国式的“天理”之唯一成就，似乎就是使几亿人共处在一个政治体中。

2. 士大夫——“政治挂帅”

既然中国文化要求每一个人都在“和合性”关系中去“安身立命”，因此，中国人的政治理想也必然要求达成这个目的，而这个政治理想就是历代统治阶层的意识形态的主要内容。

在传统时代，士大夫认为他们有义务去照顾天下苍生，使每一个老百姓都能够做到“安身立命”。事实上，他们对自己这个使命所用的比喻，往往是充满“身体化”意象的，例如“厝天下于衽席之上”“解民于倒悬”等等。

在最能代表士大夫意识的《孟子》一书中，有大半都是谈论如何“施仁政”的，而“仁政”的内容就是民生问题。《孟子》认为统治者只要做到使天下“皆有所养”，就可以“仁者无敌”。因此，中国式政治的枢纽就是一个“养”字。

自然，这只是一个理想，而且在大部分历史时期内，也只是一个使统治合法化的借口。然而，我们也不能否认：士大夫阶层中也有真诚信仰这个理想的人。他们中的有识之士意识到：如果不照顾民生，就会“民不聊生”；如果不“使老有所终，壮有所用，幼有所长，矜寡孤独废疾者皆有所养”，就会使“老弱转于沟壑，少壮铤而走险”；换言之，就会导致民变，造成“天下大乱”的局面。

因此，这个政治理想，除了要求使普天之下皆能“安身”之外，自然也同时着眼于促成“和合性”的人间关系——这两者是相辅相成的。于是，中国式的政治除了一个“养”字诀之外，还有一个“教”字诀。历来的中国政府都有“掌教化”的功能。在这个意义上，政府常被比喻作父母，例如，在传统时代，皇帝被称作“君父”，地方官则被称作“父母官”，老百姓则被当作“子民”。中国人“他制他律的人格”，其实就是“儿童化”的人格。

今日的人民政府，事实上比历代任何政府都更全面地体现了这个政治理想。因为，它保证了十亿人都有饭吃，都有工作做，矜、寡、孤、独、废疾者也都有福利制度的照顾。此外，它还要对人民施以“政治教育”。在80年代，基于这种“歪风”的存在，邓小平还说要“对青年人加强教育”之必要。

因此，孙中山的“民生主义就是共产主义”一语，比任何洋定义都更能说明中国式“共产主义”的本质。蒋介石曾将孙中山的“民生主义”的内容简化为四字诀：“保、卫、教、养”。

“教”与“养”是什么,在上面已经论及;至于“保”与“卫”,就是国防与治安,也包含有“保持安定团结”的内容。在现代世局中,欲完成“保、卫、教、养”的任务,政府也必须去着手“四个现代化”一类的计划。

“文化大革命”,可以说是真正要革文化“深层结构”的命,因为它想将不断斗争常轨化,来代替“和合性”,使人人不得“安身”。“文革”中唯一被强化的是“政治教育”——而其内容也是“千万不要忘记阶级斗争”。结果,遂导致了“天下大乱”。当然孙悟空未能翻出如来佛的手掌,因此又终于促成后来对“安定团结”强调的局面。

至于“致天下于大治”,其实是传统士大夫的理想。传统士大夫为了“厝天下于衽席之上”,往往有“先天下之忧而忧,后天下之乐而乐”的抱负。因此,在中国这个没有超越与来世因素的文化中,可以说唯有士大夫有一点儿超越的意向。至于他们超越的对象,却并不是这个世界,而是各人自扫门前雪式的“安身”之举。他们的理想毋宁是“安天下”或“平天下”,有时为了这个目的而采取抗争的态度(为了“团结”而做的“斗争”,在中国文化中是合法的),即使危及自“身”也在所不惜。

如果我们把现代以前任何掌握真理与超越因素的阶层都广义地定义为“僧侣集团”,那么,中国的士大夫也可以算是一个“僧侣集团”,只不过中国文化中没有“超越”与“来世”的因素,因此他们的宗教行为就化为政治行动。这也是中国式的“政教混同体”的本质使然。

士大夫的政治行动,其实就是将日常生活的人伦关系做更高一层次的提升。可以这么说:老百姓只有人伦关系,因此只顾“家”,士大夫除了“齐家”之外,还必须“治国”与“平天下”。显然地,中国人的治理国家,其实就是家族行为的延长,因此遂称呼这个扩大了的“家”为“国家”。这两者都是在人间世中展现的。

传统知识阶层的这种“政治挂帅”倾向,到了现代的中国知识分子身上,就变成了为“救国”或“革命”献身的使命感。中国知识分子的这种“政治挂帅”倾向,对推动现代的建国运动有很大的帮助。反观印度迟缓不进的局面,可能也与传统文化及其僧侣集团完全出世性有关。

然而,中国知识阶层的“政治挂帅”倾向,却是一种内容单调的超越方式。因为,它使这个阶层中人大部分都热衷于政治,连文艺、思想等活动也被降格为政治的附属品。

除了不利于多方面的精神活动之发展,中国知识阶层的这种政治化的倾向,即使在最理想的情况下,也顶多只能达至具有“亲民”基础的集权主义。

因此,这个文化倾向的最后一次有利的运用,应该就是建国运动。至80年代,这个倾向可以说是已经发挥到了尽头。因为“民主运动”志在多元化,其搞法是不同于“统一运动”的。因此,任何新旧僧侣集团都迟早要让位给多元的现代专业主义与现代职业团体,而一个健全的现代社会也是应该有不受政治干扰的多面性精神发展的。

3. 老百姓——没有超越,也没有拯救

如上所述,中国文化的现世取向,使人把生存的意向集中在这个世俗中,不像世界上其他的高级宗教那般,具有“超越”与“拯救”的因素,因此,说中国文化是一个“没有超越,也没有拯救”的文化,也不为过。

上面说过,中国的知识阶层有一点儿局限的超越倾向,那就是“救天下”或“救国”的观念。然而,即使是这个阶层,也只是一小部分人才有“以天下为己任”的胸怀。对大多数人来说,则是“学而优则仕”,说穿了仍然是为了在这个世俗中“安身”。这个阶层中比较飘逸一点儿的人士,还具有道家的退隐思想,而这种倾向,拆穿了也可能只是宦海失意的官僚的“全身”之术。

中国士大夫的这个阴与阳的两面,甚至在他们祖师爷——孔子身上也可以找到。孔子说:“道不行,乘桴浮于海。”是其退隐的一面。至于“学而优则仕”的一面,则表现为:“君子谋道不谋食。耕也,馁在其中矣;学也,禄在其中矣。”[①]因此,所谓“谋道不谋食”,其实就是如孟子所说,使“治于人者食人,治人者食于人”。事实上,历代的知识分子除了一小部分是理想主义者之外,大部分是做官迷,而做官的人中也多半是“禄蠹”。

① 《论语·卫灵公第十五》。

如果连士大夫亦如是，那么老百姓只有“福、禄、寿”思想也就不足为奇了，而这三者都只是在这个世俗中的“拯救”。“寿”就是在这个世界中的长生，因此完全是一种“身体化”的理想；“禄”就是享尽富贵荣华；至于“福”则是享受天伦之乐，尤其在颐养天年时享受儿女的照顾，更可以说是“有福气”。这种完全在这个世俗中获“拯救”的方式，使中国人成为了世界上最“形而下”的民族。

这种现实感甚至还反映在老百姓的宗教活动中。在民间宗教里，不只是将福、禄、寿都变成为神祇，而且还有拜财神与送子娘娘之举。甚至拜一般的菩萨，也都是为了消灾祈福。一位也是佛教徒的日本教授，曾到过中国各地的庙宇参观，事后说：“与我们日本的宗教比较，中国人太现实了。”在今日国内的庙宇中，宗教活动已经大大减弱，多留下一个景致供人参观，但是仍然可以看出其“形而下”的倾向。

中国人的这种现实感，往往使他们只着眼于在世俗中获“拯救”这个现实的考虑，体现于在他们的生活意向中，就倾向于排除无关这个宏旨的其他一切事物。

当时在大陆，笔者发现一个倾向：因为“锁国”日久，许多人对外界有很大的好奇心，碰到从外界来的人都会问长问短，然而，十个之中有九个都只是关心外面的物质生活，例如：你个人收入如何？当了教授收入又如何？生活指数，一般生活条件，等等。既然所有外国人都被问及这些问题，因此他们将之视为中国人的习惯。

一位从事中国研究、喜欢结交中国人的挪威女士告诉我：她认识的一个中国家庭，从大陆移民到美国之后，长期以来注目的只是买房子，购车子，搞物质生活，从来也不去参加在国内时不能参加的活动，也从不去阅读在国内未有机会接触的书籍。这个家庭也算是职业阶层出身，因此令她很惊异。其实，这只是两个不同文化的“深层结构”之间的不理解。该位女士是路德教背景出身，因此对“拯救”的定义是个体“灵魂”的扩张，亦即是使个人趋于完善。至于中国人的“拯救”方式，则是在这个世俗中“安身”。

事实上，由港台去美国留学的高级知识分子，他们所注目的也不过如此。一般来说，是想在美国“安身”。在美国的年轻人中，已经有许多人感到精神苦闷，因此厌弃物质生活，热衷于东方的神秘宗教，或者从事反对“建制”的政治活动。然而，这些同一代的中国人却只着重在美国买屋置产，搞居留证，也没有什么“异化”感。的确，在一个“虚其心，实其腹”的文化中，是谈不上“异化”这类高级事物的。

在中国这个没有个体“灵魂”观念的文化中，个人所着眼的只是在社群照顾下之“安身”与“安心”，而且，不论是“身”或“心”，都希望能够找到最好的寄托。因此，最为皆大欢喜的安排莫如“安身美国”与“心怀祖国”同时进行。中国人对世界是采取适应态度的，他们认为阴与阳也是应该互相调和的，自然不会让自己出现内心冲突——一切都是“心安理得”“心身愉快”，毫无“异化”可言。

因此，中国人基本上没有西方存在主义者所说的那种“异化”问题。现在让我们看看：中国人有否马克思从“异化劳动”的角度所剖析的“异化”状态？

说及异化的劳动，这确实是今日西方人普遍出现的现象。大部分人的感受也不一定是理性的认为：自己的劳动成果与自己分离，而且被掉转头来对付自己。他们的感受毋庸说是一种局限感与无聊感，认为：“人”的价值与潜能是多方面的，如今却只能将人生最好的一段时光浪费在单调和刻板的工作上。在美国，笔者就看到这样的情形：人在早上返工之前先用大麻将自己麻醉，来抗拒这种无聊感，否则就根本不能去上班。

现在的问题是：大部分中国人有否这种对“人”之价值的看法？有否这样的无聊感？异化的劳动在中国人之间自然也大量存在，不过却似乎是一个可以用物质去解决的问题。因此，似乎很讽刺地，这类问题在“社会主义”的大陆就多于资本主义的香港。

在当时大陆，不论个人才干如何，开始工作时一律三十多元，然后可以坐在那里，眼光光地等待退休时将会达到的工资——也是一律的八十多元。因此，在不少单位，人是每日必到的，但是平均工作时间是两个多小时，其余的由阅报和聊天所打发。

相形之下，不少香港人朝九晚五之余，晚上还去进修有助于将来升迁的课程。这种精神也确实可佩。因为，为了“安身竞赛”，可以将人的青春阶段的情欲整个地压抑掉，也可以把与“安身”无关的文化或精神活动整个地排除掉。而且，绝少笔者在美国所看到的那种不满足、不稳定、烦躁、埋怨或牢骚。的确，中国人的“个体”是一个“身”，不是一个“灵魂”。对一个“身”来说，所谓“异化劳动”是容易解决得多的。一些所谓“新儒家”尝试将华人社会的资本主义发展与儒家伦理扯上关系，其实这个发展该归功于没有“异化”感的“身体化”存在。

中国人的现实倾向可以说在资本主义的香港获得史无前例的全面展现。的确，说香港人从事的是一种“安身竞赛”，也不为过。一个人从青少年时期开始，就变得很现实，只想到“搵食”，置家，有办法就买楼，送子女出国。他们“睇低人”或“睇高人”，都是以这些项目为标准。因此，钱赚得多的就会感到比别人更“威”，能买楼的就可以“睇低”不能买楼的，自然，不能送子女出国的就怕被能送子女出国的“睇低”，只能送一个子女出国的也会在能同时送所有子女出国的人面前感到自卑。在香港这个中国人社会中，“人言可畏”仍然在发挥全面作用，不过不像大陆那般只偏重道德方面，而是偏向于用“安身竞赛”作为标准。因此，香港人对别人的好奇心，也往往只限于对方如何“安身”法。笔者在加拿大碰到一些香港移民，都是只搭讪一次的陌生人，但与其交谈却迹近被盘问，而且总不离下列数项：“你成家了没有？”“你拿到了永久居留证没有？”“你收入多少？”

从中国人的男女关系中，也可以看出这种现实感。一般来说，男女关系可以是只为了婚嫁，也可以是纯粹浪漫的，自然也可以是两者的混合。在世界各地，如果双方论及婚嫁，除了两情相悦，都会或多或少考虑到“安身”与“安心”的因素，问题只在一个比重。一般来说，中国文化对“安身”与“安心”的强调是压倒性的，并且还以“非性化”的方式将人的青春阶段铲除掉，因此，浪漫倾向的男女关系就较少出现。

纯粹为了“安身”与“安心”考虑的男女关系，总是在先确定了它的人伦性导向，才肯进入关系的，而不是在进入了关系以后发挥一己的主观能动性去左右它的去向——后一种情形，必须有点儿“个性”才能做到。

在早些时候，笔者还听到一些港台的女性说：西方妇女都是娼妓，言下之意，似乎是因为后者在婚前已经与男性搞性关系，而且往往不限于一人。笔者在美国时，却听到一些当地的妇女解放分子说：她们是自己身体的主人，而任何以一己之“身”去换取“安身”的行径才是娼妓行为，这种行为本身就是一种交易，因此，即使只与一人在合法的形式下进行，也无改其本质！

凭笔者有限的接触经验，在作为社会主流的“正经”的女性这个阶层中，在比较“人情化”的大陆与台湾，能出现浪漫倾向（亦即是纯情）的频率，就高于“身体化”的香港。香港女性中更常出现“妈妈的乖女儿”型的女性，甚至搞到连体形上都如此。其实，她们之“半开窍”与儿童化，往往只是一种摆出来的姿势，乃在社会观众面前有利可图的“无知”与“纯洁”。一位香港女明星，在被记者问及会否去拍裸体的写真集时，回答说永不可能，因为“将来是要嫁人的”！

不过，在“文革”以后的大陆，即使在浓厚的人情味气氛之中，男女婚嫁却有沦于买卖式的倾向，那就是讲究“门当户对”，并且要求男方在婚礼之时已备齐整套家具以及电风扇、电视机等事物。甚至连国内人士也称这种婚嫁为“一张价目表”。这确是很大的讽刺。因为，当时社会往往拆散青少年男女纯真的交往，阻止他们健康的性爱行为，最后使“个人”只有在别人安排的不理想条件下结婚，而且还认为：只有如此，才能保障一个“人”的“人伦性”与道德性，然而，到头来这却只是一种婚姻市场的交易，并且，还往往出现骗婚的事例，彻头彻尾地暴露了整个中国社会与文化的伪善性。

在今日的香港，像内地的那种赤裸金钱交易似乎已经少见，婚姻市场交易的形式多半是：看对方有否足以令自己“安身”的事业基础，以及是不是能令自己“安心”的“好人”。

中国人的这种现实感，也反映在对政治的冷感之上。自古以来，中国式的“政治”都是由上而下的，老百姓总是感到“天高皇帝远”——“帝力于我何有哉？”

这种情形，与日本这个自认为是“神国”的民族不同。日本虽然也没有民主传统，然而，自上而下，从武士到庶民都有报“国恩”的观念。因此，在面对现代世局时，举国上下就以一个军事阵仗一般的姿势出现。

然而，中国这个“天下”，却是没有边际的，社会上如汪洋大海一般的农村小生产者就像一盘散沙——这样的“天下”必须由一个政治机器去将它组织起来，甚至由异族入主也无所谓。老百姓冀求的只是“有一口饭吃”。到了不能“安身”的“天下大乱”时代，他们也会被卷入政治，然而其作用只是像自然灾难一般，冲走了原先存在的政治架构，再重新建立一个一模一样的架构，压在他们的头上。

因此，在进入了现代之后，中国的反应远不如日本之快。中国人的反应，起初只限于浮在社会表面之上的士大夫阶层。当这个阶层反应失败以后，“救国”的任务就落在继承“政治挂帅”传统的新知识阶层身上。现代的政治运动，多半是由城市中的这个新阶层在起着领导作用。至于其他的市民阶层——例如资产阶级——力量就很微弱，也不能起政治的领导作用，因此就注定了中国不能走上市民社会的道路，而终于导致了对传统的“政教混同体”形式的重建。

然而，现代中国的革命，是起源于城市，完成于农村的。至于广大的农民之被卷入政治，则源自30年代的内战，完成于抗日战争。其被卷入的原因，一方面是由于在“天下大乱”的情形中不能“安身”。这种基于“民生”的政治立场，即反映在中共于30年代推动的“土地革命”以及40年代的“土改”纲领之中。另一方面，是由于日本人的入侵，使广大的老百姓出现了“国家”的觉醒，遂终于使中国完成了从“天下”到“国家”的过渡。

因此，从30年代的“土地革命”，经由抗战与其后的国共战争，一直到1949年建国后，中国确也出现过如日本从明治时代开始一般的国力凝聚过程。尤其在50年代，共产党威信之高，使全国的老百姓都服从于一个强大的中央。因此，举国上下也曾一度出现如军事阵仗一般的局面。

然而，这股上升的国势，不久就被从“反右”到“文革”的一连串政治运动冲散。似乎是很矛盾地，这种状况恰与片面加强老百姓空洞的政治化有密切关系。

以毛泽东为首的一部分共产党人，并不只是志在“建国”，而是想走得比“建国”任务更远。他们意识到：中国老百姓对一个威信很高的中央的“听话”态度，也不是真正的政治化。因此，就想用一连串的政治运动，来使政治参与成为国民生活的常轨。这无异是想革文化“深层结构”的命。到了“文革”期间，这种“矫枉必须过正”的做法，甚至完全走到了中国人现实感的反面——它可以完全否定眼前的现实，要求全国人民朝一个空想的未来目标跃进。

然而,这种超越的目标,仍然是预期在历史之中发生的,因此可以说仍然符合了中国人的现世精神。可以这么说:这是领导者希望老百姓也沾上“政治挂帅”习性的尝试。但是,“文革”也未能革除老百姓“听话”的习性——即使是“造反”行为,“文革”的发动者也要求老百姓只听“伟大的导师”的话。至于“不听话”的人,很快地就遭到排斥。

不过,从传统的老百姓角度去看问题,这却是一种对各人自扫门前雪式的现实主义的全面否定。这种完全超越的态度,可以说是中国老百姓完全现实的态度的全面颠倒。在政治局面上,也造成中国式的“天下大治”的全面颠倒,亦即是导致“天下大乱”的局面。

然而,即使在这个不食人间烟火倾向仍然占上风的“文革”早期,领导层中反对“文革”者已经祭起所谓“经济主义妖风”——亦即是用诉诸“民生”的方式去抵制它。到了老百姓“久乱思治”的心理明朗化以后,“物质刺激”与“现代化”思想,遂终于成为主流。

在今日,这个乘着“人心思治”的浪潮而掌权的新当权派,希望用“保持安定团结”的方式,去重温建国初期上下一心的局面。然而,这股气势在今日已不复存在。在今日的大陆,社会上普遍地弥漫着政治的冷感症,而广大的老百姓又回复到各人自扫门前雪的局面。

当笔者在大陆时,大陆人士因为笔者常谈论中国政治而感到惊异。他们说:“你们海外的中国人,似乎比我们更关心国内的政治。我们对政治已经受够了。这个国家的事,我们不感兴趣,也管不了。”事实上,许多人不管有没有办法,都存“去国”之心。

在只有老百姓小传统的香港,政治的冷感症则更加可以说是一贯的常态。如果中国历代的社会是一片小生产者的汪洋大海,香港则可以说是一片小商业者的汪洋大海,两者所反映的都是各人自扫门前雪的“民生主义”,而且,两者所表现的心态也都是:只要“有一口饭吃”,也不用管它是否由异族入主。

在70年代以前,香港人对政治,岂止是冷感,简直是畏如蛇蝎。任何人只要沾上“政治”的边,也不用问他是“左”是“右”,都会背上“搞政治”的恶名。既然“政治”从来都不是老百姓的事,而中国人又怕出头,这种情形自然可以理解。

到了70年代，众所周知，香港也出现了爱国运动。这是受了中国本土的文化大传统影响的结果。因此，在政治行为上，也出现了中国式政治行为的复活。不过，它最终仍然演变为一种与本地事务无关的“心”的寄托。至于近来出现的社会行动与压力团体的现象，则是西式政治行为的表现。

不过，总的来说，香港社会仍然是一个中国人社会。广大的市民只要“有一口饭吃”，就不会像美国人一般，为了“人格平等”而向英国人闹革命。现实的态度只可能是各人自扫门前雪的态度，而任何不能超越现实利益的考虑，都不可能是目光长远的考虑。

4. 中国人之现实与不现实

不偏向形而上世界、为腹不为目的中国人无疑是世界上最“现实”的人类。问题在于：“现实”这个概念也蕴藏有反讽。人的经济活动该是最“现实”的，尤其是现代资本主义惊人的生产力，乃人类理性组织能力控制环境的具体表现，但从长远的“现实”考虑，征服自然造成的生态破坏，却是十分非理性地饮鸩止渴。

从这个比喻出发，中国人的“现实”，在某些方面也可以是“逃避现实”。中国人“身体化”的生活意向与“人情化”的社会关系，令个体在其中获得“安身”与“安心”，使幼有所养、壮有所用、老有所终——这样踏实的人生，完全可以印证心理人类学家许烺光提出的 homeostasis 之概念（中文译作“仁”）。处于这个状态里，中国人一般比西方人少出现不安感、焦躁感，以及缺乏归属感。他对环境并不采取对立的态度，而是由内到外的一片连续延伸感。人处于此状态，是不会树立明确的“自我”疆界的，与环境相左时，也会尽量减低张力，迂回地躲过焦虑感。因此，在面临世界时总会去找寻温暖的包藏体，少有由个人去面对“旷野”——后者毋宁是西方（尤其美国）常出现的文化母题。

从人之成长角度看，在西方，强调的是这个过程中的断裂，从一个阶段进到另一个阶段，清清楚楚，也干干脆脆。此一倾向在新大陆被发扬至极峰，断裂变成了一种惯性，造成脱离父母之家庭以后的人际关系，也以分离作为常态。于是，人归根到底就必须面对自己，自己这一生之开展形态，都得由一己去负责，成长时如是，成人之后如是，面对老年与死亡时也不得不如是。

在美国，由儿童到成人的转折点——青少年期——是一个危机，自杀率特别高，用参加邪教的方式去做心理枕垫者亦颇众。由青春至衰老的过渡——中年期——则易出现“中年危机”，其表现形式之一是婚姻的破裂。老年则更是危机重重，甚至有人去上课学习如何面对死亡。美国也势必成为“心理治疗”的文化！个人“自主”的代价何其大哉！

相形之下，中国人的成长，可以用父母做枕垫，成人之后用社会关系做枕垫，老年则用子女做枕垫。生命转折之危机不能说没有，但没有像美国那般成为泛文化性的母题。然则，中国人付出的代价是什么？

简言之：中国人的代价，是将原本可以全面盛开的青春阶段这一个高峰铲低甚至平均，去填补老年时势将面临的深堑；用“别人”做自己“枕垫”的结果，亦可能导致对一己生命之主权的让渡。

由儿童至成人的过渡——青春期——用家庭做枕垫的结果，乃儿童阶段的过分延长，“性”在心理与体形双方面呈半开展状态，尝试人生的浪漫冲动相对微弱。人，热情毫无，却急着要确定人伦关系，以保安全，也替祖宗去完成“身体化”的不朽。这或者是较为本土化的一面，即使目前现代式的性开放，并未改变个人缺乏雄健性的事实。

在“成人”关系中，将别人枕垫化的效果是：倾向将成人的世界当作温馨的童年的延伸，夫妻关系趋向母子化或父女化。总的效果则是整个文化媒体中平面型关系渠道的减缩，以及垂直型权威形态的扩大，于是连统治者都可以投射成“父亲”，祖国则投射成“母亲”。不论在文化空间还是心理空间，为民主、自决、人格平等留下的空余皆相对缩小。

中国人面临老年与死亡，则用别人的青春做枕垫。在这里，中国文化确比西方得分多。中国的老人，多显得慈祥与温馨，不像美国之老人变成干瘪之怪物。至于中国人有否存在主义式地面对死亡，则颇值得探究。一位研究汉文学的美国人，对中国人之“孝”做出令人意想不到的评论：“中国人设立‘孝’这回事，是用来从根本上否认‘死亡’这回事的！”

从“生殖器主导”的美国人格的角度看问题，青春是只为青春所吸引，青春如佯装为老年所吸引,那么这个老年其实是在佯装青春,亦即是闭眼不见自己已接近死亡这回事。青春怕沾上死亡,也只有远离它。每一个人都必得轮流面对一己之青春与老死,不能去牵扯别人。

每当我对中国听众客观地对比两种人生的收支平衡,其反应都是中国式的,即绝少上升至原则性的高度,总是从切"身"利益出发:"你提倡不敬老,到你自己老了怎么办?"

在这类有利可图的"善良"背后,透露出的焦虑感,显示了将老年的安全看得比青春之冲刺更重要的心理。也可以看出:中国人少有从个体存在的角度去面对一己之消逝——不是去看有多少由自己制造的人口之"心"还在对着自己,而是无憾地重温自己一生独特的经历与成就。

上述涉及老年安全的焦虑,与中国人用以维系很强的"伦理性"的焦虑很近似。中国人看到同胞有不结婚不生孩子的,就要出面干涉,要把你的人生搞到跟他的一样。否则他代入你的位置,设"身"处地地使自己变成你,就会产生恐惧——是他的,不是你的恐惧。

然则,中国人对人生其他的"现实",又是一个如何面对法?

中国文学中少有人的"性之觉醒"(sexual awakening)的主题。在现实生活中不是没有,但如含混过去的话,就不会成为泛文化性的母题。中国人父母对子女的性萌芽,必须对其施以教育面临的焦虑,恒以佯装不知道即以当它没有发生的方式迂回过去。于是,对成了年的子女,也恒用讲"吃"讲"穿"的照顾,来顾左右而言他。甚至到了70年代,在香港那么现代化的地方,也还出现如此怪事:中学女生,不知道有月经这回事,结果第一次来潮时是在马路公共场所,唯有佯装是绞肠痧蹲着不肯起来,或者是拼命塞报纸。

中国人所面对的世界,有很大一部分是父母的延续或延伸。这或可以说明他们善于互相帮助、彼此信赖的行为。中国人纵使再劳碌,在心理底层总会渴望回归到一种无忧无虑的"桃源"状态去,宁愿让别人控制一切。他们将父母理想化,也是这个渴望的世界的一个心理倒影。"现实"是文化的产品。美国人生之强调断裂,每一人力求控制自己的一切,对别人不信托,对近身关系则易出现被害妄想,由此缔造而成的"现实"也有一点儿荒原化。

至于中国人温馨化的现实,有很大一部分是建立在对别人信托之上的,因此自己也有一大部分是交出去,亦即是由别人施以控制的。有时候,这种安排并不利于一己权益的维护。西方人对拒绝别人的要求,并不会衍生多少焦虑感,中国人则易产生无可克服的焦虑,为了回避这种焦虑,常导致口是心非。既不想应允对方,又无法由自己去面对情况,就会希冀对方不提出这个要求。对方如不觉察,自己口上不会说,心底里却会把以为已经回避掉的焦虑向内折射而成愤恚。因此,本来是必须由自己去面对的一件事,却凭空地为对方制造了揣摩自己心意而生的焦虑,并把事情进行得不如意的责任也转嫁到了对方身上。

面临必须由自己去面对的现实,中国人往往会像维修的公路一般出现大迂回,而这个改道也总会百发百中地导引到了别人身上。这个"别人"有时甚且不限于当事的对方,也包括不相干的第三者。例如,有人借了自己的东西忘记归还,最合理的处理应当是向他直接讨,但这行动在中国人身上常会触发不能面对的焦虑,结果除了在心底怨怼对方不自觉外,还会向不相干的人诉说该人的不是。

如此去面对"现实",易无事生事,小事化大。在温馨化的中国现实里,个人难于克服理想化了的自我形象——大方、无私、不争、清高等等。因此,本来是很简单地去拒绝别人的要求,或由自己一方主动地去终止一种关系,都会衍生难于克服的焦虑,多半是做不出来,但一旦非去做不可,为了心理平衡,会倾向于把责任推到别人身上,先去无中生有地为对方罗织十大罪状,才能下手。

在中国人的"现实"里,比较不容易觉察到个人的推让、不计较、在钱财方面含混其词,其实有可能是逃避由自己面对事情的责任。过分理想化的自我形象也是一种障眼,令人看不见一己之大方、慷慨、乐于助人,即使不在乎对方实质的回报,有时也可以是一种控制别人对己好感的欲望。

一位与香港人结婚的瑞典女士说:有一次与她先生、先生之弟弟和弟媳去佛罗里达旅行,沿途要决定下一站去哪里,但先生之弟弟与弟媳却总表示没有意见,事实上是把做决定的责任推给她。然而,碰到不好玩的地方却又埋怨她。

中国人缔造的"现实"媒体,往往是一种幻觉,而且是一种"万能的幻觉"。

人明明有欲望,却希冀由别人去满足自己的欲望,自己这一方则尽量设立“不在现场”的证据。己方既然没有主动地去控制环境,一旦这个环境没有自动地调整得合乎自己心意,又会倒过头来怪罪这个环境。从人格发展的角度看,这有点儿近似初生婴儿的“自恋狂”状态,亦即是用“无为而无不为”的被动来操作环境。这并不是说在实质上回到初生婴儿状态,而是指当一种文化行为把一个人主宰环境的力量弱化,在某些场合,人就会出现朝人生早期阶段逆退的愿望。

在中国人自诩为“不争”的地方,西方心理学家却看到了“宠坏”的人格。50 年代美国对中国人性格的研究,指出中国人有将男女关系母子化的倾向,中国男性在面临成人之“性”任务时衍生的焦虑感,对此而做出的心理防御,就是朝人生历程“口腔期”方向逆退的愿望。在此心理状态底下产生的性幻想,就是希望免去由自己去进行满足一己欲望的全部操作过程,而由理想化了的女性主动地来满足自己的一切欲望。60 年代以前港台的小说——尤其是武侠小说——中的主流人物,多半是这类角色。它们歌颂的是表面上好像超然、寡欲、不动心,实质上是有多婚性的欲求而又希冀不用自己操劳去满足欲望的“自恋狂”人格。

把这个理想化的投射倒放回现实的泥地上去,则会是下列的一些可能性的扩散:感情往回收,基本上缺乏热情,却希冀凭忧郁的气质、被动的姿势,打动女方母性的怜悯,促使她采取主动。既由对方掌握决策,自己是被动地“卷入”,因此并不需要对此种关系负责——这里也不一定指己方可以随时变换对象,也可以是指陷在一个关系里,却又让自己的感情保持很遥远的状态。或者,在只是满足社会要求的婚姻中,男方可以“不在现场”,但期待女方像伟大的、无私的妈妈一般承担一切。

60 年代以后,这类人物只是在港台文艺作品里不成为主流;在大陆文艺中,“文革”以后反倒大量出现。因此,在现实生活中又有多少?事实上,中国文化到了民国时代,在反掉了父权之同时,却涌现前所未见之母亲崇拜,到了将祖国与共产党都当作“妈妈”,可能仍未算是达到顶峰。80 年代晚期的香港电影,将母性的牺牲做不切实际的——其实是病态的——理想化,与性以及暴力出现在同一部电影中,共同成为盈利配方中的要素。这种“雷锋式”妈妈的理想化投射,亦即是自己这一方可以“不在现场”而又满足一切欲望的倒影。这或许是与人生早期阶段断裂不彻底的中国人格,在消费社会冲击底下的转型。

某些台湾的心理学研究指出:60年代以后,中国人对“缘”与“命”的信念已较前淡薄。在现代化的社会中,个人的趋向自立,或有其必然性。不过,这个表层的现象,有否从基本上改变中国人面对“现实”的态度?在香港、台湾以及北美的华人社区中,对风水、鬼神、相术的信仰是一直未衰的,近年来又流行起奇门遁甲一类事物。这类信仰的伦理性都很低。例如,一个人有外遇,导致家庭变故,却可以凭相士之“望气”,将“流年不利”,归咎到过去一段期间衣服颜色穿得不对之上。或明明是必须由个人承担自己行动后果的事,却可以凭在室内某方位挂一面镜、挂一支箫去禳祛之。中国文化没有一位超越的人格神,也不偏向形而上世界,却不等于说理性精神就会很发达。在“个人”逃遁了的情形下,个体的理智与必须由个人面对上帝、承担自己一切决定后果的高级宗教,乃双双不发达。

中国人与客观世界之间不能出现紧张,稍有失调,就衍生无可克服的焦虑,而结果总是用逃避的方式去面对。纵使在海外长大的华侨,也有已经与配偶分手而遇见熟人时只字不提的。美国妇女中有曾遭强奸而事后考虑是否要公之于世者,但华人则是在该否公布与配偶分手这类事上伤脑筋。问题是:曾否遭强奸,当事人不说是没有人知道的,说出来则是为了有勇气去面对已发生在自己人生中的现实,因为暗藏的伤口会流脓;配偶已经不在却是大家有目共睹之事,当事者何必做鸵鸟,不敢去揭开人生新的一页?

西方人家庭中如有酗酒、精神病、虐待儿童、乱伦等事,因“家丑不可外扬”而捂盖子的倾向,就远比中国人少。海外的华侨家庭中如发生这类事,即使对在西方社会里已经有帮助解决这类问题的机构,也较少问津。这个毛病,无以名之,唯有用垃圾堆在家里,不去倒掉,让它臭遍全屋,终至于使整个社会的人文生态恶化,以作比喻。

中国人如在熟人间碰到钱财交涉之事,表面上总含混其词,不预先说明,结果多有以君子始而小人终者。如此去理解现实世界,其实是将所谓“清高”予以解构(deconstructed)。但处于中国文化行为的媒体中,就是看不出这重反讽,因此这个媒体中的理性精神也不会发达到哪里去。同样道理,对家中有虐待儿童、乱伦之事捂盖子的话,就是在欠缺立场(也是欠缺思考)的情形下去保卫加害者,而不是受害者这一方。中国人很少产生原则性强、理论观点明确的保守主义者,但却存在广泛的欠缺立场(by default)的保守派,其心理或是为了尽量与环境之间不要出现紧张,但终于导致人道主义的不发达。

5. 反省与批判官能的麻木

中国人对自己的文化、社会、个体状态的问题,其复杂性、暧昧性、局限性及其对历史性变迁的掌握与敏感度,远远不及西方人与日本人。

美国对自身的人格是"生殖器主导"的,对父亲的反抗是俄狄浦斯式的,对母亲的疏远则是由于害怕丧失雄健性,但其实这种"反叛"仍然是青少年式的,而不是"成人"的。美国文化过分偏重青少年阶段的倾向,文化系统中充满生殖器的象征符号,等等,都说得出一个道理。美国知识分子对社会心理的历史变迁——由清教徒的禁欲主义,到边疆文化塑造成的面对旷野的精神,到工业革命时代的强调工作伦理与竞争,到大众社会底下的"他人导向"人格,到如今消费文化底下的"自恋狂"人格,等等——都有很不含糊的论证。

日本人对自己的分析由来已久,而且已经成了一种狂。近来"日本人论"之风靡,只是其一斑。

我们很少见到中国人对自身人格形态的分析,对自身特殊的代际关系、两性之间的情况对比,以及对中国人的"性"之诸般形态探讨,或者对社会上流行现象的大众心理学含义的反省,或者对中国人面对"死亡"的文化态度做出研究,或者对文化中是否具有"酒神型因素"(dionysian element)或"神魔因素"(demonic element)的知觉,或者对邪恶、生死、不朽、再生、成人仪式、天国、地狱等等象征符号的自觉运用。

中国人并不是没有社会批判与文化批判。但是,自古以来,对现行状态的批判都是采取"道德重整"的态度,亦即是"整顿歪风",对民众"加强教育",而其意向总是"古胜于今""厚古薄今""以古非今"。

"五四"时代或许是一个例外。该时正值两千多年的帝制瓦解,又加上西方文化的冲击,也正是这个不正常的时代,才会产生像鲁迅那样的人——他早期的文化批判就不限于针对社会的不正义,还在某一程度上触及文化的深层,而且,在个人对生死、邪恶问题的感受上,也具有相当深刻的透视。

然而,在“五四”时代以后,随着革命斗争的尖锐化以及马列主义的中国化,社会批判逐渐沦为政治斗争的武器,文化批判也被转化为意识形态的斗争。于是,新旧文化的对垒也变成政治军事集团对抗的一个功能。这一方面固然是批判落实到广大的现实层次,但在另一个意义上,也是反省与批判范围的狭窄化,并且,越来越变成一个公式,一种口头禅。

“五四”时代的批判国民性,深度已嫌不够。但到了30年代,中国人的问题却被说成是一个“封建性”的问题,亦即是说,乃全人类必经的阶段,在革命势力领导下,也是一个必然会被超越的阶段。于是,一切都可以寄托到历史女神手里,思想就可以放假!

中国经历了“文革”那样的浩劫,但并未有就这次事件衍生挖掘到人性深处的文学。

同样,已经有人指出:中国人对第二次世界大战中受日本人之屠戮的事后反应,其强烈度与犹太人对德国人所施予之浩劫的反应不可道里计。中国人一直对日本人反感,乃中土对岛夷鄙视的因素多于对伤痕的记取。海峡两岸尽管在争夺抗日之功劳,但到现在连一部像样的通俗中日战史都没有,不要说对整个日据时代各方面的详细研究了。当日本文部省修改历史教科书时,香港学生界也有反应。不过,日本占领香港之三年零八个月是怎么一回事,不用说陈列馆是一直付诸阙如,也不曾看见过一本简介的小册子。日本是侵略国,但对广岛的核爆,却反而有周期性的纪念!

中国人的历史意识不可谓不发达,但对待世界的态度,却似乎是避免紧张(tensions),趋向于与对立的外界和合。我曾经分析几部美国出版的中国史研究著作,从作者的叙事体(narrative)中看其如何编织(textualize)史事的情节,发现有三位史学家颇热衷于发挥史事中矛盾因素之间的紧张,并因此而令其叙事衍生戏剧效果;第四位则看到其研究对象身上的矛盾因素,但这些矛盾既不符合自己的论证,遂将其当作逻辑性的错误处理;最后的一位则认为对立的东西该予以“调和”。事后,又进一步发现:前三位是犹太人,无独有偶,后二位恰巧是居美的中国学者(一位是台湾来的,另一位是香港人)。

如果有人问:中国的“唯物史观”,不是以矛盾对立、阶级斗争去解释一切历史的吗?我想在这里指出:这其实是一种公式化的叙事,由官方颁定一种解释,标明历史上谁是“好人”,谁是“坏人”,令大家“安心”。这个“伪矛盾”其实已经由官方替大家解决,并没有真正的不确定、对立性的张力,大家的思想遂都可以放假!

中国文化的象征符号里,基本上缺乏二元对抗、邪恶与魔鬼的要素。中国文化独有的“邪恶”观念也只是阴阳失调,不能保持和合,失去稳定状态。然而,真正的文化批判者往往是以“魔”的形象出现的。希腊神话中偷天火的普罗米修斯就是与天庭对抗的角色,而《浮士德》中的魔鬼也是破坏了上帝创造的秩序——但是,正因为失去了平衡,才出现动态,并在变动以后达到了一个更高层次上的新平衡。中国文化的象征符号里唯一与它近似的角色只是《西游记》一书中的孙悟空。但是,他并不是魔鬼,也没有在一般人的文化意识中成为宇宙二元对抗中的反角(纵使是这样,毛泽东也借用此符号,而60年代台湾挑起中西文化论战的李敖也自比孙悟空)。

总的来说,中国文化里基本上缺乏“魔鬼”的因素。然而,真正的文化批判者,在甫现身之时,往往是——有时还是有意地——以“最大的不道德者”的面貌出现,也唯有这样,方能从事“一切价值的价值转移”(transvaluation of all values),亦即是将先前大家一致认为是道德的说成是不道德的,将先前被当作是不道德的转化成为最道德的。鲁迅在1908年将振兴中国文化的任务寄望于摩罗诗人,“摩罗”是印度神话中之天魔,鲁迅歌颂的却是英国浪漫主义时期的“撒旦派”诗人。然而,中国人的“拨乱反正”式的批判者,却总是以“最大的道德者”的身份出现。

中国人与环境之间的张力的散发,以及私人状态的不发达,是否导致强大的内省基地的难于确立?至少,它造成冷嘲(cynicism)与反讽(irony)意识的不发达。“冷嘲”并不一定全是好事。美国人普遍的冷嘲是建立在人际感情互不信赖的基础之上的,对近身的亲密关系,尤其容易衍生被害妄想。然而,这种与环境四面对立的紧张,却也磨锐了批判力之利刃。中国人却是可以连政府都当作爸爸妈妈,但一旦这个信赖幻灭之时,却又会转化为极度的冷嘲,但这种冷嘲只是天真的失望,不会形成深刻的批判能力。

“反讽”则是一种可以衍生批判力的意识,它是指能看到一个事态的弦外之音、一重意义背后的相反含义、一种立场的自我颠覆。中国的“正名”思想是完全排除反讽的。问题在于:中国人的宗教情操不是导向超越界,而是导向人间关系的,于是搞起“名分”的图腾崇拜,将它变成一种“名教”,令人间关系、社会名分完全将“人”吸纳,好像一个人不会有私人化的“自我”,或者不会有社会力控制不到的潜意识领域。中国人对“正名”的反抗,顶多是冷嘲,却难得有反讽。

一个加拿大学者到过中国,看了中国拍的抓外国特务的电影,其手法之幼稚,人物与情节之漫画化,令他一笑置之,但他的一些中国相识却煞有介事地说:“不要笑!这样的特务是真正有的!”其实,美国在30年前的情形也高明不到哪里去。50年代拍的《法律与秩序》,由朗诺·雷根演的警长是一部正义机器,连一点儿复杂的、暧昧的、反面的因素都没有。现代的观众,已经熟悉了银幕上与匪徒有共同之处的警长造型,再重温上述作品,也只有把它当作笑料看待。然而,时代的差异并不能完全解释中西的差异。即使今日海外的中国人,反讽的意识也不见得发达到哪里去。

战后的一些意大利导演,在意识形态上是左派,但也颇喜好世纪末的“颓废风”(decadence),就制作一些反法西斯主题的电影,在布景制作、艺术设计方面用法西斯时代来勾画出颓废风格。最近贝托鲁奇的《末代皇帝》,除了借清末的紫禁城之倾颓来浮现世纪末情调之外,更用30年代的伪满宫廷之装饰艺术(art deco)来令人联想起同时代的法西斯意大利。这种假借被自己否定了的事物来体现一己之渴望的做法,在这些导演来说,是充分自觉的,稍有水准的观众也看出其端倪。

80年代前期的一些大陆电影,也借反派角色与外国人去“代替”品尝一些中国人自身不能尝的禁果。在“文革”期间从银幕上都消失了的华贵场景、漂亮人物、欢歌燕舞,如今都用民国时代的国民党人去浮现。请外国人当临时演员,则除了抬高一部电影的身价之外,也用他们来衬托一些高贵的场所,“代入”中国人去跳自己想跳但被禁掉了的迪斯科;另一方面,在描写中国人的贪慕虚荣者或“阿飞”喜欢出入的场所时,也少不了这种洋演员做活布景。

这类动机其实太赤裸,连留学中国的西方大一学生都一眼看出,当作笑料,但中国的制片与观众却看不出自身的反讽,总是煞有介事地借此说教,明确地设定谁是“好人”,谁是“坏人”,而自己总是与“乖”的、“听话”的一方认同。事实上,是除了拿洋人“一开二”地来利用之外,还要自以为有道德(self-righteous)一番。

这个“一开二”式的利用,也落实到真实生活中。一位年轻的美国甲骨学者,曾在中国某地博物馆中做研究,有一天发现:一些中国朋友与相识都不与他说话了,原来当时正在进行“反精神污染”,所有人员将他当作瘟疫一般避开。但到了他临离开前,这阵风已经刮过去,馆中至少有两个女的主动提出与他结婚的要求,希望借此出国。

这类事件,反映出行动者的基础是反射性多于内省性。服从上级的指令,追随社会的大流,心中其实并不认真,但也没有强烈反对——换言之,是只保持与环境不要出现紧张关系——到了想满足一己欲望时,也是受情状摆布,顺流而下地表露出来。因此,不用说看不出事态的反讽,连前后的不连贯也浑然不觉。

个体如果一味地保持与环境和谐的话,那么,不变成“植物人”的话,也会成为变色龙。强大的内省基地的浮现,是由于主体与环境之间保持一定程度的紧张与对抗。

然则,日本人对自身的高度敏感又是从何而来?在这里我只能尝试探讨,希望将来有进一步的证实。作为一个国家,日本是经常地与外界比较的,而且总担心被别人比下去。当前大盛的“日本人论”,有一大部分是在探究自己是否特异,甚至是否不正常。这无疑是东方人“羞耻感文化”在整个国家层次上的表现。另一方面,日本的神道教之信念,认为日本是“神国”,必在天下万国中居首之“国运”,这近似以色列的“选民”观念,令某些“日本人论”者提出日本人与犹太人同源的说法。极度的不安全感与自大感之间,必然造成一种矛盾的张力,衍生对外界对己印象的过度敏感。

相对中国来说,日本也有一个更认真的集体主义文化。现代日本的前身是真正的封建主义,它落实中国儒教之尊卑、长幼、男女之等级差别比中国人更认真。中国则是一种混同与平均式的专制主义,个人处在大家族中,或国营工作单位中,既然拔不出来,也不用太认真;一方面让自己陷在不由选择的场合里,另一方面则用精神涣散的方法去对付,不需要投注强烈的情感,甚至情感可以很遥远,能做到阳奉阴违而仍心安理得乃上上乘。日本在封建时代则个人处于互相矛盾的社会角色要求下的故事特别多,这类死结无法解开时,个人往往走上自杀一途。传统中国也有忠孝不能两全一类的主题,只是从没有像在日本那般发达。德川时代的近松门左卫门,有"日本的莎士比亚"之称,其戏剧多不脱这类情节。

"个人"意识纵使再不发达、内省基地再微弱也好,在多种彼此矛盾的社会要求压下来的情形下,撤退到了最后必须由自己选择这一道防线,也势必会在主体与环境之间衍生一种无可克服的紧张。如果个人为了散发紧张,隔断通向这些矛盾的情感电源,不去认真地而只是在形式上去敷衍——经过这道心理防御手续,也会造成一种"自我"意识,那就是道家式的保身、养生、尽年之"身体化"的自我。

日本或者是更认真地实施了中国的儒教,并落实到社会的纪律与秩序方面。但在外来的儒教文化底下,仍然有一种离原始状态不远的本土文化层,例如神道教之自然崇拜、生殖器与性力的崇拜,如芬兰人一般对沐浴的享受,等等。日本在压得令人透不过气来的工作文化之外,还有一个精致程度为世所罕见的色情文化。因此,不论是工作还是发泄,守秩序还是放纵,都是发挥到极致。相形之下,中国人造成的局面,是公与私两败俱伤,是工作时想到游戏,游戏时想到工作;在任何情形下,情感似乎都"不在现场",连理应是性高潮的表现,情感的表现也可以"遥远得很"。注重"保身"的中国人对自己身体的知觉程度,似乎远逊于日本人——除了围绕着口腔那一圈地带例外。

身体感觉是情感的基础,情感是认知的基础——动物情感投注不到的地方,就不会有认知对象的存在;人如果死了,情感能源系统全部关闭,就连知觉都没有了——而认知则是批判的基础。一个人如果与除了口腔以外的其他感官的接触都不强烈，那么，鉴尝美味时也许会特别地刁，其他的批判能力却不会发达到哪里去。

6. 实践是检验真理的唯一标准

中国这个十分"形而下"的文化对待抽象原理的态度，可以由孔子的一句话概括之："人能弘道，非道弘人。"因此，孔门弟子才会有如此之叹："夫子之言性与天道，不可得而闻也。"①

在中国文化中，甚至连比较"玄"的道家也认为："道可道，非常道；名可名，非常名。"亦即是认为"道"只可以去"体"会，不可以将它做分析。

中国文化既然是认为"天道远，人道迩"的，因此，自然会认为：即使是"天道"，也必须是能在人的日常生活实践中体现的事物，而不应是一种过分超离生活现实的抽象原理——对这样的原理，就根本连谈都不用去谈它，更遑论去让它指挥人的生活了。

这个倾向，与中国人脑部中层发达于大脑皮层左半部有关——感情的部位甚至被中国人当作是"天理"（"心即理"）。不错，认知行动必须以情感作用作为能源，但最后导引出的抽象原理，却是比具体的感性接触更高一层的事物，至于认知对象也不一定要局限于感性交流的媒介，更遑论以是否能促进这种交流作为衡量对错的标准了。但是，对中国人来说，能否和合社群、团结人、被大家接受，却变成了检验一套思想真伪的标准，其认知价值反而退居其次。

因此，可以这么说：中国人相信"人的因素第一"，并且认为只有人在社群中的实践行为才是检验真理的唯一标准。他们最不喜的就是"形而上学猖獗"。因此，中国人对过分"形而上"的抽象理论是不太感兴趣的，这个因素在中国文化中也是不发达的。

笔者发现：在新教文化背景的人与中国人之间，如果教育水平是相当的话，前者对抽象分析的理解力往往比较敏锐；有时，与他们谈论抽象的理论，即使你的推理过程很快，他们都能追随；如果你的分析很独到的话，他们还觉得很

① 《论语·公冶长第五》。

刺激。

在这方面,中国人的反应有点儿近似南欧拉丁文化背景的人——对快速的推理追随得较慢。对南欧人士来说,是因为心理景色中的"密实感",使他们的思维没有那么空灵,而比较倾向于丰富繁缛的感性。对中国人来说,则是因为心灵意向的"形而下"取向。

的确,传统中国文化没能产生科学理论。反之,在现代之前,中国在实用的技术方面却是世界之冠——例如国人常喜欢称道的火药、罗盘、印刷术、造纸等等。据李约瑟说,在14世纪(亦即是西方资本主义萌芽)以前,中国在这方面的贡献远远地压倒西方。

然而,中国人即使在实用的技巧方面贡献良多,但传统的中国机械图形都是据实而画,机械各部分之间的比例也都是因图而异,从无统一的规格。事实上,就根本不像西方机械绘图那般,用虚线骨骼标示出理想的比例——一切都是那么落实,那么具"体",那么"形而下",就如同在人际关系中,中国人不能从具体与特殊化的"等级"与"层次"系统中抽象出超然的"人格"那般。(因此,也只能搞"人治",不能搞"法制"。)

的确,中国人不喜欢过分执着抽象的原理。这个倾向甚至还反映在他们对宗教的态度中。中国历史上鲜见宗教迫害。传统时代只出现过的三次,也是基于政府的经济动机,并不像西方那般,因为一两个神学概念的论争,就将异端者绑在火柱上烧死。反而,中国思想家常常提倡儒、道、佛"三教合一"。明明是理论架构完全不同的三套东西,却认为可以像菜肴的三种佐料般炒成一碟——这分明又是"和合性"倾向在发挥作用。的确,"和合"是中国人的优先考虑项,为了避免"一人则一义,二人则二义,十人则十义",搞到人与人之间"离散不能相和合",包括对抽象原理在内的其他事物都宁愿被牺牲。这并不等于说传统文化是宽容的,它只在理念层次上采取无所谓态度;在文化行为上,"和合性"则造成要求人人同一的压力。(中国接纳马列主义后,出现在理念上的不宽容性,则是拜犹太基督教传统之赐。这种压力在今日已经减弱,又重新回复到"安定团结"之类的行为上的压力。)

在传统文化中,对行为的强调的确远远超过思想。例如,原始的儒家思想就没有什么形而上学体系，也没有宗教形式的教条。孔子即说："君子之于天下也，无适也，无莫也，义之与比也。"[①]亦即是说：对于天下的事情，没规定要怎样干，也没规定不要怎样干，只要怎样干合理恰当，便怎样干。因此，他对弟子都是因人施教，而其内容又都是一些有关做人行为的具体教诲。

这种"人能弘道，非道弘人"的倾向，也表现在王阳明的"知行合一"说中，亦即是将"知"融入了"行"中，因此，并没有独立于"行"以外的"知"。不像斯宾诺莎那样用几何原理去论证伦理学，或者如康德那样用理性批判去架构道德哲学。

中国人这种重行为而轻思想的倾向，表现最极端者莫如孙中山。他居然提出"能知固能行，不知亦能行"这样的"行易知难"说。这个"行易知难"说，到了蒋介石的手上就变成了"力行哲学"。至于"力行"个什么，却是天晓得！因为当时的蒋介石既是孙中山的信徒，又是希特勒的信徒，同时兼孔孟之徒与基督徒。

中国革命可说是有史以来最强调理论性的中国人的运动。然而，在这个运动中，仍然产生了毛泽东的"实践论"。这个"实践论"，到了"文革"时代以后，就演变成"实践是检验真理的唯一标准"。

笔者在美国接触到西方与第三世界的左派青年，也发觉他们对马列理论的强调，远远超出同一代的港台左派青年。后者着重的毋宁是用"身体力行"的方式去"搞群众关系"，他们一般认为"理论多多"就会"脱离群众"，因此对谈理论的人就冠以"小资产阶级知识分子"之名（甚至有"托派"嫌疑）。然而，到头来，他们搞的到底是"社会主义"还是"社交主义"？是这些"先锋"改变了"群众"？还是"群众"同化了"先锋"？却是天晓得！

不注重抽象原理的作风，固然可以使人的行为富有灵活的弹性，但是也很容易导致机会主义。的确，在中国人的身上，这两种行为的界限是不太明朗的。孔子就有"圣之时者"之称，而后人也称赞他"可以仕则仕，可以止则止，可以久则久，可以速则速"。这还可以说是一种灵活性。至于梁启超善于"以今日之我

① 《论语·里仁第四》。

与昨日之我作战”,到底是灵活性抑或是机会主义,就很难分别了。然而,孙中山在传统派面前说“三民主义”是继承尧、舜、禹、汤、文、武、周公、孔子的“道统”,在日本人面前说“三民主义”是“大亚洲主义”,到了俄国人面前就将它说成是“共产主义”——如此“人能弘道,非道弘人”法,就有点儿接近“见人说人话,见鬼说鬼话”了。孙中山尚且如此,那么他的信徒汪精卫与蒋介石之流的作风,就更不足令人惊奇。汪精卫可以忽“左”忽“右”,几乎成为革命的烈士,又终于成为卖国的汉奸。至于蒋介石,则可以同时是孙中山信徒、曾国藩崇拜者、青帮分子、国民党“左派”兼“右派”、联俄派、法西斯主义者、阳明派、孔孟学会会长、基督教循道会的信徒等等。

7.“形而上学猖獗”

中国人虽然不喜欢执着于抽象原理,却不等于说他们不善于抽象思维。他们对于此道,只是不好,而非不能。事实上,中国历史上就出现过两次“形而上学猖獗”的时代。这两次都是本身的文化发生危机,令人对它失去信心,又适逢外来文化侵入而造成的。而且,因为本身的文化在抽象思维方面很偏枯,在拥抱这种全新的事物时,就会演变到很“猖獗”的田地。

第一次是“五胡乱华”时代的佛教传入。这种完全出世的思想,在当时于现世中找不到出路的中国人之间风靡一时。虽然有“身体发肤,受之父母,不敢毁伤”的传统遗训,也居然有人进行自焚。然而这一次的“猖獗”,在思想成果方面却也颇为丰硕。中国人将印度的佛学发展到了一个新高峰,在理论贡献方面,也造成世界佛学史上最灿烂辉煌的时代,不只是大量地丰富了本身的文化遗产,而且还添了人类的思想宝库。像华严宗与法相宗一类的佛理,是既抽象又深刻的,而且也相当繁琐。因此,也就证明,中国人并非不善于搞理论,只是心向不近。

然而,中国人对佛学的最后一次创造性的贡献,却是禅宗,而禅宗所体现的,则是中国本土精神的全面复辟——它不只是主张烧掉经书,不搞理论,而且还认为只须在日常生活中去体验禅机(也可以说是“实践是检验真理的唯一标准”)。本来是印度文化产品的佛教,是只重“彼岸”而不重“此岸”的。但是,到了中国人的手里，居然可以将“彼岸”完全打掉，只剩下了“此岸”！

中国人的第二次“形而上学猖獗”，就是在“三千年未有之大变局”之现代，对马列主义的全盘拥抱。不过，在拥抱的过程中，中国的马列主义者还是将马列主义中国化，亦即是强调“实践”。毛泽东的《实践论》，就是与共产国际派回来的“教条主义者”做斗争的结果。当时，这批“教条主义者”用一套抽象的普遍原理来指导革命，完全不合中国的国情，于是从一个惨败走向另一个惨败。以毛泽东为首的本土派，就指责这个倾向为“形而上学猖獗”，并且改用适合中国这个“现实”的方法——在农村中武装割据、群众路线、民族团结等等——去推动革命，结果就成功地夺得了政权。

事实上，在推动建国运动时，中国人并没有照搬马列主义的教条行事，只把它当作是救国运动的一种精神凝聚力。中国人原本有彼此求同的“和合”倾向，因此在国难当前的时刻，马列主义又可以为民族团结提供一个“统一思想”的基础。

然而，在传统时代，中国人只在行为上求同，对义理层次是采取无所谓态度的，因此，人们尽可以用“识大体”的表面姿态去为自己争权夺利做掩护，却也无须动用到“打着红旗反红旗”的方式。但是，在现代，却在义理层次上也要求同一，结果，就使中国人在“团结”之中搞“斗争”的这一个“国粹”，多蒙上了一层“神学家的憎恨”(odium theologicum)。

而且，马克思主义强调“阶级斗争”的，它倾向于把社会“一分为二”，与中国人的“和合性”刚好对立。因此，在建国以后，如欲进一步去实现马克思主义的“阶级斗争”，就势必与中国人的“现实”脱节。此外，马克思主义的目标可以说是对现阶段社会的全面超越，因此，也易于与中国社会和发展的特殊性的现实脱节，更遑论中国人的那种“现实”了。

于是，毛泽东在建国以后搞“不断革命”又使“教条主义”的死灰复燃。他虽然也是走“群众路线”去发动“文革”，最后却终于走到“自外于国人”的地步。结果，搞到要提倡“反潮流是马列主义的一个原则”，还说：“八亿人口，不斗行吗？”而整个“文革”运动，也逐渐走上“理念挂帅”之路，亦即主张“思想政治路线正确与否是决定一切的”。如此“形而上学猖獗”，遂终于导致“实践是检验真理的唯一标准”之拨乱反正。

8. 中国人的幻想世界

人与动物总有差别，除了“有一口饭吃”之外，还有让精神飞翔于具体实况之上的需求。

香港也许是“身体化”倾向最为强烈的地方，然而，人在“揾返三餐”之余，仍然有使注意力暂时超离现实层次，去追求幻想世界的需要——纵使这个幻想世界只是电影、电视节目、武侠小说以及一些没有多大深度的奇情小说。这种超离或者不能算是一种精神境界，而只配称作“消遣”，但是，仍然说明了人有这种需要。

如果连老百姓的小传统尚有这种需求，那么，深厚的中国文化大传统，纵使在基本上没有“超越界”的因素，却仍然具有很深邃的精神活动，也就不足为奇了。然则，中国人的这个精神世界的内容又是什么？

在追求“天人合一”的中国文化中，即使没有超越于世外的“天”的观念，人欲超离于具体实况之上的需求，仍然使其将自然界精神化。即使像道家那样“身体化”的哲学，也把“自然”看成是一种精神原理——它不再是物理学的“自然”，而是神秘化了的“自然”。它是“生而不有，为而不恃”这样一个自存自在之“道”的化身，足以为欲“保身”与“养生”之士所效法。因此，这个“自然”遂成为飘逸之士可以寄托情怀的场所，也让被“人伦”关系所窒息的“个体”能够获得有限度的自我舒展的空间，并且成为中国人审美灵感的源泉——例如山水、木石、虫鸟等事物，即成为诗歌与国画的重要内容。

没有“超越界”的中国文化，自然也没有个体灵魂得救的观念，但是却有道家那种“身体化”的不朽观念——亦即是追求肉体的长生不老。能获长生的“仙人”也不是处于世界之外，而是居住在世上的仙山、海外的仙岛里。然而，这些昆仑、蓬莱、方丈与瀛洲仍然是属于幻想世界的事物。

在上文中也曾经指出：在中国文化里，除了“身”的因素外，还有比世界上许多文化都要发达的“心”之因素。因此，儒家把自然界精神化的方式，就是将“天”与“地”都人情化，并且把“天理”或“道”当作是一种仁爱的原理，足以为人间的伦常关系与集体关系的范本。

此外，这个“心”的因素，还可以成为人的文化活动的泉源。正如《礼记·乐记》所说：“凡音之起，由人心生也。人心之动，物使之然也。感于物而动，故形于声。”因此，这个“感物而后通”的电流，除了造成“心连着心”的人间媒介之外，还为中国产生了丰硕的“触景生情”或“感物伤情”的文学。如果说中国人缔造了世界上最伟大的抒情文学与感伤文学传统，也不为过。在中国文化中，“诗”这个文学品种特别发达，也说明了这个倾向。

自然，这个文学传统大致上局限于士大夫阶层之内。中国文字是特别困难的，有点儿近似古埃及的僧侣体。因此，对这门奥秘学问的掌握，基本上只是士大夫这个中国式僧侣集团的专利权。整个文化中尽管弥漫着“感物而后通”的气氛，而老百姓尽管也可以创造质朴的歌谣与社戏，但是，最后将之提炼成高级形式的，仍然是士大夫。不过，士大夫这种“心的文学”之基础，却是由“心的文化”中广泛弥漫着“感通”因素所提供。

如上所述，士大夫又是一个在世界中采取政治行动的集团，而在中国这个“政教混同体”中，“政”也同时是“教”——亦即是透过“掌教化”的权力来达到社会控制的目的。因此，士大夫“学文”的最主要动机仍然是“文以载道”，亦即是倾向于把任何文艺形式都去为这种宗教式的政治服务。

《礼记》中的《乐记》一篇，是传统士大夫文艺思想的理论指导，其作用就如毛泽东《在延安文艺座谈会上的谈话》对中央的文艺政策的指导一般，而且影响达两千多年，比毛泽东的文艺理论远为长久。现在就让我们分析一下它的内容。

《乐记》认为“仁近于乐”，亦即是说，文化活动也可以像“二人”对应关系中的“仁”一般，透过“感物而后通”的媒介来克服人我界限，因此也必须用它来为促进社群的“和合性”这个目的服务。但是，这种“感通”也可以失去控制——例如追逐物欲，泯灭尊卑、长幼、内外之序，乱搞男女关系等等——而导致“乱”：“夫物之感人无穷，而人之好恶无节，则是物至而人化物也。人化物也者，灭天理而穷人欲者也。”因此，又有用“礼”来加以节制的必要，使这种“感通”纳入“合情合理”的渠道。“乐者为同，礼者为异。同则相亲，异则相敬。乐胜则流，礼胜则离,合情饰貌者,礼乐之事也。"唯有"礼"的节制,才可"使亲疏、贵贱、长幼、男女之理,皆形见于乐"。因此,可以这么说:"乐"是一种使人"合"的动力,而"礼"则是将这股动力纳入尊卑等级与亲疏层次的伦常序列中以便保证这种"合"是"和合"而不是"乱合"。唯有如此,才能保障社会控制的顺利进行:"礼义立,则贵贱等矣;乐文同,则上下和矣。"在这个功能的意义上,"礼"与"乐"就像天地与阴阳一般,是互相补充的:"乐者,天地之和也;礼者,天地之序也。""大乐与天地同和;大礼与天地同节。"

因此,"礼"与"乐"同具教化的功能,其目的是使人人和合同一。在这个目的上,它们与促使人们行为齐一的"政"以及惩罚异动者之"刑",是相辅相成的:"故礼以道(导)其志,乐以和其声,政以一其行,刑以防其奸。礼、乐、刑、政,其极一也,所以同民心而出治道也。"

因此,文化这一个精神的活动,由统治者控制的话,就可以在"教化"中发挥至为重要的功能:"可以善民心,其感人深,其移风易俗,故先王著其教焉"。因此,统治者必须"广乐以成其教,乐行而民乡(向)方(道),可以观德矣"。如此,就可以致天下于大治:"故乐行而伦清,耳目聪明,血气和平,移风易俗,天下皆宁。"

的确,像文化这个精神活动,是可以左右"人心"的:"是故志微噍杀之音作,而民思忧;啴谐、慢易、繁文、简节之音作,而民康乐;粗厉、猛起、奋末、广贲之音作,而民刚毅;廉直、劲正、庄诚之音作,而民肃敬;宽裕、肉好、顺成、和动之音作,而民慈爱;流辟、邪散、狄成、涤滥之音作,而民淫乱。"因此,就不能让人人都不顾及"社会效果"地去乱搞,而必须由统治者将它导入"政治教育"的功能中。

这个把文化活动"国有化"的构想,在传统时代并不能全面地展现,只有到了人民共和国时代,才由共产党的"文艺政策"全面落实。因为,在传统时代,统治阶级对高级文化活动的控制,是由士大夫垄断文字知识这个事实造成的,对民间说书、社戏、俚俗小说就鞭长莫及。而且,在传统时代,也只在文化行为上要求同一,而不是在义理层次上不同,因此仍然为民间的文化活动留有一点儿余地。

到了现代中国的共产主义运动,则把犹太基督教传统对理念的不宽容性也带入了“文以载道”中。传统士大夫“以天下为己任”的使命感,到了现代中国知识分子身上,就变成了从事“救国”与“革命”。这种“政治挂帅”倾向,自然也反映在他们的文化活动中。在20年代初期,当他们还刚刚拥抱马克思主义的时候,其“文”所载的“道”,还只是一种抗议现实的激进情绪,而且仍然充满“五四”时代的个人浪漫色彩。到了20年代末,就要求“文”必须反映“时代”(按马列主义去解释的“时代”)。到了30年代,其“文”所“载”的就变成了先锋党的“总路线”了。自此以后,所有文艺形式都变成“政治教育”的工具。

这种偏向,使中国人的文化活动能走的路越来越窄,走到了“文革”时代可谓完全进入了死巷子——所有小说与电影故事都是一个固定的公式,作者的功能只在于填入不同的时间、地点、人物。而且,中国人仍然不忘用文化来“和合”社会的功能——那就是将一部文艺著作或一首乐曲的好坏交给“群众”去评定取舍。据说,工人们不要听柴可夫斯基的《天鹅湖》,因此可以说明它是“资产阶级的音乐”云云。

中国文化没有超越于现世之上的精神世界,而将“礼乐刑政”一把抓的政治权威在这方面也成为最高权威,这无疑是中国人的悲剧。因为,即使在专制主义底下的俄罗斯仍然有一个东正教会,虽然它的命运不如在西方的姊妹教会,而终于沦为政府的宗教部的地位,但是,沙皇纵使是世间最高政教权威,也不可能成为宇宙间的最高权威——他被称作“小父亲”,以别于天上的“大父亲”。因此,即使在极端窒息的政治环境底下,俄罗斯仍然产生了十分有灵魂性的文学。相形之下,中国的知识阶层,因为一向把现世的政治当作是最高的宗教境界之故,即使在20世纪30年代最鼎盛的文艺活动中,仍然给人一种唯现世政治之感。

80年代,文艺题材无疑已较“文革”时代更呈现出多样性,除了政治题材之外,典型中国式的感伤主义题材也开始大量地重现,后一种倾向尤其表现在一些歌曲中,这些歌曲的调子酷似民国时代同类的曲调,也是一种如泣如诉、触动泪腺的情怀。

在电影方面,为了使角色比“文革”时代的样板戏更有血有肉,也回复到了传统式的“人情化”的描写。例如,为了描写共产党员也是有感情的人,就增添了他(她)们在做地下工作时不能与家人相认的内心戏情节。因为有好几部这一类的电影都用雷同的桥段,笔者在一个与大陆电影工作者谈话的机会中,曾问他们这是否由于互相模仿,所得的答案却是:不约而同产生的。这说明了当时中国人的生活内容贫乏,在“政治”与“人伦”之外,很少有其他的存在状态,以致任何使人“血肉化”的描写都得借重“人伦”关系。

还有,中国式的“悲剧”,也多半只具“人伦”关系断灭的内容。一些描写从“反右”到“文革”这段期间造成的悲剧的故事,也都是用妻离子散、家破人亡或者理想姻缘被拆散等题材。在俄国专制主义底下出现的陀斯妥耶夫斯基式的灵魂深处痛苦的描写,在中国就是产生不了。究其原因,还是因为中国人只能用“人伦”来定义“人”之故。

确实,中国式的故事 plot,总少不了“人情”的因素,因此,plot 在中文里也被翻译成“情节”或“剧情”,而这种“情”也必须是日常“人心”能掌握之物。

因此,中国人心目中的“人”之内容,是很单调的,同时也要求它是很明确的。笔者在大陆时发现,观众对一些进口的西方电影的反应也是:如果故事“情节”不清晰,主旨不明朗,或者是不重故事性与主旨而只重表现方式的话,就往往难于接受。

然而,大陆却仍然是文艺气息最浓厚的中国人社会。因为,中国不只是继承了“心的文化”的传统,而且,中国共产党的文化干部也继承了传统士大夫以及“五四”以来新知识阶层的大传统。当时大陆的文艺,虽然在形式与内容方面都被保持单调状态,却也避免了商业化的大众文化的侵袭。至于文艺刊物,则有如汗牛充栋,而报纸副刊,其内容也多偏向谈论古典文学与哲学。这些东西如果搬到香港来发行的话,就必定会自行倒闭。

在当时的气氛笼罩下,反而保存了浓厚的文艺气息——这个矛盾的现象,与中国士大夫阶层兼掌管“乐”的传统有关,而现代知识阶层也是在“新文化运动”与“五四运动”交叠的过程中产生,因此,也是将文化与政治连成一气。在他们掌权以后,就出现了对文化既重视又摧残的局面——这两种相反的态度其实都是承认它的重要性。大陆文艺气息的浓厚,同时也由于人们在阅读文艺作品之外,很少能够有其他分散他们注意力的活动。

相形之下,台湾的文艺气息就没有那么浓厚。台湾的统治阶层缺乏意识形态,虽然也有模仿共产党的“文艺政策”,却无所施其技,只是消极地禁掉“左派”书籍,囚禁“有问题”的作家,而不能积极地提倡什么。此外,社会上除了文艺作品之外,也充斥着大量商业化的庸俗感伤主义作品。而且,人们能够参与的其他活动也比较多。不过,与香港比较,台湾的文艺气息仍然是浓厚得多的。

笔者曾经在60年代的台湾住过,发觉在文艺倾向方面与80年代初的大陆有许多相似之处。与香港不同,两地的青少年对中国古典文学皆有涉猎。在西洋古典文学方面,《简爱》和《红与黑》都是两地的青少年最喜爱的读物——在大陆,女青年偏爱《简爱》,男青年偏爱《红与黑》;台湾的情形如何,笔者在当时却未曾留意。此外,就是《约翰·克里斯朵夫》《战争与和平》以及《基督山伯爵》一类的作品——后者在大陆尤其受欢迎。

这一类19世纪或20世纪初的西方浪漫主义作品,都牵涉到“情”,“情节”也很明确——这大概就是它们被中国人(尤其青少年)所喜爱的原因吧!

自然,两地也有不同的倾向。例如,台湾大中学生都喜欢尼采——这在当时的大陆却是被禁了的,因此,也只能说是由政治原因造成的差异。在大陆,则一般读书人都知道巴尔扎克,而在台湾则甚少人知晓,这是因为巴尔扎克是马克思称赞过的作家,但在国外已经不太流行的缘故。自然,欧美现代派文学在台湾越来越流行,在大陆当时则没有机会看到,就如同大陆人人引用的鲁迅在台湾完全没有机会读到一般,都是由于政治原因造成的差别。

此外,两地的学生都很喜欢听西洋古典音乐。在60年代的台湾,甚至在中学生之间也举行从播放的片断中猜测古典音乐标题的比赛。在大陆,则是80年代才对古典音乐开禁,市面上也很难找,然而,不少人却千方百计设法借来录音。

至于香港,虽然比大陆与台湾都有更多的自由,不过对文艺活动来说,这种自由有也几乎等于没有,因为,许多人类的精神遗产,无须禁绝也无人问津。无疑地,香港人所发展了的是中国的“身的文化”。只可惜,在当今中国人有着更多文化活动自由的地方,却向历史交了白卷!

第七章

“现代”中国人政治行为的“文法”规则

(一)代际的政治关系

(二)“外抗强权”与“内除国贼”的关系

(三)“团结”与“斗争”的关系

(四)“天下大治”与“天下大乱”的关系

(五)“广开言路”与“壅塞防川”的关系

(六)“土”与“洋”的关系

(七)“锁国”与“开国”的关系

在上几章里，我们已经很详尽地分析了中国文化的“深层结构”。在讨论期间，虽然列举了许多七八十年代的例子，但是着重点仍然是该结构本身。在本章中，我们将讨论这个结构在现代世局中的应变，而且把重点放在政治行为方面。

（一）代际的政治关系

笔者这一代，是第二次世界大战结束后诞生的第一代。拿这一代与世界其他地方同一代人比较，就会发现：政治化的过程至少被延迟了八年至十年。

在60年代，亦即是战后甫出世的一代成人的十年间，世界各地的学生运动与青年反叛风起云涌，而台湾与香港却是处于“沉默的时代”。至于中国大陆，在60年代也爆发了惊天动地的“文化大革命”，但其起因是由于官方的发动，而不是成长中的一代自发的行为。

进入了70年代，美国、西欧和日本的学生造反运动有趋于沉寂之势，而大陆上的“文革”亦以“反高潮”的方式告终，在香港和海外却爆发了“保钓”“统一”以及参与社会等运动。至于70年代的台湾，则是民主运动的十年。

这个时间上的差距，证明战后成长的一代中国人晚熟与反应迟钝。我们在“中国人的代际关系”一节中，已经指出中国人有代际和合的倾向——亦即下一代向上一代投降。这个倾向使中国文化成为世界史上最成功的保守主义，几千年来无多变化。然而，在进入现代以后，因为世局变幻的急剧，对这种代际关系势必有所冲击。即便如此，战后成长的一代开始向老一代挑战、伸张自我的年龄期，亦相对地迟缓，而且，新生代即使做自我伸张，也很难完全彻底地造成代际决裂。

70年代初期，笔者刚到美国，正值海外爱国运动的开场，也正值美国反战运动的尾声。关于美国的青年，笔者在校园中看到的情形是：身为求学年龄的学生，却敢于直接向当权的老一代挑战，而且，不只是分庭抗礼，简直是采取“对着干”的方式，认为正义与真理都在自己这一方，老一辈都是“狗屎”——在他们心目中，这些老一辈的当权派不是发动越战的战犯，就是种族主义、男性沙文主义或其他“建制”的价值观的维护者；年轻的一代，好像不如此“对着干”，就不足以显出自己这一代是一个独立单元似的。

60年代，笔者在台湾则看到这样的情形：大学年龄的青年被认为是没有分量的，他们是“管”与“训”或至少是被“疏导”的对象，而青年人也往往将社会对自己的看法内在化。因此，新生代作为一个独立单元的自信心的建立，不是被拖后的话，就是不能完全实现。

60年代前期也曾发生过“中西文化论战”及其从属的“接棒子”问题的论争，是国民党迁台以后年轻人第一次向当权派的挑战。当时，这一代的发言人大约都是念完研究所以后的年龄，平均约在二十八至三十岁之间。1970年的“青年国是座谈会”，是台湾的新生代向国民党又一次施压之下举行的。当时，集中了这一代的《大学杂志》社务委员会的成员，平均年龄则是三十三岁。

因此，60年代来自新生代的挑战，主要由战前出生的一代提出，当时大学年龄的青年则相当平静，没有出现学潮。1970年的“青年国是座谈会”的组成分子，基本上也是战前出生的一代。而且，在当时来说，大多数已在社会上就业，在辈分上亦相当于在大学任教的副教授与讲师级。

这一些人之中，有的就成为了70年代民主运动的干将；在“民运”中，自然有60年代末才念完研究所的人，但也接近三十岁。因此，在70年代期间，这些从三十到四十岁的人遂成为在学青年的导师，领导了民主运动与学生运动。

这种安排,倒有点儿像“五四”时代曾发生过的情形。当时,也是由一班青年的老师以“新文化运动”在思想方面先做酝酿;后来,当“外抗强权,内除国贼”的契机终于触发了“五四”运动,这些人就成为了学生运动的导师,充当他们的精神领袖,为他们护航。当时,老师的一辈就是:陈独秀、胡适、李大钊、鲁迅等人;学生的一辈则是:傅斯年、罗家伦、毛泽东、张国焘等人。

显然,中国人老一代的权威是如此根深柢固,而青春期则被整个地压抑掉,以至青少年即使在向老人权威挑战的过程中,如果没有中间的半代——已经当老师的,但是仍算年轻的——拉上一把,就不太容易完全确立自信心。对中间的半代来说,这却是一种迟熟的反叛,而且也只有在具有了相当地位以后才能去进行。

在“五四”时代,代际的断裂还具有鲜明的文化冲突的内容,那就是西方的新思潮与传统文化的对抗。在这个文化革命中,中间的半代虽然身任新文化的旗手,却也自觉到本身已经沾染传统文化过深,因此只能是过渡性人物。例如,已近中年的李大钊歌颂“今”与“青春”,将希望完全放在下一代身上;鲁迅则认为他这一代顶多只能做到扛住“黑暗的闸门”,让下一代通过。“五四”老师一代的想法,仍然落实了中国“二人”文法中一方做到完全为另一方牺牲,但也透露出偶像破坏者的自信心不足,希望将完成不了的任务“转嫁”到下一代身上。从“五四”中出来的青少年一代,后来就终于走上革命之路,不少人还是共产党的创立者。

的确,“万古如长夜”的中国历史局面,只有用“代际断裂”的方式才能将之击破。“五四”时代的代际断裂,也确实创造出了一个新的局面,并由此导致在现代世局中“建国”任务的完成。

然而,“黑暗的闸门”似乎并没有放过任何一代中国人。当中国重归于“一统”以后,“代际断裂”的方式却证明无法延续。

到了80年代,国内的年轻一代又变成被“加强教育”的一代,虽然,因为“三信危机”的缘故,自己的想法与牢骚比在“文革”时代多了,但是活力却大大不如“文革”时代,不少人甚至被搞到毫无生气,就如同被阉割了一般。看来,“万古如长夜”的局面还要延续下去,而将来唯一的希望在于新的代间爆破。

(二)"外抗强权"与"内除国贼"的关系

然而,中国人的下一代即使向上一代挑战,也绝少以一个独立自主的单元出现——他们总是必须打着保卫"整体利益"的旗帜,向不能再维系"大局"的当权派提出质疑。20世纪70年代初台湾爆发的"保卫钓鱼岛"运动,其本质亦不外如此。

的确,在中国文化中,除了强调代际和合之外,还突出社会整体的和合性。在这样一个强调"和为贵"的文化中,抽象的"整体利益"总是被认为优先于"局部利益"。前者往往被当作是"义"(例如"民族大义"),后者顶多被当作是"利"。因此,公然地伸张小集团甚至个人利益者,就往往会被社会各阶层公认为"争权夺利"。

因此,两千多年来,中国的政治总不是多元的局面,而是"天下定于一"的局面。下面的揭竿而起,也总是在当权者搞到天怒人怨,尽失人心,被判定为"独夫民贼"时,才成为可能。

在进入了"现代"以后,中国既然必须由"天下"向"国家"过渡,在中国人的意识中遂多了一个"国家"的范畴。因此,"救国"遂成为人民行动的内容,而"国难"与"国耻"也成为人民向当权派造反的契机。

只要翻一遍中国近代史,我们就会发现这是"现代"中国人政治行为的"文法"规则之一。远的不说,就从"国家"观念开始取代"天下"观念的戊戌维新时代说起。当时维新派能够向顽固派提出挑战的背景,就是清廷在中日甲午战争中的败绩。清廷后来的被推翻,也是由于无力抵御外侮,丧权辱国,在国人面前威信尽失,而辛亥革命的触发就是"保路风潮"。至于"五四"运动的导火线,如众周知,乃是北洋政府在巴黎和会中的丧权辱国行为。

"国难"与"国耻"成为动员国民之焦点的另一例证,是1925年的"五卅惨案"——它为国共合作之下的北伐进军铺了路。当蒋介石在1927年转向反共,并夺得了"中央"以后,中共奉共产国际之命,搞轰轰烈烈的阶级斗争,成立根据地也用“苏维埃”的国号,并且还公然提出“保卫苏联”的口号,结果迭遭惨败。

待到“九·一八事变”发生,国民党采取不抵抗政策,反抗政府的斗争才开始有转机。然而,在共产国际的影响下,中共领导阶层中的教条主义分子却坚持将全国分成两大阵营,因此便利了蒋介石将中共指责为“自外于国人”,使其“攘外必先安内”的围剿政策得逞,红军被迫转移到华北。

后来真正使中共成功的因素,是在抗日战争这场空前的国难中能够掌握到全民的爱国主义情绪,国民党在抗战中则显示了无能。于是,在抗战结束后,蒋介石本人反而被逐渐摆布到“自外于国人”的少数“民贼”的范畴中去,并获得与此相应的下场。的确,在中国人政治行为的法则中,造反是没有合法性的,但是,当统治者把自己弄到“独夫”的地步时,造反就不是“犯上作乱”,而是“诛一夫”了。因此,解放战争时期,中共的口号是“倒蒋”,而不是先前教条主义者的“布尔什维克化”式的口号。

因此,70 年代初台湾爆发的“保卫钓鱼岛”运动,重新拾起了“五四”时代“外抗强权,内除国贼”的口号,实非偶然,而是重演了“现代”中国人政治行为的“文法”规则。整个 70 年代,是台湾民主运动的十年,也是国民党在外交上节节失利、合法性大为降落的时期——事实上,这两个过程几乎是相始终的——这种情形也是同一“文法”规则的演绎。

(三)“团结”与“斗争”的关系

中国人即使在造反时,亦必须打着“整体利益”的旗号,因此他们的政治理想就是“团结”。这个倾向造成了中国人只有和合不喜斗争的假象。

事实上,在任何社群中,冲突总是不可避免的。中国人既然将“冲突”非法化,因此在平时就很少使用公开对抗的行动;在斗争的行为中,亦很少敢于公然搞分裂,或首先搞分裂,而是倾向于用“团结”的方式去搞“斗争”。这种方式多半是与对方搞“既团结,又斗争”——双方面都会提出一些顾全大局、照顾整体利益的口号,尽量将自己这一方打扮成和谐的维持者,而以“破坏团结”“搞分裂”或“自外于国人”等罪名加诸对方。

在中国的政治文化中，只有巧妙地运用这种方式去进行斗争，才会最后获得胜利；谁如果不去这样做，就会受到惩罚。中国共产党从失败到成功的历史就是一个很好的例证。

自从蒋介石于1927年夺得“中央”以后，中共的革命行动就转向更“左”的对抗形式。当时，党的总部设在上海，而20年代末至30年代初上海的地下党员与左翼文人仍多具欧化的外观，与上海欧化的人文景色相当搭配。他们做斗争的风格，也近似共产国际在欧美支部的作风——例如在咖啡馆中聚会，在街头上发传单，而且每逢红色节日（五一、五卅、十月革命纪念日）必在马路上搞“飞行集会”。后一种行动是有规律性的，亦即是按时按候地把自己的力量集中起来，自投罗网——这无疑是误把上海当纽约或柏林的悲剧。

因此，当时中共做斗争的形式以“对抗”为主，而不善团结。甚至连成立外围的文化团体，也必冠以“左翼”二字，唯恐旗帜不鲜明。他们往往以为只要把旗帜一竖，鲜明的立场就会使群众蜂拥而至。例如，1930年由共产党发动和组织的中国自由运动大同盟，即如此呼吁：“感受不自由痛苦的人们团结起来，团结到自由运动大同盟旗帜之下来共同奋斗！”这种情形，十分类似当年本人看到的欧美新左派的作风。

当时，中共的地下当还搞“冲厂”活动，那就是强制工人搞同盟罢工，有的厂罢工搞不起来，就组织有基础的其他厂的工人群众去冲。

这段期间，在共产国际的笼罩下，中共对国内与国际情况的分析也有脱离实际的倾向。当时的观点认为：世界资本主义已经到了临终阶段，世界上已形成两大对立的阵营，中国境内也已存在着“双重政权”。因此，当时的中共有“拥护苏维埃”“拥护苏联”等口号——这类口号，显然不会在广大的中国人心目中制造多大的好感。至于将中国社会“一分为二”、公然提出推翻“合法政府”、拥护“乱党”，也不会投中国人之好。

这种种限制，使当时的中共错过了利用“九·一八”国难的契机，去动摇国民党政权的基础，反而使革命走入了死胡同。到了1933年，中共中央终于被迫从上海迁入苏区，而到了1934年，整个江苏省委和地下党遂遭到了彻底的破坏，其他地方白区的损失也有高达百分之一百的。

后来，在上海的个别地下党员与左翼知识分子，在孤立作战的情形下，逐渐将注意力转向由党外人士出面的群众性救国运动中。中共中央也转变总路线，提出“抗日民族统一战线”的纲领。到了1936年，在内地农村中扎根的党中央派人来上海时，即及时地传达了新的精神，同时也使得工作方法改弦易辙——例如，以“勤学、勤业、交朋友”的面貌在社会面前出现。换言之，就是摆出群众能够接受的勤奋认真、善于团结、会“做人”的姿态。

这无疑是“马列主义的中国化”，自此以后，中共除了更懂得用国难来动摇国民党政权的基础之外，也更善于运用“民族团结”的方式去进行斗争。例如，在打败日本人之后，中共提出“和平建国的基本方针”，迫使国民党承认“以和平、民主、团结、统一为基础”，同意结束“训政”，召开政治协商会议。这类“团结攻势”，最后终于使中共打败其对手，达成“建国”的任务。

的确，“人民共和”之国，就是建筑在“团结”之上的。这个“团结”的前提自然是“统一”。国家在“统一”以后不再有内战，也自然会维持“和平”。然而，和平、团结与统一却不一定与“民主”有必然性的关联。事实上，在中国这个“团结”高于一切的国家中，任何一个集团只要夺得“中央”，就可以成为“整体利益”的专利代表人。因此，只要还保持所谓“天下大治”或“太平盛世”，个人或社会局部欲伸张自己的权利，就必定会被蒙上“破坏安定团结”的罪名。

这种安排，与西方人的情形刚好相反。在文化价值上，他们肯定个人求名逐利的合法性。在经济价值方面，也认为：如果每一个人都合法地将本身的利益极度化，整个社会就会欣欣向荣。因此，西方社会中的政治行动，也往往以组织“利益团体”的方式进行。每一个“局部”的策略，都是大声鼓噪，向整体施压力——谁的声音最响，压力最大，谁就更容易满足自己的要求。这类要求，也无须去将之分判为形而上的“义”与形而下的“利”，反正，他们代表的都是自立为一单元的“个体”的自我展现——可以从增加工资、打胎合法化，到反战，要求男女平等、保护环境，等等。

这种安排的前提正是：强大的“个人”，要求自我展现的“个人”，清晰地知道“人”的权利的“个人”，以及因为尊重自己而也尊重别人权利的“个人”。

一位美国的妇运分子说:“设想有一个包办一切的中央委员会,其成员全部是男性的老人,又全部是新教背景的白种人,我们又如何能够要求他们代表:女性、年轻人,其他种族与宗教呢?”的确,这样子的“中央委员会”不能真正代表“整体利益”;他们如何还要一片“好心”的话,就反而会造成全国性的“死亡”。

然而,中国人正是需要别人“有心”照顾的民族,他们从来不懂如何做出强有力的个体伸张,也不习惯面临对抗性的压力。他们要寻找的毋宁是慈母的温暖怀抱(集体),此外,就是将自己的命运交托在政府手中,甚至是政府与政府之间的交易之中。无论是哪一种形式,中国人都好象比西方人更为“无私”。因此,在中国人眼中,西方对抗式的多元主义政治总是“资产阶级”的。

然而,在进入了现代世局以后,中国不能再维持一潭死水的状态。这种局面的打破,又只有诉诸不断斗争与对抗的办法——这一点,亦确为中共的革命实践所证实。于是,毛泽东等人乃有“不断革命”的构想,希望能够将斗争与对抗在国民生活中制度化、常轨化。然而,他们将社会“一分为二”的结果,却搞到“自外于国人”的地步,而“顾全大局”的美誉则落到了周邓一派的身上,造成“人心”对他们的归向。

(四)“天下大治”与“天下大乱”的关系

在一个仅强调整体的“团结”,而罔顾个体与局部利益的文化中,人与人的抗争是不能表面化的——它只能仍然以“团结”的面貌出现——一旦表面化,就会闹至不可收拾的局面。

因此,两千多年来,中国人虽然维持“天下定于一”的局面,却亦周期性地出现“天下分久必合,合久必分”的规律。在传统时代,“天下大乱”就是皇朝解体的结果,其表现形式则为农民战争、军阀割据、外族入侵,或三者兼而有之。

在进入了现代世局以后,中国政治文化的“治”“乱”关系的“文法”规则仍然完整地发挥作用,只是换了一个形式。由清朝覆亡至人民共和国的成立,就是一段皇朝解体的时期。在这样的一个时期中,除了传统式的“人心思治”之外,中国人还多了一个建立现代民族国家的愿望。能够完成这项任务的中共,则采取了组织农民战争、武装割据以及利用外敌入侵来发动国民等方法。

因此,除了民族国家与民族意识是新事物之外,中共的建国,基本上符合了“从天下大乱到天下大治”的“文法”规则。然而,中国的政治文化,虽然在建国过程中发挥过促成万众一心的团结力量,但如果革命必须不断进行下去,迟早必定会革到这个文化的头上。在这个意义上,“文革”是名副其实的“文化革命”构想——它有意地鼓动幼辈反抗长辈,下级斗上级,老百姓造官吏的反,冀图将没有棱角的“中庸”人格改造成“头上长角,身上带刺”,并且试图以“一分为二”的方式将一个重“和合性”的社会划分成两大对立阵营。

中共党内的极左派,虽然想用阶级斗争论来改变中国的政治文化,却始终未能将冲突与对抗常轨化,反而不免陷入“天下大乱”的窠臼中。“天下大乱”,只是中国政治文化中“天下大治”常态的一个完全颠倒,并非是一个新的事物。“文革”之新,只在于发动与进行的形式——它并不是老百姓逆来顺受到了极限时迸发的,而是由中央发动,并且又是中国历史上首次大规模在城市中进行的。

在中国政治文化中,任何“天下大乱”都具有冲垮统治集团的作用,例如皇朝解体时的农民战争即具有如此功能。在建国时期,还运用党去组织农民战争,到了“文革”,遂不得不有意无意地诉诸更纯粹的“天下大乱”方式。

于是,马克思的阶级斗争论,在通过中国政治文化的变压器后,亦发生了变化。因为,“天下大乱”与“天下大治”一般,同样是没有跳出传统政治行为模式这个如来佛的手掌。从建国到“文革”终了这段期间内,大陆史学界曾经无条件地歌颂皇朝解体时期的农民战争,并套用近代西方阶级斗争史的公式,认为它是推动中国历史前进的动力。农民战争的正义性自然必须肯定,但是,农民战争在平均一切不平之外,并不能建立一个新的生产方式,而只能让旧的生产方式延续下去——这个事实,我们也必须承认。而且,既然民怨积压已久,每一次大乱都造成物质上的大破坏以及极端恶性的行为——关于这一点,从前的大陆史学界也是不提的。事实上,这类破坏与行为,在“文革”中却不幸大量地出现,因此,它看起来似乎比任何由现代革命组织发动的起义都要来得壮观,但是破坏的无理性，对人折磨的残酷，却是中古式的。

在毛泽东去世后，中共中央拨乱反正，公开提出：把“从天下大乱到天下大治”当作一个“纲”去抓，用“同心同德”的方式去重建建国初期“上下一心”的局面。然而，今日的“安定团结”并不具有建国初期的锐势，它更为接近传统的“天下大治”——亦即要求不乱。

至于台湾，则三十多年来大致上维持了一个表面“安定”的局面。这固然可归于民生问题的解决，但是很大一部分的原因是中国老百姓的驯良。只要把台湾与美利坚帝国卫星体系内其他附庸比较一下，就会发现前者的局势安定得多。一般中南美洲的独裁政权，皆必须借赤裸裸的暴力维持统治，而不能借助任何“和为贵”的文化心理，因此，其内部多处于恒久内战的状态。

然而，中国人纵使有逆来顺受的“美德”，积压久了，也总要爆发，因此，三十多年来的台湾也出现过四次暴动，如 1947 年的“二二八事件”、1956 年的“刘自然事件”、1977 年的“中坜事件”，以及 1979 年的“高雄事件”。

此外，在 20 世纪 70 年代初期，“天下大乱”的概念仍萦回于某些持歧见的知识分子的脑海中。例如，《大学杂志》的言论就用这个可能性去恐吓当权者，要求他们快作从上而下的改革。后来的地方主义者就一直继承着这种论调。这类恐吓，实显出恐吓者的改良主义本质，因为，他们的作风基本上与“为民请命”的传统士大夫相若——后者师法的是孟子，亦即是用民变来恐吓人君，要求他施行“仁政”。

在蒋经国时代晚期，台湾已出现反对党，也局部开放议会政治。但是，中国人“天下大乱”的形态，仍反映在“国会”里常表演“全武行”这一点上。

（五）“广开言路”与“壅塞防川”的关系

1970 年之所以成为台湾民主运动的起点，除了新生代的迟熟和保钓运动的契机外，还刚好碰上国民党政权新旧权力交替的际运。

从 1970 年至 1973 年是蒋经国排除“元老派”，树立自身的权力体系的时期。为了表示自己比较“民主”，以博得被统治者的支持，蒋经国遂摆出一副“广开言路”的姿势。小蒋的这种姿势，尤其是为了迎合新生代中要求“接棒子”的领袖人物。当时，小蒋虽然已经六十多岁，但是在中国人的年龄观中，以及相对“元老派”来说，却仍然是“少壮派”。既然小蒋本人也有“接棒子”的需求，因此就有“多让年轻人说话”的言论，并且有提拔“青年才俊”之举。他如此做，目的是为了让自己成为新生代的认同对象，并且希望这一代的领袖人物能替自己的权力过渡打边鼓。

的确，在一元化的权力体制底下，统治阶层内部两派斗争，其中一派为了争取主动的先机，往往会抛出“开明”的假象，广开言路，以便将群众争取到自己这一方来。在“定于一”的体制底下，当政局还能维持“大治”的时候，人们要反抗当权者，亦唯有利用统治阶层内部呈现的这种缺口。

1970 年的“青年国是座谈会”，及其后以《大学杂志》为基地的持不同政见分子的结盟，就是在这种上下利益偶然凑合的情形下允许出现的。这种情形，亦即是当时一位持不同政见分子所谓的“智者与权者的结合”。

然而，在 1973 年，当蒋经国坐稳以后，持不同政见分子即遭到镇压——台大哲学系发生集体的解聘事件，《大学杂志》亦被幕后接管。此后，持不同政见分子就转向社会运动，然而，至 1979 年底亦大致被一网打尽。

事实上，在一元化的权力结构底下，当权者中比较开明的一派，为了“得人心”，总会有“广开言路”的措施。这一派的经典范例可以春秋时代郑相子产代表之。《左传》中对他的作风有如此记载：

> 郑人游于乡校，以论执政，然明谓子产曰：“毁乡校何如？”
>
> 子产曰：“何为？夫人朝夕退而游焉，以议执政之善否。其所善者，吾则行之；其所恶者，吾则改之。是吾师也，若之何毁之？我闻忠善以损怨，不闻作威以防怨，岂不遽止，然犹防川。大决所犯，伤人必多，吾不克救也。不如小决使道，不如吾闻而药之也。①

① 《左传·襄公三十一年》。

这段对话,反映出当权者中顽固派"壅塞防川"与开明派"小决防川"的两种方法。后者无疑是较高明的,因为他看到壅塞的方法必导致"天下大乱",到时"伤人必多",连统治者自身亦将难免。在先秦思想中,也有认为"壅塞"会导致"亡国"的说法:"亡国之主,不可以直言。不可以直言,则过无道闻,而善无自至矣,无自至则壅。"①

后世的"开明派",恐怕连子产那样的见识都不见得有,因此,所谓"广开言路",往往是一种符合经典范例的"做人"方式。

然而,不论是采取哪一种方法,都是站在统治者的立场着想。因此,当危害到自己的地位时,"开明派"也会变成壅塞派。

在进入了"现代"以后,中国从外面的世界中吸取了"民族主义"的观念,因此,遂在自身的和合性文化之上披上了一层"民族团结"的外衣。同时,中国人也引进了"民主"的观念,于是,统治者也必须穿上这件西装,并且将"广开言路"这个传统政治行为模式重新"正名"为"民主作风"。

(六)"土"与"洋"的关系

自从进入了"现代"以后,在中国社会文化体内就出现了"土"与"洋"这两种因素的并列。"土"是指大陆型的本土文化,"洋"在狭义方面指海洋型的西洋文化。在泛义方面则包括所有外来的影响(例如:苏联)。"土"与"洋"的关系就是指这两种因素的交糅组合关系。

这个交糅组合是至为复杂的,并不如西化论者认为凡是"洋"的就是针对"土"的那么简单。笔者在下文中将指出:有些"洋"因素是侵蚀"土"因素的,有的则借"土"因素发挥作用,更有些反而倾向于将"土"因素加强。

笔者的看法也不同于马列主义者。后者倾向于把本土文化当作是人类社会

---

① 《吕氏春秋·壅塞》。

共有的“封建”阶段,把反“封建”的因素也当作是人类社会必经的资本主义阶段以及它的后继者——社会主义,因此,也是很简单地把这两个对立面之间看成是一种断裂。当马列主义被本土化后,亦曾出现肯定传统农民战争的看法,亦即是将外国的进步因素嫁接在本土的“人民传统”之上。然而,总的来说,仍然是一种单线进化的看法,亦即是将凡属“人民的”都当作是“进步的”,勇往直前的。

笔者则觉得历史没有那么简单,而是认为:外来的冲击固然推动了“革命”,这个“革命”却必须透过本土文化的“深层结构”这个变压器去进行,而同一个结构,在某一个时刻是有利于“革命”的,到了另一个场合底下,却变成了阻碍。因此,什么是“进步的”,什么是“倒退的”,就很难说,这两面往往共同存在于一个现象中。我们凡事都得做出具体的判断,不能简单化地将之归类。

“土”与“洋”的关系是至为错综复杂的。例如,当西方文化侵入以后,在中国出现了信奉基督教的太平天国运动,与之对抗的则是拥护清廷的曾国藩等人。表面上看来,前者应该是“洋派”,后者应该是“土派”。然而,太平天国却是继承了农民战争的“太平”传统,并且用神权的因素加强了中国的专制主义传统(例如将君主由“天子”升等为“天弟”)。至于曾国藩等人,虽然保卫传统的帝制,并且打着“维护纲常名教”之名,却同时勾结外国人消灭太平军,此后又变成从事“自强运动”的洋务派。

马列主义也是一种“洋”的因素。它进入了中国后,使中国的社会发生了很大的变革,但在另一方面也与“土”的因素合流,并且还有使之强化的倾向。

1. 从“五四”到30年代

马克思主义虽然很早就传入中国,但是真正引起广大的注意则是在“十月革命”以后,此时也正值“新文化运动”期间。“新文化运动”是一个全盘西化的运动,提出了“科学”与“民主”等概念,以及个性解放的要求——这些因素显然是与传统文化对立的——至于当时的马列主义也是这股西化思潮的一部分。

在“五四运动”以后,马列主义逐渐在中国思想界占上风。表面上看来,它势将会造成与传统更为激烈的断裂,因为,它比西方的自由主义与个人主义更为“革命”,同时也是一种更为彻底的唯物论与无神论。

的确,当马列主义被落实到行动的层次上时,就出现了巨大的社会革命。我们不能否认:从“五四”到30年代,中国社会经历了更为深刻的革命化过程。

然而,这个阶段亦成就了“马列主义的中国化”。没有这一道程序,马列主义就不能在中国社会中发生作用,自然更谈不上使社会经历深刻的革命化过程。

在“‘团结’与‘斗争’的关系”一节中,我们已经指出:从20年代末到30年代末,中共的革命策略从“对抗”改变为运用“团结”的方式去进行斗争,并且,将浪漫式的个人表现加以收敛,另以“勤学、勤业、交朋友”的面貌出现。后者是典型的中国人“做人”方式,亦即是:在社会面前,不好自我表现,用认真严肃、工作上勤奋过人来赢取别人的好印象,同时善于团结人。

与此相适应的就是将生活中性爱因素重新加以压抑。本来,“新文化运动”以后,在“反封建”的左翼知识分子之间,对性爱已经存在着一种比较健康的看法,亦即认为它是作为“人”的一个正常条件。因此,在一些“左”倾文人(例如丁玲、茅盾)的作品中,也出现对性爱的描写。这个倾向,在30年代中期以后,就整个地被压抑掉,并且还被判为“小资产阶级”的表现。这无疑是“革命”对泛道德主义文化的一个妥协,因此,并不意味着一个进步,而是一种倒退。

因为,磨掉个性棱角的“做人”方式,泛道德主义的无“性”倾向,本来都是“五四”时代视为“封建”而反对之事物。

2. 中共党内的“土派”与“洋派”

毫无疑问,建国以后曾经进行的“不断革命”乃是世界马列主义运动史上,唯一的在夺得了政权后还以“阶级斗争”为历史的动力,把社会发动起来,探求使国家机器消亡之路的个例。针对中国社会自身来说,也许它希望用一个动态的“目的”,去推动中国这个两千年来一潭死水的“超稳定形态”,去从根本上改变中国文化的“深层结构”。

这个“不断革命”是由中共党内的“土派”去推动的。马列主义在中国之大盛,乃承接“五四”期间西化的浪潮。然而,在由共产国际指挥的一段时间,中共的革命活动却一而再、再而三地遭到失败。因此,到了30年代中期,由莫斯科派回来的“洋派”就开始失势,党的领导权终于归于长征途中以毛泽东为首的

“土派”,后来的革命实践证明可以用人民战争“小米加步枪”去击败国民党军队的“飞机大炮”。

因此,这种建筑在“人心”和“民气”之上的“土派”的精神既然变成了中国革命的灵魂,遂就变成了建国以后“不断革命”的推动力,并逐渐导致“东风压倒西风”的倾向。在第一个苏式五年计划完成以后,中共党内由毛泽东代表的一派就想用“土法”去进行向共产主义千年王国的“飞跃”。

这股气势虽然磅礴,但是却不可避免地在社会、经济各方面制造了“乱套”现象。因此,党内“洋派”——一些留过洋的,不想背离经济规律的领导就出来抵制这股狂势,路线分歧逐渐演变至党内斗争。于是,向共产主义千年王国的“飞跃”遂表现为善恶二元、光明与黑暗的对阵。

毫无疑问,这场“革命”造成了大倒退,而且是“越革命越倒退”,甚至可以说,在“文革”十年内,几千年来诸般的历史形态,就如同透过加速器一般,以最浓缩也是最尖锐的方式集中表现一遍。首先,社会的动员挑起了“天下大乱”的局面。其次,几千年来“杀尽不平方太平”的平均主义倾向,以前所未有的态势,落到全国各个层次上。此外,就是《尚书》中太阳神式的“圣王”理想,以最纯粹的形象具体化,出现以“圣人之言”治国的局面。于是,“绝圣弃智”“国强民弱”被发挥到了史无前例的最高峰。

因此,“文革”是中国文化“深层结构”走向全面胜利的年代。

3. 台湾的“土”与“洋”之争

“土”与“洋”因素之交糅组合、进步与倒退倾向的并存,在30年来的台湾思想界中亦曾出现。从50年代末至70年代末这一段时期,台湾思想界的变迁,基本上很像大陆从“五四”到30年代这一段过程。

50年代末《自由中国》杂志向政府提出民主的要求,60年代上半期由“全盘西化论”者挑起的“中西文化论战”,可以说是“五四”前后“新文化运动”的翻版——事实上,当时的台湾西化论者有意地重提“科学”与“民主”等口号。与“新文化运动”的时代意义一般,西化派在当时具有进步性,那时只有他们向保守的、传统主义的国民党权力结构提出了挑战。

在“五四”时代，与西化派打对台的是传统派；在60年代，与西化论者抗衡的则是民族主义派。当时，后者从“台湾代表真正中国”的立场出发，打着“反共抗俄”这个“整体利益”的大纛，向西化论者扣帽子，认为后者要求个体自由是为了颠覆“反共基地”，因此有共产党的嫌疑，此外，又怒斥他们为“洋奴买办”，犯了勾结美国人的罪行——当时的西化论者确实有援引美国人之举，希望后者向国民党施压，实行民主。这两条“里通外国”的罪名其实是一条，因为在传统派心目中，美国已经被共产党渗透，而自由主义不过是共产主义的外衣。因此，民族主义派打出了“反赤白二色帝国主义”的旗号（上述这一段，只是就两派的时代意义所做的一个大致性的概括，并未能顾到个体的差别性，例如，西化派也有反扣“红帽子”的情形。互扣帽子在中国式政治里是无可避免之事）。

70年代的台湾民主运动中存在着两条路线，一条偏向“乡土”精神，另一条则偏向西化。如果只就民间反对派的“阶级立场”去作分析，就会发现乡土派偏重工农利益，西化派则代表土生的新兴资产阶级。但是，问题却并没有那么简单，因为走西化路线的民间反对派与国民党权力结构内的“洋派”有相通之处，而民间的“乡土派”却与60年代的民族主义派合流——后者与国民党权力结构内的“土派”（军、警、特）扯上一点儿背景上的关系，但大致上是一股在野的思想势力。

民间的“洋派”之社会基础是新兴中小企业，以及代表此一社会阶层的中产阶级知识分子。既然台湾的新兴中小企业主要是抓在台省籍人手中，因此，民间的“洋派”具有浓厚的地方主义色彩。他们对大陆统一台湾的前景自然怀有恐惧。该派的理论家就将中国分为“大陆中国”与“海洋中国”，认为“台湾千年来所建立的文化已经属于海洋中国的文化”。言下之意，就是要独立。

因此，在“保台”方面，地方主义的民间“洋派”，与70年代初丧失了联合国席位后的国民党立场，基本相同。在70年代以前，国民党还以“大中国”的正统自居。但是，在进入了70年代以后，就越来越不敢谈民族主义，因为谈到它，必定会引到“中国统一”的问题。国民党本身的这种演变，恰好也与党内“洋派”权力比重升长的情形并行发生。

在进入了70年代以后，台湾的资本主义发展已经比以前更深化，现代的专业主义也已经生根,而且第一批官僚子弟的新生代也开始从美国学成归来“接棒子”。因此,在蒋经国的新权力结构底下,虽然军方与特务仍掌握在“土派”手里,“洋派”在经济权与行政权方面却占压倒性的优势,至于教育权,则早在国民党处于大陆时代就已经掌握在留美派手中。

民间的乡土派既代表工农利益,站在赞成“统一”的立场,又具有反帝的意向,其对立面是既丧失民族立场,又代表资产阶级利益,因此,如果纯粹从“阶级立场”去分析,就会得出“土”是进步的、“洋”是反动的结论,亦即是与60年代的阵势完全颠倒。

然而,70年代“乡土派”的几位主要干将,却又是60年代反对政府的“西化论者”。在进入了70年代以后,他们变得更“左”,因此就转到工农的立场上来。这种情形,基本上酷似从“五四”到30年代,由于社会革命的深化,激进的西化派转化为马列主义者的过程。唯一不像的地方是:在30年代初期,中国的左派仍然是国际主义者;只有到了30年代末,才转到“民族团结”的方向上来。至于70年代的台湾“乡土派”,向左转却同时是转向民族主义。差异的原因在于:前者在开始时以苏联为认同对象,后者一开始就认同“社会主义新中国”。

于是,“乡土派”甫出现,就与国民党在野的“土派”——民族主义派——合流。因此,令后者很骄傲的一点是:自己的观点基本上未变,原先的论敌却转到自己这一方来。

的确,同一个民族主义称,在60年代扮演“反派”的角色,到了70年代却具有“进步”的色彩。部分的原因是由于:在国民党公然放弃“民族主义”招牌的情形下,该派却仍然在提倡“大中国主义”,因此,令人勾起“统一”的联想;当时,国民党也已经放弃“抗俄”的口号,并且为了对抗北京而不放弃“与魔鬼握手”的可能性,但是,民族主义派却仍然坚持“反共抗俄”的立场,结果就与北京的反苏政策相呼应;此外,像“反赤白二色帝国主义”的口号,在客观意义上也与北京的“反两霸”相吻合。

另一个原因是:在60年代,民族主义派打击的对象偏重民间的西方反对派;到了70年代,他们的矛盾已经隐约地偏向当权的“洋派”。这个转变也有一个发展的过程。

在60年代“中西文化论战”期间,民族主义派曾有这样的怀疑:民间西化派之所以如此嚣张,乃国民党权力顶峰内部反蒋人士“广开言路”的结果,这些人为了倒蒋,遂越级勾搭美国人,调动党内的“洋派”,发动民间的不满情绪。国民党内“土”与“洋”之争并没有表面化为政治冲突,只有这些在野的“土派”与民间的西化派拼个你死我活而已。

然而,到了70年代,小蒋上台后,当权派内“洋”的比重反而越来越强,资本主义与现代专业主义也越来越发展,造成社会更大的分化,“纯朴民风”的进一步侵蚀,以及罔顾“民族大义”的“价值中立”更加泛滥——这一切都是民族主义派看不顺眼的。

因此,在70年代,民族主义派与“乡土派”一般,共同憎恨的对象是当权的西化买办分子,对民主运动内部的西化派却反而采取较同情的态度。“乡土派”与民族主义派的结阵,即明显地表现在70年代末期“乡土文学论战”中《夏潮》与《中华》这两个刊物的统一战线之上。它们一“华”一“夏”,揭橥的都是“大中国主义”的立场,而视“西化买办”为共同之敌。

“乡土文学论战”与30年代左、中、右三派的论战也有近似之处。30年代的大陆,左翼文艺勃兴,当时自称“无产阶级革命文学”。“五四”时代具有革命性的西化派文艺,到了此时却成为温和中间派,而左翼文人则视之为“买办文学”。在30年代,除了这两派之外,还有国民党御用文人提倡的“民族主义文学”,以“反共抗俄”为主旨。结果,就出现了这样的局面:左翼文人视“买办文学”与“民族主义文学”为一丘之貉,两者一起打。

但是,70年代台湾的“乡土文学论战”,在形式上反而出现工农派文学与民族主义派结合,共同打击西化派的买办文人。究其原因,是因为在30年代初期,中共党内走的仍然是国际主义路线,因此“民族主义”的旗号就为国民党所有。中国在思想战线上的这个偏差,后来就以“国防文学”口号的提出加以纠正——在这个时候,“马列主义中国化”已经在进行中,最后终于使中共掌握到“民族主义”这个因素。至于70年代的国民党,一方面受到保钓运动“外抗强权,内除国贼”的打击,另一方面因失去联合国席位而遭到削弱,因此官方视“民族主义”如蛇蝎,“民族主义”已经完全掌握在民间“乡土派”手中。

然而,这两个过程除了历史背景所造成的差异性之外,却也透露出一个共同的规律性:外来的东西,如果是中国人最缺乏也最需要的“个体化”,在开始时可能会十分打动中国人的心,但是总会趁一个最早的时机将它扬弃掉;如果是比较迎合中国人口味的主义,就会让它生根,并且将之改装,倒过头来去排斥“个体化”;如果是本土的事物,即使在开始时是极“右”的,迟早都可以变成“左”的。

的确,“乡土派”与民族主义派的互相渗透,产生了如下的状态:“乡土派”无疑更倾向于工农,并用马列主义架构分析问题。民族主义派也有同情农民者,但在内容方面较接近战前德国和日本右翼运动中的乡土本位思想。虽然如此,两派的“社会主义”都具有浓厚的传统“平均主义”色彩。两者都反对帝国主义——“乡土派”倾向于用马列主义架构去对待这个问题,民族主义派则较倾向于种族主义情绪,但是两者都必须调动社会上排外主义的因素,亦即是诉诸群众落后的一面。两者都反对资本主义——“乡土派”的出发点是马列主义与“平均主义”,民族主义派的立场则包括孙中山的“民生主义”“平均主义”,以及国家资本主义(甚至有将“民生主义”与国民党搞的国家资本主义等同者,因此,就有点儿近似30年代蓝衣社提倡的“社会主义”)。此外,无论是“乡土派”或民族主义派都诉诸中国人的泛道德主义,亦即是说:纵使他们在自己的心中或行为上不排除“性”的因素,却在社会观众面前将“买办文艺”中有关“性”的描写说成是“色情”因素,并加以攻击,因此,也是调动了群众的落后性。此外,他们抨击某些留美归国学人为“社会公害”(“公害”在台湾是“污染”的意思,因此,也就是“精神污染”),虽然这些人中也有非善类——例如:乱扣小红帽子,想借国民党的刀杀人的那种人——却也不知不觉地诉诸了社会上针对留美学人的平均主义心态,只差没有酿成大陆上“文革”时出现的那种广泛迫害的巨灾。

笔者对“乡土派”的这种分析,丝毫没有贬损他们的意思,只是在肯定他们对民主运动、统一运动、社会运动的贡献之余,指出:中国文化的“深层结构”如何地渗入了甚至是最“进步”的运动中。

的确,在中国这个“和合性”文化中,任何搞政治的,要想“不脱离群众”的话，就必须诉诸落后的因素，例如权威主义、平均主义、泛道德主义、"非性化"倾向、"类型化"倾向、锁国心态，以及左右不分的"爱国主义"，等等。任何"左派"，如果不将这些因素内在化的话，就根本不可能在群众中生根，而只能变成"托派"或其他什么的(自然通通可以"类型化"为"托派")。

笔者实无意深责中国式的"左派"，只是想说明中国文化"深层结构"与中国"革命"的关系。事实上，在接触了"现代"世界以后，中国文化体内产生的"土派"的确是一个可"左"可"右"、忽"左"忽"右"的现象。。

(七)"锁国"与"开国"的关系

在进入"现代"以前，中国这个"天下"是世界上"唯一文明"的同义词——中国境外就是"化外"，因此，与外界之间存在着一道文明秩序与混沌状态的鸿沟。

中国在进入了"现代"之后，虽然被迫由"天下"转化为"国家"，但是，"天下主义"的后遗症仍然严重(至今尚如此)，因此，一股"锁国"的逆流始终存在着。

于是，"开国"与"锁国"之间遂出现了一个钟摆式的运动，其"文法"规则如下："锁国"是一种文化惰性，中国只有在自己没有办法时，才被迫"开国"。因此，可以这样说：中国人在平常"做人"的方式上采取的是没有棱角、不太表现个性的"中庸之道"，在"天下大治"与"天下大乱""锁国"与"开国"的关系上，则是采取"钟摆之道"，亦即是由一个倾向掩盖另一个倾向。

无论是哪一种倾向，中国对外界都无法采取持平之道，亦即是正常地成为这个世界的一部分。无独有偶，同属远东文化的日本，在被迫"开国"以后，亦出现过钟摆式的动摇，然而在这个动摇中他们却逐渐成为这个现代世局的一部分，因此有值得我们参考的价值。

1. 日本

日本虽然从来都不能以"天下"自居，然而，当德川幕府在1600年完成"大一统"之后，就强迫执行"锁国"政策。然而，当西方人在19世纪中期来到日本后,就用大炮轰开了国门。在被迫“开国”的情形下,先前拼命维持“锁国”政策的幕府政权,如今却采取一系列丧权辱国的措施,希望能引外力以自保。国内的倒幕派则用“尊王攘夷”的口号,将天皇重新搬出来作为全国团结力的中心,将守土无能的幕府推翻。但在明治天皇亲政后,日本的新领导阶层为了自强,却采取了比幕府更为西化的措施。

当时,日本人的本意当然是图强,但在认识上却承认西方一切都优于日本。因此,采取西法的措施又名“文明开化”,言下之意,是自认为不开化的——这种心理一直维持到20世纪20年代。在这一段期间内,为了跻身“文明”之列,日本人也学会玩议会内阁政治,而且玩得似模似样,目的当然是为了获得列强的认可与尊敬。

但是,从20年代开始,就产生了一个逆流。农村出身的少壮派军人认为:只有农村的乡土精神、全国上下一心的共同体形态、天皇制度以及武士道精神才能真正表达日本的“民族魂”,共产主义与议会政治都是不符合日本“国体”的外来异物。在他们心目中,议会中的政客都是一些卖国贼——这些讨好西方列强,在争取海外殖民地方面一味向西方让步,在建设海军方面亦顺从西方定下的限额,将日本降为第二等的强权。

于是,少壮派军人遂发起了一个运动,其思想导向从来被以“克服现代”一词概括之,亦即是认为日本的“大和精神”超越世界上任何文明,有将全人类从赤白二色的帝国主义支配下的“现代”拯救出来的神圣使命。在这种“救世主国家”的狂热症下,少壮派军人遂对政要施展了一系列“武士道”的行刺手段,逐渐将议会政治击垮,成立全国“同心同德”的军人内阁,号称“昭和维新”。“昭和维新”与“明治维新”不同,因为“明治维新”将西方当作是学习的对象,而“昭和维新”却将钟摆摆到了另一个极端,将外界当作仇视的对象。这种心理建设,当然是与反共以及准备和西方列强开战有关。

但是,当日本在第二次世界大战中被击败后,这个历史的钟摆又摆回至“洋大人”的方向。在被美军占领时期,日本人视麦克阿瑟将军为天神,在他的统治下极尽恭顺之能事。这种对美国的崇拜后来逐渐为反对《日美安保条约》的运动冲淡。“安保反对”确实有使仇外情绪死灰复燃的倾向,然而,其所针对的只是美国的控制,而不是整个现代世界。无疑地,其人自认为是特异民族的"神国"观念仍然潜存,但已经被化为用发展经济的方式在现代世界中争首席地位的原动力。

的确,在战后的日本,"现代性"的成分比起先前提高很多,历史性文化的江河也已经流入全球史的汪洋大海中。到了70年代,年轻的一代,也已经达到将外国人当作同等人类看待的地步。虽然有三岛由纪夫的戏剧性切腹,也很难再使钟摆摆动了。

2. 中国

作为远东文化主流的中国,也出现类似的摇摆,其幅度比日本更大,内容也不尽相同,而且至今尚未跳出这个摆幅。——如果在2001年能偶尔跳出,已属大幸。

中国在鸦片战争中被击败后,并没有如日本一般立刻做出反应,只是在被迫的情形下做出有限度的"开国"——亦即是将"洋鬼子"羁縻在几个通商口岸中。究其原因,是因为:在日本的历史性文化的"深层结构"中,具有动态的"目的"意向性,早在德川时代,日本这个"神国"将在历史过程中展现其"国运"的意向,已经从统治阶层下渗到广大的农民与町人之间,因此,一受外界的触发,就出现了"上下一心"的阵仗;至于也是"心的文化"的中国,其历史性文化"深层结构"中的"目的"意向性,却是"镇止民心,使少知寡欲而不乱"。因此,这个两千多年来的"超稳定体系",在面临西方人挑战时,却用讨伐"叛乱"的方式对付它。在"讨逆"之师败绩后,仍然将它当作是暂时的挫败,因此只待机将"洋鬼子"逐出"天下"之外,以便回复正常状态。

因此,虽然中国人被迫"开国"比日本还要早,然而,在鸦片战争以后,却仍然是一副"匪夷所思"的态度,平白浪费了二十年。

但在经历了英法联军陷京的惨痛经验,同时又得依赖洋人雇佣军平定太平之乱后,清廷终于开始改弦易辙,推行"洋务运动"。这个运动,既然是在慈禧太后、恭亲王等投降派将主战派镇压了下去的基础上施行的,因此"洋大人"的因素遂开始抬头。然而,整个运动的意向性仍然是:自强了以后就将"洋鬼子"逐出“天下”之外，回复正常平衡状态，唯一多了的新因素是“师夷之长技以制夷”。因此，“洋务运动”的精神是“中学为体，西学为用”，而不是日本那样的“文明开化”。

整个“洋务运动”，终于因清廷在甲午战争中的败绩，而告破产。此后，西化的因素又深一层。康有为与梁启超在传教士李提摩太的赞助下，搞变法维新。他们不只想建立西方式的君主立宪，而且逐渐用西方式的“民族主义”去代替中国的“天下观”，并且也开始有历史进化的观念（虽然是用“托古改制”的方式将公羊学改装成进化论），因此就出现了在现代世局中追求“富强”之目的。动态的“目的”意向性的开始萌芽，也使康梁向日本的明治“志士”看齐。然而，在中国这个“心的文化”中，既然“政治挂帅”只是士大夫阶层的事，因此并未能出现上下“同心同德”之局面。

即使是如此微弱的变革尝试，亦触怒了顽固派，于是维新派遭到镇压。因为洋人支持光绪帝之故，慈禧太后遂将仇视“洋鬼子”的心理复燃。既然顽固派历来相信“自强之道，在于振奋人心而不在奇技淫巧”，于是，在无计可施的情形下，就出了“给他一个天下大乱”这一招，搞出了义和团之乱，向全世界宣战，围攻各国在北京的大使馆。但在八国联军之役后，清廷终于完全驯服了，变成“洋大人”的服服帖帖的工具。

然而，反对清廷进一步丧权辱国的革命党却将西化倾向更推进一步，比日本走得更远，而终于成立了亚洲第一个共和国。

但在共和体制底下，中国仍然不振，出了个袁世凯，为了复辟帝制而答允日本的“二十一条”。于是，新教育制度下产生的知识阶层遂转向攻击专制主义的传统文化，因而产生主张全盘西化的“新文化运动”。此时，对西方的景仰已经达到了顶峰。但是，西方列强在巴黎和会中的表现却令中国人失望，于是乃爆发“五四运动”，一部分新知识阶层转向十月革命后出现的苏联，中国共产党亦承“五四”之余绪而成立。

在这个时候，以洋为师的态度基本上仍然持续。俄国的革命，因其自身特殊的历史背景，是由“夺取两京，打平全国”的方式进行的，中共也照办搞城市暴动。此外，在中苏“中东路大战”时，中共居然提出“自外于国人”的“保卫苏联”

的口号。结果,革命斗争当然是由一个失败连着另一个失败。然而,王明一伙被从莫斯科派回来,反而认为失败是不够“全盘俄化”才造成的,于是提出中共必须更“布尔什维克化”的主张,甚至连在农村中的根据地也采用“苏维埃”的称号。

进入了30年代,中国普遍出现回归本土精神的倾向。如蒋介石虽然依附外力,却提倡孔孟文化去对抗“五四”以来的西化民主思潮与共产主义思潮。另一部分“五四”时代的民主派如今也转向提倡国家主义,以及拥护独裁(这自然与法西斯主义在世界范围内之升涨也有关系)。此外,中共党内也出现“马列主义中国化”的潮流。

到了1949年,建国功成,诚如毛泽东所说:“中国人终于站起来了!”在自信心全面恢复的情形下,本土精神的浮现也更为深化。然而,这个深化却是与马列主义运动的深化并肩进行的。

这是因为:马克思主义原本是西方社会内部产生的“克服现代”倾向——它是对工业化社会的一种抗议,然而,与“空想社会主义”不同,它却将人类解放的希望放在大工业生产的未来。当这股思潮传到非西方世界后,就往往同时成为一股变革传统社会的动力,以及一种欲“克服”由西方支配的现代世局之意向——后一倾向往往表现为本土精神的全面浮现。

的确,在中国的情形中,革命化过程的深入就同时是本土化过程的深化,其总效果则是与整个外界决裂,而其表现形式刚好与日本相反。日本“克服现代”的矛头,乃指向被“赤白二色帝国主义”支配的外在世界,其表现形式则为自身的对外扩张主义。中国的“克服现代”也是针对西方与苏联,但其整个意向却是内向的。

当时国际共产主义运动早已变质为苏联的大俄罗斯主义的工具,因此,中国人“不断革命”的深入,除了反对西方之外,亦势必造成与苏联“大国沙文主义”的决裂,同时,也不可避免地诉诸中国本位主义。此一倾向,在度过了苏联模式的第一个五年计划后的“大跃进”中,就至为明显。当时,中国人想凭“土法”成为地球上第一个进入“共产主义”阶段的国家。

这种倾向,至“文革”时代而终于推上“救世主国家”的神座。这也造成中国与全世界对立的局面,因此乃出现极端排外之举。在伊朗的革命期间,宗教领袖霍梅尼曾以美国为“大撒旦”,于是乃有占领大使馆之举。反对“洋鬼子”的义和团运动也曾向全世界宣战,围困各国大使馆。中国在“文革”时代的排外情绪,虽然是以马列主义的“反帝、反修”的形式出现,却也导致了类似的情形。更有甚者中国驻外使馆人员还与当地的居民或警察打架。斯时也,对外联系确实达到孤立的顶点,驻各国的大使被召回国,甚至连外来的科技消息也全部切断。

而当时的“世界革命”路线,其实也掩盖了中国脱离全球化过程的倾向。在中苏分裂之际,世界共产主义运动也因而发生大分裂。由苏联领导的“第三国际”既然自1943年就不复存在,而中国又把中苏分裂比喻为列宁与“第二国际”的分裂,因此,当时中国的友人也好,敌人也好,都认为:中国必定会借此时机,把世界各地转向北京的马列党组织成一个新的共产国际。然而,很出人意表地,中国并没有这样做。北京与世界各地马列党的联系方式,是由党中央的对外联络部把它们分别地邀请到北京,但是从来就没有举行过一次世界马列党大会。然而,亲苏的世界共产党与劳工党大会却是周期性地举行的。至于世界各地马列党有史以来第一次的大会,是在中国与阿尔巴尼亚分裂后,由阿共纠集倒向它的那一伙在地拉那举行的。相形之下,就显出当时中国对外界没有积极的兴趣,只是坐在家中用“德化”的方式“来远人”。

因此,中国这个静止的历史性文化体系,其成为“救世主国家”的方式,就根本不可能相同于日本或苏联。具有“神国”观念的日本,其“国运”可以是将“大和魂”化为一股对外扩张的救世主义。前身是“神圣俄罗斯”的苏联,其“救世”行动也可以变现为:领导世界共产主义运动,与西方世界做持续性的抗衡,至今不衰。

至于中国这个内向的“超稳定体系”,已在漫长的历史中丢弃了在“列国竞争之世”中进取的可能性,因此,必有待马列主义的动态“目的”意向性才能从“镇止民心”状态转变到“调动民心”的冲刺,出现如日本明治时代“上下一心”的进取局面,因此,也只有通过马列主义的“不断革命论”才能成为“救世主国家”。

然而，这股“救世主义”却又具有浓厚的“天下主义”内涵，造成重新“锁国”与脱离全球化过程的现象。因此，真是极大讽刺地，“文革”的原意虽然是想用“动的逻辑”来改变这个静止的历史性文化体系，却最终演变为该体系抗拒任何改变意图的最疯狂反扑(例如：极端的平均主义、专制主义、农村化倾向、反工业化倾向、反分工化与专业化倾向等等)；至于马列主义运动的深入化，也并不是“世界革命”的进一步推进，而是造成极端的“锁国”状态。

“文革”开始退潮后，中国也开始局部开放，例如每年在广州办秋季贸易会之类，在实质上恢复至清朝在“开国”以前只开广州一埠“来远人”的措施。

中国人静态的本土精神既然只有待于马列主义来调动，因此，“不断革命”路线破产之日，亦即是中国从“救世主国家”宝座上滑下来之时。于是，中国遂一变而为必须以“现代化”来追上世界的国家。在这种无可奈何情形下，又被迫做局部的“开国”——亦即是承认外界才是真正变动的力量。然而，另一方面，为了维持体系的稳定性，又同时有用“保持安定团结”的方式“镇止民心”的必要。

不幸，中国人这种“钟摆之道”也祸延“假洋鬼子”。海外的华侨，在亲疏远近的关系上虽然比“真洋鬼子”更“亲”一层，但是终归是属于更外一层的同心圆圈。在闭关时代，当西方列强纷纷向海外殖民之际，中国却视海外侨胞为“天朝弃民”。到了辛亥革命前后，国门已大开，而中国本土又欲成立西式的共和政体，于是乃有“华侨是革命之母”的说法。天下分裂数十载，到了人民共和国成立，海外的中国学人纷纷回归服务，却因为受过外界的沾染而不获信任，从“反右”到“文革”这段期间，甚至大量地被打为“外国特务”。此外，还出现在大陆拥有房屋的归国华侨被红卫兵活活拷打致死的情形。如今，又实行局部“开国”了，虽然还没有出现“华侨是四个现代化之母”的说法，然而归国旅游的华侨却受到比当地居民更高的待遇，只是比“真洋大人”稍差，“文革”时代被打死的华侨的房地产也退回给家属。

如今，不论是中国，还是日本和俄国，这一切都成为历史。在庸俗社会学眼里，似乎一切又都还原到“现代化”的命题。在本书里，中国文化以十分负面的形象出现，那是因为它被放置入一个由他人缔造的“现代”世局中，一切条件对它来说都是不利的,原来衡量它的所有标准也必然是异化的。但这个“现代化”该不断被重新定义。中国文化的“文法”规则能否在新的世局里创造出簇新的佳词妙句,我们将拭目以待。